全史×成功事例で読む「マーケティング」大全

the Complete book of
Marketing
the whole history
and success stories

ブレインゲイト代表取締役
酒井光雄 編著
Mitsuo Sakai

ブレインゲイト取締役
武田雅之 著
Masayuki Takeda

かんき出版

本書の役割と読み方

INTRODUCTION

INTRODUCTION 1

マーケティング全史を時系列に俯瞰し、その変遷を理解する

（「第1部 マーケティング発展史」の読み方）

マーケティングは「時代を映す鏡」

マーケティングは、すべてのビジネスパーソンに必須の知識であり、考え方であると筆者は考えている。

なぜなら、マーケティングは人の心をつかむサイエンス（科学）であり、顧客から「ぜひ売ってください」と言われ、生涯にわたって必要とされ、愛される企業や組織、商品になるためのあらゆる活動だからだ。

本書を手にした人の多くは、マーケティングを体系的に、時系列に整理しながら、今日に至る状況を把握したいと考えているだろう。さらに、マーケティングの最新動向もつかみたい、と思っていることだろう。本書を順番に読み進めていけば、そうし

た読者の期待に応えることができるだろう。

また、実務に生かせるヒントを探して、本書を手に取ったマーケティングの実務家もいるだろう。そのような方の期待にも、本書は応えることができる（そのような方はまず「第2部 マーケティング実務編」から読んでほしい）。

読者はこれまで、マーケティングについてどのくらい学んできただろうか。

企業内のマーケターなら、キャリアを積むなかで、ビジネスの現場で多くのことを学んできたはずだ。また、本業がマーケターでなくても、書籍などを手がかりにして、マーケティングを学んできた人は多いと思う。

マーケティングは、日進月歩のビジネスとともに絶えず最新の取り組み内容に更新され、新たな理論が誕生してきた。それに併せて、新しい理論を掲げたさまざまなマーケティングの専門書が誕生し、その時代を映す鏡のような役割を果たしてきた。

マーケティングに興味を持つ人の多くは、書籍から学び始めた方が多いだろう。

現在20代の方なら、『コトラーのマーケティング3・0 ソーシャル・メディア時代の新法則』（朝日新聞出版）を手にして、マーケティングに関心を抱いたかもしれない。

30代の方なら、ジェイ・エイブラハムの『ハイパワー・マーケティング』*（インデックス・コミュニケーションズ）や、『コトラーのマーケティング入門』（丸善出版）をきっかけに、マーケティングを学び始めたかもしれない。

40代の方だと、ロン・ゼンゲとクリスティン・アンダーソンの『〝惚れられる〟サービス――お客様には「あなた」がすべて』（ダイヤモンド社）やセス・ゴーディンの『パー

『ハイパワー・マーケティング』
本書は2001年に『お金をかけずにお金を稼ぐ方法』という書名でPHP研究所から一度刊行され絶版になっている。

ミッションマーケティング――ブランドからパーミションへ』（翔泳社）、ジル・グリフィンの『顧客はなぜあなたの会社を見限るのか――最高の得意客を育てるカスタマー・ロイヤルティ戦略』（実務教育出版）などがきっかけになったかもしれない。

マーケティングを学ぶために重要なことは、歴史的に見て、

「マーケティングはどのような変遷をたどり、どのように進化したか」

「現代社会にも通用するマーケティングと、その役割を終えたマーケティングはそれぞれ何か」

の2つを押さえておくことだ。

ところが、1900年代のマーケティング黎明期《れいめいき》から今日に至るまでの、時代に即したマーケティングの取り組みや、登場した理論を時系列に把握する書籍はなく、それを知るには自ら調べるほかなかった。大学やビジネス・スクールでマーケティングを専攻していない人（著者もその一人だ）には、どの時代のどこまで遡《さかのぼ》ることが必要かを探ることは容易ではない。

また、手にした書籍の多くは、マーケティングの中でも特定のテーマや専門領域を深く掘り下げたものが多く、マーケティングのサイエンスについてその全容を把握すべく、最適な書籍を探そうとしても、それに応えるものは限られていた。

コトラーの『マーケティング原理』（ダイヤモンド社）や『コトラー&ケラーのマーケティング・マネジメント』（丸善出版）といった分厚い実務書を通読しても、実務経験をともなわない人が、ノウハウを吸収して実務に転用できるかどうかは疑問だ。*

実務に転用できるかどうかは疑問だ

この両書籍とも、単に通読するより、実務で必要と感じる章をまず読み、そこで必要と感じたら他の章を読むという方法をおすすめする。今すぐに必要でない情報だと、人間はあっという間に忘れ去るからだ。

聞いたことのない理論、初めて触れたキーワードに興味を持ち、誰がその提唱者なのかがわかれば、読者はそれを手がかりにして調べていくことができる。

また、多忙なビジネスパーソンには、実務上必要とする領域を重点的に学習したい人がいるだろう。

そうした人は、特に学習したいテーマや理論を見つけるか、あるいは自分に不足している領域を特定し、その分野について詳しい書籍を読み、さらに機会があれば研究者や実務家から学べばよい。

マーケティングのサイエンスを時系列で見ることができれば、時代の変遷のなかで、普遍的な価値を持つ考え方が存在することに気づくことができる。何十年も前に、現在の状況を予測していたと思える先駆的な考え方が存在することも発見するだろう。

逆に、時代とともに使われなくなった考え方が、なぜそうなる運命をたどったのかも、読者なら理解できる。

本書の「第1部 マーケティング発展史」に登場するカタカナの言葉を押さえていれば、「自分が手にした書籍は、マーケティングの中でもどの分野について言及されたものなのか」について手がかりをつかめる。

世代や時代のギャップを超えて、20世紀から21世紀にかけての120年余りの間に生まれたマーケティングの変遷を、読者が短時間で把握して理解できるようになるために、私は「発展史」を記した。

INTRODUCTION 2

今のビジネスシーンで、どんなマーケティングが実践されているかを理解する

（「第2部 マーケティング実務編」の読み方）

自社に最適なマーケティングを考え出すためのナビゲーション

ビジネスという現実世界で生じていることは、教室や研究室で議論されている内容よりも、絶えず先行する。それゆえ、知識として取得したマーケティングの理論が当てはまらず、場合によっては、使えないと感じる読者もいるだろう。

間違ってはいけないのは、先人が研究し、体系化したマーケティングのサイエンスは、すべてのビジネスシーンにおいて、「解答」を導き出すためのマニュアルではないということだ。「書籍に記載してあることを実践すれば成功する」「理論通りにプロセスを踏めば、ブランドが創造できる」などと考えてはいけない。

業界や業種、製品やサービス、企業規模などが異なれば、ビジネスパーソンが取り組むマーケティングも異なり、どの企業にもそのまま生かせる理論など存在しない。読者がその違いを踏まえ、自社に最適なマーケティングを考え出すためのナビゲーションの役目を担うのが、先人の考えた理論や概念だ。

そこで本書では、**先人が考えて体系化したマーケティングのサイエンスを活用し、読者が最適なマーケティングを考え出す一助にしてもらうために、「第2部 マーケティング実務編」を用意した。ここに登場する企業事例に触れれば、携わった企業担当者が知識ではなく知恵を生かし、「最善の解」を導き出していった経緯がわかるはずだ。**本書を通して、マーケティングの「知識」ではなく「知性」を磨き、最善の解を自らの力で導き出してもらいたい。

8つの視点を基に、「歴史的レビュー」と「最新の取り組み」の両輪で構成

マーケティングの対象になる領域は、非常に広範囲にわたる。そのため、容易に理解が進むよう、マーケティングを次に述べる①～⑧の「8つのテーマ」に切り分けた。

そして、歴史的レビューである「マーケティング発展史」と、企業の最新の取り組みを紹介する「マーケティング実務編」の2部構成とし、各部を前述の8つのテーマに基づく8章立てとして全16章で構成した。読者は、「発展史」の各章の内容を受けて、「実務編」の各章が存在していることを念頭に置いて読み進めてほ

しい。

〈①マーケティングのフレームワーク〉

「発展史」では、「CHAPTER1 マーケティング・フレームワークの進化」と題して、マーケティングの概念が登場してから、マーケティングがどのように進化していったのかを解説した。この章に触れれば、マーケティングの概念と理論がどのように研究され、進化したかが把握できる。

「実務編」では、「CHAPTER1 バーティカル・マーケティング vs. ラテラル・マーケティング」と題して、旧来のマーケティングのフレームワークに基づいた発想（垂直発想）に囚《とら》われることなく、水平発想によって新市場を創造した事例を紹介する。

〈②マーケティングの適用範囲の拡大〉

「発展史」では、「CHAPTER2 マーケティングの適用範囲の拡大」と題して、マーケティングはモノを売るために誕生したが、その後「顧客視点」や「グローバル性」「社会性・公共性」を加味し、さらには「社会貢献性」にまでその概念を高度化させていったことを理解してもらう。この章に触れれば、マーケティングは、「儲けティング」と呼ばれるような陳腐なノウハウではないことを理解してもらえるだろう。

これを踏まえて、「実務編」では、「CHAPTER2 徹底したSTPの実践と、ホリスティック・マーケティングを加味したSTP」と題して、企業のマーケティング実践例として、生産財企業からインターネット企業に至るまで幅広く紹介する。

〈③マーケティングにおけるイノベーション〉

先進国すべてが直面する問題として、市場と製品が成熟し、大部分の製品のライフサイクル（製品の寿命）が成熟期や衰退期にさしかかっている。

従来の延長線上でマーケティングを革新させて対応できる企業がある一方で、自社の未来が現在の延長線上にはない企業は、新たな発想によるマーケティングが必要になってくる。

前者の企業と後者の企業とでは、マーケティングに必要なイノベーションが異なってくる。

また、後者の企業では、これまで自社の収益源の柱になっていた市場や製品が、技術の進歩によって消滅する事態を迎える。

さらに、後者の企業は自社の存続のために、事業構造を転換し、事業の継続を図っていかねばならない。

以上のことから、「発展史」では「CHAPTER3 マーケティングのイノベーション」を、「実務編」では「CHAPTER3 過去の方法論に固執しないイノベーションの発想フレームを使う」を設けた。「実務編」で登場する企業が置かれた状況は、読者の企業にも将来起こり得ることだと思って、事例を読み解いてほしい。

以上、「発展史」と「実務編」のCHAPTER1からCHAPTER3までが、マーケティング全体から見たテーマの解説になっている。CHAPTER4以降は、マーケティングの中でも独立した領域として登場することが多い、次に述べる5つのテーマを選んで章立てした。

〈④ブランド〉

過去から現在にかけて、ブランド概念がどのように発展し、現在どのような取り組みが実践されているかを、まずは「発展史」の「CHAPTER4 コーポレート・アイデンティティとブランド研究」を通じて把握してもらう。

ここで読者は、ブランドの理論だけで、新たにブランドを創造することは容易ではないことに気づくはずだ。そこで「実務編」の「CHAPTER4 値下げ圧力に屈せず、価値で勝負できるブランドづくり」では、ビジネスパーソンが悩み考え抜いた事例を通じて、ブランドの創出には、いかに独自性のある創造的な取り組みが必要なのかを理解してもらえるように工夫した。

〈⑤産業構造のソフト化に対応したマーケティング〉

製造業とサービス業を二項対立概念で見るのではなく、あらゆる産業がサービス化する必要性を理解してもらうために、「発展史」と「実務編」において「サービス」の章を設けた。

まずは、「発展史」の「CHAPTER5 モノとは異なるサービスのマーケティング」で、マーケティングにおけるサービスの捉え方について把握してもらう。

そして、「実務編」の「CHAPTER5 新たなビジネスモデルとは、『製造業のサービス業化』と『サービス業の製造業化』だ」では、製造業のサービス業化が必須であり、またサービス業も製造業の分野に乗り出していることを詳しく述べた。

製造業の人も、サービスのテーマが他人事《ひとごと》ではないことを痛感してもらえるはずだ。逆に、サービス業においても、製造業のビジネスモデルを取り入れていく必要があると述べている。

〈⑥顧客との強固な関係づくり〉

企業の側から見たマーケティングではなく、生活者と顧客の視点から考えるマーケティングとして、「発展史」と「実務編」において、「顧客との強固な関係づくり」というテーマで章を設けた。

「発展史」の「CHAPTER6 顧客との強固な関係づくり」では、マーケティングにおいて成功する秘訣とは、企業本位で考えるのではなく、絶えず顧客視点に立つことである、という真実が明らかになるだろう。

さらに「実務編」の「CHAPTER6 顧客の側から近寄り、長く継続利用し、他者に推奨してもらう」では、顧客との共創によって復活した企業や、商品開発段階で顧客に参加してもらい、魅力づくりの源泉にしている企業を取り上げる。

〈⑦情報検索社会のコミュニケーション〉

インターネットが登場する以前は、企業側がマスメディアを使って、一方的に発信する広告コミュニケーションが力を発揮していた。

しかし、ネットの誕生と普及によって、情報の受発信が誰にでも可能になった。情報は受け身ではなく、能動的に取りに行くものに変わった。企業が一方的に発信する情報は、時にノイズと思われ、拒絶される時代になった。

「発展史」の「CHAPTER7 マーケティング・コミュニケーション」では、情報検索社会において新たに登場したマーケティングのコミュニケーション方法について述べている。

そして、「実務編」の「CHAPTER7 インターネットを活用した生活者とのコミュニケーションとリスクマネジメント」を通じて、この現代社会でどのようなコミュニケーションが必要なのかを紐解いていく。「実務編」で取り上げる事例は、インターネット上で起きた問題を、企業がどのように解決していったかを中心に紹介する。ネット上で始まった炎上問題は、マスメディアに拡散される前に、ネット上で短時間のうちに消火することがいかに重要かについて、読者は痛感するだろう。

〈⑧流通（販路の視点）〉

20世紀の製造業と小売業は、それぞれ役割を分担し、製造と販売は別々に行われてきた。しかし、インターネットが登場すると、どの販路でも販売しているナショナル・

ブランド*を、単に低価格で販売するだけの組織小売業は、その生き残りが厳しくなってきた。それは、ネット上で手軽に安価に購入でき、自宅に届く仕組みをつくり上げたバーチャルショップが登場したからだ。

今後、リアルの場で小売りを行う企業は、どのようにネットショップと競うのか。また、ネット上に巨大な仕組みをつくり上げている企業は何をもくろんでいるのか。こうした視点から、最適なマーケティングの方向性を導き出すために、「発展史」と「実務編」において「流通」の章を設けた。

まずは「発展史」の「CHAPTER8 流通の新たな取り組みと新業態」において、流通が時代の変遷とともにどのように進化していったかを押さえる。

そして、「実務編」の「CHAPTER8 小売業の生き残りは安売りからの脱却。バーチャルとリアルの攻防とその先」では、リアルとバーチャルを二項対立概念で考えるのではなく、どのような商材をどのような販路で販売していくことが最適なのかについて、具体的な事例を挙げて解説する。ここで紹介する組織小売業の事例を見れば、ショールーミング化*に対抗する方法が、オムニチャネル*に取り組むことだと気づくだろう。

ナショナル・ブランド（NB）
メーカーが商品につけたブランドのこと。この対義語が、セブン&アイ・ホールディングスなどの大手流通チェーンが開発しているプライベート・ブランド（PB）になる。

ショールーミング化
生活者が、実店舗で買いたい商品の現物を確かめて、その店舗では買わず、オンラインショップで商品を購入するという現象。

オムニチャネル
実店舗からオンラインショップまで、あらゆる販売・流通チャネルを統合し、どのようなチャネルからも商品を購入できる環境を整備する企業活動のこと。

装丁　水戸部功
本文デザイン・ＤＴＰ　高橋明香（おかっぱ製作所）
本文イラスト　岸潤一

全史×成功事例で読む「マーケティング」大全

CONTENTS

INTRODUCTION

本書の役割と読み方

1 マーケティング全史を時系列に俯瞰し、その変遷を理解する

（「第1部 マーケティング発展史」の読み方）

2 今のビジネスシーンで、どんなマーケティングが実践されているかを理解する

（「第2部 マーケティング実務編」の読み方）

CONTENTS

PART1 マーケティング発展史

CHAPTER1 FRAMEWORK マーケティング・フレームワークの進化

CHAPTER2 EXTENSION

マーケティングの適用範囲の拡大

CONTENTS

CHAPTER3 INNOVATION

マーケティングのイノベーション

CHAPTER4 BRAND

コーポレート・アイデンティティとブランド研究

CHAPTER5 SERVICE

モノとは異なるサービスのマーケティング

CONTENTS

CHAPTER6 RELATIONSHIP 顧客との強固な関係づくり

CHAPTER7 COMMUNICATION

マーケティング・コミュニケーション

CONTENTS

CHAPTER8 DISTRIBUTION 流通の新たな取り組みと新業態

CONTENTS

PART2 マーケティング実務編

CHAPTER2 HOLISTIC MARKETING

徹底したSTPの実践と、ホリスティック・マーケティングを加味したSTP

（マーケティングの適用範囲の拡大）

CONTENTS

CHAPTER3 INNOVATION

過去の方法論に固執しないイノベーションの発想フレームを使う（マーケティングのイノベーション）

CONTENTS

CHAPTER4 BRAND

値下げ圧力に屈せず、価値で勝負できるブランドづくり

(コーポレート・アイデンティティとブランド研究)

CHAPTER5 SERVICE

新たなビジネスモデルとは、「製造業のサービス業化」と「サービス業の製造業化」だ

（モノとは異なるサービスのマーケティング）

CONTENTS

CHAPTER6 RELATIONSHIP

顧客の側から近寄り、長く継続利用し、他者に推奨してもらう

（顧客との強固な関係づくり）

CONTENTS

CHAPTER7 COMMUNICATION

インターネットを活用した生活者とのコミュニケーションとリスクマネジメント

（マーケティング・コミュニケーション）

CHAPTER8 DISTRIBUTION

小売業の生き残りは安売りからの脱却。バーチャルとリアルの攻防とその先
(流通の新たな取り組みと新業態)

CONTENTS

PART1
マーケティング発展史
HISTORY OF MARKETING

発展史で紹介する海外著者の書籍の刊行年は、邦訳書ではなく、原著の刊行年で記している。

1970年代（安定成長期）	1960年代（高度経済成長期）	1950年代（戦後復興期）	年代	
大量生産・消費／モノ不足／製品企画・管理			ビジネステーマ	
マスメディア（テレビ・ラジオ・新聞・雑誌）			メディア	
製品中心のマス・マーケティング（マーケティング1.0）			マーケティング概念	
プロダクト・ポートフォリオ 1970年代 ボストン コンサルティング グループ	ターゲット・マーケティング（4P） 1960年 E・ジェローム・マッカーシー マーケティング近視眼 1960年 セオドア・レビット	製品ライフサイクル 1950年 ジョエル・ディーン 製品差別化・市場細分化 1956年 ウェンデル・スミス	マーケティング・フレームワークの進化	代表的なマーケティング理論・手法
ソーシャル・マーケティング 1971年 フィリップ・コトラー、ジェラルド・ザルトマン			マーケティングの適用範囲の拡大	
			マーケティングのイノベーション	
ブランド・パーソナリティ 1978年 ウォーリー・オリンズ		製品とブランド 1955年 バーライ・ガードナー、シドニー・レビー ブランド・ロイヤリティ 1956年 ロス・カニンガム	コーポレート・アイデンティティとブランド研究	
分子モデル 1977年 リン・ショスタック 真実の瞬間 1978年、1989年 リチャード・ノーマン、ヤン・カールソン			モノとは異なるサービスのマーケティング	
製品の性能と消費者の満足度 1976年 ジョン・E・スワン、リンダ・ジョーンズ・コームズ 顧客満足度 1977年 ハント・キース	ダイレクトマーケティング 1961年 レスター・ワンダーマン ハワード・シェス・モデル 1969年 ジョン・ハワード、ジャグディシュ・シェス		顧客との強固な関係づくり	
	DAGMAR理論 1961年 ラッセル・H・コーリー USP 1961年 ロッサー・リーブス	AIDA 1898年 セント・エルモ・ルイス AIDMA 1924年 サミュエル・ローランド・ホール	マーケティング・コミュニケーション	
EDLP 1974年 ウォルマート	チェーンストア理論 1962年 渥美俊一	PB 1928年 サイモン・マークス アウトレットストア 1936年 アンダーソン・リトル	流通の新たな取り組みと新業態	

2010年代（現在）	2000年代（経済停滞期）	1990年代（経済停滞期）	1980年代（バブル期）
ネット化／新たな価値創造		コモディティ化・サービス化／ブランド構築・管理	高額品消費／顧客創造・管理
ソーシャルメディア	ブログ／メルマガ	インターネット	
価値主導のマーケティング（マーケティング3.0）	顧客中心のマーケティング（マーケティング2.0）		
		キャズム 1991年 ジェフリー・ムーア	ポジショニング 1980年代 ジャック・トラウト、アル・ライズ 競争の戦略 1980年 マイケル・ポーター
社会的責任マーケティング 2011年 マイケル・ポーター	BOPマーケティング 2004年 C・K・プラハラード		グローバル・マーケティング 1983年 セオドア・レビット 生産財市場の細分化 1983年 トーマス・ボノマ、ベンソン・シャピロ
リバース・イノベーション 2012年 ビジャイ・ゴビンダラジャン クリス・トリンブル	デザイン・ドリブン・イノベーション 2009年 ロベルト・ベルガンティ	イノベーションのジレンマ 1997年 クレイトン・クリステンセン	リードユーザー 1988年 フォン・ヒッペル・E
	ブランド・レゾナンス・ピラミッド 2003年 ケビン・レーン・ケラー ブランド・ポートフォリオ 2005年 デビッド・アーカー	ブランド・エクイティ 1991年 デビッド・アーカー	
	サービス・ドミナント・ロジック 2004年 ステファン・ヴァーゴ、 ロバート・ラッシュ	サービス・プロフィット・チェーン 1994年 ジェイムズ・ヘスケット、 W・アール・サッサーなど 経験価値マーケティング 1999年 バーンド・H・シュミット	サービス分類 1983年 クリストファー・ラブロック SERVQUALモデル 1988年 A・パラスラマン、バレリー・ザイタムル、レオナルド・ベリー
	顧客資産価値マーケティング 2001年 ローランド・ラスト、バレリー・A・ザイタムル、キャサリン・レモン インバウンド・マーケティング 2009年 ブライアン・ハリガン、ダーメッシュ・シャー	One to One マーケティング 1993年 ドン・ペパーズ、マーサ・ロジャーズ CRM 1998年 アンダーセン・コンサルティング	期待不確認モデル 1981年、1983年 リチャード・オリバー 顧客生涯価値 1987年 ロバート・ショー、 マーリン・ストーン
ゲーミフィケーション 2011年 ガートナー ブランド・アンバサダー 2012年 ロブ・フュジェッタ	バズ・マーケティング 2001年 ルネ・ダイ AISAS 2004年 電通	バイラル・マーケティング 1996年 スティーブ・ジャーベットソン 統合型マーケティング・コミュニケーション 1993年 ドン・シュルツほか	スポーツ・マーケティング （ロサンゼルス・オリンピック） 1984年 ピーター・ユベロス
O2O 2010年 アレックス・ランペル	オムニチャネル 2000年代 メイシーズ フリーミアム 2006年 フレッド・ウィルソン	チーム・マーチャンダイジング 1992年 イトーヨーカドー	ECR 1980年代 ウォルマート、P&G SPA 1987年 GAP

CHAPTER 1

FRAMEWORK

マーケティング・フレームワークの進化

鉄道・電信、そして自動車の登場でマーケティングの概念が誕生

マーケティング発展史について語るために、今から100年以上前の話から始めたい。19世紀末、米国では鉄道と電信のネットワークが完成し、新しい工業製品が大量に生産され、流通するようになる。交通と通信の発達は、米国全土を「市場」に変えた。また、交通と通信のネットワークが、工業部門や農業部門の姿も変えていった。

大量生産された製品を販売するには、市場を生み出す必要がある。このことが認識され、「流通」が重視されるようになる。企業が大量生産を行えば、必然的に大量の製品を流通させ、販売しなければならなくなる。そこで、販売エリアの拡大や販売チャネルの整備といった「マーケティング」が必要な環境が生まれていった。

年代	ビジネステーマ	メディア	マーケティング概念	CHAPTER1で登場するマーケティング理論・手法
1950年代（戦後復興期）	大量生産・消費／モノ不足／製品企画・管理	マスメディア（テレビ・ラジオ・新聞・雑誌）	製品中心のマス・マーケティング（マーケティング1.0）	ニーズ階層 1943年 アブラハム・マズロー 製品差別化・市場細分化 1956年 ウェンデル・スミス 製品ライフサイクル 1950年 ジョエル・ディーン
1960年代（高度経済成長期）				ターゲット・マーケティング（4P） 1960年 E・ジェローム・マッカーシー クープマンの目標値 1962年 田岡信夫、斧田太公望 イノベーションの普及 1962年 エベレット・M・ロジャーズ マーケティング近視眼 1960年 セオドア・レビット
1970年代（安定成長期）				VALS 1978年 プロダクト・ポートフォリオ 1970年 ボストン コンサルティング グループ
1980年代（バブル期）	高額品消費／顧客創造・管理		顧客中心のマーケティング（マーケティング2.0）	ポジショニング ジャック・トラウト、アル・ライズ 1980年代 競争の戦略 マイケルポーター 1980年
1990年代（経済停滞期）	コモディティ化・サービス化／ブランド構築・管理	インターネット		4C 1990年代 ロバート・ラウターボーン キャズム 1991年 ジェフリー・ムーア ポストモダン・マーケティング 1993年 スティーブン・ブラウン
2000年代（経済停滞期）	ネット化／新たな価値創造	ブログ／メルマガ		ラテラル・マーケティング 2003年 フィリップ・コトラー、フェルナンド・トリアス・デ・ベス
2010年代（現在）		ソーシャルメディア	価値主導のマーケティング（マーケティング3.0）	

20世紀に入ると、従来の鉄道と電信に加えて、自動車が登場した。この自動車の普及によって、新たな時代が幕を開けた。自動車は、１８８５〜86年にドイツで、カール・ベンツ*とゴートリープ・ダイムラー*によって誕生していたが、量産体制には至っていなかった。

そこに、米国のヘンリー・フォード*が、組み立てラインを使った生産体制を採用し、流れ作業で大量生産を可能にした。大量生産であっても高品質を維持できるように、部品の修理や取り替えには、熟練した技術を必要としない単純な構造設計が採用された。自動車生産で、画期的な仕組みを発明したフォードは、自動車の製造販売で成功する。

１９０８年に発売された「T型フォード」は、当時同品質の他社製品と比較して、価格は８５０ドルと半額で、さらに5年後には５５０ドルとなり、当時の米国の国民所得よりも低い価格を実現した。庶民にも手が届く価格になったわけだ。

１９１６年にT型フォードの価格は３６０ドルになり、年間生産台数は50万台を超えた。１９２０年代には、米国内で生産されるクルマの2台に1台がT型フォードになる。

T型フォードは、製造が中止される１９２７年までに、累計で実に１５００万台が生産された。フォードの製品ラインナップは、安価で黒一色のボディカラー、オープンボディ（屋根が固定されていない形状）のT型と、少量生産による高価格の「リンカーン」の2車種で構成されていた。

カール・ベンツ
(Karl Friedrich Benz, 1844〜1929)
ドイツの技術者。父は鉄道機関士で、その血を継いで内燃機関を学ぶ。１８７８年に2サイクルエンジンを完成させた後、１８８６年に4サイクルの内燃機関を持つ世界初の原動機付三輪車を開発する。ドイツの国土統一や英国の産業革命という時代背景が、ベンツによる世界初の自動車開発を促した。

ゴートリープ・ダイムラー
(Gottlieb Wilhelm Daimler, 1834〜1900)
ドイツの技術者。カール・ベンツと同時期の１８８５年に世界初のオートバイを開発し、エンジンの特許を取得。翌１８８６年には夫人のためにエンジン付馬車を開発し、世界初の四輪自動車となる。彼の死後１９２６年にベンツと合併し、ダイムラー・ベンツが誕生した。

フォードは、大量生産方式を初めて導入したことで知られている。同社の成功は、生産システムにあると考える人もいるだろうが、実はそれだけではない。**フォードは、大量生産した自動車の「販売力」にも長けていた。**

フォードの販売力とは、ディーラー網を築き、全国で販売と修理ができる体制を整えたことにある。競合他社が同様の大量生産方式を取り入れて低価格で販売しても、彼らは販売力で劣っていたため、当初フォードに勝つことはできなかった。マーケティングという言葉が誕生する以前に、フォードは自動車市場において、現在でも通用するマーケティング発想をすでに取り入れていたことがわかる。

ただし、一見磐石に見えたフォードにも、死角があった。

自動車が普及していない時期には、低価格のクルマを独自の販売網で大量販売することができた。だが、1920年代に入ると、3世帯につき1世帯がクルマを所有し、買い換えを促すには、価格訴求力だけでは魅力に乏しく、中古車の下取り問題も生じてきた。

そこに登場したのが、企業買収によって成長してきたGM（ゼネラル・モーターズ）だ。GMは企業買収の結果、クルマの種類が多くなり、当初はそれが仇《あだ》となって事業採算性が悪かった。しかし、GMはクルマが買い換え時期に入った点を見逃さず、多彩な車種やボディカラー、割賦販売制度などのさまざまな施策*を展開する。

こうしたGMの攻勢により、フォードは1920年代の後半には、トップ企業の地位をGMに譲り、その後20年間は、事業採算性が悪化して倒産寸前にまで追い込まれ

ヘンリー・フォード
(Henry Ford, 1863～1947)
米国フォード・モーター社の創業者。子供の頃から機械に興味があり、時計を分解して組み立てることに熱中した。16歳で学校をやめると実業の道を歩み、技師として8年間勤務する傍ら、自宅で原動機付四輪車を開発した。1901年にレース車を開発し、自らドライバーとして勝利を収め、フォード・モーター社の礎を築いた。

てしまう。この窮状から脱するのは、孫のヘンリー・フォード2世*が改革に乗り出した1950年代以降になる。

ちなみにピーター・ドラッカー*は、著書『マネジメントⅠ』（日経BP社）の中で、マーケティングの元祖は三越の前身である越後屋だと述べている。

当時、日本の小売業の商い方法は、見世物商い（得意先を訪問して注文を取り、後から品物を持参する）か、屋敷売り（直接商品を得意先に持って行き販売する）だった。大名、武家、大きな商家といった顧客の支払いは、6月、12月の節季払いか、年1回払いが普通だった。そのため、商いをするには運転資金が必要で、支払いの延長や回収不能などのリスクもともなうことから、売価が高くなる弊害があった。

そこで、越後屋は現金販売、正札（値札づけ）販売、コンサルティング・セールス、カスタマー・リレーションシップ・マネジメント（CRM＝Customer Relationship Management）、大福帳による顧客データベースづくりとその活用など、世界でも画期的なマーケティング活動を行った。

米国の小売業、シアーズ・ローバックが19世紀末に最初に始めたと思われていた取り組みが、実は250年も前に日本で実践されていたわけだ。

残念ながら、こうした越後屋の取り組みは、体系化されたり書籍や文献として残されたりすることなく、また情報としても発信されなかったため、世界から評価を受けずにきてしまった。

さまざまな施策

・黒しかないT型フォードに対して、多彩なボディカラー
・「シボレー」「ポンティアック」「オールズモビル」「ビュイック」「キャデラック」という各車種のスタイルを個性化
・割賦販売制度の導入
・買い換えユーザーに対するグレードアップ訴求（ワンランク上の車種を推奨）
・毎年のモデルチェンジと広告の投入
・モデルチェンジにともなうディーラーへの営業支援
・モデルチェンジにより翌年に新車として販売できなくなる仕組みのため、過剰な販売割当をやめ、在庫を同年中に販売してしまう報奨金制度の導入

ヘンリー・フォード2世
(Henry Ford II, 1917～1987)
フォード・モーター創業者ヘンリー・フォードの孫。フォー

実務家から見たひと言

マーケティングは研究室でなく、ビジネスの現場で生まれた。

マーケティング論文の登場、米国の大学で講座がスタート

マーケティングが研究対象になったのは、A・W・ショー*の論文「市場流通における若干の問題」（1912年）に始まるとされる。

A・W・ショーは、1900年当時、事務設備会社の経営者であり、その後ハーバード大学で教鞭を執り、そこでこの論文を発表した。

この論文は、ビジネスにおける流通問題や、多様な経済的階層や社会階層から構成される市場で需要を創造するための市場分析の必要性などに言及し、「市場等高線」という概念を提示した。

これが、マーケティングについて、最初に体系化されたものだといわれている。

同じ頃、米国の消費財企業、プロクター&ギャンブル（P&G）の東部販売マネジャー助手を務めた後、ウィスコンシン大学の経営管理学部助教授になったR・S・バトラー*は、P&Gでの経験に基づき、1910年に「マーケティングの体系（Marketing Method）」という言葉を考案して、6冊の小冊子を刊行した。さらに同年、ウィスコンシン大学で「マーケティングの体系」という講座を開設した。

ド・モーター社が不振の1945年に社長就任。1962年にはヨーロッパでフォードブランド強化に向けてカーレース「ル・マン」に参戦。見事フォード社の経営を立て直した。

ピーター・ドラッカー
(Peter Ferdinand Drucker, 1909～2005)
米国の経営学者。オーストリア生まれで、その後英国、米国へと渡る。のちにゼネラル・モーターズ社の組織を研究調査したことをきっかけに、1946年に『会社という概念』を刊行し、マネジメント研究者として脚光を浴びる。「マネジメントの父」とも呼ばれる。

A・W・ショー
(Arch W. Shaw)
実業家・研究者。自ら出版社を設立し、積極的にビジネス情報を発信した。テイラーの科学的管理法をマーケティン

「マーケティング」という言葉が普及していくのは、20世紀に入って米国の大学で講座が誕生したことから始まる。まず、1902年のミシガン大学の学報の中にマーケティングという言葉が登場し、その後、ペンシルバニア大学、ピッツバーグ大学でも講座が設けられた。

実務家から見たひと言
市場（Market）は絶えず進化（ing）していくと命名した発想は、今も変わらずマーケティングの本質を言い当てている。

製品ライフサイクル概念の登場

【1-1図】（→P48）のように、製品・技術にはその寿命（ライフサイクル）として、導入期、成長期、成熟期、衰退期の4つの段階がある。この4つの段階で、製品の売上と利益の変遷を説明するモデルを、「製品（または技術）ライフサイクル（PLC＝Product Life Cycle）」という。製品ライフサイクルでは、企業はそれぞれの時期に応じて、最適な戦略をとることが必要だと考える。

このPLCを明確なモデルとして最初に取り上げたのが、ジョエル・ディーン*だ。彼は1950年、米国の経営学誌『ハーバード・ビジネス・レビュー』に「新製品の価格政策（Pricing Policies for New Products）」という名の研究論文を発表した。

ディーンは、PLCを通じて価格、製造、販促活動、流通コストは、導入期、成長

グに適用したことがきっかけとなり、マーケティング論を打ち立てた。マーケティング論の始祖としても知られる。

R・S・バトラー
（R.S.Butler, 1882〜1971）
A・W・ショーと同時期を過ごした米国のマーケティング研究者・実務家。大学卒業後、P&Gでの実務経験をもとにマーケティング論を打ち立てる。その後も、大学および実業界で活躍を続けた。A・W・ショーと並び、マーケティングは実践の中から育まれることを実証した。

ジョエル・ディーン
（Joel Dean, 1906〜1979）
財務理論で有名な米国のエコノミスト。ビジネス・エコノミクスの創始者として有名で、マーケティングとの接点はプライシング（価格決定）に関わる研究から育まれた。フィリップ・コトラーを始め、ミクロ経済学からマーケティ

期、成熟期、衰退期それぞれの段階において、戦略的に調整する必要があると指摘した。そして、製品の価格は、過去の慣習を踏襲して曖昧《あいまい》に決めるのではなく、変化する市場に合わせて決定することが必要だと説明した。

ディーンのＰＬＣ発表後、多くの学者によって多様なパターンが見つかり、ＰＬＣは存在すると認識された。その後、なぜＰＬＣが起こり、それぞれのライフサイクルステージでどうすべきなのかが、研究されていくことになる。

実務家から見たひと言

先行する製品が存在していると、価格は先行する製品価格を踏襲してしまう傾向がある。また、価格を下げないと購入してもらえなくなるのは、衰退期に入った兆候だ。

市場成長率だけではなく、市場シェアという視点が登場

ＰＬＣからは、「製品には寿命がある」ということと、「市場の成長率を測る」という２つの見方ができる。

一方で、「市場シェア」という重要なマーケティングの概念も登場した。

企業が新たな市場に参入する場合、その市場がＰＬＣから見て、４つのどの段階にあるのかを判断する必要がある。それを、競合対策や設備投資の規模を決めるための材料にするのだ。

ングに関わる学者も多い。「ＮＰＶ（正味現在価値）」や「ＤＣＦ（ディスカウント・キャッシュ・フロー）」「ＩＲＲ（内部収益率）」といえばジョエル・ディーン、という声が聞こえるほど、ファイナンスの世界でも有名。

さらに、参入しようとする市場がどのような競争環境にあり、どの企業がどれだけの力を持っているかを判断する必要もある。それを、参入する際の戦略立案に生かすのである。

ここで必要になるのが、「マーケットシェア（市場占有率）」の考え方だ。

1942年、米国コロンビア大学数学科教授であるバーナード・クープマン*が発表した「クープマンの法則（市場シェア理論）」を基に、マーケットシェアの戦略的活用が始まる。

第2次世界大戦時、米国は学者を徴用して作戦研究班を編成し、戦争を定量的に研究させた。クープマンらは、英国人の航空工学エンジニアのF・W・ランチェスター*が

1-1図　製品ライフサイクル(PLC)

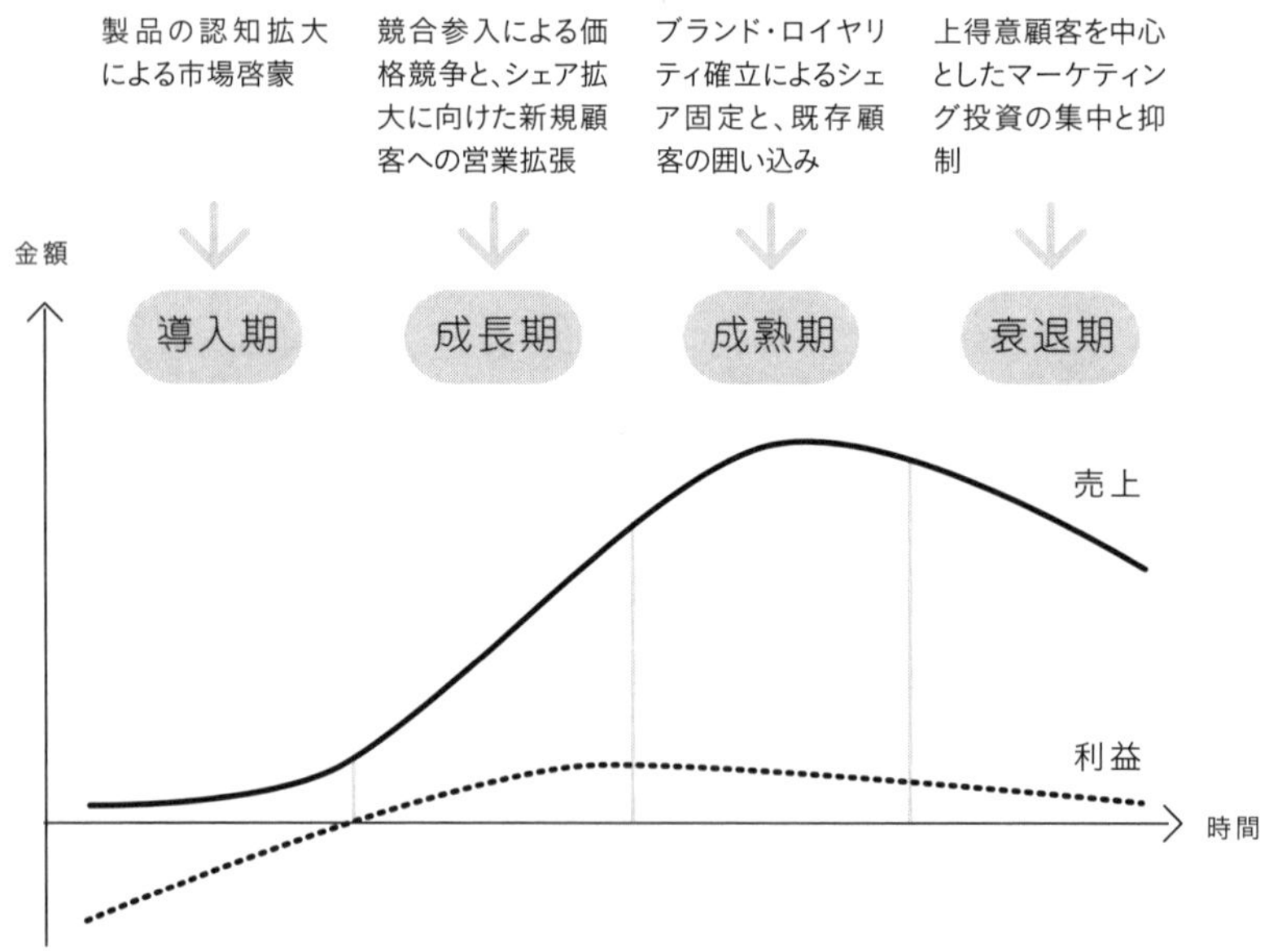
製品の認知拡大による市場啓蒙
競合参入による価格競争と、シェア拡大に向けた新規顧客への営業拡張
ブランド・ロイヤリティ確立によるシェア固定と、既存顧客の囲い込み
上得意顧客を中心としたマーケティング投資の集中と抑制
金額
導入期
成長期
成熟期
衰退期
売上
利益
時間

製品の市場投入から販売終了までのライフサイクルを「売上」「利益」で描いたモデルを製品ライフサイクル(PLC)という。4つのステップでライフサイクルが節目を迎え、各ステップに沿ったマーケティング活動が必要とされる。製品特性により売上、利益曲線が異なるほか、リニューアルを重ねることにより成長を継続する製品もあり、必ずしもすべての製品がPLCに従うとは限らないという指摘もある。

発見し、軍事理論として知られる「ランチェスターの法則*」に着眼し、これを研究して軍事シミュレーションモデルの「クープマンモデル」を開発した。

ランチェスターの法則では、武器と兵力数が、戦闘力と敵に与える損害量を決定づけるとしたうえで、

・一騎討ちの第1法則……戦闘力＝武器効率（敵味方の武器性能を比率化したもの）×兵力数

・確率戦闘の第2法則……戦闘力＝武器効率×兵力数の2乗

という法則を導き出した。

そしてのちに、第1法則から「弱者の戦略」が、第2法則から「強者の戦略」が導き出された。「弱者の戦略」とは差別化戦略で、力を一点に集中させて、1つの分野に注力することだ。「強者の戦略」とは追随戦略で、競合他社と同じ機能や性能の製品やサービスを投入し、持てる力を総動員して、競合他社を圧倒することだ。ランチェスターの法則に戦闘機会における直接的な「戦術力」と、敵の基地、工場、物流拠点の破壊という間接的な「戦略力」を加味したモデルが「クープマンモデル」だ。戦術力1：戦略力2のときに、最も戦力が高まるといわれる。

1962年、コンサルタントの田岡信夫*と社会統計学者の斧田《おのだ》太公望《たいこうぼう》*が、クープマンモデルを解析して導き出したのが、「市場シェアの3大目標数値」という企業の目指すべき3つの代表的なシェアである。

これは上限目標値が73・9%、安定目標値が41・7%、下限目標値が26・1%とな

バーナード・クープマン
(Bernard Osgood Koopman, 1900~1981)
フランス生まれの米国の数学者。第2次世界大戦中に米国海軍がドイツの潜水艦Uボートを見つけ出す手法の開発に、専門の統計学、オペレーションリサーチを生かして関わった。伯父が米国数学学会会長、自身はノーベル物理学賞受賞者の娘と再婚するなど理系インテリの家系であった。

F・W・ランチェスター
(Frederick William Lanchester, 1868~1946)
英国のエンジニア。ランチェスターの法則で有名だが、英国自動車メーカーのパイオニアとしても有名である。ただ事業を手がけたものの経営面では苦戦を強いられ、自身のランチェスターの法則のように事業は運ばなかったようである。

り、「クープマン目標値」とも呼ばれるが、実際に開発したのは田岡・斧田両氏である。ただし、3大目標数値のシェアだけではきめ細かく市場には対応できないので、3つの数値に加えて、「上位目標値（19・3%）」「影響目標値（10・9%）」「存在目標値（6・8%）」「拠点目標値（2・8%）」という4つの目標値を新たに追加し、合計7つの市場シェア目標値を田岡が体系化した。

7つの目標値を活用するためには、①自社の現在シェアを確認する、②短期・中期・長期の自社の目標づくりの判断基準にする、という2つのことを行う必要がある。

安定目標値に近づくシェア40%は、「シェア目標の天王山」と一般にいわれ、多くの企業がこれを意識している。40%を超えると、多くの場合は2位を大きく引き離すからだ。

7つの市場シェア目標値は、次のように整理できる。

①独占的市場シェア（73・9%）

市場を独占している状態で、ごく少数の企業しか存在しない寡占市場*といえる。

②相対的安定市場シェア（41・7%）

複数の企業で競争している市場で、トップシェアを握る企業（あるいはカテゴリートップ、もしくはトップブランド）のこと。トップ企業にこの数字のシェアを握られると、下位の企業やブランドは現在以上にシェアを上げにくくなる。このシェアを握る企業を、「ガリバー」とも呼ぶ。

③市場影響シェア（26・1%）

ランチェスターの法則
1914年に「集中の法則」と題して論文を執筆、その後の1916年に著された論文「戦争における航空機（Aircraft in Warfare）」で広く知られるようになる。

田岡信夫
（1927〜1984）
日本のランチェスター研究家。日本のマーケティング黎明期に社会心理研究所に参画し、社会心理学の権威、一橋大学名誉教授の南博氏と出会う。その後、日本が高度経済成長期を迎えるなかでランチェスター戦略の研究に10年を費やして『ランチェスター戦略入門』を上梓し、大ベストセラーとなる。

斧田太公望
田岡信夫とともにランチェスター戦略を編み出した社会統計学者。ランチェスターの法則をもとにしたバーナード・クープマンの複雑な微分積分

トップ企業が持つシェアとしては、下位企業からいつ逆転されるかわからない不安定な状態。しかし、2位企業がこのシェアであれば、市場に影響を与えることができる水準にある。

④並列的競争シェア（19・3％）

複数の企業が競争し拮抗している状態で、どの企業も安定的な地位を得られていない状態。

⑤市場認知シェア（10・9％）

その市場に企業として存在していることが、生活者に想起されるレベルのシェアで、競合企業からその存在が認識されるレベルだ。

⑥市場存在シェア（6・8％）

市場でなんとか存在できるレベルのシェアで、生活者はその企業名を聞いてどうにか思い出せるレベル。

⑦市場橋頭堡《きょうとうほ》シェア（2・8％）

橋頭堡とは、足がかり・拠り所のこと。競合他社から競争相手だと認められることはないが、市場に参入するための足がかりを築いた状態の数字で、この値になったら弱者の競争戦略を始める。

後述するが、米国の社会学者エベレット・M・ロジャーズは1962年の著書『イノベーションの普及（Diffusion of Innovations）』（翔泳社）で、イノベーション（まだ普及していない新しいモノやサービス）がどのように社会に普及していくかという、普及理

で構成される戦略モデル式を解析し、販売戦略としてのランチェスターの法則に帰結させた功労者として知られる。

寡占市場

独占禁止法があるため、現在は1社でこれほどのシェアを独占することは限られる。

論に登場するイノベーターは2・5%であると述べている。この数字と、市場橋頭堡シェア2・8%はほぼ一致している。

実務家から見たひと言

米国で生まれたマーケティングには戦争用語が多く、日本語にする場合には言葉の使い方に注意したい。ビジネスは戦争ではない。

製品差別化と市場の細分化、そしてSTP概念の登場

先に触れたが、1923年にアルフレッド・スローン*がGMの経営者に就任すると、低所得者層から高所得者層に至るまでそれぞれの階層ごとに異なるクルマのニーズが芽生えていることに着目した。

画一的で選択肢がないフォードに対して、GMはフルラインによる多品種大量生産体制を構築して、フォードの地位を奪っていった。理論の前に、すでに実務の世界で市場の細分化と製品差別化、そしてSTP（セグメンテーション、ターゲティング、ポジショニング。293ページ参照）が実践されていたことになる。

1943年に米国の心理学者アブラハム・マズロー*は、人間の欲求を5段階のピラミッド型の欲求の階層によって提示［1-2図］。マズローによって階層化された欲求には、

アルフレッド・スローン
(Alfred Pritchard Sloan, Jr., 1875～1966)
米国ゼネラル・モーターズ（GM）元社長。マサチューセッツ工科大学にクラス最年少で入学し、わずか3年で卒業。当初はベアリング会社を経営するが、その会社がGMに吸収され、その後GM社長に上り詰める。世界最大の自動車メーカーに育て上げた彼の手による事業部制の組織改革は、経営学の教科書に必ずといっていいほど登場する。

①生理的欲求（人間が生きていくうえで最低限必要な欲求）
②安全欲求（安全に安心して生活したいという欲求）
③社会的（愛情）欲求（他者に受け入れられ集団に属していたいという欲求）
④尊敬（承認）欲求（他者や社会から価値ある存在だと認められ尊重されたいという欲求）
⑤自己実現欲求（自分の可能性を最大限に引き出し、創造的に自己を成長させたいという欲求）

の5つがある。人間の欲求には段階が存在するという理論で、のちに市場細分化に影響を与える。

この後の1956年、ウェンデル・スミス*によって提唱された「市場細分化概念」では、「製品差別化」と「ポジショニング」概念とともに、大量生産・大量販売を前提に、異なるニーズをもつ顧客の需要を獲得する必要性が認識されるようになる。

これまでの経済学では「完全競争（同一の品質同士で徹底的に競い合い、時にあくなき値下げ競争にまで至る）」か「独占市場（強者しか存在しない環境）」しかないとされた。しかし、スミスは、実際のビジネスではこのようなことはありえず、不完全な競争市

1-2図　マズローの欲求5段階説

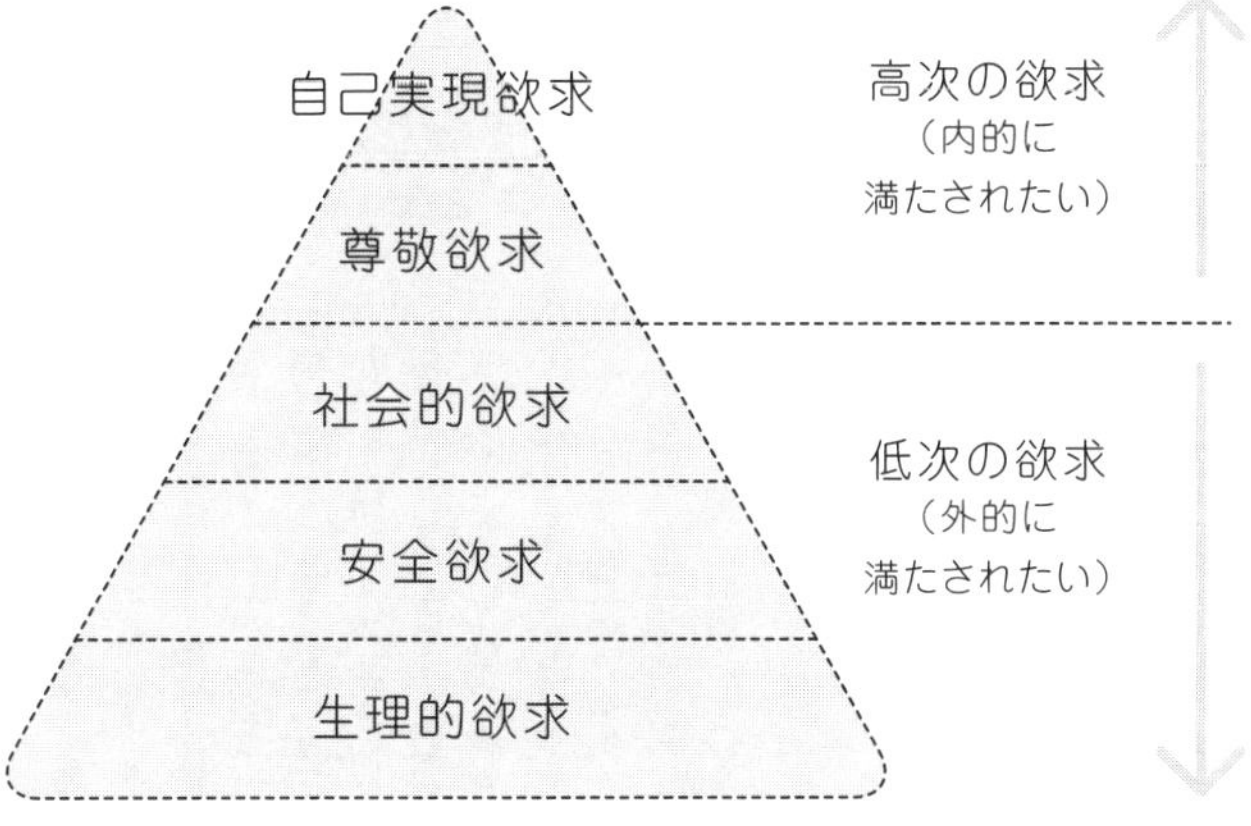

場（製品ごとに違いがある競争市場）になっていると指摘した。

製品の差別化と市場の細分化は密接な関係にあり、細分化は製造から広告販促などコストの問題にも関わってくると指摘した。たとえば、きわめて小さな市場なのに、巨大な設備投資やプロモーションを行っていては、採算が成立しないといったことを考えれば容易にわかるだろう。

今日の製品差別化、市場細分化、ＳＴＰの概念について最初に言及したのがスミスだ。

実務家から見たひと言

ビジネスパーソンの中には、顧客のことを平気で「弊社製品のターゲットは……」などと口にする人がいる。「標的」と表現されて、顧客がどう思うかを考えないようでは、生活者の心はつかめない。

マーケティング・ミックスと４Ｐ概念の登場

実務上でマーケティング・プランを考える際には、製品づくりから価格の設定、販売方法、販売促進策に至るまで、実に多様な要素と手段があり、それらを最適に組み合わせて実行に移す。マーケティングに必要な要素を組み合わせ、相乗効果を上げることを、「マーケティング・ミックス」と呼ぶ。

このマーケティング・ミックスという言葉を最初に使用したのは、ハーバード・ビ

アブラハム・マズロー
（Abraham Harold Maslow, 1908〜1970）
米国の心理学者。7人兄弟の長男として生まれ、幼少期は心理学専門家から精神的に不安定と評された。ユダヤ系の移民として人種差別に合うなかで、当初は肉体強化に取り組んだという。大学では最初、法律を学ぶが嫌気が差して、心理学に転向し心理学者として「自己実現理論」を生み出す。従来の心理学とは異なる人間性心理学の始祖としても知られる。

ウェンデル・スミス
（Wendell R. Smith）
米国のマーケティング学者・コンサルタント。当初は家業の靴屋を手伝いながら大学に通う。その後アイオワ大学で教職のキャリアを重ねマーケティング学部のトップに就任。その後コンサルティング業界に身を投じ、「製品差別化と市場細分化」に関わる論

ジネス・スクール教授のニール・H・ボーデン*だ。ボーデンは論文『マーケティング・ミックスの考え方（The Concept of the Marketing Mix）』（1964年）の中で、経営とマーケティングに必要な要素を組み合わせ設計することを「マーケティング・ミックス」と呼んだ。ちなみに、ミックスという言葉は、同僚のジェームズ・カリトン*が1948年に行った研究の中で、経営者のことを「素材のミキサー」だと表現したことにヒントを得ている。

また、シカゴ大学経営学大学院のジョン・A・ハワード*は、1957年に著した『マーケティング・マネジメント：分析と意思決定（Marketing Management: Analysis and Decision）』で、マーケティングを経営管理の一分野だと規定している。

企業が競争する際の資源として、「製品」「販売経路」「価格」「広告」「対人販売」「立地」の6つを挙げ、企業が競争する際には、自社の、どの資源を、どう使うかが重要だと指摘した。

さらに、経営視点でマーケティングを考える方法を発展させたのが、ハーバード・ビジネス・スクール教授のE・ジェローム・マッカーシー*だ。

マッカーシーは1960年、「ターゲット・マーケティング」（対象とする市場や顧客を決めたマーケティング）を提唱し、対象にする（ターゲット）市場の設定と、マーケティングにおけるプランの策定は、同時に行うべきだと指摘した。

そして、マーケティングを構成する多様な手段をわかりやすく整理する方法として、「製品（Product）」「流通（Place）」「プロモーション（Promotion）」「価格（Price）」とい

文で表彰を受ける。さらに実業界に身を転じた。商いの世界から学問の世界まで幅広くマーケティングの進化に貢献した。

ニール・H・ボーデン
（Neil H. Borden, 1895〜1980）
米国の元ハーバード大学教授。広告畑出身で40年間にわたるハーバード大学でのキャリアで広告マネジメントに身を捧げた。大恐慌では、広告効果の疑問に対して「広告効果の経済的効果」を発表。その後、広告とマーケティングを関係づけ、マーケティング・ミックスという言葉に昇華させる。現在でも彼の思想は生き続けている。

ジェームズ・カリトン
（James Culliton）
米国のマーケティング学者。ノートルダム大学ビジネス・スクールで学部長を務めた後、ケネディ政権下で関税委員に任命される。その後、フィ

う4つに分類したものが紹介され、現在でもマーケティングに携わる者なら知らぬ者がいない「4P」という概念が登場する。
マッカーシーによって提唱された4Pは、マーケティング・ミックスの考え方を理解する視点であり、マーケティング・ミックスを考える際のフレームワークとして広く受け入れられていく。その後現在に至るまで、マーケティングの教科書には必ず紹介されている。

実務家から見たひと言

4P概念が「古い」「使えない」という以前に、「本当に4Pを熟慮したプランなのか」を振り返ってみるべきだ。

製品至上主義から、顧客満足と顧客創造へ

ドイツのボルメルツで生まれたセオドア・レビット*は、1950年代後半のシカゴでコンサルタントとして働いているときに、ハーバード・ビジネス・スクールから招かれ教授に就任、『ハーバード・ビジネス・レビュー』の編集長も務めた。
このレビットが1960年に『ハーバード・ビジネス・レビュー』に発表した論文「マーケティング近視眼（Marketing Myopia）」では、**モノ発想だけで、顧客視点が欠落しているビジネス戦略の欠陥を指摘した。**
「企業の存在と役割は、製品やサービスを生産するだけではなく、顧客を引きつけ、

リピンでもビジネス・スクール立ち上げに関わり、国内外、政官学にわたって活躍した。

ジョン・A・ハワード
(John A. Howard)
米国のマーケティング学者。専門はマーケティング管理論。マーケティングや消費者行動論のイノベーターとして知られる。40年間にわたる学者生活で多くの論文を発表したほか、イリノイ、シカゴ、ピッツバーグ、ウェスタン・オンタリオ、スタンフォード、コロンビアといった北米全域の大学で教鞭を執った。その功績をたたえて、1992年以降、米国マーケティング協会は、彼の名を冠した博士論文賞を設け、毎年表彰している。

E・ジェローム・マッカーシー
(Edmund Jerome McCarthy)
米国のマーケティング学者。ミネソタ大学で博士号を取得

その企業と取引したいと思ってもらえる活動を行うことにある。企業は、顧客創造と顧客満足のための有機体と見なすべきだ。経営者の使命は顧客を創造できる価値を提供し、顧客満足を生み出すことにある。経営者はこの考え方を、組織全体に広めなければならない」とレビットは提唱した。

　レビットが「マーケティング近視眼」の中で典型的事例として引用し、その後マーケティングの教科書や書籍などでよく引用されるようになったのが、米国の鉄道会社の例だ。

「鉄道会社は自社の事業領域（事業ドメイン）を鉄道事業と考えるのではなく、輸送事業と考えるべきだった。事業領域をそのように設定していれば、顧客が要求する変化にいち早く気づき、自動車やトラックあるいは飛行機などの新たな交通機関の台頭によって打撃を受けることはなかった。顧客の要求をつかみ、それを満たすことに事業を集中化することは、製品づくりや販売に集中するよりも持続的成功につながる」とレビットは述べている。

実務家から見たひと言

東日本旅客鉄道（ＪＲ東日本）は世界最大の鉄道事業者だが、アトレやルミネに代表される商業施設（生活サービス事業）や電子マネーのスイカ（Suica 事業）も行っている。レビットの提言は、日本で実現されている。

後、ミシガン州立大学やノートルダム大学で教鞭を執った。米国の他のマーケティング学者と同様に、コンサルティング活動にも従事しており、Planned Innovation の創業者として世界各国の大手企業に製品市場分析を説いた。

セオドア・レビット
（Theodore Levitt, 1925〜2006）
米国のマーケティング学者。大学では経済学で博士号を修め、ノースダコタ大学で教職の道を得た後、ハーバード・ビジネス・スクールで教授となる。著名な論文「マーケティ

イノベーションの普及プロセスを解明する普及理論の登場

米国の社会学者エベレット・M・ロジャーズ*は、その著書『イノベーションの普及（Diffusion of Innovations）』（翔泳社、原著は1962年）で、イノベーション（まだ普及していない新しいモノやコト）がどのように社会に普及していくかという普及理論の研究を行い、新しいモノやコトをいつ取り入れるかという採用時期によって、生活者を5つのカテゴリーに分類して説明した［1-3図］。

・**イノベーター**（先駆的採用者）
冒険的で最初に取り入れる人。

・**アーリーアダプター**（初期の採用者）

1-3図　**ロジャーズの普及理論**

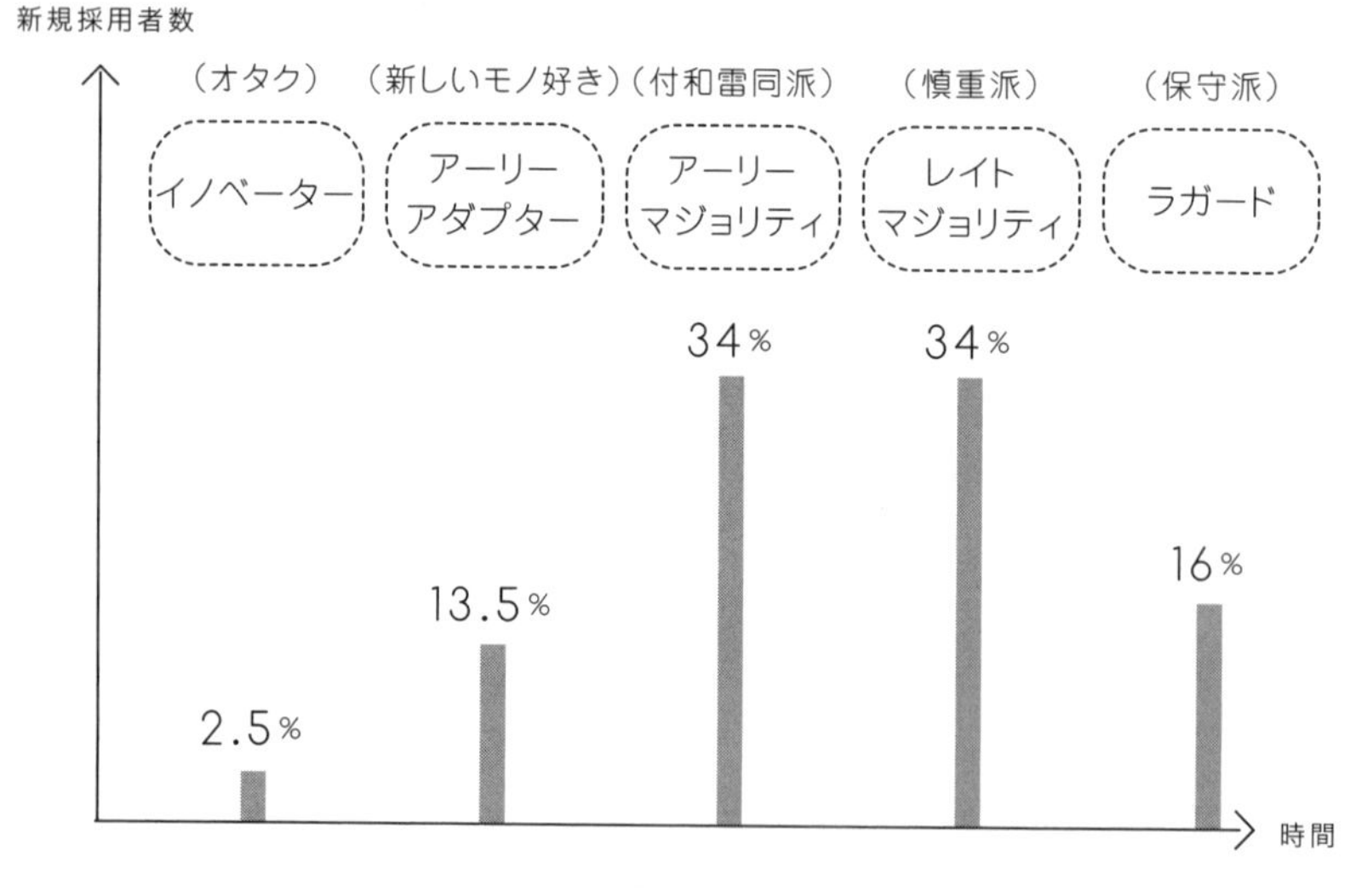

製品の新規採用者を5つのステップに分類したロジャーズの普及理論。累計の新規顧客数が16%を超えて、アーリーアダプターからアーリーマジョリティへの移行が製品普及の「いき値（市場が急拡大する地点）」に当たる。すべての製品がこのような正規分布するわけではなく、このモデルを使って製品の新規採用者のタイプを予測することも難しいため、理論というよりは概念にとどまるという説もある。

自分で情報を集め判断する。次の「初期多数採用者」から評価を受ける。

・**アーリーマジョリティ**（初期の多数採用者）

慎重で、初期の採用者に相談するなどした後に採用する。

・**レイトマジョリティ**

疑り深く世の中に普及していく状況を見た後に採用する。

・**ラガード**

最も保守的で、最後に採用する。

この5つの普及理論は、後年研究が重ねられ進化していく。

実務家から見たひと言

イノベーターが商品やサービスを取り入れて市場が大衆化する場合と、一部のマニアだけで終わるケースとに分かれる。ハイエンド市場では、あえて大衆化させない考え方もある。

プロダクト・ポートフォリオ

1960年代後半から、GEなど米国の巨大企業が事業再編を進めるなか、ボストン コンサルティング グループ（BCG）が1970年代に提唱したのが、「プロダクト・ポートフォリオ」だ［1－4図］。

当時、世界市場で台頭を始めた日本企業は、低価格戦略で市場シェアを取ることを

ング近視眼」の一節「あなたは何のビジネスに従事しているか？」という設問で、事業の位置づけ方が重要であることを社会に認識させた。グローバル・マーケティングに関わる論文でも有名で過去4回、マッキンゼー賞に輝く。

エベレット・M・ロジャーズ
（Everett M. Rogers, 1931～2004）

米国のコミュニケーション学者・社会学者。父が農家で当初は農業を専攻していたが、朝鮮戦争へ従軍。社会学と統計学で博士号も取得した。のちに発表された普及理論は、社会科学で最も引用された文献の1つに選ばれる。エデュテイメント（エンターテイメント&エデュケーション）にも力を入れ、タンザニアでの公衆衛生改善にそのテクニックを用いたラジオドラマを制作し、多方面にわたり活躍した。

重視していた。そのため、米国の企業がこれに対抗するには、「事業の選択と集中」を行う必要があり、その際の指針となる方法として考え出されたものが、プロダクト・ポートフォリオだ。

プロダクト・ポートフォリオは、分析対象となる製品・事業の市場成長率を縦軸に置き、競合他社と比較した市場シェアを横軸に取ったポートフォリオだ。ここに、各製品・各事業を円形にして描く。その際、円のサイズは、総売上の収益率に対する製品や事業の売上収益率を表すように描く。

こうすることで、自社の製品や事業を、市場成長率と市場シェアにおいて4つに分類できる。

企業の投資戦略から見ると、

1-4図　BCGのプロダクト・ポートフォリオ

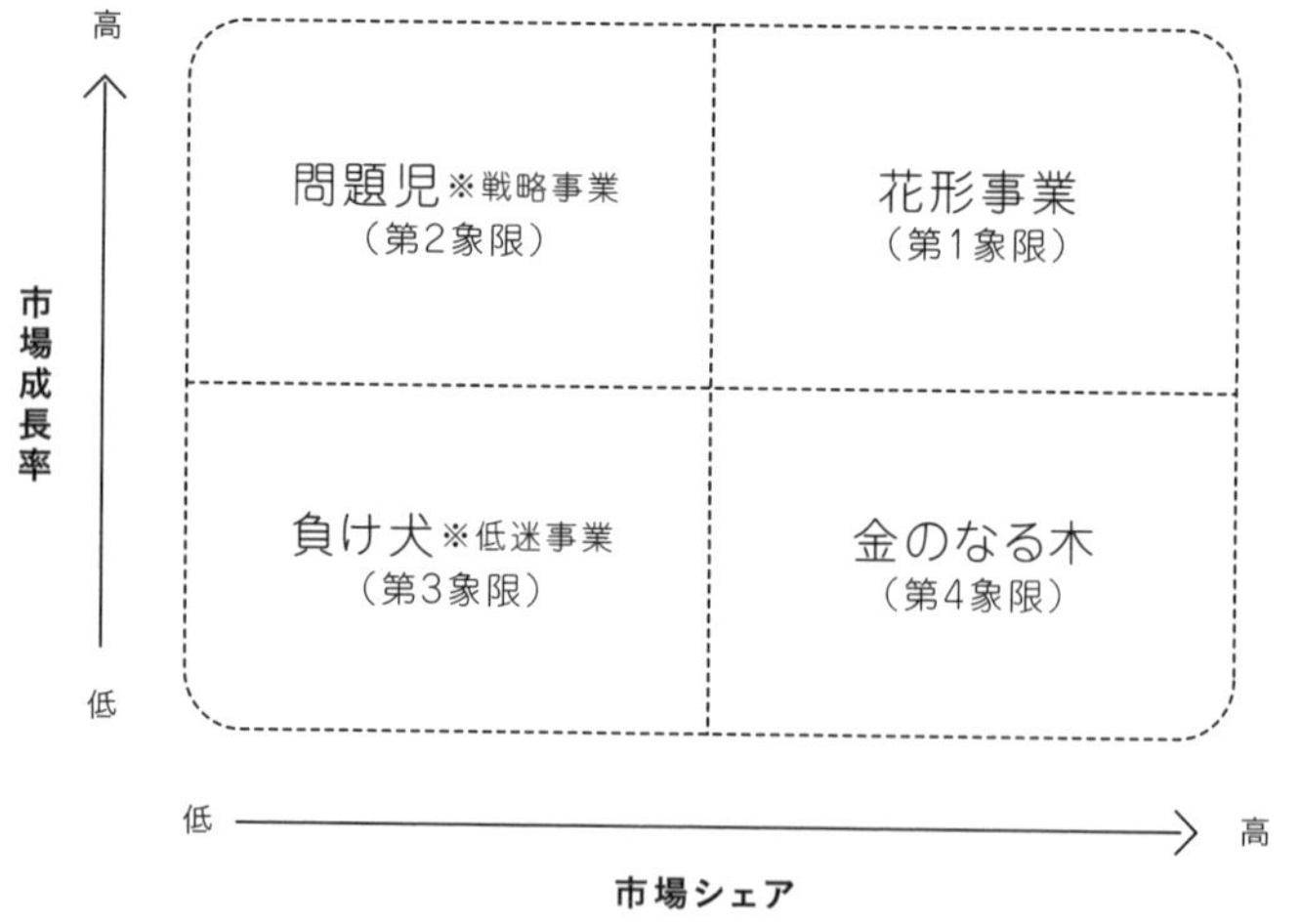

複数市場で製品・事業展開する企業が、効率的に製品・事業に優先順位をつける分析手法としてBCGが提唱した。2軸のマトリクスで、4つの象限に各々の事業を位置づける。似た分析手法に、マッキンゼーとGEが共同開発したビジネス・スクリーンが挙げられる。プロダクト・ポートフォリオの活用には戦略的意図をもった市場の細分化が欠かせず、一般的な意味合いでの市場の括り方では意図した分析結果が得られない場合もある。縦軸が製品ライフサイクル、横軸は経験曲線効果（累積生産量増加によるコスト低減）を意図しており、量産効果が発揮される事業に向く分析ツールともいえる。

・「**金のなる木**」＝多大な追加投資をしなくてもキャッシュフローを生み出す事業
・「**花形事業**」＝市場の成長に合わせて投資を続ける必要のある事業
・「**問題児**」＝市場の成長に対して投資が不足しており、追加投資を行うか、撤退が必要な事業
・「**負け犬**」＝将来性が見込めず、基本的には撤退したほうがよい事業

と考える。

そして、「金のなる木」から上がった収益を「問題児」の事業に投入し、「花形事業」に育てる方法が定石になる。

実務家から見たひと言

日本企業の台頭によって、米国企業の事業再編のために、プロダクト・ポートフォリオは考え出された。のちに、日本でも頻繁に用いられた「選択と集中」も、実はプロダクト・ポートフォリオから始まった概念だ。

顧客視点から市場を細分化するライフスタイル・マーケティング

1978年、スタンフォード国際研究所（SRI International）によって「VALS（Value And Life Style）」が開発された。これは、米国人の価値観とライフスタイルを説明する方法として生み出されたものだ。経済の発展や人間の心理的成長が、生活者の

ライフスタイルに影響を与えるという視点に立ち、次の9つのライフスタイル・タイプに分けられるとした。

①自己実現者、②成功者、③成功願望派、④社会良識派、⑤知性派、⑥若手知性派、⑦集団帰属者、⑧生活維持者、⑨生活困窮者

ここにおいて、マーケティングに初めて価値観とライフスタイルという2つの概念が登場する。このVALSは、消費者の価値観やライフスタイルの大きな流れを把握するのに役立ち、セグメンテーションを行ううえでの1つの基準となる考え方だ。

実務家から見たひと言

商品開発を行う場合、どんな顧客層を相手にするかを決めた後は、その顧客層のライフスタイル分析が欠かせない。

企業視点の4Pに対して、顧客視点から登場した4C

1961年にジェローム・マッカーシーが提唱した4Pは、代表的なマーケティング・ミックスの分類方法だが、これはあくまでも企業側・売り手側の視点だった。

1990年、米国ノースカロライナ大学マスコミ学科教授のロバート・ラウターボーン*によって提唱されたのが「4C」だ。

ラウターボーンは、売り手である企業は、4Pを設定する前に、買い手である顧客の視点から検討に入るべきだと主張し、次の4つのCを提唱した。

ロバート・ラウターボーン
(Robert F. Lauterborn)
広告を専門にする学者。現在はノース・カロライナ大学チャペルヒル校で教鞭を執る。統合型マーケティング・コミュニケーション(IMC)の概念を打ち出したことで知られる。16年間にわたるGEなどでの実務経験があるほか、2004年には優れた広告の教育者にも選ばれた。実業と学界の双方で活躍している。

・**顧客にとっての価値・ソリューション**（Customer Value）
商品やサービスは顧客のどんな問題を解決するのか。

・**顧客にかかるコスト**（Cost）
顧客が節約できる金額や時間、あるいは避けられるリスクはどれだけあるか。

・**顧客にとっての利便性**（Convenience）
営業日、営業時間、営業場所、注文方法、問い合わせ方法、サービスなどは、顧客から見て利便性が高いか。

・**顧客との対話・コミュニケーション**（Communication）
顧客は商品やサービスをどのように知り、どんな問い合わせ方法を使い、どのように企業として対応しているか。また、既存顧客にはどんな対応を行い、どう信頼されているか。

マーケティングを買い手の視点から考えるという「顧客発想」が、ここで初めて登場してくる。

実務家から見たひと言

4Pと4Cを踏まえたマーケティング発想を行えば、マーケティングを立案する際に大失敗することはないはずだ。

アーリーアダプターとアーリーマジョリティの間にある「深くて大きな溝」

58ページで述べたように、エベレット・M・ロジャーズは、「イノベーター」「アーリーアダプター」「アーリーマジョリティ」「レイトマジョリティ」「ラガード」という5つの採用者タイプに生活者を分類した。

新しい商品やサービスが普及していくプロセスを研究する普及学の基礎理論についての研究が、その後も続けられた。

そして、新たな技術や流行は、イノベーターとアーリーアダプターに普及した段階（普及率16％超）になると急速に拡がることが指摘された。つまり、イノベーターとアーリーアダプターに支持されることが、新製品を普及させるうえで重要なポイントだと認識されたのだ。

マーケティング・コンサルタントのジェフリー・A・ムーア*は、1991年の著書『キャズム（Crossing the chasm）』（翔泳社）の中で、「キャズム」という言葉を使った。

ムーアは、使用者に行動変化を強いるハイテク製品の分野では、アーリーアダプターとアーリーマジョリティの間に「深くて大きな溝＝キャズム」があると指摘。ハイテク市場におけるマーケティング理論として、この「キャズム理論」が注目される。

ハイテク市場で、アーリーアダプターが製品を購入するのは、競合他社よりもいち早く新技術を導入して、優位性を発揮することが狙いだ。彼らは競争優位性を高める

『キャズム』ジェフリー・ムーア（翔泳社）

ジェフリー・A・ムーア
（Geoffrey A. Moore, 1946〜）
米国のマネジメント・コンサルタント。大学での専攻は米文学で、英語の教職を得た後に、カリフォルニアへ移りハイテク業界で働き始める。現在は自身のコンサルティング会社代表のほか、ベンチャー企業の経営にも関わる。「キャズム理論」は、シリコンバレーのマッケンナ・グループでコンサルティングに従事していたときに着想を得たとされる。

ため、リスクを覚悟して新技術を導入するが、新技術の供給者に対して、製品の仕様変更などの過大な要求をすることもある。

　アーリーマジョリティは、業務効率の改善手段として製品を位置づける。未完成な技術で不利益を受けるのは避けたいと考え、同業他社の採用実績を参考にすることが多い。その一方で、導入した製品や技術は、社内標準になるケースが多く、供給者にとっては重要な顧客になる。

　アーリーアダプターとアーリーマジョリティではニーズが異なるため、ムーアは、**この「深くて大きな溝」を超えて市場の主流になるには、自社製品の普及段階によって、マーケティングを変えることが必要だと主張している。**

実務家から見たひと言

男女間にも、「深くて大きな溝」があるように、「キャズム」はハイテク市場だけでなく、どの市場にも存在する。

顧客の心の中に企業の居場所を明確にするポジショニング戦略

「ポジショニング」の起源は、ジャック・トラウト*が著した1969年の論文（"Positioning" is a game people play in today's me-too market place）にある。その後、1981年にトラウトがアル・ライズ*と共著で『ポジショニング戦略（Positioning:

ジャック・トラウト
(Jack Trout)
米国のマーケター。GEの広告部門でキャリアをスタートし、その後アル・ライズとともに26年にわたり広告代理店やマーケティング会社で仕事をする。ポジショニングの提唱者としても名高く、現在は自身が代表を務めるコンサルティング会社を経営する。

アル・ライズ
(Al Ries)
米国のマーケター。ジャック・トラウトと同様にGEの広告部門でキャリアをスタート、その後自身の広告代理店やマーケティング会社を経営する。ジャック・トラウトと

『ポジショニング戦略（新版）』アル・ライズ、ジャック・トラウト（海と月社）

The Battle For Your Mind)』（海と月社）を出したことで、1980年代にポジショニング理論が注目されるようになった。

トラウトとライズは、企業戦略とは自社内の視点だけでは判断できず、生活者が競合する企業に比べて、自社のことをどう認識するかによって決まるとした。企業戦略を策定して遂行する際には、生活者の心の中に、「企業の居場所（ポジション）」をつくる必要があると主張したのだ。

企業が自社の商品を販売する際には、商品を研究してセールスポイントを探すことが多い。しかし、そこに活路はなく、自社が顧客の心の中にどう商品が位置づけられるかがポイントになる。

マーケティングで用いる一般的な「ポジショニング」の意味は、市場において企業がどのような場所（ポジション）で競合他社と競争し、あるいは棲み分けるかを決めることを指す。

その一方、企業が自社のポジショニングを決める際には、

・**マーケットシェア**（市場における自社のシェア）
・**マインドシェア**（顧客の心の中に占める占有率）

の2つを勘案して、自社のポジションを決定する。

ハーバード大学大学院教授のマイケル・E・ポーター*は、1980年に刊行した『競争の戦略（Competitive Strategy）』（ダイヤモンド社）の中で、マーケットシェアの観点から、ポジショニングの取り組み方について言及している。

ともにポジショニングの啓蒙に貢献し、現在は自身のコンサルティング会社を娘とともに経営する。『PRウィーク』誌で20世紀にPR分野で最も影響力のある1人に選ばれたほか、『ビジネスウィーク』誌のベストセラーリストにも名を連ねた。

マイケル・E・ポーター（Michael Eugene Porter, 1947〜）
米国の経営学者。大学では航空工学を専攻し、その後ハーバード大学でMBAとビジ

ポーターは、マーケットシェアに基づいて、企業のポジショニングを4つのタイプに分類し、3つの戦略を提示した。4つのタイプのポジショニングとは、

①マーケット・リーダーのポジショニング

豊富な経営資源を生かし、市場全体を握るトップ企業のマーケティングを展開する。

②マーケット・チャレンジャーのポジショニング

マーケット・リーダーと差別化し、自社の得意な分野に集中してマーケティングを展開する。

③マーケット・フォロワーのポジショニング

上位の企業の模倣や取りこぼしを狙って、マーケティングを展開する。

④マーケット・ニッチャーのポジショニング

リーダーやチャレンジャーと競合せず、自社の技術やサービスを、絞り込んだ領域に集中し、小さな市場を獲得するためのマーケティングを展開する。

というものだ。これに続く3つの戦略とは、

①コスト・リーダー戦略

対象にするいくつかの市場を一体として扱い、1つの製品とマーケティング・ミックスだけでマーケティングを行う戦略。

②差別化戦略

対象にする市場を顧客のニーズに合わせて細分化し、細分化した領域の市場ごと

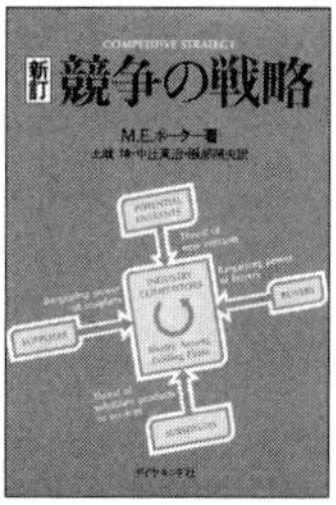

『競争の戦略』マイケル・ポーター（ダイヤモンド社）

ネス経済学の博士号を取得した。競争戦略の大家として多くの書籍、論文を発表し、マッキンゼー賞を6回受賞する。一方で、企業の競争力はポジショニングではなく、企業の内部資源にあるとする、バーニーに代表される一派との論争も起こる。競争戦略では、企業はもちろん国の競争力にも適用し、安倍首相にも面会した。日本では、経営に優れた企業を表彰する自身の名前を冠した「ポーター賞」を創設。

に製品とマーケティング・ミックスを展開する戦略。

③集中型戦略

対象にする市場を顧客のニーズに合わせて細分化し、自社の強みを生かせる領域に絞って、特定のニーズに対応した製品とマーケティング・ミックスを展開する戦略。

一方、トラウトとライズが提唱したのは、マインドシェア（顧客の心の中の占有率）から見た取り組みだ。競争が激しい市場で成功するためには、顧客の心の中にどのようなポジショニングを獲得するか（自社の存在価値をどう位置づけるか）で、すべてが決まるのだ。

市場においてナンバーワンになるためには、マインドシェアでナンバーワンにポジショニングされるように集中すべきだというのが、トラウトとライズの考え方だ。そうすれば、マーケットシェアでもナンバーワンになれると考えたわけだ。

ジャック・トラウトはその後、『リ・ポジショニング戦略』（翔泳社）を２００９年に刊行し、その中で、企業の存在意義や社会的使命が顧客からどのようにイメージ（ポジショニング）されているかを調べ、必要な際には「リ・ポジショニング（ポジショニングの再定義）」をする必要があるとした。

実務家から見たひと言

失敗する商品や魅力に乏しい製品の多くは、ポジショニングが曖昧だ。ポジショニングがしっかりしていれば、ブランドになる。

『リ・ポジショニング戦略』ジャック・トラウト（翔泳社）

顧客志向に論争を挑んだポストモダン・マーケティング

1993年にアルスター大学教授のスティーブン・ブラウン*が提唱した概念が「ポストモダン・マーケティング」で、彼の著書が『ポストモダン・マーケティング——「顧客志向」は捨ててしまえ！（Forget the Customer）』（ダイヤモンド社）だ。

ブラウンは、「3C（顧客＝Customer、競争相手＝Competitor、自社＝Company）」「4P」（→P56）「STP」（→P53）といった従来のマーケティング（モダン・マーケティング）の考えを痛烈に批判し、マーケティング界の第一人者であるコトラーと激しく論争した。

ブラウンの主張の根拠は、どの企業も「顧客第一主義」を標榜し、他社と同じことをやっていても、競争優位性を発揮することはできない、したがって顧客志向では差別化できないとした。

また、ブラウンは、現在のマーケティングの体制が、創造的で機知に富んでいるべきマーケティングを、ビジネス一辺倒で無味乾燥な科学にしたという批判を展開した。

顧客志向に代わる戦略としてブラウンが提唱したのが、からかう・せがむなどの意を持つ「ティーズ（TEASE）」という言葉だ。TEASEは、トリック（Tr ck）、限定（Exclusivity）、増幅（Amplification）、秘密（Secrecy）、人を楽しませるもの（Entertainment）という5つの言葉の頭文字を取ったものでもある。

「顧客を憤慨させる」「顧客をじらして苦しめる」というティーズの考え方は、これ

『ポストモダン・マーケティング——「顧客志向」は捨ててしまえ！』スティーブン・ブラウン（ダイヤモンド社）

スティーブン・ブラウン
（Stephen Brown）
アイルランドのマーケティング学者。顧客中心主義の従来型マーケティングにアンチテーゼを唱えて物議を醸す。ノースウェスタン大学、カリフォルニア大学、ユタ大学でも客員教授を務めたほか、『ハーバード・ビジネス・レビュー』でも彼の論文が取り上げられた。現在は、アイルランドのアルスター大学で教授を務める。

までのマーケティングの顧客志向とは対極に位置づけられる。ティーズは次のように、顧客を飢餓状態にして、顧客の購買意欲を高めるという方法をとる。

①**トリック**（Trick＝事実を誇張して販売する）

事実を誇張して販売する手法で、購買層にはその誇張を、面白く味わうことができるユーモアとして提供することが必要だとした。

②**限定**（Exclusivity＝限定という枯渇感や欠乏感をあおって販売する）

限定という切り口によって希少価値をアピールする方法で、「数量が限られていること」と「限られた期間しか入手できない」という2つの要素が必要だとした。

③**増幅**（Amplification＝噂を増幅して販売する）

数多くある存在の中から目立つための方法で、単に優れた製品をつくるだけでなく、卓越した製品を卓越した方法でマーケティングし、噂を増幅することが必要だとした。

④**秘密**（Secrecy＝不思議がらせて販売する）

顧客の好奇心を刺激する手法で、人々の好奇心を刺激して不思議がらせ、他人にそのことについて話すように促すことだとした。

⑤**エンターテイメント**（Entertainment＝かつてない驚きと変化の早さで販売する）

顧客に衝撃（インパクト）を与える手法で、興奮する要素やエネルギーなど人を楽しませるものを常に付与する必要があるとした。

ブラウンは、ベストセラーとなった『ハリー・ポッター』（静山社）を例として取り上げ、発売直前まで題名やページ数を「秘密」にしたマーケティングが成功したと説明している。

ただ、コトラーと激しく論争したブラウンが提唱したポストモダン・マーケティングの概念は、その後、内容が高度化されたり昇華されたりすることはなく、登場する機会もなくなった。

実務家から見たひと言

マーケティングに限らず、事実を誇張したり歪曲したりして製品・サービスを販売した企業が長続きすることはない。企業人格が貧しいと、永続は許されない。

アンチテーゼとして登場したラテラル・マーケティング

これまで一般的だったのは、慣例に基づき論理的に課題を解決する「垂直型（バーティカル・）マーケティング」だった。

これに対し、フィリップ・コトラー*とフェルナンド・トリアス・デ・ベス*は2003年、非論理的な思考で解決策を導き出す「水平型（ラテラル・）マーケティング」の必要性を、共著『コトラーのマーケティング思考法（Lateral Marketig）』（東洋経済新報社）において提唱した。

市場の競争が年ごとに激しくなり、従来型の論理的なバーティカル・マーケティン

フィリップ・コトラー
（Philip Kotler, 1931〜）
米国のマーケティング学者。言わずと知れた「マーケティングの神様」。マサチューセッツ工科大学で経済学の博士号取得後、ノースウェスタン大学でマーケティングを教え始

『コトラーのマーケティング思考法』フィリップ・コトラー、フェルナンド・トリアス・デ・ベス（東洋経済新報社）

グでは、市場が細分化されすぎて、新たなチャンスを見つけられないという弊害が生まれていた。
飽和したマーケットで生き残るには、新たなセグメント（絞り込んだ領域や商品など）を見つけるのではなく、新たなマーケットをつくり出すために、非論理的なラテラル・マーケティングによるアイデア発想が有効なのだとした。
コトラーは、ラテラル・マーケティングを実践するステップを、次のように提唱した。

［ステップ①］フォーカス

水平思考の対象となるもので、新製品開発の場合なら「製品」に焦点をあてる。

［ステップ②］水平移動

論理的な思考や常識的な発想ではなく、「代用」「結合」「逆転」「除去」「強調」「並べ替え」という6つの水平思考を行う。

［ステップ③］連結

水平思考で生まれたアイデアを、実行できるように変更を加える。

実務家から見たひと言

理論と理屈だけで、世の中を魅了する事業や商品は生み出せない。これからのマーケティングに必要なのは、枠にはまらない水平型（ラテラル）思考と行動ができる人材だ。21世紀にこそ、盛田昭夫氏や本田宗一郎氏のような人材が必要だ。

める。2005年にはビジネス・マネジメントにおける世界4大グルの1人に選ばれ、その論文や発言は国内外や分野を問わず大きな影響力を持つ。インドネシアでは彼の肖像を使った切手が発売された。

フェルナンド・トリアス・デ・ベス
（Fernando Trias De Bes）
マーケティング、イノベーションを専門にする作家・エコノミスト。スペインのビジネス・スクールESADEとミシガン大学でMBAを取得。母校ESADEで助教授として教鞭を執ったほか、自身のコンサルティング会社を経営する。作家としての一面を持ち、数々のフィクションも執筆する。

参考文献

神戸大学経営学研究科　ディスカッションペーパー「マーケティングを振り返る」　栗木契　2010年5月

京都大学経済学会『経済論叢』139巻第4・5号　1987年「生成期のマーケティング論（上・下）」近藤文男

情報システム学会　メールマガジン連載　2011年1月1日「情報価値とインテリジェンス　第6回　イノベーションの源泉―製品・技術のライフサイクル分析と必要なインテリジェンス―」菅澤喜男

『ランチェスター思考 競争戦略の基礎』福田秀人著　ランチェスター戦略学会監修　東洋経済新報社

「マーケティング・ミックスの概念」ニール・H・ボーデン著　北原明彦訳（The Concept of the Marketing Mixの邦訳）

熊本学園商学論集14（1）熊本学園大学商学会2007年9月

『経営者のためのマーケティング・マネジメント――その分析と決定』ジョン・A・ハワード著　田島義博訳　建帛社　1960年（Marketing Management: Analysis and Dicision）

『ベーシック・マーケティング』E・ジェローム・マッカーシー著　粟屋義純監訳　浦郷義郎、大江宏、二瓶善博、横沢利昌訳　東京教学社　1978年

『新版　マーケティングの革新』セオドア・レビット著 土岐坤訳　ダイヤモンド社　2002年

『レビットのマーケティング思考法』セオドア・レビット著 DIAMONDハーバード・ビジネス・レビュー編集部訳　ダイヤモンド社　2002年

『技術革新の普及過程』エベレット・M・ロジャーズ著　藤竹暁訳　培風館　1966年

『イノベーション普及学』エベレット・M・ロジャーズ著　青池慎一、宇野善康訳　産能大学出版部　1990年

『ポートフォリオ戦略――再成長への挑戦』ジェームス・C・アベグレン、ボストン・コンサルティング・グループ編著　プレジデント社　1977年

『キャズム』ジェフリー・ムーア著　川又政治訳　翔泳社　2002年

『ポジショニング戦略』アル・ライズ、ジャック・トラウト著、川上純子訳 海と月社　2008年

『ポストモダン・マーケティング――「顧客志向」は捨ててしまえ！』スティーブン・ブラウン著、ルディー和子訳 ダイヤモンド社　2005年

『コトラーのマーケティング思考法』フィリップ・コトラー、フェルナンド・トリアス・デ・ベス著　恩藏直人監訳　大川修二訳　東洋経済新報社　2004年

EXTENSION

CHAPTER 2

マーケティングの適用範囲の拡大

モノを売るためから、顧客視点や社会性・公共性までが視野に入る

マーケティングは当初、企業がモノを売るための「利益追求型概念」（マネジリアル・マーケティングとも呼ぶ）から始まった。

そのため、１９６０年代から１９７０年代にかけて、強引な販売方法や販売促進策も出現していた。また、この頃の西側社会は急速に繁栄する一方、地球全体で見ると貧困や飢餓、疫病や環境破壊といった問題が生まれていた。

時間の経過とともに、企業側の論理だけで製品を売ることには限界があることに気づく人が増え、顧客の欲求やニーズを研究し、自社のマーケティングに生かす取り組みがしだいに拡がっていく。

年代	ビジネステーマ	メディア	マーケティング概念	CHAPTER2で登場するマーケティング理論・手法
1950年代（戦後復興期）	大量生産・消費／モノ不足／製品企画・管理	マスメディア（テレビ・ラジオ・新聞・雑誌）	製品中心のマス・マーケティング（マーケティング1.0）	
1960年代（高度経済成長期）				
1970年代（安定成長期）				ソーシャル・マーケティング 1971年 フィリップ・コトラー、ジュラルド・ザルトマン
1980年代（バブル期）	高額品消費／顧客創造・管理		顧客中心のマーケティング（マーケティング2.0）	グローバル・マーケティング 1983年 セオドア・レビット 生産財市場の細分化 1983年 トーマス・ボノマ、ベンソン・シャピロ
1990年代（経済停滞期）	コモディティ化・サービス化／ブランド構築・管理	インターネット		コーズ・リレーテッド・マーケティング 1999年 スー・アドキンス
2000年代（経済停滞期）	ネット化／新たな価値創造	ブログ／メルマガ		ホリスティック・マーケティング 2008年 フィリップ・コトラー BOPマーケティング 2004年 C・K・プラハラード
2010年代（現在）		ソーシャルメディア	価値主導のマーケティング（マーケティング3.0）	社会的責任マーケティング 2011年 マイケル・ポーター

それでもなお、マーケティングは企業が収益を上げるための概念だという考え方が一般的で、生活者や社会に対する配慮を欠いた企業も存在した。そこに、「消費者保護運動（コンシューマリズム）」が沸き起こる。

その発端となったのがレイチェル・カーソン（米国の生物学者）の１９６２年の著書『沈黙の春（Silent Spring）』（新潮文庫）で、ＤＤＴなど農薬に含まれる化学物質の危険性が指摘された。

続いて、ラルフ・ネーダー（米国の社会運動家）は１９６５年、『どんなスピードでも自動車は危険だ（Unsafe at Any Speed : The Designed-In Dangers of the American Automobile）』という著書を発表。ＧＭ製「シボレー・コルヴェア」を例に挙げ、米国の自動車産業がシートベルトを始めとする安全装置を導入せず、安全性を向上するための投資を怠っていると指摘した。

米国製自動車の欠陥を指摘した本書は、全米に衝撃を与え、消費者保護運動が急速に拡がっていく。その後、米国政府は自動車と交通安全に関する法律と専門部署を設けることになり、ネーダーの告発は政府を動かすまでになった。

こうした動きが高まるなかで、１９７１年、フィリップ・コトラーはジェラルド・ザルトマン*とともに、『ジャーナル・オブ・マーケティング』誌に論文「ソーシャル・マーケティング――計画的社会変化の手法（Social Marketing: An Approach to Planned Social Change）」を発表。企業の利益追求型マーケティングの反対の概念として、社会との関わりを重視するマーケティングである「ソーシャル・マーケティング」

『沈黙の春』レイチェル・カーソン（新潮社）

ジェラルド・ザルトマン
(Gerald Zaltman)
米国ハーバード・ビジネス・スクールで教授を務めた。ＭＢＡと社会学の博士号を持つ。コトラーと、ノースウェスタン大学ビジネス・スクールの教授時代に、共著でソーシャル・マーケティングを提唱。現在は心脳マーケティングで名声が高く、ＺＭＥＴと呼ばれる潜在意識を探る調査手法で特許を取得した。自身のコンサルティング会社で調査を実施している。

の考え方を提唱した。

「私たちが考えていたことは、人々に自分、家族、友人、そして社会全体に好ましい行動を取るように説得するのにマーケティングが活用できるかどうかだった。（中略）社会的に重要な意味を持つ、大義のマーケティングであると考え、ソーシャル・マーケティングと名づけた。（中略）生産・販売など企業側からの分析とは一線を画し、社会的な動機からその目的を最大限に達成しようとする考え方は大きな注目を集めた」と、コトラーは『日本経済新聞』の「私の履歴書」（2013年12月13日付）で回想している。

ソーシャル・マーケティングの概念はその後、「非営利組織のマーケティング」に応用され、人口増加に悩むタイでの避妊具のアピールやエイズ感染予防、喫煙反対運動など、さまざまな社会的活動に活用されていく。

実務家から見たひと言

コトラーのマーケティング3・0（価値主導のマーケティング）の考え方は、このときからスタートしている。本業を通じて社会貢献するからこそ、企業は永続性を発揮できる。

企業の海外展開に呼応して登場したグローバル・マーケティング

セオドア・レビットは、1983年に発表した論文「地球市場は同質化に向かう（The

globalization of markets)」において、グローバル・マーケティングの考え方を提唱した。

企業はこれまで、各国の市場と国民の嗜好に合わせて製品をつくり分けてきた。しかし、技術の進化と市場のグローバル化が加速するなかで、人々の嗜好がどれだけ多様化しても、いつかは収束し、規模の経済によってコストや価格の低減につながる市場が生まれる、というのがレビットの指摘だ。

また、レビットは、企業が成長していくには、最善のデザイン・信頼性・価格を実現した「統一規格の製品」を世界中に提供すべきだとも主張した。

グローバル・マーケティングの手法は、国ごとの事情と市場に合わせて製品をつくり分けるよりも、効率性と収益性が高くなる。レビットの指摘には、グローバル化によって世界が同質化するという根拠があった。

実務家から見たひと言

グローバル化によって世界のどの市場も同質化するとは限らない。グローバル化の反動で、ローカル化する分野もある。

生産財のマーケティングと生産財市場における市場の細分化

一般に、マーケティングは消費財と耐久消費財の市場を中心に活用され、進化していったと思われている。だが、生産財市場においても、マーケティング概念は活用されている。

生産財市場を細分化する視点としては、次のようなものがある。

・**産業統計的変数**……調達する企業の規模、業種
・**使用状況に関する変数**……調達する企業が求める技術水準、製品やサービスを使いこなす力量、標準仕様か特注品かの見極め
・**購買行動における変数**……ロイヤリティの程度、注文数、購買基準、購買部門の力、購買の基準（価格重視か価値重視か、モノだけかサービスも加えるかなど）
・**製品・サービスの変数**……品質、性能、サイズ、スタイル、サービス

生産財市場の細分化（セグメンテーション）概念は、ハーバード・ビジネス・スクール教授のベンソン・シャピロ*とトーマス・ボノマ*が、1983年に刊行した『生産財市場における細分化（Segmenting the Industricl Market）』（Lexington Books）の中で、次の3点を指摘している。

①なぜ顧客が購入するのかという分析を踏まえて市場を理解する
②企業の強みに合わせてセグメントする市場を選択する
③異なるセグメントのニーズを合わせ、収益性と競争優位を築くことを踏まえたマーケティング・プランを策定する

実務家から見たひと言

生産財企業にこそ、マーケティング発想が必要だ。

ベンソン・シャピロ
(Benson P. Shapiro)
米国のマーケティング戦略、セールス・マネジメントに関わる権威。大学で化学工学を専攻後、MBA、経営学博士号を取得。ハーバードで27年間にわたり教授を務め、その後現在までコンサルティングや講演活動に従事する。

トーマス・ボノマ
(Thomas V. Bonoma)
米国のマーケティング学者。以前はハーバード・ビジネス・スクール助教授を務め、シャピロと生産財市場の細分化に関わる共著を発表。社会心理学の博士号を持ち、生産財マーケティングと消費者行動論の専門家であった。

人類の80%を占める貧困層向けのマーケティング概念、BOP

1日に2ドル以下で生活する人々が、地球上には40億〜50億人いるといわれ、人類の約80%がこの貧困層に該当する。

ミシガン大学ビジネス・スクール教授のC・K・プラハラード*は2004年、貧困層を顧客として位置づけ、新たな市場になるという「BOP(Bottom Of the Pyramid)マーケティング」を提唱した。その著書は、『ネクスト・マーケット――「貧困層」を「顧客」に変える次世代ビジネス戦略(The Fortune at the Bottom of the Pyramid: Eradicating Poverty Through Profits)』(英治出版)である。

プラハラードは本書で、これまで相手にされなかった発展途上国という巨大市場の存在を喚起した。「貧しい人々は犠牲者であり、重荷だ」という先入観を捨て、「彼らは内に力を秘めた創造的な企業家であり、価値を重視する消費者である」という認識に改めれば、ビジネスチャンスにあふれた新しい世界が開かれると主張した。

収益がともなわない活動は持続的ではなく、それゆえ温情主義に基づく援助活動は失敗してきた。単なる援助では、貧困を克服することはできない。市場原理の中で継続的な利益を生み出すビジネス活動を行うことが、貧困を脱する方法だとした。

多くのグローバル企業は、安価な製品をつくるために発展途上国に進出して、安い労働力を利用している。結果として、発展途上国は豊かになっていった。だが、グローバル企業は労働者の賃金が上昇すると、より賃金の安い貧しい国を求めて生産拠点を

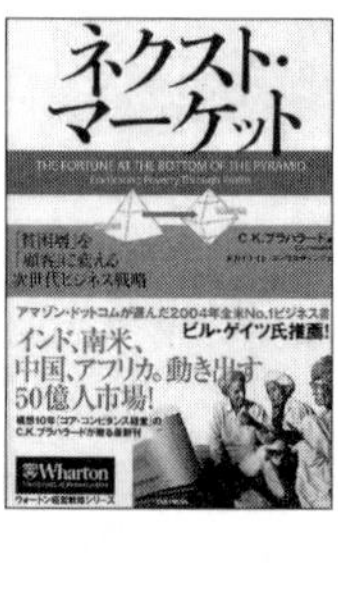

『ネクスト・マーケット(増補改訂版)――「貧困層」を「顧客」に変える次世代ビジネス戦略』C・K・プラハラード(英治出版)

C・K・プラハラード
(C.K. Prahalad, 1941〜2010)
インド生まれの経営学者。マネジメント界のグルと評される。大学で物理を専攻後、バッテリー工場で4年間勤務し、その後経営学博士号をハーバードで取得する。BOPマーケティングのほか、コア・コンピタンス経営でも有名。ミシガン大学のビジネス・スクールで教鞭を執った。

動かしていく。

しかし、プラハラードは、発展途上国が先進国向け製品をつくるための安価な労働力の供給源ではなく、多様な製品を売り込む新たな市場だとした。

市場原理を働かせるためには、質の高い法律とそれを施行する統治力が必要になる。しかしながら、貧困国では法制度が未整備で、汚職が蔓延《まんえん》している。そこで、政府の機能を改善する必要があることも、プラハラードは指摘した。

実務家から見たひと言

植民地的観点やビジネス視点で、貧困国の人々の支持を受けるのは難しい。日本は欧米的でない独自の視点で、この市場に取り組んだほうが歓迎されるはずだ。

個別のマーケティング理論を統合化するホリスティック・マーケティング

「ホリスティック・マーケティング*」は、2002年にフィリップ・コトラーが著書『コトラー 新・マーケティング原論 HBSシリーズ（Marketing Moves: A New Approach to Profits, Growth, and Renewal）』（翔泳社）で提唱してから使われるようになった。

ITの急速な普及を背景に、企業、顧客、事業のパートナーは、ITネットワークを介して相互に作用し合い、ダイナミックで包括的なマーケティングを展開していく。

ホリスティック・マーケティング
「ホリスティック（holistic）」とは、ギリシャ語から派生した言葉で、包括的・全体的・統合的という意味を持つ。

『コトラー 新・マーケティング原論 HBSシリーズ』フィリップ・コトラー、ディパック・C・ジェイン、スヴィート・マイアシンシー（翔泳社）

それにともなって、マーケティングはより広い概念へと進化し、顧客の利益と満足をすべての起点として、自社の経営資源と事業パートナーなどの外部資源を有機的・統合的に組み合わせ、全社的な視点から長期的なマーケティングを展開する、というのがホリスティック・マーケティングだ。

ホリスティック・マーケティングは、次の4つのマーケティング要素から構成され、この4つの活動の重要性を認識したうえで、統合的に用いるべきだとしている。

①リレーションシップ・マーケティング

企業のマーケティングに影響を及ぼし、永続的な関係を築き、維持するために必要な顧客（生活者）、サプライヤー（供給者）、流通関係者、外部協力企業などと相互に満足し、長期的な絆を築くため、相互に好ましい関係を構築するマーケティングだ。

これは、顧客（生活者）との信頼性と絆を強くする「カスタマー・リレーションシップ・マネジメント（CRM）」と、社員（従業員）、マーケティングのパートナー（サプライヤー、流通関係者、ディーラー、代理店など）、財務メンバー（株主、投資家、アナリスト）などに対して行う「パートナー・リレーションシップ・マネジメント」の2つの要素から構成される。

②統合型マーケティング

マーケティング活動は、マーケティング・ミックスという用語で解説されてきた。マーケティング・ミックスとは、前述したマーケティングの「4P」のことだ。

その概要は、要約すると次のようになる。

・**製品**（Product）……品質、デザイン、ブランド名、パッケージ、サービス、保証など
・**価格**（Price）……標準価格、値引き、リベート、取引条件など
・**流通**（Place）……販路、販売エリア、品揃え、在庫、輸送など
・**プロモーション**（Promotion）……販売促進、ＰＲ、ダイレクト・マーケティングなど

この４Ｐに、前述したロバート・ラウターボーンが提唱した、次の「４Ｃ」が対応してくる。

・**顧客にとっての価値**（Customer Value）
・**顧客コスト**（Cost）
・**利便性**（Convenience）
・**コミュニケーション**（Communication）

統合型マーケティングは、このマーケティング・ミックスに加えて、特に４Ｐのプロモーション、４Ｃのコミュニケーションの効果を最大限に発揮するように取引チャネルと想定顧客を想定し、「販売促進」「イベント（経験の提供）」「ＰＲ（パブリック・リレーション）」「ダイレクト・マーケティング」「人的販売」による統合型コミュニケーション・ミックス（コミュニケーション手段の組み合わせ）が求められる。

③インターナル・マーケティング

顧客（生活者）、サプライヤー（供給者）、流通関係者、外部協力企業などに行うマーケティングに対して、社内（組織内）で行われるマーケティング活動を、「インターナル・マーケティング」と呼ぶ。

顧客との信頼関係と絆づくりに力を発揮する有能な人材の採用、マーケティングとは異なる部門においても、顧客第一主義の考え方と行動を徹底、マーケティングとは異なる部門をつかさどる経営幹部全員へ、マーケティング概念の理解と教育を行うこと、などが該当する。

④社会的責任マーケティング

広い視点で問題意識を持ち、倫理、環境、法律、社会的文脈を理解し、社会福祉や社会貢献性を踏まえて、自分たちの役割や果たすべき使命を考慮し、マーケティングを立案し実践することだ。

ソサイエタル・マーケティングやヒューマニスティック・マーケティング、エコロジカル・マーケティングなどと呼ばれることもある。

また、87ページで述べる「コーズ・マーケティング」（コーズとは特定の目的の意。コーズ・リレーテッド・マーケティングともいう）と呼ばれるものも、社会的責任マーケティングの一形態だ。企業が製品やサービスを提供する際に、社会的意義（コーズ）に基づいて関係性を強化し、パートナーシップを構築する活動である。

実務家から見たひと言

ホリスティック・マーケティングの考え方こそ、マーケティングの王道であり、不滅の考え方だ。初めてマーケティングに携わる人たちは、この概念からマーケティングを始めてほしい。

ソーシャル・マーケティングと社会的責任マーケティング

企業の競争戦略論で知られるマイケル・E・ポーター（ハーバード大学教授）は2006年、米経営学誌『ハーバード・ビジネス・レビュー』に「競争優位のCSR（企業の社会的責任）戦略（Strategy and Society）」と題した共著の論文を発表した。

ポーターはこの論文で、寄付やフィランソロピー（社会貢献活動）を通して企業イメージを向上させる従来のCSR活動は、事業との相関関係がほとんどなく、正しいアプローチではないと指摘した。

ポーターは2011年にも、『ハーバード・ビジネス・レビュー』に共著の論文「共通価値の戦略（Creating Shared Value）」を発表し、CSRに代わる新たな概念として「共通価値の創造（CSV＝Creating Shared Value）」を提唱した。

ポーターはこの論文で、企業は寄付やフィランソロピーを中心とする従来のCSR活動から脱却すべきで、CSRは自社の事業戦略と結び付いたものでなければならないと指摘した。また、企業は自らの強みを生かし、社会的課題の解決と競争力向上を同時に実現することが必要だとも述べている［1－5図］。

ポーターは、企業が社会との共通価値を創造するには、次の3つの方法があると述べている。

①社会的課題を解決するために製品と市場を見直し、その意図に合致する製品を開発して販売する

②自社のバリューチェーンの生産性を再定義し、バリューチェーンの競争力を強化して社会に貢献する

③企業が拠点を置く地域を支援する産業集積を図り、事業基盤を強化して地域に貢献する

1-5図　社会的責任の進化

	過去	現在
貢献分野	自社の事業領域との関係を問わない	自社の事業領域と重なる
取り組み	戦術的	戦略的
範囲	総花的	選択と集中
時間軸	短期的視点	中長期的視点

> 企業の社会的責任の進化がマーケティングの変化を促している今日、社会的責任は事業活動と別ではなく、事業活動の中で社会的責任を果たすという姿勢に変化している。その背景には顧客や仕入れ先、地域コミュニティ、投資家といったステークホルダー（企業を取り巻く利害関係者）が、その企業を選択するうえで事業活動そのものの倫理観を重視するようになったためだ。

実務家から見たひと言

事業を通じて社会に貢献する企業だから、いつまでも社会から求められる。収益が出たときにだけ寄付行為や社会貢献活動をしても継続性に乏しく、社会的な認知もされない。

具体的な戦術のコーズ・リレーテッド・マーケティング

1999年、スー・アドキンス*は著書『コーズ・リレーテッド・マーケティング（Cause Related Marketing：Who Cares Wins）』（Routledge）を執筆した。

アドキンスはこの中で、「コーズ・リレーテッド・マーケティング」とは、社会貢献性のある特定の目的（Cause）に関連づけたプロモーションのことだと述べた。生活者がその企業の商品を購入したり有料で利用したりすると、企業が慈善団体などに寄付し、その活動を広告などでアピールして、商品やサービスを販売する方法のことである。

コーズ・リレーテッド・マーケティングが最初に行われたのは、アメリカン・エキスプレスが1981年、サンフランシスコ地区で芸術活動を振興している団体に対して行ったキャンペーンだ。アメックスのカードを使うたびに、2セントが寄付されるという内容だった。そのとき初めて、「コーズ・リレーテッド・マーケティング」という言葉が使用された。

スー・アドキンス
(Sue Adkins)
英国のビジネス・イン・ザ・コミュニティの職員。ビジネス・イン・ザ・コミュニティは、1980年代の英国暴動の解決に向けて実業界のトップが会合を持ち、結成された。現在はチャールズ皇太子が総裁を務める非営利団体で、彼女はコーズ・リレーテッド・マーケティングの専門家として英国でその啓蒙活動に携わった。

続いて1983年、同じくアメリカン・エキスプレスが自由の女神を修復するために「自由の女神修復キャンペーン」を実施した。アメックスのクレジットカードに加入すると1ドル、カードの利用1回ごとに1セントを寄付するという内容だ。キャンペーン期間中に、カード利用がおよそ30%増え、寄付金は170万ドル集まったといわれている。

この取り組みが米国内で広く受け入れられた大きな理由は、寄付をするために小切手などを郵送するといった手間がいらないことと、アメックスのカードを使って日々の買い物をするだけで、気軽に自分に関心のある支援活動に参加できることだ。

コーズ・リレーテッド・マーケティングのメリットは、「自分が関心を寄せている社会的な課題や問題に対して寄付をしたい」という生活者の欲求と、「良いモノやサービスを購入したい」という消費行動を融合させ、日常の購買行動から支援資金を調達できるということだ。

自分が関心を持っている社会貢献活動やチャリティー活動に対して、商品を買うだけで自動的に寄付できるという仕組みは、その後多くの業界に普及していく。

今では、コーズ・リレーテッド・マーケティングは米国の広告市場で8%ほどを占める、という調査結果もあるほどだ。

実務家から見たひと言

コーズ・リレーテッド・マーケティングを行うと企業イメージはたしかに向上するが、本業で社会貢献性を発揮しないと企業の永続性は担保されない。

参考文献

「How to Segment Industrial Markets」 Harvard Business Review 1984年
『B to B マーケティング――日本企業のための成長シナリオ』余田拓郎著 東洋経済新報社 2011年
京都産業大学『京都マネジメント・レビュー』「BOP研究の系譜と今後の展開―BOP企業戦略の発展パス―」 曹佳潔
http://ksurep.kyoto-su.ac.jp/dspace/bitstream/10965/237/1/KMR_18_97.pdf

マーケティングのイノベーション

INNOVATION

CHAPTER 3

ヒット商品を生み出す存在となるリード・ユーザー

マサチューセッツ工科大学（MIT）教授エリック・フォン・ヒッペル*は、1976年に「ユーザー・イノベーション」という概念を発表した。これは、すべての製品とは限らないが、イノベーションが生まれる場所は企業内部に限定されず、ユーザー（顧客や利用者）によっても生まれるのではないかという問題意識から生まれてきた考えだ。

1976年発表の論文「科学機器のイノベーション過程におけるユーザーの支配的役割（The dominant role of users in the scientific instrument innovation process）」において、ヒッペルは、ユーザーがイノベーションを起こしていると思われる科学機器のジャ

エリック・フォン・ヒッペル
（Eric Von Hippel, 1941～）
米国のイノベーション・マネジメント学者。父は彼と同じマサチューセッツ工科大学の教授であった。大学ではイノベーションで経済を専攻し、博士号を取得。幼少期から発明に興味を持って、博士号取得前には自身で会社を経営した。

年代	ビジネステーマ	メディア	マーケティング概念	CHAPTER3で登場するマーケティング理論・手法
1950年代（戦後復興期）	大量生産・消費／モノ不足／製品企画・管理		製品中心のマス・マーケティング（マーケティング1.0）	
1960年代（高度経済成長期）		マスメディア（テレビ・ラジオ・新聞・雑誌）		
1970年代（安定成長期）				
1980年代（バブル期）	高額品消費／顧客創造・管理		顧客中心のマーケティング（マーケティング2.0）	リード・ユーザー 1988年 エリック・フォン・ヒッペル
1990年代（経済停滞期）	コモディティ化・サービス化／ブランド構築・管理	インターネット		イノベーションのジレンマ 1997年 クレイトン・クリステンセン
2000年代（経済停滞期）	ネット化／新たな価値創造	ブログ／メルマガ		デザイン・ドリブン・イノベーション 2009年 ロベルト・ベルガンティ
2010年代（現在）		ソーシャルメディア	価値主導のマーケティング（マーケティング3.0）	リバース・イノベーション 2012年 ビジャイ・ゴビンダラジャン、クリス・トリンブル

ンルを挙げて、自らの仮説を実証した。この論文は、ユーザー・イノベーションの古典的な研究とされている［1－6図］。

ヒッペルはさらに研究を進め、科学機器だけでなく生産用装置などでもデータ収集し、ユーザーがイノベーションを行っていることを体系的に明らかにしていった。

調査の結果、大部分のイノベーションをメーカーが行っている業界もあれば、ユーザーが行っている業界もあることがわかった。この違いについて、ヒッペルは「イノベーションから期待できるメリットの大きさ」によって、ユーザー・イノベーションの程度が変わるという指摘をした。

その根拠は、「自らがイノベーションを行って革新的器具を生み出せば、誰もしたことのない実験にその器具を使って自分が取り組める。ユーザーにとってこのような大きなメリットがある場合、ユーザーはイノベーションを行う」というものだ。

ヒッペルは、イノベーションを行ったユーザーを分析して、一般ユーザーのニーズを先取りしてイノベーションを起こす「リード・ユーザー」の存在を発見する。

こうした研究が形になったのが、1988年に刊行された『イノベーションの源泉――真のイノベーターはだれか（The Sources of Innovation）』（ダイヤモンド社）だ。

彼の指摘はすぐに理解されない面があった。たとえば、「マウンテンバイクのユーザーの20～30％がイノベーションを起こしている」という研究結果をマーケティング誌に投稿したものの、「消費者はイノベーションしない。消費者は消費するだけだ」と掲載を拒否されたこともあったそうだ。

だが、時間の経過と研究成果によって、リード・ユーザーは存在し、彼らが革新的アイデアを生み出すことが実証されていく。

しかし、企業が実務を遂行する際に、リード・ユーザーを製品開発に組み込む手法（リード・ユーザー法）が有益かどうかは、実証されていなかった。それを証明したのが「3Mプロジェクト」だ。

3Mプロジェクトは、米国企業である3Mの医療用画像解析製品開発チームが行ったものだ。リード・ユーザーを活用して生み出された3Mの製品は、これまで市場調査によって開発された製品よりも新規性と独自性が高く、販売実績も2倍以上になることが調査によって明らかになった。

1-6図 ユーザーがイノベーションを起こす割合

機器	ユーザーがイノベーションを起こす割合	企業がイノベーションを起こす割合
ガスクロマトグラフィー※1	82%	18%
核磁気共鳴装置※2	79%	21%
紫外線分光測色器※3	100%	0%
透過型電子顕微鏡※4	79%	21%

※1：有機化合物の定性・定量を行う分析機器　※2：化合物の分子構造や物性の解析機器
※3：光の吸光度と波長の関係の測定機器　※4：電子線を照射し試料を透過した電子を結像拡大する顕微鏡

出所：Eric von HIPPEL "The dominant role of users in the scientific instrument innovation process" Research Policy 5, 1976

科学分析機器におけるイノベーションの由来をヒッペルが調査。対象となった科学機器では、圧倒的にユーザー発のイノベーションが多い。イノベーションの世界は、このようなユーザー由来のイノベーションがある一方で、企業由来のイノベーションを主流とする見方もあり、その一例としてアップル社のiPhoneなどが挙げられる。どちらが正しいというよりは、状況に応じた使い分けが必要とされる。

実務家から見たひと言

どんな市場にもリード・ユーザーは必ず存在する。彼らを自社のファンにしてロイヤリティを感じてもらい、さらに協力してもらえたら、市場は確実に大きくなる。

イノベーション研究の過程で登場した「イノベーションのジレンマ」

ハーバード・ビジネス・スクール教授のクレイトン・クリステンセン*は、1997年に刊行した著書『イノベーションのジレンマ――技術革新が巨大企業を滅ぼすとき（The Innovator's Dilemma: When New Technologies Cause Great Firms to Fail）』（翔泳社）の中で、「イノベーションのジレンマ」という概念を初めて提唱した。

イノベーションには、

・既存製品の改良改善を進める「持続的イノベーション」
・既存製品の存在や価値を否定してしまう力を備え、まったく新しい価値を生み出す「破壊的イノベーション」

の2つがある。多くの大企業は、持続的イノベーションを繰り返しながら、自社の事業を高度化させ、現在の地位を獲得している。そのため、破壊的イノベーションに後れをとる傾向がある、とクリステンセンは指摘した。

新興企業が新たに取り組む新規事業や新技術の市場規模は小さいため、大企業に

『イノベーションのジレンマ――技術革新が巨大企業を滅ぼすとき』クレイトン・クリステンセン（翔泳社）

クレイトン・クリステンセン
（Clayton M. Christensen, 1952～）
米国のハーバード・ビジネス・スクール教授。イノベーションのジレンマによる破壊的イノベーションの理論で、世界

とっては魅力的に見えないことが多い。また、それらが画期的な事業や新製品だと、大企業の既存の事業や製品と競合し、ときに自社の市場を脅かす可能性がある。その場合、大企業は、そうした新興市場への参入が遅れる傾向が強い。

大企業が行う持続的イノベーションは、あるレベルに到達すると顧客のニーズを超えてしまう。顧客はその段階から、新たな価値が生まれる別の側面に目を向けるようになる。

たとえば、他社によって行われた破壊的イノベーションが、これまで存在しなかった新たな価値を創造し、社会で広く認められるようになる。すると、大企業による従来製品の価値は大きく毀損し、結果的に、大企業がその地位を失ってしまうケースも生まれる。

クリステンセンは、大企業がものごとをあまりに合理的に判断してしまい、破壊的イノベーションへの取り組みに遅れる理由を、次の5つの原則にまとめている。

①企業は顧客（生活者）と投資家に依存しているため、既存顧客を失うことを恐れ、短期的な利益を求める株主の意向を優先しやすい。

②イノベーションが起こる初期の段階では市場規模が小さいため、大企業が成長していく条件を満たすようには思えず、参入する価値がないように思えてしまう。

③イノベーションの初期段階は不確実な要素が多く、既存市場と比較すると参入する価値がないように見えてしまう。顕在化していない市場は分析できないと考えてしまうことが大きい。

中に影響力のある経営思想家トップ50の1人に選ばれる。以前はボストン コンサルティング グループや自身のコンサルティング会社でコンサルティング活動に従事していた。また韓国で3年間にわたり布教活動を行い、宗教家としての顔を併せ持つ。

④既存事業を遂行するための組織能力が高まると、異なる事業に取り組めず、新たな事業に対して組織としての力が無能力化する。

⑤既存技術を高めていってもそこに必ずしもニーズがあるとはいえず、技術の向上が市場の需要を生み出すとは限らないと考えてしまう。

実務家から見たひと言

大企業がイノベーションを起こすには、もう後がないという危機に瀕した場合か、組織から邪魔されずに取り組む場合の2つしかない。「寄らば大樹の陰」の人材に、イノベーションは起こせない。村おこしと同じで、イノベーションにも「よそ者」「若者」「変わり者」が必要だ。

デザイン概念によるデザイン・ドリブン・イノベーション

製造業において、デザインの要素は重要な役割を果たすようになってきており、デザインが製造業のイノベーションの原動力になるケースも出現している。

2009年、ミラノ工科大学教授のロベルト・ベルガンティ*は、著書『デザイン・ドリブン・イノベーション（Design-Driven Innovation）』（同友館）において、「デザイン・ドリブン・イノベーション」の概念を提唱した。

製品やサービスのイノベーションは、「技術（テクノロジー）」と「意味（製品を使う理由・意味性）」の両方の変化から生まれると考えた。デザイン・ドリブン・イノベーショ

ロベルト・ベルガンティ
(Roberto Verganti)
イタリアの経営学者。ミラノ工科大学でイノベーション・マネジメントの教授を務めるほか、ハーバード・ビジネス・スクールやコペンハーゲン・ビジネス・スクールの客員教授を務める。彼のデザインに関わる研究は、イタリアの最も権威あるデザイン賞であるCompasso d,Oroを受賞したほか、『ハーバード・ビジネス・レビュー』にも論文が掲載された。

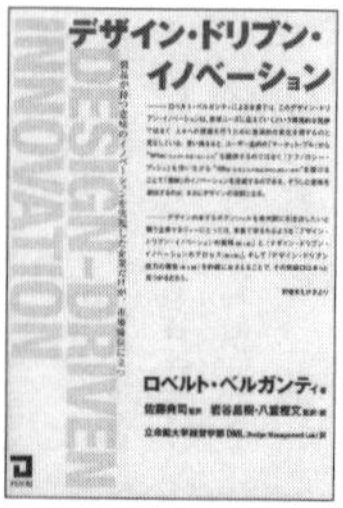

『デザイン・ドリブン・イノベーション』
ロベルト・ベルガンティ（同友館）

ンとは、製品が持つ「意味」を急進的に変化させ、市場で優位に立つ経営手法だ。

デザイン・ドリブン・イノベーションは、「技術」「意味」の2つの軸でイノベーションを分類する。そして、従来のイノベーション手法である「ユーザー中心型」や「マーケット・プル型」とは異なり、**生活者に製品の新しい使い方を提案する「プッシュ型」イノベーションという3つめの方法を提示する。これが生活者に受け入れられると、長期的な競争優位を獲得できるという考え方だ。**

マーケット・プル型のイノベーション視点で、生活者が今すぐに使いたいモノを提案しようとするのではなく、「テクノロジー・プッシュ・イノベーション」を活用しながら、「なぜ今の生活に欲しいのか?」という「意味」のイノベーションに取り組み、新たな価値を創出するのだ。

また、ベルガンティは新しい意味を生み出すプロセスとして、「意味の解釈者(interpreter)」の役割を果たし、新たな価値を創造する活動に取り組んでいる芸術家や建築家、社会学者や教育者、そして社外のデザイナーや技術者といった外部の人たちと、非公式な議論や研究ができる人的ネットワークをつくり、イノベーション活動に組み入れることを提唱している。

技術者に求められているのは技術の改善ではなく、技術の進化によって「意味」を変化させることだとも指摘した。

実務家から見たひと言

警備会社の意味を変えてビジネスモデルを変革したセコム、掃除機の意味を変えたアイロボットの「ルンバ」などが、デザイン・ドリブン・イノベーションの好例だ。

BOPマーケティングとも関連するリバース・イノベーション概念

ダートマス大学タック・スクール・オブ・ビジネス教授のビジャイ・ゴビンダラジャン*とクリス・トリンブル*が中心となり、２００９年頃から打ち出されてきた概念が「リバース・イノベーション」だ。

リバース・イノベーションは２０１２年、ゴビンダラジャンとトリンブルの共著『リバース・イノベーション（Reverse Innovation: Create Far from Home, Win Everywhere）』（ダイヤモンド社）で提唱された。

リバース・イノベーションとは、過去の定説とは違い、発展途上国で最初に取り入れられたイノベーションは、先進国にも普及していくという新しい考え方だ。

これまで多くの企業は、先進国の生活者向けに開発した製品を発展途上国で販売する場合、製品の機能を落とし、低価格品にして輸出することが多かった。

しかし、先進国と発展途上国では、所得水準や顧客ニーズ、社会基盤が異なるため、先進国で生まれた製品が、発展途上国で受け入れられるとは限らない。新興国では、

『リバース・イノベーション』ビジャイ・ゴビンダラジャン、クリス・トリンブル（ダイヤモンド社）

ビジャイ・ゴビンダラジャン
（Vijay Govindarajan, 1949〜）
米国の経営学者。ダートマス大学のビジネス・スクールで教授を務める。当初は会計学で学位を得た後に、ハーバードでMBAと経営学博士号を取得した。学界を渡り歩く一方で、GEでチーフ・イノベーション・コンサルタントとして活躍。リバース・イノベーションの概念を打ち出した。世界の経営思想家トップ3にも選ばれる。

クリス・トリンブル
（Chris Trimble）
米国の経営学者。ダートマス

白紙の状態からイノベーションを始める必要があると、ゴビンダラジャンたちは指摘した。

発展途上国に拠点を置き、こうした取り組みを積極的に行う新世代の多国籍企業には、大きなビジネスチャンスとなる一方で、過去の方法論のままに進める多国籍企業は、大きな打撃を受けるかもしれない、とゴビンダラジャンたちは述べている。

先進国の大企業にとって発展途上国の存在は、生産拠点としての役割を担い、その国の所得水準が向上すると、消費市場として着目し注力するという流れになっていた。しかし、現在の発展途上国は、独特の制約条件やニーズが存在し、先進国の常識や発想にとらわれないイノベーションを生み出す拠点としての役割を担い始めている。

リバース・イノベーションで最も重要な要素は、新興国と先進諸国との所得格差だ。経済的に恵まれた先進国のマスマーケット向けに開発された製品を、現地仕様にして販売しても、低所得者が圧倒的に多い発展途上国では無理がある。

発展途上国には、発展途上国のためのイノベーションがある。そこで必要なソリューションのポイントは、「超低価格でありながら、それなりに良い品質の製品」を提供することだ。

多国籍企業が発展途上国市場にアプローチするには、これまでのグローバリゼーションやグローカリゼーションを超えて、ローカル・イノベーションとリバース・イノベーションにシフトすることが必要だとする考え方だ。

［1―7図］の第4段階に該当するリバース・イノベーションを実現するには、技術

大学のビジネス・スクールで准教授を務める。大企業におけるイノベーションを専門にしている。

力や資金力よりも、組織が同じマインドセットを醸成できるかどうかにかかっているとして、ゴビンダラジャンたちは次の6点を指摘している。

①リバース・イノベーションを行うには、ローカル市場を重視して権限委譲を行う。

②リバース・イノベーションに取り組む人材や資源の大部分は、ローカル市場を起点として管理する。

③ローカル・グロース・チーム（新興国市場によくある機能横断型で起業家的な小組織）に損益の責任を与える。

④どんな製品を開発し、いかに生産して販売し、あるいはいかなるサービスを提供するかといった決裁権を、ローカル・グロース・チームに与える。

⑤ローカル・グロース・チームが自社のグローバル資源を活用し、その支援を受けられる体制にする。

⑥リバース・イノベーションで生まれた製品は、地元でテストし検証した後、グローバル展開を検討する。その際には、まったく新しい用途や、より一層の低価格化も検討する。

また、利益率の高い製品との競合も容認する必要がある。

1-7図　リバース・イノベーションへのステップ

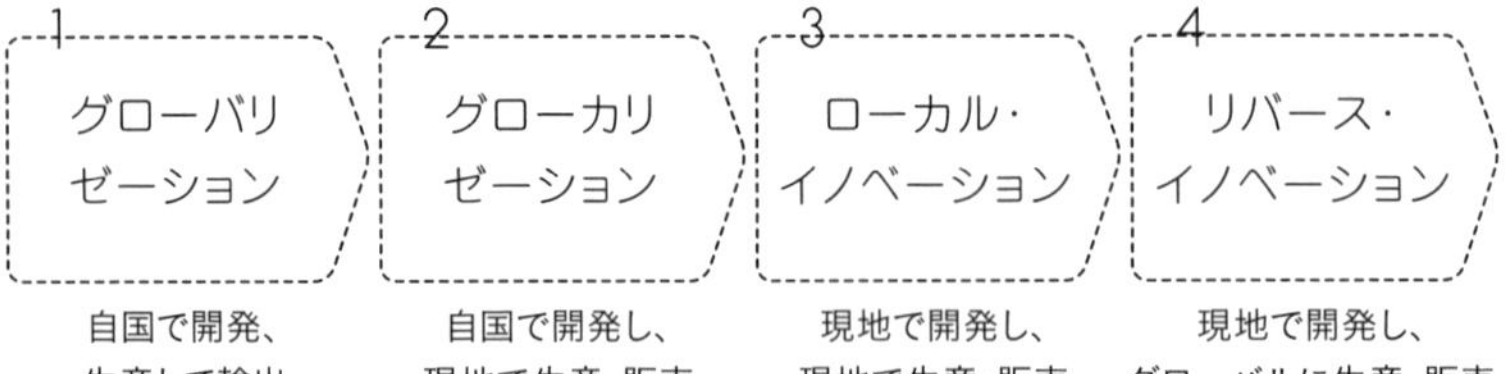
自国で開発、生産して輸出
自国で開発し、現地で生産・販売
現地で開発し、現地で生産・販売
現地で開発し、グローバルに生産、販売

ゴビンダラジャンとトリンブルが提唱したリバース・イノベーションに至るステップは、4つの段階を踏む。その中心には新興国がイノベーションの起点になると指摘し、その要因として先進国と新興国との所得格差が挙げられる。たとえば、アフリカでは固定電話より先に携帯電話が普及したことから、銀行口座を持たなくても携帯電話番号宛に送金するモバイル送金が普及している。このような現地の状況を踏まえたイノベーションが、今後他地域にも展開されると、ローカル・イノベーションからリバース・イノベーションに昇華する。

実務家から見たひと言

新興国市場では「上から目線」でビジネスするのではなく、新興国の風土と文化を踏まえたマーケティングが必要だ。特にイスラム圏やアフリカ地域では、欧米や先進国の焼き直し発想は嫌われる。

参考文献

『イノベーションのジレンマ――技術革新が巨大企業を滅ぼすとき』クレイトン・クリステンセン著、玉田俊平太監修、伊豆原弓訳　翔泳社　２００１年（増補改訂版）
『リバース・イノベーション』ビジャイ・ゴビンダラジャン、クリス・トリンブル著　渡部典子訳　ダイヤモンド社　２０１２年

コーポレート・アイデンティティとブランド研究

CHAPTER 4

BRAND

コーポレート・アイデンティティ概念の登場

「コーポレート・アイデンティティ（CＩ＝Corporate Identity）」とは、企業のあるべき姿を決め、その姿に基づいて自社の文化や特性・独自性を統一されたイメージやデザイン、メッセージによって発信し、自社の存在価値を高めていく方法のことだ。

１９４０年までは、ビジネスやデザインの分野で、コーポレート・イメージやブランド・アイデンティティという言葉は出現していない。しかしその後、企業のロゴマーク*が、CＩのイメージを形成する重要な要素となった。

１９５０年の米国におけるモダンアートの隆盛とともに、ビジュアル・アイデンティティ

企業のロゴマーク
企業やブランドのイメージを印象づけるように、ロゴタイプやマークを組み合わせて図案化したもの。

年代	ビジネステーマ	メディア	マーケティング概念	CHAPTER4で登場するマーケティング理論・手法
1950年代（戦後復興期）	大量生産・消費／モノ不足／製品企画・管理	マスメディア（テレビ・ラジオ・新聞・雑誌）	製品中心のマス・マーケティング（マーケティング1.0）	製品とブランド 1955年 バーライ・ガードナー、シドニー・レビー → ブランド・ロイヤリティ 1956年 ロス・カニンガム
1960年代（高度経済成長期）				
1970年代（安定成長期）				ブランド・パーソナリティ 1978年 ウォーリー・オリンズ
1980年代（バブル期）	高額品消費／顧客創造・管理		顧客中心のマーケティング（マーケティング2.0）	
1990年代（経済停滞期）	コモディティ化・サービス化／ブランド構築・管理	インターネット		→ ブランド・エクイティ 1991年 デビッド・アーカー エンプロイヤー・ブランド 1996年 ティム・アムブラー、サイモン・バロー
2000年代（経済停滞期）	ネット化／新たな価値創造	ブログ／メルマガ		ブランド・レゾナンス・ピラミッド 2003年 ケビン・レーン・ケラー
2010年代（現在）		ソーシャルメディア	価値主導のマーケティング（マーケティング3.0）	ブランド・ポートフォリオ 2005年 デビッド・アーカー

ティの専門家が増えた。その後、１９６０年代からマスメディアの進展とともに、ＣＩの確立がビジネスのカギを握るようになった。

１９７８年にウォーリー・オリンズ*が、組織のアイデンティティという観点から「コーポレート・パーソナリティ」というコンセプトを唱えた。これは、「企業文化」という目に見えない資源であり、これを可視化したものを、１９８９年にウォーリー・オリンズが「コーポレート・アイデンティティ」として紹介した。

彼は、企業のビジネス戦略をビジュアルで表現したものとして、コーポレート・アイデンティティを位置づけ、コーポレート・アイデンティティは、次の３つの要素から構成されると指摘した。

①単一ブランドを持つ企業にとっての一枚看板としての識別性
②組織や製品ラインで多様なブランドが使われるなかでの統一した識別性
③異なるさまざまなブランドの互いの関係性を裏づける識別性

実務家から見たひと言

CIによって、一時期アルファベッドの略語や横文字の社名が増えたが、近年は漢字表記の企業名も復活を始めている。

CIからブランド概念へと進化

コーポレート・アイデンティティは、文字通り企業が対象だが、「ブランド*」は

ウォーリー・オリンズ
(Wally Olins, 1930～2014)
英国のコーポレート・アイデンティティ、ブランドの大家。ロンドンで広告業界に入り、その後インドで5年間過ごした後に、ロンドンで自身のコンサルティング会社を設立。企業のCI、ブランディングにとどまらず、国のブランディングも提唱し、ロンドンなどのCIを手がけた。日本では、彼の会社が制作に関わった東京メトロのロゴマークが有名。

企業から事業、そして商品やサービスまで、多様な領域に使用されるようになる。

1879年に発売されたP&Gのアイボリー石鹼は、石鹼という商品に、ブランド化（branding）が可能な個別包装（packaging）、さらに新聞と雑誌を使用した広告（advertising）が三位一体となり、米国全土に市場を開拓していった。P&Gはこの後、ブランド・マネジャー制を導入するなど、マーケティングの先駆的企業として成長していく。

1956年に市場細分化と製品差別化の必要性を説いたウェンデル・スミスの有名な論文（→P53）と同時期に、ブランド研究の先駆けとなる2つの論文が、『ハーバード・ビジネス・レビュー』誌に掲載される。

1つは、製品とブランドとの違いを明確に区別し、ブランドの育成を長期的な投資として位置づけた、バーライ・ガードナー*とシドニー・レビー*による1955年の論文だ。この中で、彼らは生活者の製品に対する購買動機の中には、象徴的で意味的な要素があり、「実体的・機能的存在としての製品」と「象徴的・情緒的な記号としてのブランド」を区分する重要性を主張した。

また、広告によってブランドのパーソナリティづくりを行う必要があり、それは長期的な投資価値があることも指摘した。

もう1つは、パネル調査データの分析を通して、ブランド・ロイヤリティの存在と、その重要性を指摘したロス・カニンガム*による1956年の論文だ。カニンガムは、米国中西部の代表的な新聞『シカゴ・トリビューン』のパネル調査データを使っ

ブランド
ブランドの語源は、ノルウェーの古ノルド語から派生した焼印を押すことだとされる。自分の家畜を識別するために、家畜に焼印を押すわけだ。

バーライ・ガードナー
(Burleigh B. Gardner, 1902～1985)
米国の人類学者で、モチベーション研究や定量分野のマーケティング・リサーチのパイオニアとして知られる。当初、ハーバード・ビジネス・スクールでフィールドワークに従事し、のちに自身のコンサルティング会社を創業。社会学の調査手法をビジネスに活用した。

シドニー・レビー
(Sidney J. Levy)
米国のマーケティング学者。ブランド・イメージや記号論、マーケティングにおける文化の役割などの業績で知られ

た分析を通じて、生活者は多くの製品カテゴリーにおいて高いロイヤリティを示すことを確認し、ブランド・ロイヤリティが企業にとって重要な資産であることを指摘している。

この2つの研究は、のちに行われるブランド・イメージ研究や、ブランド・ロイヤリティ研究の出発点となるが、それぞれの研究が相互に影響を与えることは少なかったようだ。

ブランドに関する研究は、1950年代から始まる。だが、ブランドに「エクイティ（資産）」概念が登場するまでは、ブランドのイメージやロイヤリティに関する研究は個別に行われ、ブランドに対する認識は断片的だった。

実務上では、ブランド・マネジャー制が導入され、ブランドの重要性とその管理の必要性は認識されていたが、あくまで「マーケティングの手段」として、ブランドを認識しているレベルにとどまっていた。

実務家から見たひと言

ブランドを生み出す際には、企業と製品・サービスの本質や役割を定義するところから始める。ブランド力を発揮している企業は、企業と製品それぞれの哲学が明確になっている。

M&Aの登場で、企業会計上の無形資産となるブランドの価値

る。ノースウェスタン大学ビジネス・スクールの教授を務め、フィリップ・コトラーとともにマーケティングの適用範囲を企業のみならず、社会を含めあらゆる対象に拡大することに貢献した。

ロス・カニンガム
(Ross M. Cunningham)
元米国マーケティング協会会長。ハーバード・ビジネス・スクールで学位を得た後に、消費者行動論やブランド・ロイヤリティ、生産財マーケティングなどの論文を発表した。

1980年代になると、企業の合併と買収（M&A＝Mergers and Acquisitions）が活発に行われるようになる。そして、これまでは単なる商品名や記号、マークだと考えられてきたブランドに対して、新しい考えが現れた。すなわちブランドは、競合他社に対して、自社の商品やサービスが優位性を発揮し、有利な条件で取引することに役立つものとして、企業会計上の無形資産（intangicle asset）として計上しようという考え方だ。

こうした流れのなかで、同じく1980年代にサッチャー政権下の英国では、ブランドの資産価値計上が認められることになる。

ロゴやコーポレート・アイデンティティなども含め、「ブランド」という概念でその資産価値を高めることを提唱したのが、カリフォルニア大学バークレー校教授の**デビッド・アーカー***だ。

アーカーは1991年、『ブランド・エクイティ戦略――競争優位をつくりだす名前、シンボル、スローガン（Managing Brand Equity）』（ダイヤモンド社）を出版し、「ブランド・エクイティ（ブランドの資産価値）」のコンセプトを提唱した。

アーカーは、ブランド・エクイティを「ブランド名やシンボルと結びついたブランド資産とブランド負債の集合であり、製品やサービスの価値を増減させるもの」と定義。さらに、「企業や顧客に対して、商品やサービスを通じて提供される価値の源であり、ブランドの無形資産から負債を差し引いたもの」だとも定義した。

ブランドが資産と認識されたことで、これまで曖昧だったブランドの売買が可能に

デビッド・アーカー
（David Allen Aaker, 1938〜）
米国の経営学者。ブランド界の権威として知られる。現在はカリフォルニア大学バークレー校の教授を務めるほか、自身のコンサルティング会社

『ブランド・エクイティ戦略――競争優位をつくりだす名前、シンボル、スローガン』デビッド・アーカー（ダイヤモンド社）

なる。ブランド・エクイティを評価する方法には、
・ブランドを構築するために支出されたコストの積算から判断する「コスト・アプローチ」
・ブランドが将来生み出すことが予想されるキャッシュフローから見る「キャッシュフロー・アプローチ」
・実際に市場で取引されている類似ブランドの価格を基にする「マーケット・アプローチ」
の3種類があるが、それぞれ意見が分かれており、定まった方法はない。

アーカーは、ブランド価値を算出するために、エクイティの要素を次の5つに分類している［1－8図］。

①ブランド・ロイヤリティ（ブランドへの忠誠度）

顧客（生活者）がそのブランド（企業や商品）に対してどれだけ継続購入してくれるかというブランドへの忠誠度を意味し、ロイヤリティの高い顧客が多ければ多いほど企業の売上と利益は強固となる。

②ブランド認知

そのブランド（企業ブランド、商品ブランド、サービスブランド）の名前を知っている人の割合（認知度）が高いほどブランドとしては有利になる。

③知覚品質

顧客がそのブランドの品質をどれだけ評価しているかという度合を意味し、知覚

で企業のアドバイザーを務める。日本では電通のアドバイザーとして活躍する。

される品質（評価）が高いほど購入につながる可能性が高くなる。

④ブランド・イメージ（ブランド連想）

ブランドを想起すると、顧客の脳裏に好ましいイメージや印象など、プラス面の要素が連想されることを意味する。ブランドを連想する因子には、ブランドの属性（性質・特徴）・ブランドのベネフィット（利益・恩恵）・ブランドのパーソナリティ（持ち味・個性）などがある。

⑤他の所有ブランド資産

特許や商標といったブランドに関する法的な権利が該当する。

この5つの要素を測定して財務的に評価すると、「ブランド・エクイ

1-8図　ブランド・エクイティの要素

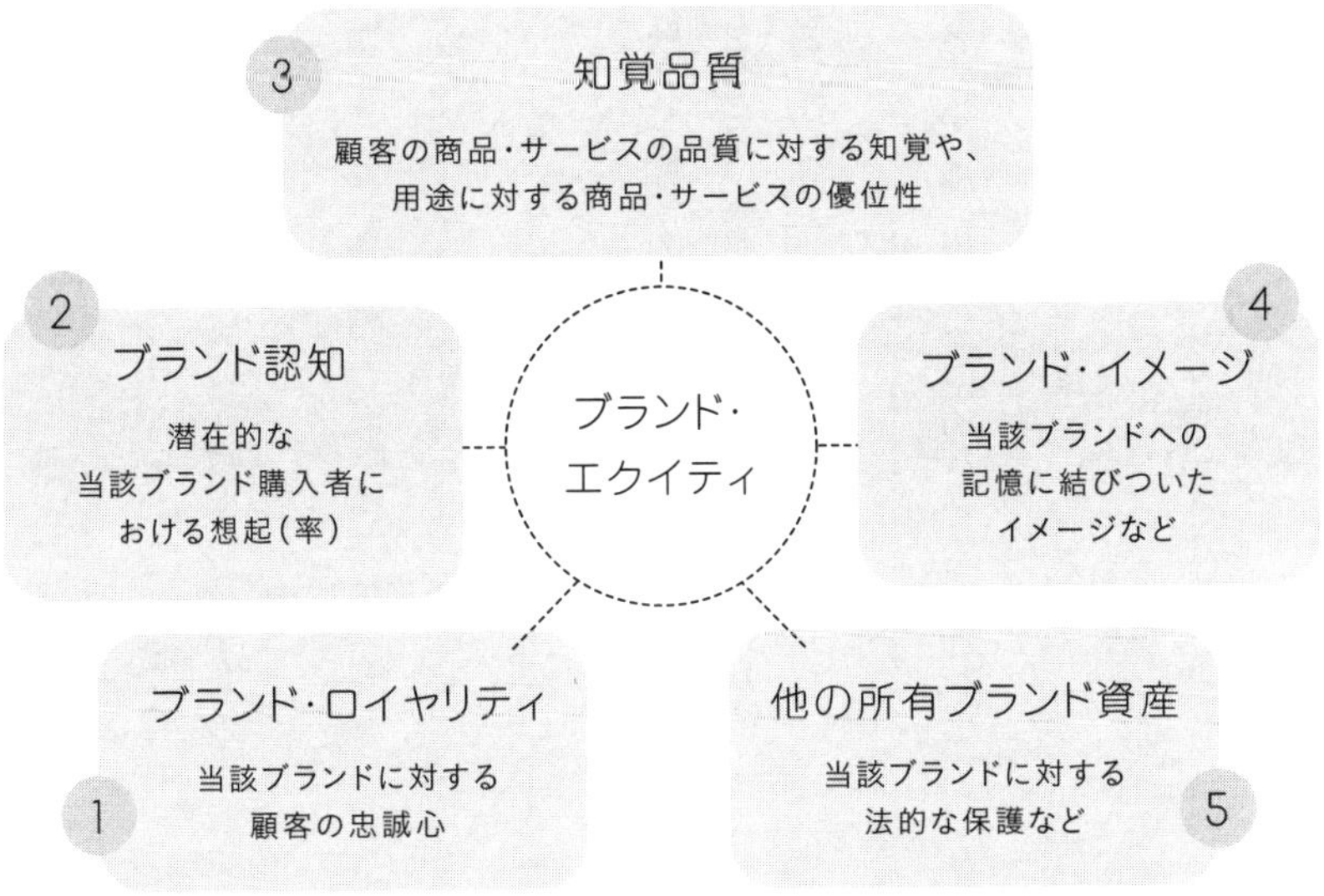
3 知覚品質
顧客の商品・サービスの品質に対する知覚や、用途に対する商品・サービスの優位性
2 ブランド認知
潜在的な当該ブランド購入者における想起（率）
ブランド・エクイティ
4 ブランド・イメージ
当該ブランドへの記憶に結びついたイメージなど
1 ブランド・ロイヤリティ
当該ブランドに対する顧客の忠誠心
他の所有ブランド資産
当該ブランドに対する法的な保護など 5

デビッド・アーカーが提唱したブランド・エクイティは、5つの要素からなる。実際のブランド・エクイティ（資産）の評価には、財務上の観点からブランド構築にかけた費用をベースに価値を計算する「コスト・アプローチ」、そのブランドから将来生み出されるキャッシュフローをベースにした「キャッシュフロー・アプローチ」、市場で取引される類似ブランドの価格をベースにした「マーケット・アプローチ」の3つの方法が見られる。その他、ブランド価値評価としては、インターブランド社のグローバル・ブランド・ランキングが有名で、毎年日本企業ではトヨタが上位に入る。

ティ」になるとした。

強いブランド力を発揮するためには、企業は高品質な商品をつくるだけではなく、ブランド資産を高めるために不断の努力を続けている。ブランド資産は、一度できあがれば、その後は何もしなくてもよいというものではない。絶えず資産価値を高める取り組みが必要になる。

また、ブランドを資産として捉える考え方は普及したものの、実際にブランド・エクイティを定量化することは非常に難しく、世界で標準となる指標はまだ出現していないといっていいだろう。

強いブランドは、圧倒的な競争優位を企業にもたらす。成熟市場になると、あらゆる商品・サービスがコモディティ化（価値ではなく価格で選ばれる商品になること）していく。だからこそ、企業は自社のブランド力とその資産価値を高め、価格が高くても購入・利用してもらう必要性が増しているわけだ。

実務家から見たひと言

ブランド価値が生まれたかどうかは、自社に圧倒的なファンが存在し、他社よりも高くても購入してもらえるかどうかを見れば判断できる。売れない理由を「競合他社の価格」に原因を求めていてはブランドは創造できない。

ブランドの根幹を担う社員に向けたエンプロイヤー・ブランド

1996年、ロンドン・ビジネス・スクールのティム・アムブラー*と、コンサルタントのサイモン・バロー*が、「エンプロイヤー・ブランド（The employer brand）」という論文を発表した。これは、「ブランド・マネジメント」を人事管理に適用し、マーケティングは顧客だけではなく、社員にも生かせることを述べたものだ。

現在でもよく使用される「インターナル・ブランディング（社内向けにブランド力を高める取り組み）」の概念を、「エンプロイヤー・ブランド」という表現で定義した。

顧客向けにブランドを強化することは、社員の「コミットメント（帰属意識）」を高め、会社の信用度を向上することにもつながる。同様に、社員に対して自社のブランド力を高める取り組みを行えば、顧客に対して会社の信用度を高める効果が期待できるとした。

マーケティングのフレームワークと人事管理のフレームワークを融合させ、エンプロイヤー・ブランディングという概念に昇華させたのだ。この概念の成功事例として、バローは英国の小売業を分析し、紹介している。

良い店舗に優れた人材がいれば、良いクチコミが顧客を通じて社会に拡がり、その結果、優秀で素晴らしい社員が応募して、さらに良い人材が入ってくる。この好循環が、顧客に対するマーケティング活動と同じであることを、バローは指摘している。

ティム・アムブラー
（Tim Ambler, 1937～）
英国の組織論およびマーケティングに関わる研究家。オックスフォード、およびマサチューセッツ工科大学卒業後、30年間にわたり世界各国の実業界で活躍。ロンドン・ビジネス・スクールでシニア・リサーチフェローを務めたほか、現在は英国の有力シンクタンク「アダム・スミス・インスティテュート」でシニア・フェローを務める。

サイモン・バロー
（Simon Barrow）
英国のコンサルタント。マーケティングと人事における経験を合わせて、エンプロイヤー・ブランドのコンセプトを提唱した。

実務家から見たひと言

アルバイトや契約社員を使い捨て、利潤を上げている企業には、絶対にブランド価値は創造できない。ブランド概念には「使い捨て」という発想そのものが存在しない。

強固なブランドを構築するブランド・レゾナンス・ピラミッド

2003年、ダートマス大学教授のケビン・レーン・ケラー*は、『ケラーの戦略的ブランディング——戦略的ブランド・マネジメント増補版（Strategic Brand Management）』（第2版からこの概念が登場、東急エージェンシー出版部）の中で、ブランドを構築するうえで必要なフレームワークとして、「ブランド・レゾナンス・ピラミッド（CBBE＝Customer Based Brand Equity Pyramid）」を発表した。CBBEは、顧客ベースのブランド・エクイティ・ピラミッドともいう。

このブランドを構成するピラミッドは、4つの階層（ステップ）と6つのブランド構築ブロックに分かれる。2番目と3番目の階層は、理性的ルート（［1−9図］の左側）と感情・感性的ルート（［1−9図］の右側）という2つのルートから構成されている。

【第1段階の階層】アイデンティティ（Identity＝統一性：あなたは誰なのか）

・第1段階の構築ブロック、顕現性（セイリエンス＝Salience）

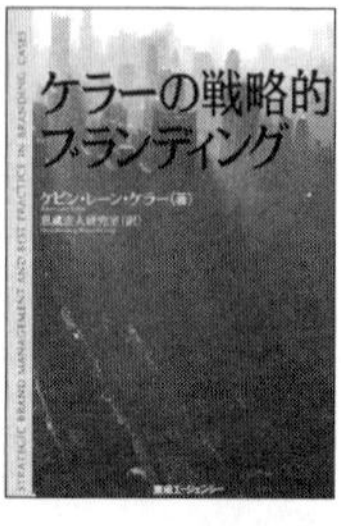

『ケラーの戦略的ブランディング——戦略的ブランド・マネジメント増補版』ケビン・レーン・ケラー（東急エージェンシー出版部）

ケビン・レーン・ケラー（Kevin Lane Keller, 1956〜）
米国のマーケティング学者。デビッド・アーカーとともにブランドの権威である。彼の著書『ケラーの戦略的ブランディング』は広くブランド・マネジメントの教科書として使われる。また、コトラーの『マーケティング・マネジメント』の共著者としても知られている。プライベートでは、オーストラリアのオルタナティブ・ロックバンド「チャーチ」のエグゼクティブ・プロデューサーの顔も見せる。

ブランドに対する顕現性を高めるために、ブランドの認知度を高めることだ。製品やサービスの使い手が、どんなジャンルのブランドかを知り、ブランド名と製品カテゴリーがともに記憶されているか、製品のパッケージを見て、それが何かわかるか、ブランドのデザインと製品カテゴリーが、ともに記憶されているか、といった点が重要だ。

購買したり消費したりする際に、生活者がいかに頻繁に、そして容易にブランドのことを思い起こしてくれるかが問われているわけだ。

［第2段階の階層］ミーニング

(Meaning＝意味：あなたは何なのか)

ブランドについての「意味」づけ

1-9図　ブランド・レゾナンス・ピラミッド

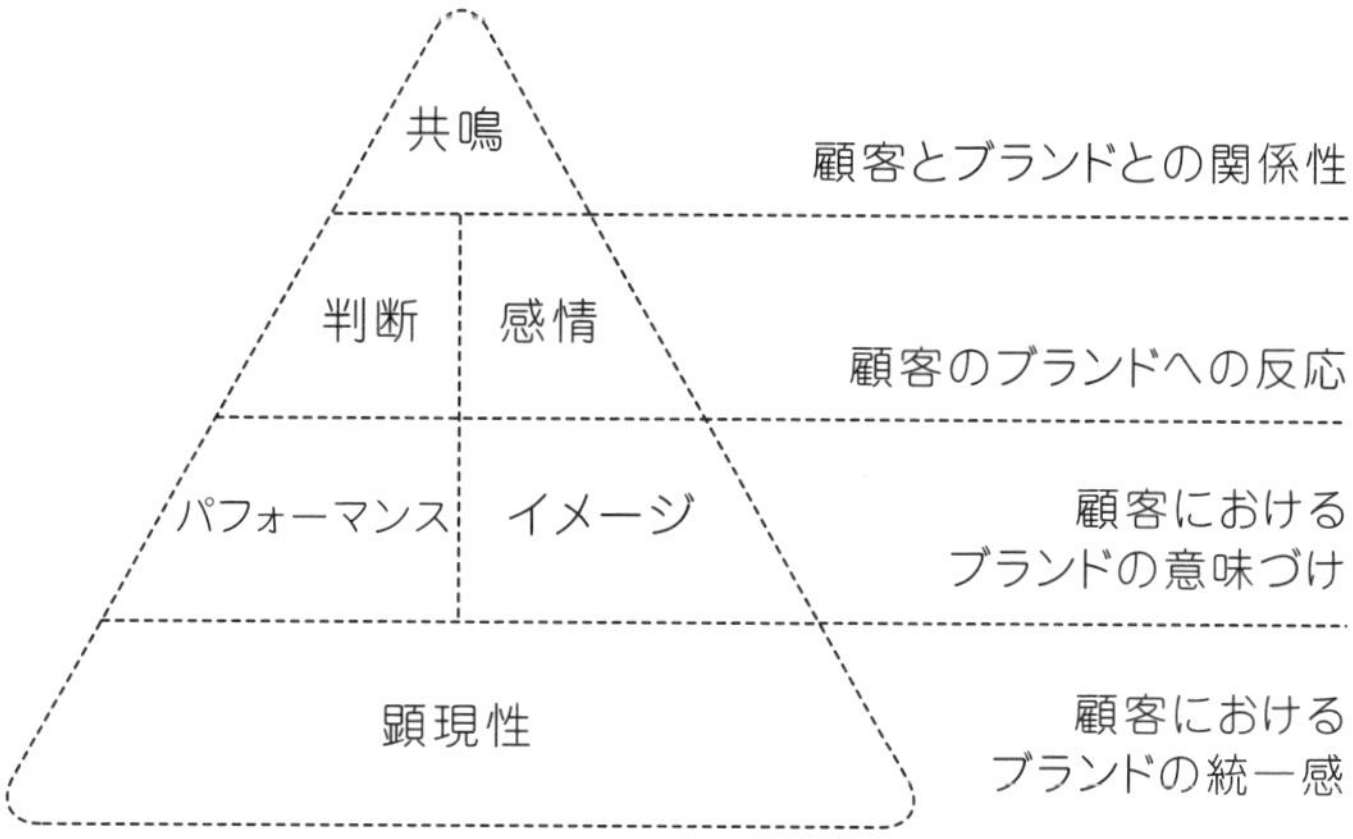

ケラーのブランド・レゾナンス・ピラミッドは、ブランド構築に必要なフレームワークを4つの階層で、6項目に集約した。デビッド・アーカーのブランド・エクイティと同様に、ブランドの機能的な側面と心情的な側面を合体したモデルである。ブランド価値測定に有益なフレームワークである一方、この機能的側面と心情的側面の合体の根拠や、その経済的価値測定との関連が明確になっていない点で批判もある。

で、ブランドの属性やベネフィット（便益、ブランドの価値やメリット）、ブランドが備える特性について、理解や印象を深めることを意味する。ブランドについて、生活者によく知ってもらうことがポイントだ。

・第2段階の構築ブロック（図の左側）、パフォーマンス（Performance＝理性的側面）
ブランドが、製品やサービスとして果たす機能や性能が高く、顧客が求める機能的なニーズをいかに満たしているかということを意味している。物理的な特徴（基本性能、独自性、スタイル、デザイン性、顧客へのサービス力など）が該当する。

・第2段階の構築ブロック（図の右側）、イメージ（Imagery＝印象……感情・感性的側面）
生活者がブランドに関して有形無形の連想ができ、心の中にブランドに対する好ましいイメージを確立することだ。
製品やサービスに付帯する形のない特性のことで、誠実さ、躍進性、親近感、個性、洗練さ、都会的などのイメージ因子で、ブランドによって必要とされるイメージの因子は変わる。

［第3段階の階層］レスポンス（Response＝反応：あなたはどうなのか）
ブランドについて知っているだけで終わらず、「好きだ」「気に入っている」といった肯定的評価を受けることを意味する。生活者が、そのブランドについて肯定的な意見や評価、好ましい感情的反応を見せるようになれば、生活者はそのブランドに対してレスポンス段階に入っていることになる。

・**第3段階の構築ブロック**（図の左側）、**判断**（Judgments……理性的側面）

ブランドに対して、生活者が理性的に好ましいと判断することだ。品質、独自の効果、信頼性、利便性、顧客に対する理解度などの指標がある。

・**第3段階の構築ブロック**（図の右側）、**感情**（Feelings……感情・感性的側面）

生活者がブランドに対して、感情的に好ましい印象や反応を示してくれることだ。公明性、明朗感、社会性、積極性や革新性などの指標がある。

［第4段階（頂点）の階層］リレーションシップ（Relationship＝関係：あなたと私はどうなのか）

顧客とブランドとの間で、相互に好ましい関係や強い絆を築くことだ。

・**第4段階の構築ブロック、共鳴**（Resonance）

顧客がブランドに対して強い愛着や愛情、関係の強さ、さらに強力なロイヤリティを持ってくれることだ。好意、特別感、忠誠心、関心や関与度などの指標がある。

実務家から見たひと言

実務家がブランド理論を基にブランドを創造しようとしても、できないことのほうが多い。新たなブランドは、ゼロから始めるのに対して、理論はできあがったブランドを基に、後づけで体系化しているからだ。

複数のブランドで全体最適を実現するブランド・ポートフォリオ

「ブランド・ポートフォリオ」とは、企業内にある複数のブランドを、効率的運用やリスク分散などの観点からコントロールすることだ。

2004年、デビッド・アーカーは著書『ブランド・ポートフォリオ戦略（Brand Portfolio Strategy）』（ダイヤモンド社）において、ただ単に強いブランドをつくるだけではなく、企業全体のブランド・ポートフォリオを管理すれば、競争企業に対して優位性を発揮でき、結果的に大きな利益が得られると主張した。

ブランド・ポートフォリオ戦略は、次の6つの要素からなる［1—10図］（→P118）。

①ブランド・ポートフォリオ

強いブランドをつくるには、企業が持っているブランドや持つべきでないブランドを見極める必要がある。新しいブランドやサブ・ブランドの必要性を検討する際には、将来の事業展開を踏まえ、投資利益率や既存のポートフォリオ内にあるブランドとの整合性など、ポートフォリオを管理するためのルールをつくる必要がある。

②ポートフォリオ・グラフィックス

ブランド相互の関係性を視覚的に表現することだ。ロゴやブランドの色などによって、ブランドの共通性や類似性を視覚的に示すことを意味する。ポートフォリオ・グラフィックスを最適に管理すれば、ポートフォリオ全体にシナジー（相乗）

ブランド・ポートフォリオ戦略』デビット・A・アーカー（ダイヤモンド社）

効果やレバレッジ効果（小さい力で大きな効果をもたらすこと）、そしてブランド相互の明確さを提供できる。

③ブランド・ポートフォリオの構造

企業（事業や商品）とブランドとの関係性を論理的に表して、ポートフォリオの構造を明確にすることだ。ブランドの優先順位を明確化し、将来の事業戦略とブランド構築の計画が合致するように表現する。

④ブランドの範囲

ブランドの可能性を踏まえたブランドの範囲を決めることだ。ブランドの強みを理解し、どの製品やサービス、あるいはカテゴリーにその強みやイメージが有益になるかを考える。その際は、ブランドの現状だけでなく、将来の可能性を視野に入れ、ブランドの深みや広さなどに変化をもたらす可能性についても探っておくようにする。

⑤製品・サービスの役割の明確化

どのブランドが成功する可能性を秘めているかを明らかにして、製品・サービスの役割を明確化することだ。製品・サービスを定義すれば、明確なポートフォリオが生まれ、ブランドを強化するができる。製品・サービスの役割を明確化するには、次の3つの方法がある。

（1）新しい製品やサービスをつくったときに、既存のマスター・ブランド（すでに強い力や資源を備えているブランド）を使う「マスター・ブランド型戦略」を採用するか、あるいは新しいブランドをつくる「個別ブランド型戦略」を採用する。この2つの選択肢には、それぞれ利点がある。

マスター・ブランド名を使えば、生活者が製品・サービスのイメージを想像でき、レバレッジ効果が最大限に生かせるときに、マスター・ブランド型戦略が標準選択肢となる。ブランド構築計画をすべての製品に活用できるため、シナジー効果が生まれるメリットもある。

一方、個別ブランド型戦略にもメリットがある。「製品・サービスを明確に位置づける」「妥協を減らす」「負のブ

1-10図 ブランド・ポートフォリオ戦略

1	ブランド・ポートフォリオ	マスター（企業）・ブランド、保証付きブランド、サブ・ブランド、個別ブランドなどの使い分け
2	ブランド・グラフィックス	ブランドロゴやカラーなどのグラフィック・デザインの管理
3	ポートフォリオの構造	ブランド・ポートフォリオ全体の体系化
4	ブランドの範囲	ブランドの活用範囲や拡張性のルール
5	製品を定義する役割	製品の位置づけを明確にするブランド展開
6	ポートフォリオでの役割	事業戦略におけるブランド・ポートフォリオの活用

アーカーのブランド・ポートフォリオ戦略は、複数のブランドを抱える企業が効率よくブランド管理を実践し、競争優位を発揮するために、6つの要素に着目する。新商品や新サービス投入に当たり、さまざまなブランドを乱立させるのではなく、6つの要素に着目して全社的な観点から体系的に展開することで、各ブランドの漏れや重複を防いでブランド力を強化できる。

ランド・イメージを回避する」「ブランドで起きた問題による負の連鎖を回避できる」などだ。

また、既存商品やサービスとは異なる革新的なものをつくった場合、その物語（ストーリー）を伝える際には新しいブランドが適しており、チャネル間の利害がぶつかることを減らせるメリットもある。

（Ⅱ）「マスター・ブランドの限界」「ブランドのパーソナリティ」「チャネルの問題」「新規事業や製品の将来性や戦略性」などを踏まえ、マスター・ブランドとの距離を見極めた「サブ・ブランド」「エンドースト・ブランド」（保証付きブランドのことで、企業名と商品名を連動させること。たとえば、ネスレのキットカットが該当する）を戦略的に使い、より強い効果的なポートフォリオをつくる。

強いマスター・ブランドがすでに存在し、マスター・ブランド型戦略をとっている企業が、そのブランド力を生かしながら、雰囲気が違うパーソナリティや異なる種類の製品を提供する場合、サブ・ブランドを使うという方法や、保証できる約束や便益が得られることを暗示するエンドースト・ブランドを使う方法もある。

（Ⅲ）親ブランドにより、強力な差別化を実現する「ブランデッド・ディファレンシエーター」（他社ブランドとの差別化を明確に図る方法。たとえば、デルタ航空がビジネスクラスの快適性をアピールするため、ウェスティンホテルで使用しているヘブンリーベッド用品を採用し、他社との寝心地の違いを明確にした）の活用だ。

顧客の購買行動やロイヤリティを促進する要素を理解し、自社の製品やサービスが備える競合優位性や、顧客に選ばれている理由を見極め、差別化を明確に図りブランド化させることができるかどうかを検討する。

⑥ポートフォリオでの役割

ポートフォリオの役割を明確化することだ。現在の状況だけでなく、事業戦略を反映して、将来に向けて他のカテゴリーにもその力を生かせる可能性を持つ戦略ブランドを見極めて、強いブランドをつくり、自社の成長戦略の役割を担うようにすることだ。

顧客の興味や関心を理解し、親ブランドと結び付けながら、活性化されたサブ・ブランドや個別ブランドの製品を持ち、ブランドに力を与える活動を行うことが必要だ。

以上のように、企業は強いブランドを生み出すために、自社のブランドを分析して注力するブランドを決め、理想的なブランドになるようにブランド構築計画を考え、ブランド・ポートフォリオを活用する必要があると、アーカーは指摘している。

実務家から見たひと言

日本では個別ブランド（実はネーミングにとどまっていることが多い）ばかりが多く、ブランド・ポートフォリオを考慮して体系化されたブランドは限られている。ドイツの自動車メーカー「ダイムラー（メルセデス・ベンツ）」や「ＢＭＷ」と、日本の自動車メーカーのブランド体系を比較するとその違いは鮮明だ。

参考文献

『ブランド・エクイティ戦略――競争優位をつくりだす名前、シンボル、スローガン』デビッド・A・アーカー著　陶山計介、尾崎久仁博、中田喜啓訳　ダイヤモンド社　１９９４年
『コトラー＆ケラーのマーケティング・マネジメント　第12版』フィリップ・コトラー、ケビン・レーン・ケラー著　恩藏直人監修　月谷真紀訳　ピアソン・エデュケーション
『ブランド・ポートフォリオ戦略』デビッド・A・アーカー著　阿久津聡訳　ダイヤモンド社　２００５年

SERVICE

モノとは異なるサービスのマーケティング

CHAPTER 5

サービスにはモノとは異なるマーケティングが必要だ

先進国を中心にモノが充足され、基本的な生活ニーズが満たされてくると、生活者の欲求は高まり、また個性化し、モノだけでなくサービスへのニーズも高まってくる。産業構造も、第１次産業から第２次産業を経て、サービス業を中心とした第３次産業の比重が高まり、家計支出もモノの支出から教養やレジャー、外食といったサービス関連支出が増大してくる。

第３次産業へ経済がシフトしていくことを、「脱工業化」と呼ぶ。サービス産業の比重が高まるにつれて、「経済のサービス化」や「産業構造のサービス化」が増大していく。特に、ＩＴとインターネットの登場が脱工業化を加速させ、情報化社会へと

年代	ビジネステーマ	メディア	マーケティング概念	CHAPTER5で登場するマーケティング理論・手法
1950年代（戦後復興期）	大量生産・消費／モノ不足／製品企画・管理	マスメディア（テレビ・ラジオ・新聞・雑誌）	製品中心のマス・マーケティング（マーケティング1.0）	
1960年代（高度経済成長期）				
1970年代（安定成長期）				分子モデル 1977年 リン・ショスタック 真実の瞬間 1978年、1989年 リチャード・ノーマン、ヤン・カールソン
1980年代（バブル期）	高額品消費／顧客創造・管理		顧客中心のマーケティング（マーケティング2.0）	サービス・マーケティングの7P 1981年 バーナード・ブームス、マリー・ビトナー サービス分類 1983年 クリストファー・ラブロック サービス・エンカウンター 1985年 ジョン・チャーピエル、ミシェル・ソロモン、キャロル・サープレナント SERVQUALモデル 1988年 A・パラスラマン、バレリー・ザイタムル、レオナルド・ベリー
1990年代（経済停滞期）	コモディティ化・サービス化／ブランド構築・管理	インターネット		インターナル・マーケティング 1991年 A・パラスラマン、レオナルド・ベリー サービス・プロフィット・チェーン 1994年 ジェイムズ・ヘスケット、W・アール・サッサーなど 経験価値マーケティング 1999年 バーンド・H・シュミット
2000年代（経済停滞期）	ネット化／新たな価値創造	ブログ／メルマガ		サービス・ドミナント・ロジック 2004年 ステファン・ヴァーゴ、ロバート・ラッシュ
2010年代（現在）		ソーシャルメディア	価値主導のマーケティング（マーケティング3.0）	

変貌していくことになる。

米国の評論家・作家・未来学者のアルビン・トフラー*は、1980年に出版した『第三の波（The Third Wave: The Classic Study of Tomorrow)』（NHK出版）の中で、農耕革命から産業革命に続く第3の変革の波を、「脱工業化社会」と呼んだ。

また、トフラーは同書の中で、情報は物理的資源の大部分を代替することができるようになり、

・目的を持った人々の集まりが流動的に変化していく「アドホクラシー*」

・特定の人々に対して、柔軟で効率的に製品を製造して提供する「マス・カスタマイゼーション*」

1-11図　業種による有形、無形要素の組み合わせ
（ショスタックの分子モデル）

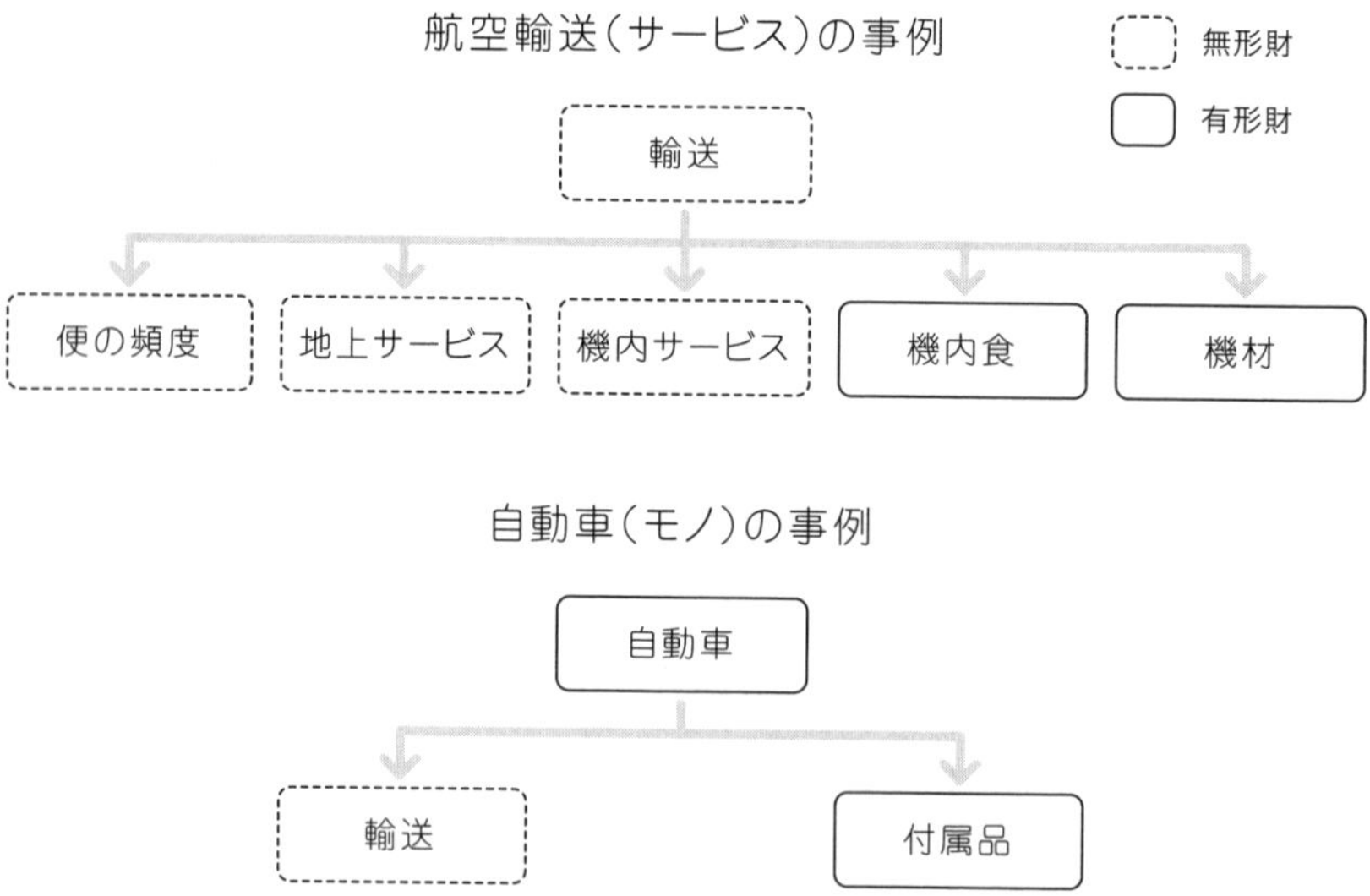

ショスタックの業種による有形、無形要素の組み合わせでは、サービス主体であっても有形財を含み、またモノ主体であってもサービスの要素が含まれていることがわかる。1977年に、サービス概念がモノの有無を問わず必要とされる点について言及したのはショスタックの慧眼といえる。

・技術の進歩によって、消費者は消費だけでなく生産も行うようになる「プロシューマー（生産消費者）」の登場

などがすでにこの時代に指摘されている。

サービスの定義づけから始まったサービス・マーケティング

サービスに関するマーケティングの研究は、モノとサービスの形態の違いに着目し、これを起点に研究が開始された。

サービスの基本的な特性は無形性にある。サービスは無形財であるという代表的な考え方は、リン・ショスタック*が１９７７年に発表した「ショスタックの分子モデル」だ。

1-12図 有形財、無形財による業種分類

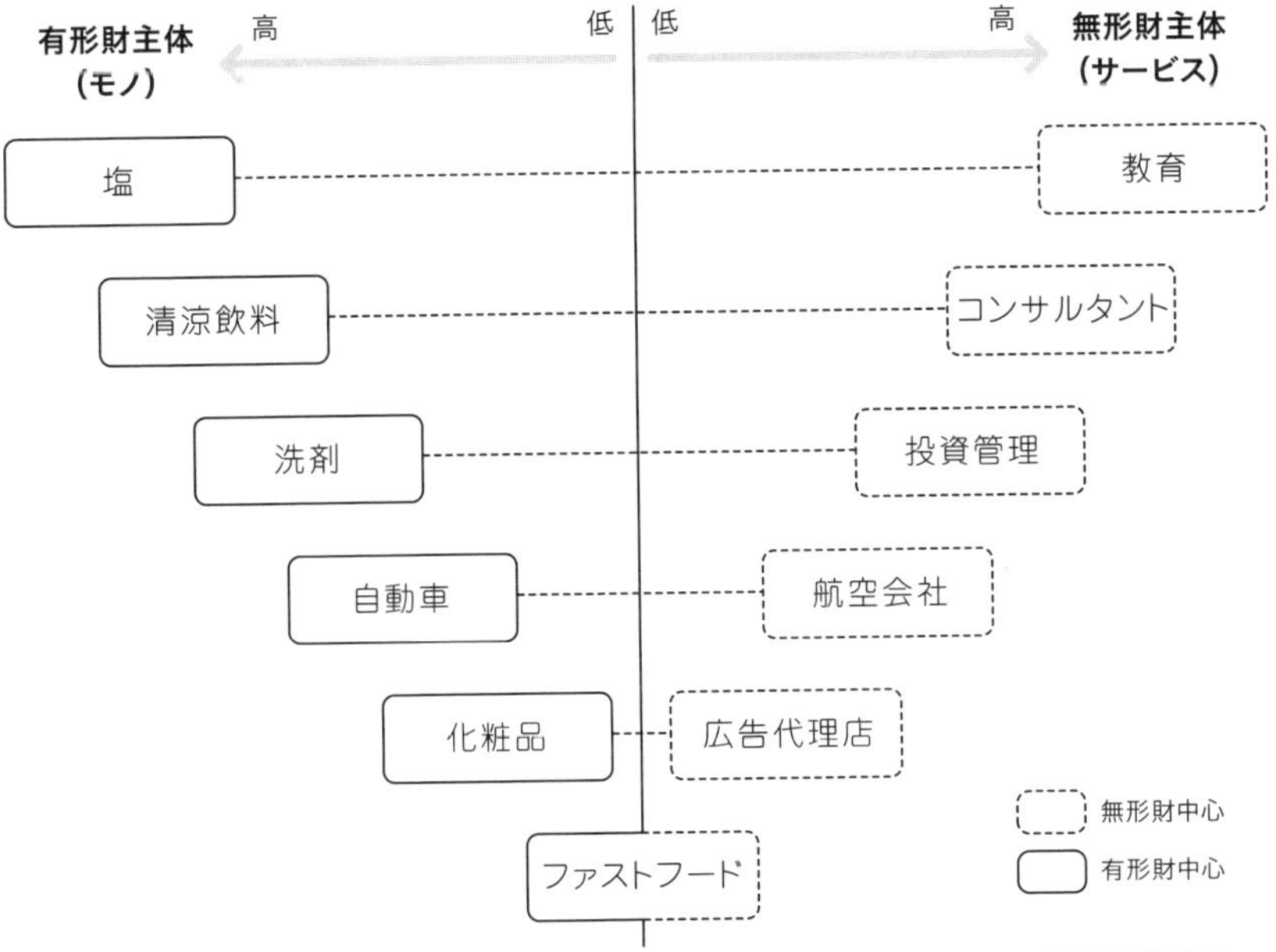

ショスタックの有形、無形による業種分類では、11業種を例に取り、それぞれを有形財（モノ）主体か、無形財（サービス）主体かで分類している。注目すべきはモノ主体でも、その程度は業種によって異なり、サービスの要素が入ってくる業種も見られる点だ。逆にサービス主体でも、同様にモノの要素が入ってくる業種も見られる。

ショスタックの分子モデルは、市場に提供されているものは、有形要素と無形要素の組み合わせからなり、サービスの事例として航空輸送を、モノの事例として自動車を挙げ、【1－11図】（↓P124）のような概念図を示した。
また、市場に提供されているものは、有形要素と無形要素の比率から、【1－12図】（↓P125）のように並べることができるとした。無形要素のサービス財は、従来のモノ型マーケティングとは異なるマーケティングの方法論が必要だとした。

実務家から見たひと言
あらゆるビジネスがサービス化するなかで、製造業の中には、サービス化への対応が理解できない企業がまだ存在する。逆の見方をすれば、サービス化にいち早く成功した製造業は、覇権を握れる可能性が高いことになる。

従来の4Pではなく、サービス・マーケティングの7Pが登場

1981年、バーナード・ブームス*とマリー・ビトナー*によって、「サービス・マーケティングの7P」が発表される。
モノという有形財と比較して、サービスという無形財には独自の特性がある。それは、
・無形性（intangibility）……形がない、見えない、触れることができない
・同時性（simultaneity）……生産と消費が同時に発生する

アルビン・トフラー
（Alvin Toffler, 1928～）
米国の未来学者。ニューヨーク大学で英語を専攻後、ブルーカラーとして工場勤務を5年間経験した異色の経歴の持ち主。新聞社や雑誌社でも活躍。IBM、ゼロックス、AT&Tといったハイテク、通信会社でのアドバイザー経験が技術やコミュニケーション、デジタル革命に触れるきっかけとなった。最も影響力のあるビジネスリーダーの1人として、アクセンチュアから表彰を受ける。

アドホクラシー
「ad hoc（臨時の・その場限り）」と「-cracy（制度・体制）」を組み合わせたトフラーによる造語。その時々の状況に応じて柔軟に対処する姿勢や主義という意味。

マス・カスタマイゼーション
大量生産でありながら、柔軟な製造方法により特注品を製

・不可分性（inseparability）……生産と消費を分けることができない
・異質性（heterogeneity）……品質を標準化することが難しい
・消滅性（perishability）……保存ができない
という特性だ。

従来、モノのマーケティング・ミックスとして考え出された4Pには、製品（product）、価格（price）、プロモーション（promotion）、流通（place）がある。この4Pに加えて、

・参加者*（participants）……サービスを提供する人、サービスを受ける人、その他のスタッフと顧客など
・物理的な環境（physical evidence）……素材、形、照明、色、温度など
・サービスを組み立てるプロセス（process of service assembly）……方針や手順、生産や納品の管理およびそのスケジュール、教育や報奨制度など

の3つのPを加えた「サービス・マーケティング・ミックス」の7Pで、サービス・マーケティングの戦略を考えることが必要だとした。

実務家から見たひと言

サービスの価値は、知覚品質で決まる。同じ品質でもサービスレベルが高いと、顧客層もハイレベルになり、価格が高くても支持される。

造すること。

リン・ショスタック
(Lynn Shostack)
ショスタックの分子モデルの提唱者。バンカートラストでシニア・バイス・プレジデントであったほか、米国マーケティング協会でサービス・マーケティングのスペシャル・タスク・フォースを取りまとめていた。日刊紙『アメリカン・バンカー』へマーケティング・コラムを寄稿していたほか、銀行マーケティング学会誌などの編集委員を務めていた。

バーナード・ブームス
(Bernard H. Booms)
米国の経営学者。専門はホテル・レストラン経営。ワシントン州立大学ビジネス経済学部ホテル・レストラン経営シアトル・センターの教授であった。

サービスを細分化する

1983年、クリストファー・ラブロック*は、「マーケティングを戦略的に洞察するサービス分類(Classifying Services to Gain Strategic Marketing Insights)」という研究論文で、サービスについて分類を行った。

ラブロックは、「サービス行為の本質は何か」という縦軸と、「サービスの直接の受け手が誰であり、また何であるか」という横軸の2つでサービスを分類している【1-13図】。

縦軸は有形行為と無形行為の2つから構成され、横軸は人と物財で区分されている。この2つの軸の組み合わせによって、サービスを4つに分類している。その4つとは、

・人の身体に向けられるサービス

1-13図 サービスの分類

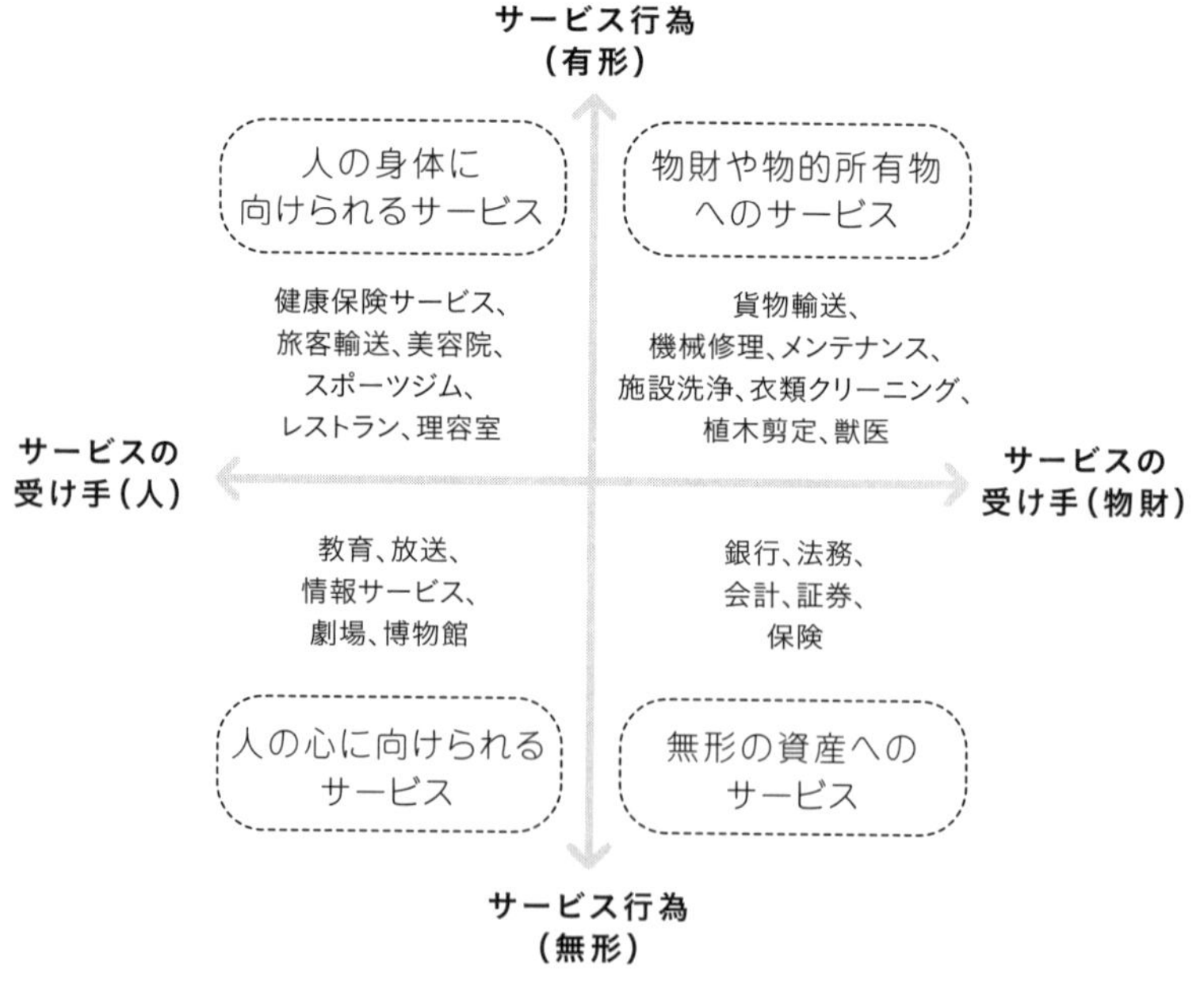

ショスタックの有形財、無形財による業種分類を、サービス分野に絞ってさらに細分化したのがラブロックのサービス分類だ。サービスを目に見えるか否かというだけでなく、その受け手が人かモノかで分類している点に注目だ。サービス財の多様性は受け手次第で、1つに括れない。

・物財や物的所有物へのサービス
・人の心に向けられるサービス
・無形の資産へのサービス

である。

さらにラブロックは、サービスの特質に関する分類に加え、次の4つの分類を加えている。

①顧客との関係（サービスを提供する側と顧客との関係性）

・顧客とは会員関係にあるか、それとも形式的な関係はないか
・サービスが継続的に提供されるのか、それともそのつど単発で提供されるのか

②サービスが提供される際の個別度合と判断力への依存度

・サービスの内容がカスタマイズ（個別化）される程度が高いか、低いか
・顧客の個別ニーズに対して、サービスをする人にその内容を任せる判断基準は高いか、低いか

③サービスの供給に対する需要の変動や特質

・時間の経過によって需要の変動が大きいか小さいか
・サービスが提供される際に、ピーク時であっても遅れることなく需要が満たされるか、それともピーク時にはサービスを提供する能力を上回る需要になってしまうか

④サービスを提供する方法

マリー・ビトナー
(Mary J. Bitner)
米国のマーケティング学者。アリゾナ州立大学でサービス・マーケティングの教授を務める。

参加者
Peopleとする場合もある。

クリストファー・ラブロック
(Christopher H. Lovelock, 1940～2008)
英国生まれのサービス・マーケティングのパイオニア。ハーバード大学のほか、世界中の大学で教鞭を執った。さまざまなケーススタディを取りまとめたことでも知られる。サウスウェスト航空やフェデックスのケースが有名で、100以上のケースを作成した。ヨーロピアンケース賞も数度受賞している。

・サービスを提供する場所は、単一の場所か複数の場所か
・顧客はサービスを受ける場所や組織（会社や店舗など）へ足を運ぶか、サービスを提供する側が顧客の元に出向くか
・顧客とサービスする側が対面しない取引（郵便、電子通信）か

実務家から見たひと言

このサービス分類は、非常に有効だ。自社でサービス化を図る際に、このマトリクスを活用してどの領域から着手すればよいかを考えたい。

顧客とサービス・スタッフの相互作用に注目したサービス・エンカウンター

「サービス・エンカウンター（service encounter）」とは、顧客とサービス提供者が出会う場であり、サービスを提供する場でもある。

ニューヨーク大学教授のジョン・チャーピエル*、ミシェル・ソロモン*、キャロル・サープレナント*は、サービス・エンカウンターについて、「顧客とサービス提供者の相互作用が発生する一定の期間」だと定義した。

彼らは、サービス・エンカウンターを「サービス提供者と顧客との直接的な相互作用（directive interaction）」とも表現した。サービス・マーケティングを実践する際には、「この場をいかにうまくマーケティングするか」が重要なポイントになるわけで、サー

ジョン・チャーピエル
（John A. Czepiel）
米国のマーケティング学者。ニューヨーク大学ビジネス・スクールでマーケティングの教授を歴任する。エグゼクティブMBAコースでベスト・プロフェッサーにも選ばれる。マーケティング競争戦略が専門で、米国商務省の産業イノベーションに関わる委員にも名を連ねる。競争戦略家らしく彼のモットーは、「フェアに戦え、ただし同じ条件での戦いは避けよ」。

ミシェル・ソロモン
（Michael R. Solomon）
米国のマーケティング学者。大学では社会学と心理学を専攻し、優等で卒業後、社会心理学で博士号を得る。専門は消費者行動論、ブランディング、サービス・マーケティング、小売などで日本にもコンサルティングや講演で来訪。現在は米国フィラデルフィアの聖ジョセフ大学と英国のマ

ビスのマーケティングについての重要な特性をうまく言い当てたといえる。

サービス・エンカウンターは、「真実の瞬間」と表現されることがあるが、これは、1978年にスウェーデンの経営コンサルタントだったリチャード・ノーマン*が唱えたものだ。

1980年代、スカンジナビア航空（SAS）がサービス・エンカウンターのコンセプトを取り入れて経営再建に取り組み、大きな成果を挙げた。

その改革内容は、当時、SASグループ社長兼CEOだったヤン・カールソン*が、1989年に出版した自伝的著書『真実の瞬間（Riv Pyramiderna）』（ダイヤモンド社）によって紹介され、広く知られることになった。

1986年、スカンジナビア航空が調査したところ、1000万人の旅客が、それぞれ約5人の同社の社員に接しており、1回当たりの接触時間は、平均15秒であると判明する。このわずか15秒で、顧客が何をどう感じるかによって、企業の印象や将来性が決まることから、この15秒を「真実の瞬間（Moments of Truth）」と呼んだのだ。

サービス・エンカウンターをマーケティングするには、「時間の管理（タイムマネジメント）」「関与・関わりの程度」「学習」といった顧客の行動について十分留意する必要がある。また、「安心・安全」「快適さ」「アクセスのしやすさ」といったサービスを提供する側と顧客が場を共有する環境も必要だ。さらに、「適切な質と量のコミュニケーション」も必要になってくる。

以上について、具体的には次のように説明できる。


ンチェスター大学ビジネス・スクールで教鞭を執る。

キャロル・サープレナント
(Carol Surprenant)
米国のマーケティング学者。ニューヨーク大学ビジネス・スクールで助教を務めていた。

リチャード・ノーマン
(Richard Normann, 1943～2003)
スウェーデンのマネジメントコンサルタントであり、また、サービス・マネジメントの研究者でもあった。大学院でビジネス経済の博士号を取得後、北欧経営研究所でマネジ

『真実の瞬間──SAS（スカンジナビア航空）のサービス戦略はなぜ成功したか』ヤン・カールソン（ダイヤモンド社）

・時間の管理（タイムマネジメント）

限られた時間をいかに有効に「売る」かが、サービス業にとってポイントになる。需要が集中する繁忙期には料金を高くし、閑散期には安くするという方法がその代表例だ。

・関与・関わりの程度

すべてのサービスをサービス提供者が行うのではなく、価格に応じてサービスに顧客自らが参加してもらう。スタッフによるフルサービスではなく、顧客が自分で行うセルフサービスがその代表例だ。

・学習

顧客が自社のサービスに慣れ、しだいに手間がかからない顧客になってくれることを意味する。顧客の経験値を考慮に入れて、初心者向けサービスから経験者向けサービスまで用意し、顧客に対するサービスを使い分け、コストと顧客満足度のバランスをとることも必要になる。

・安心・安全、快適さ、アクセスのしやすさ

生産と消費が同時に生まれるため、顧客とサービスを提供する側の双方に、最適な環境を整える必要がある。

・適切な質と量のコミュニケーション

顧客とサービスを提供する側の相互作用が重要になるため、顧客の意図を汲み取って、互いに良い関係を構築するために適切なコミュニケーション方法を行う

メント・コンサルタントとしてトップに上り詰めたほか、1980年代にスカンジナビア航空でコンサルタントとして「真実の瞬間」のアイデアを提唱した。

ヤン・カールソン
(Jan Carlzon, 1941～)
スウェーデンのビジネスマンで、スカンジナビア航空のCEOを1981年から1994年にかけて務めた。CEO就任当時、同社はヨーロッパの航空会社17社中14位にランクされ、財務的な危機も迎えていた。その後1年を経たず定時発着率ナンバーワンになったほか、社員への権限委譲を進め、その経営改革を『真実の瞬間』という書籍に取りまとめた。

ことが欠かせない。

実務家から見たひと言

顧客と直接接点を持つ企業だけでなく、ネット上から購入してもらう企業にも、「真実の瞬間」で提唱された「15秒ルール」は共通する視点だ。eコマースで使い勝手の悪い企業は、顧客が感じる「真実の瞬間」を理解できていない。

顧客の視点からサービス品質を評価するSERVQUALモデル

企業は、自社のサービスが顧客からいかに評価されているかを把握し、その結果に基づいてサービス戦略を立案する必要がある。

A・パラスラマン*、バレリー・ザイタムル*、レオナルド・ベリー*は、顧客の視点からサービス品質を評価する研究を行い、1988年に「SERVQUAL（ギャップ）モデル」を発表した。

サービスを提供する企業が、サービスの品質を管理する際に必要なことは、顧客が予想し、期待していたサービスと、自社が提供したサービスについて、マイナスのギャップを埋めることと、顧客の期待を上回るサービスを提供することだ。

パラスラマンらは、企業・社員（サービス・スタッフ）、そして顧客との間には、次の5種類のギャップが存在するとした。

A・パラスラマン
(A. Parasuraman)
米国のマーケティング学者。サービス・マーケティング、サービス品質の権威として知られる。現在はマイアミ・ビジネス・スクールのマーケティング担当教授を務める傍ら、コンサルティング会社でサービス品質の測定などに携わる。

バレリー・ザイタムル
(Valarie A. Zeithaml.)
米国のマーケティング学者。サービス・マーケティング専門で、ノース・カロライナ大学チャペルヒル校の教授を務める。50以上の業界で、顧客の期待に関わるマーケティングを研究している。

レオナルド・ベリー
(Leonard L. Berry)
米国のマーケティング学者。テキサスA&M大学のマーケティング担当教授として活躍。ヘルスケア・サービスについても造詣が深い。

・ギャップ①……顧客が期待することと、経営者が考える顧客の期待への認識の相違だ。経営者が顧客のニーズを理解していないと、この問題が生まれる。

・ギャップ②……顧客が期待していることに対して、経営者がそれを認識して実際に提供されるサービスとの間に生じるギャップだ。顧客が期待するサービスを、経営者がサービスに組み込めていない場合に生じる。

・ギャップ③……サービス品質とその手順、そしてサービスの提供方法において、提供されるサービスと、経営陣が考えているサービス品質との間にあるギャップだ。

・ギャップ④……実際に提供されるサービスと、事前に告知されていたコミュニケーション（広告）内容や情報とのギャップだ。

・ギャップ⑤……①～④までのギャップが、顧客がイメージするサービスへの期待と、実際にサービスを受けた印象や経験の落差として影響を与える。

彼らが提唱したＳＥＲＶＱＵＡＬモデルとは、顧客がイメージしていたサービスへの期待と、実際にサービスを受けた経験のギャップを少なくするために、実際にサービスを受けた顧客からの評価を明らかにし、今後のサービス品質向上につなげる管理・評価方法のことである。

提供する企業側からサービスの品質を評価することは、サービスの特性上難しいので、顧客の側からその品質を判断するほうがよいとした。

彼らは、サービス品質を「顧客の期待と知覚とのギャップ」だと定義し、実際に経

験したことが期待を上回るように、質の高いサービスを提供することが必要だと提唱した。

サービス品質とは、サービス全体を示す。これに対し、顧客満足とは、特定の取引に関連する尺度だとして、サービス品質と顧客満足は区別されている。

[1−14図]（→P136）のように、SERVQUALモデルでは、サービス品質の構成要素を10項目に分けている。この10項目のサービス構成要素とは、

- **物的要素**……施設や従業員の外見など
- **信頼性**……約束が守られて信用が置けることなど
- **応答性**……従業員が即座にサービスを提供できることなど
- **コミュニケーション**……顧客に情報を提供し、顧客の話に耳を傾け、顧客ごとに表現を変えられるなど
- **信用性**……顧客の利益を優先し、誠実で信用が置け、頼りになるなど
- **安全性**……疑念や危険を感じさせないなど
- **能力**……従業員がサービス提供に必要な専門的な技能や知識を備えているなど
- **礼儀正しさ**……サービスする担当者が礼儀正しく、思いやりと親しみを込めて接客するなど
- **顧客理解**……顧客の要望を理解しようと努めているなど
- **アクセス**……利用しやすく、連絡がすぐに取れるなど

が該当する。

1-14図 SERVQUALモデル構成要素

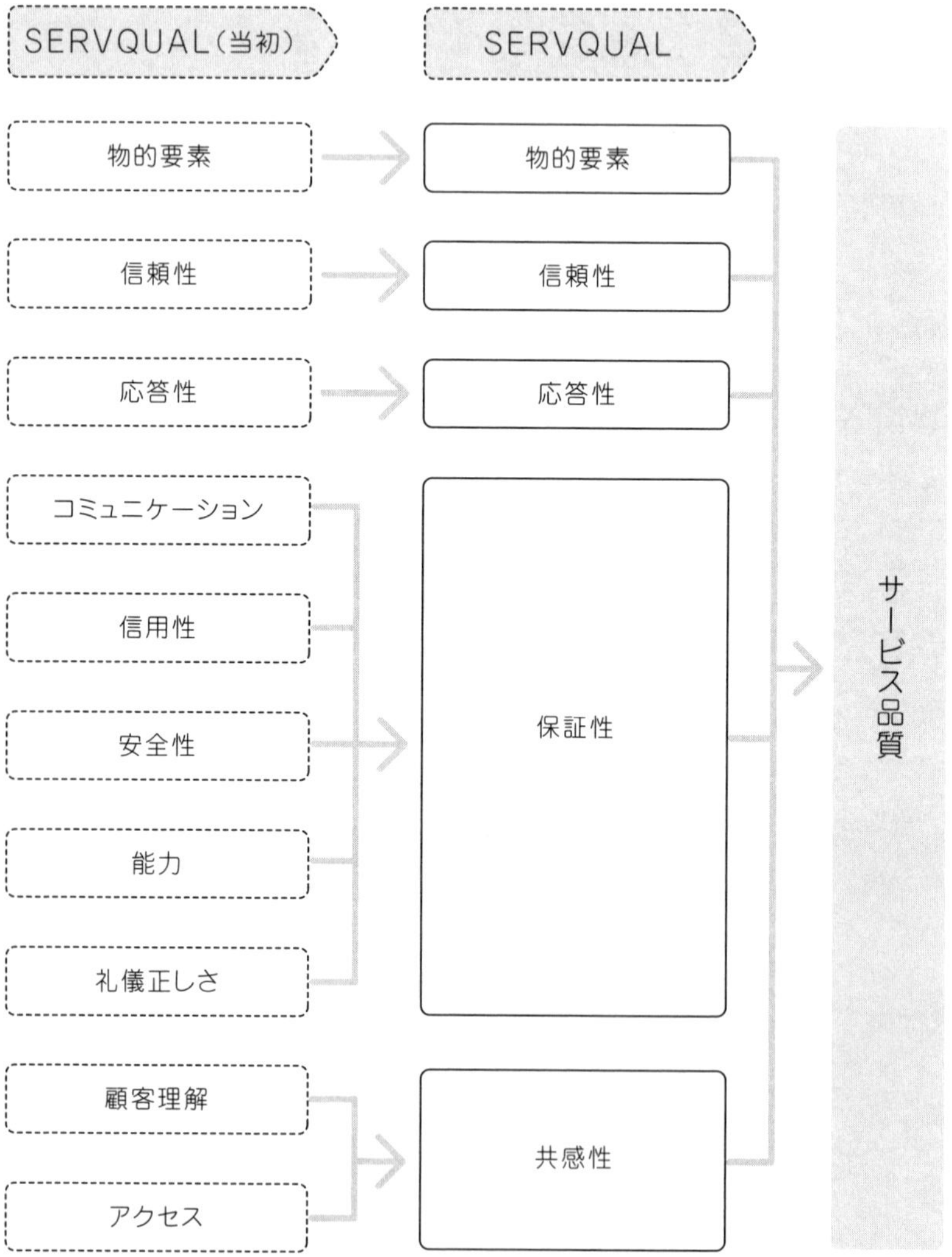

SERVQUALモデルは、サービス品質を5つの項目に分類したフレームワーク。サービス品質の要素がシンプルにまとめられている反面、すべてのサービスに適用できるかについては異論も見られる。サービスという目に見えないものを測定するうえで、完全にその品質を測定することには無理があるため、実務上ではかえってSERVQUALモデルのようにシンプルなものであるほうが使いやすいはずだ。

パラスラマンたちは、この10項目に関連するアンケートを97問作成し、銀行、クレジットカード会社、機械の修理会社、長距離電話会社などに調査を行い、この10項目は最終的に、「物的要素」「信頼性」「応答性」「保証性」「共感性」という5項目に絞られた。

実務家から見たひと言

業界によってサービスを構成する要素は変わる。他社が気づいていない要素を見つけて、自社の優位性を発揮する場にすれば、サービス面で違いが出せる。

インターナル・マーケティングという社内向けマーケティングの視点

１９９１年、ベリーとパラスラマンは共著『マーケティング・サービス品質を通じた競争（Marketing Services: Competing Through Quality）』（The Free Press）で、「インターナル・マーケティング」を提唱した。

生活者（顧客）に対するマーケティングを「エクスターナル・マーケティング」と呼ぶが、社内（経営者・管理職・社員など組織で働く人たち）に向けたマーケティングを「インターナル・マーケティング」という。

インターナル・マーケティングは、企業が行うサービスを始めとするマーケティング活動を、効果的に促進することを目的としている。最終的な目的は、社内に意欲の高いマーケターの組織をつくり、企業にとって必要な真の顧客を創造することにある。

ベリーたちは、インターナル・マーケティングを、人材マネジメントに関する戦略的哲学だと定義した。サービスを提供する組織は労働集約型のため、提供されるサービスの品質は、社員の質に直結する。インターナル・マーケティングとは、社員が顧客に対して最高のサービスを提供するためのマネジメント哲学でもあるわけだ。

インターナル・マーケティングのアプローチ方法について、ベリーたちは次の7つの方法を提言している。

①**人材獲得を競う**（Compete for Talent）

積極的に有能な人材を獲得し、業界内において有能な人材の構成比を高める。

②**ビジョンを提供する**（Offer a Vision）

職場に目的と意味をもたらすビジョンを提供する。

③**社員（従業員）が結果を出せるように訓練する**（Prepare People to Perform）

質の高いサービスが提供できるように、社員に技術や知識を提供し、身につけてもらう。

④**チームプレイを強調する**（Stress Team Play）

チームプレイによって、社員とともに利益がもたらされるようにする。

⑤**自由裁量を与える**（Leverage the Freedom Factor）

社員に自由裁量を与える。

⑥**評価して報酬を提供する**（Measure and Reward）

評価と報酬を通じて、目標の達成を促す。

⑦自らの顧客を知る (Know The Customer)

調査に基づいて、職場と社員の職務設計を行う。

実務家から見たひと言

ブランド力のある企業で働く社員の多くは、自社に愛着を持ち、社員であることに誇りを持っている。自社を愛する気持ちが社員の家族や友人にも伝わり、それがさらに社会にも拡散していく。インターナル・マーケティングは、強いブランド力を発揮する源泉だ。

ESとCSの好循環に着目したサービス・プロフィット・チェーン

1994年、ハーバード・ビジネススクール教授のジェイムズ・ヘスケット*やW・アール・サッサー*らは、論文「サービス・プロフィット・チェーンの実践法(Putting the Service-Profit Chain to Work)」において、「サービス・プロフィット・チェーン」の概念を提唱した。

サービス・プロフィット・チェーンは、「社員（従業員）満足度（ES）」がサービス水準を高め、ESが高まると、「顧客満足度（CS）」が高まり、最終的には企業にもたらされる利益が向上するとしている【1-15図】（→P140）。

さらに、高まった利益によって社員満足度をさらに向上させれば、好循環の構図が

ジェイムズ・ヘスケット
(James.L.Heskett)
米国の経営学者。専門はビジネス・ロジスティクス。1965年以来、ハーバード・ビジネス・スクールの教授を務める。講義ではマーケティングからサービス・オペレーション、サービス・マネジメントまでをカバーする。

W・アール・サッサー
(W.Earl Sasser)
米国の経営学者。専門はサービス・オペレーション。1969年以来ハーバード・ビジネス・スクールで教授を務める。大学では数学で学士号を取得後、MBA、経済学博士号を取得。

できあがるという内容だ。

ヘスケットたちは、社員満足度（ES）を高めると顧客満足度（CS）も向上し、企業の利益と企業価値の最大化につながるという因果関係を、次の7つにまとめている。

①社内サービスの質が高ければ、社員満足度は高まる

②社員満足度が高ければ、高い従業員ロイヤリティが生まれる

③社員のロイヤリティが高まると、社員の生産性が高まる

④社員の生産性が高まると、サービスの価値が高まる

⑤サービス価値が高まると、顧客満足度が高まる

⑥顧客満足度が高まると、顧客のロイヤリティが高まる

⑦顧客のロイヤリティが高まると、

1-15図 **サービス・プロフィット・チェーン**

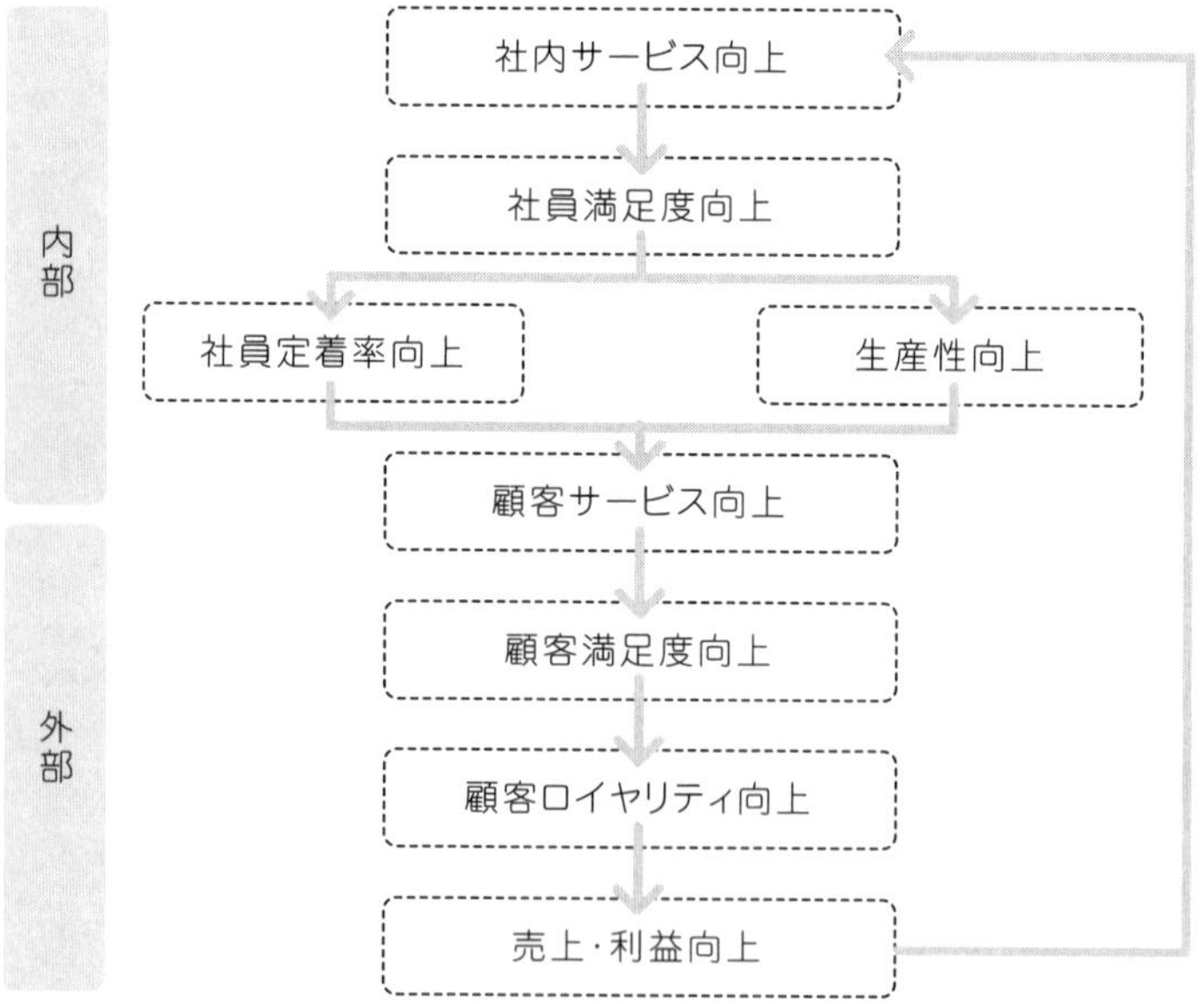

顧客満足の向上には社員満足の向上が欠かせないことを体系化したのがサービス・プロフィット・チェーンだ。大手外資系ラグジュアリーホテルでも、この理論を基に、顧客満足度とともに社員満足度を定期的に集計している。顧客満足度や顧客ロイヤリティ、売上・利益といった外部指標に注目している経営者、管理職は多いが、実は社員をサポートする体制が重要であることを指摘した。

企業の業績向上につながる

また、顧客のロイヤリティが高まると、企業の業績向上につながる理由として、

・リピート顧客が増加する
・自社にある他のサービスも利用してくれるようになり、1人当たり購買単価が上がる
・良いクチコミが広がり、集客効果が高まる
・値下げを要求されることが減り、高価格を受け入れてもらえる
・サービスをさらに高度化するために必要な顧客からのフィードバックが得られる

といった指摘がされている。

実務家から見たひと言

企業情報の多くは、社内と取引先、そして顧客から発信されて流れていく。企業を取り巻く環境のどこかに問題があれば、悪評はすぐに表面化する。

サービスを顧客の経験という視点から見た経験価値マーケティング

1999年、コロンビア大学ビジネス・スクール教授のバーンド・H・シュミット*は、著書『経験価値マーケティング――消費者が「何か」を感じるプラスαの魅力（Experiential Marketing: How to Get Customers to Sense, Feel, Think, Act, and Relate to

バーンド・H・シュミット
(Bernd H. Schmitt)
ドイツ出身の、米国のマーケティング学者。現在はコロンビア大学ビジネス・スクールの教授である。心理学で博士号を取得。コロンビア大学では1988年以来、マーケティングの講座を担当する。アジアの市場や生活者への関心が高く、また心理学を活用した論文も多い。彼の著書には、オペラやアートの事例がよく使われるのも特徴である。

『経験価値マーケティング――消費者が「何か」を感じるプラスαの魅力』バーンド・H・シュミット（ダイヤモンド社）

Your Company and Brands)』（ダイヤモンド社）において、「経験価値マーケティング」を提唱した。

シュミットが提唱する「経験価値（カスタマー・エクスペリエンス＝Customer Experience)」とは、製品やサービスそのものの価値や金銭的な価値ではなく、利用経験を通じて入手できる感動や喜び、満足感、効果などの心理的・感覚的な価値のことだ。

シュミットは、経験価値には次の5つの要素があると指摘している。

・**SENSE**（感覚的経験価値）

人間の五感（視覚・聴覚・触覚・味覚・嗅覚）を通じて訴えかける経験で、音楽や香り、商品デザインなどを通じた経験が該当する。

・**FEEL**（情緒的経験価値）

顧客の感情（喜怒哀楽）に訴えかける経験で、前向きな気分になる喜びや誇りを感じさせる経験が該当する。

・**THINK**（知的経験価値）

顧客の知性や好奇心に訴えかける経験で、企業の理念や商品コンセプトなどを伝えて共鳴してもらうといった経験が該当する。

・**ACT**（行動的経験価値）

新たなライフスタイルを提案し行動に訴えかける経験のことで、新しい食生活や新たな時間の活用方法などを経験してもらうことが該当する。

・RELATE（関係的経験価値）

特定の集団やグループ、文化などへの帰属意識に訴えかける経験で、ボランティア活動、エコブランドを持つ喜びなどを経験することなどが該当する。

生活者が求めるものは、ニーズを充足する商品の機能とその便益（ベネフィット）だという考え方が大勢を占めていた。しかし、シュミットの指摘によって、生活者の価値基準や判断基準、購入に至る意思決定は、単にニーズを満たすだけでなく、人間としての感覚や情緒といった要素も重視されることが明らかになった。

商品デザインや高級感の演出といった要素が必要になり、**サービスにおいても、ニーズが満たされるという「結果価値」だけでなく、「経過価値（プロセスの価値）」も重視されるようになった。**

実務家から見たひと言

成熟した日本では、所有価値よりも「利用価値と経験価値」が重視される。感動や喜び、満足感といった経験価値を生み出すには、マーケティングする側に経験価値を実体験することが欠かせない。経験価値は、理屈だけでは理解できない。

世の中のものすべてをサービスと捉えるサービス・ドミナント・ロジック

2004年、ステファン・ヴァーゴ*とロバート・ラッシュ*は、『ジャーナル・オブ・マーケティング』誌に論文を発表し、「サービス・ドミナント・ロジック(Service Dominant Logic)」の概念を提唱した。

サービス・ドミナント・ロジックとは、モノとサービスを二極化させて考えるのではなく、モノとともに加味されたサービスも含めた総体を、顧客への提供価値として考えるという概念だ。モノは最終的な提供物ではなく、サービスを提供する媒介であり手段であるという位置づけになっている。

マーケティングはモノからスタートしたため、サービスという無形財を考えるときには、モノかサービスかを区別して考えることが多かった。

しかし、サービス・ドミナント・ロジックでは、モノもサービスも包括的に捉える。すべての経済活動はサービスであり、企業は顧客とともにいかに価値を創造できるかという「価値共創」の考え方をするのだ。

従来のモノ中心のマーケティング(グッズ・ドミナント・ロジック)では、顧客はモノやサービスを「購入する人」という位置づけである。企業は、他社にない優れた商品やサービスを製造販売する「交換価値」を重視してきた。

しかし、**サービス・ドミナント・ロジックでは、顧客をモノやサービスを「利用する人」として位置づけ、「使用価値」を重視する。**

ステファン・ヴァーゴ
(Stephen L. Vargo)
米国のマーケティング学者。心理学の修士号、マーケティングの博士号を取得した後、ハワイ大学の教授を務める。

ロバート・ラッシュ
(Robert F. Lusch,1949〜)
米国のマーケティング学者で、現在はアリゾナ大学ビジネス・スクールのマーケティング学部の教授を務める。

そして、企業はモノづくりではなく、「価値づくり」を担うべきだと考えることになる。顧客も、これまでの消費する人ではなく、『価値の生産者』という役割を担うことになるのだ。

実務家から見たひと言

「製造業のサービス産業化」と「サービス業の製造業化」が、これから大きなテーマになっていく。後述するGEや小松製作所の取り組みを見れば、この指摘の意図がわかるはずだ。

参考文献

関東学院大学『経済系』第219集（2004年4月）「サービス概念の再検討　サービス・エンカウンター研究のための予備的考察」芳賀康浩

東洋大学『経営論集』72号　2008年11月「マーケティングの客体について―サービス・マーケティングの視点から―」長島広太

The Service Encounter: Managing Employee/Customer Interaction in Service Businesses John A. Czepiel, Michael R. Solomon, Carol Surprenant　Lexington Books, 1984

『立命館ビジネスジャーナル』2009年「サービス品質の管理・評価の課題」宮城博文

『立命館経営学』2009年11月　48巻第4号「インターナル・マーケティングに関する諸理論とその方法の整理―Nordic学派的思想によるアプローチ―」蒲生智哉

『経験価値マーケティング』バーンド・H・シュミット著　嶋村和恵、広瀬盛一訳　ダイヤモンド社　2000年

早稲田大学WBS研究センター　早稲田国際経営研究No.41「経験価値モジュール（SEM）の再考」長沢伸也、大津真一　2010年

THE SERVICE-DOMINANT LOGIC OF MARKETING（Robert. F. Lusch&Stephen. L. Vargo）

日本マーケティング協会『マーケティングジャーナル』107号　2008年

『パナソニック・テクニカル・ジャーナル』No.58　2012年10月

招待論文　製造業のサービス化「サービス・ドミナント・ロジック」による考察　藤川佳則

CHAPTER 6

顧客との強固な関係づくり

RELATIONSHIP

ダイレクト・マーケティングという新しい概念の登場

企業間競争が熾烈になってくると、数ある企業の中から自社を選んでもらうために、モノづくりから接客なども含めた顧客対応に至るまで、顧客視点を生かす必要性に、企業は気づき始める。

顧客とは、単にモノを売りつける存在ではない。企業と顧客は相互に信頼関係を構築し、長期にわたって友好的な関係の下に取引が行われる必要がある。こうして、顧客の購入心理を研究し、顧客との絆を強化する取り組みが始まった。

１９６１年、コンサルタント・著作家のレスター・ワンダーマン*によって提唱されたのが、「ダイレクト・マーケティング」の概念だ。

レスター・ワンダーマン
(Lester Wunderman,1920～)
米国のマーケター。米国の広告会社ワンダーマン(Wunderman)社の創設者。ダイレクト・マーケティングの概念を提唱した。コピーライターとしてキャリアをスタートさせた彼は、メールオーダーサービスに可能性を見出し、広告に代わってダイレクト・マーケティングを実践するために自身の会社を起業した。アフリカン・アートのコレクター

年代	ビジネステーマ	メディア	マーケティング概念	CHAPTER6で登場するマーケティング理論・手法
1950年代（戦後復興期）	大量生産・消費／モノ不足／製品企画・管理		製品中心のマス・マーケティング（マーケティング1.0）	
1960年代（高度経済成長期）		マスメディア（テレビ・ラジオ・新聞 雑誌）		ダイレクト・マーケティング 1961年 レスター・ワンダーマン ハワード・シェス・モデル 1969年 ジョン・ハワード、ジャグディシュ・シェス
1970年代（安定成長期）				顧客満足度 1977年 ハント・キース 製品の性能と消費者の満足度 1976年 ジョン・E・スワン、リンダ・ジョーンズ・コームズ
1980年代（バブル期）	高額品消費／顧客創造・管理		顧客中心のマーケティング（マーケティング2.0）	顧客生涯価値 1987年 ロバート・ショー、マーリン・ストーン 従業員満足度と顧客満足度 1985年 ベンジャミン・シュナイダー 期待不確認モデル 1981年、1983年 リチャード・オリバー
1990年代（経済停滞期）	コモディティ化・サービス化／ブランド構築・管理	インターネット		パーミッション・マーケティング 1999年 セス・ゴーディン CRM 1998年 アンダーセン・コンサルティング ワン・トゥ・ワン・マーケティング 1993年 ドン・ペパーズ、マーサ・ロジャーズ 顧客ロイヤリティ 1999年 リチャード・オリバー 顧客ロイヤリティ 1990年代 F・F・ライクヘルド
2000年代（経済停滞期）	ネット化／新たな価値創造	ブログ／メルマガ		インバウンド・マーケティング 2009年 ブライアン・ハリガン、ダーメッシュ・シャー 顧客資産価値 2002年 ロバート・ブラットバーグ、ゲーリー・ゲッツ、ジャクリーン・トーマス
2010年代（現在）		ソーシャルメディア	価値主導のマーケティング（マーケティング3.0）	ブランド・アンバサダー 2012年 ロブ・フジェッタ

としても知られる。

それまで広告が担ってきたのは、「伝える役割」だった。これに対して、ワンダーマンが主張したダイレクト・マーケティングとは、「顧客からの反応（レスポンス）を獲得する」ことに主眼を置き、効率的な販売方法を提唱する概念だ。その名称から、ダイレクトメールの方法論や通信販売のことだと考えやすいが、それは誤りだ。

たしかに、ダイレクト・マーケティングで使われる主力メディアは、ダイレクトメールとインターネットである。しかし、新規顧客を開拓し、顧客リストをつくるために、当初はテレビや新聞、新聞折り込みチラシなどのメディアも使用される。

ダイレクト・マーケティングは、販売に結びつく要素が強いため、通信販売やクレジットカード、自動車、金融などの業界で活用されることが多い。さらに、ダイレクト・マーケティングで使用される広告は経費でなく、投資と回収の関係で考える。

ダイレクト・マーケティングは、「データベース・マーケティング」「ＣＲＭ」「ワン・トゥ・ワン・マーケティング」「インターネット・マーケティング」など、この後に登場するマーケティング概念の土台となっている。

実務家から見たひと言

広告は伝える役割にとどまっていたのに対して、ダイレクト・マーケティングは、購入行動を直接顧客に促すことから、各社の取り組みが始まった。ダイレクト・マーケティングの誕生当時は、電話・ＤＭ・カタログというアナログメディアしか存在していない時代だった。

生活者の包括的な購買意思決定モデル、ハワードとジャグディシュ・シェス・モデル

1969年、ジョン・A・ハワードとジャグディシュ・シェス*によって提唱されたのが、「ハワード・シェス・モデル（Howard & Sheth model）」だ。これは、生活者の包括的な購買意思決定モデルとして知られる。

ハワード・シェス・モデルは、生活者が広告などの刺激に対してどのように反応し、どんな購買行動を起こすかを研究したものだ。これは、「インプット」「知覚構成概念」「学習構成概念」「アウトプット」の4つからなる【1-16図】（→P150）。

インプットされた刺激（価格や商品特性など）は、情報処理を行う知覚構成概念に伝わって処理され、次に意思決定を行う学習構成概念に送られ、意思決定がなされる。意思決定の結果、アウトプットの反応として購買が行われるという手順を踏む。

購入の意思決定には、「拡大問題解決」「限定問題解決」「反復的問題解決」という3つの異なるプロセスがある。

・**拡大問題解決**

これまで生活者が購入したり使用したりした経験がない商品を購入する際の意思決定方法で、情報は綿密に検索・検討される。

・**限定問題解決**

ある程度、商品内容を理解している場合に該当する。選択基準は定まっているので、その基準に合っているかどうかを判断するため、ある程度は情報検索が行わ

ジャグディシュ・シェス
（Jagdish N. Sheth）
米国のマーケティング学者であり、ビジネス・コンサルタントとしても知られる。ビルマで生まれ、難民としてインドに渡る。その後米国で博士号を取得し、消費者心理やマーケティングを専門とする。バイヤーの行動理論などでも知られる。現在はエモリー大学ビジネス・スクールで教授を務める。

1-16図 購買意思決定モデル(ハワード・シェス・モデル)

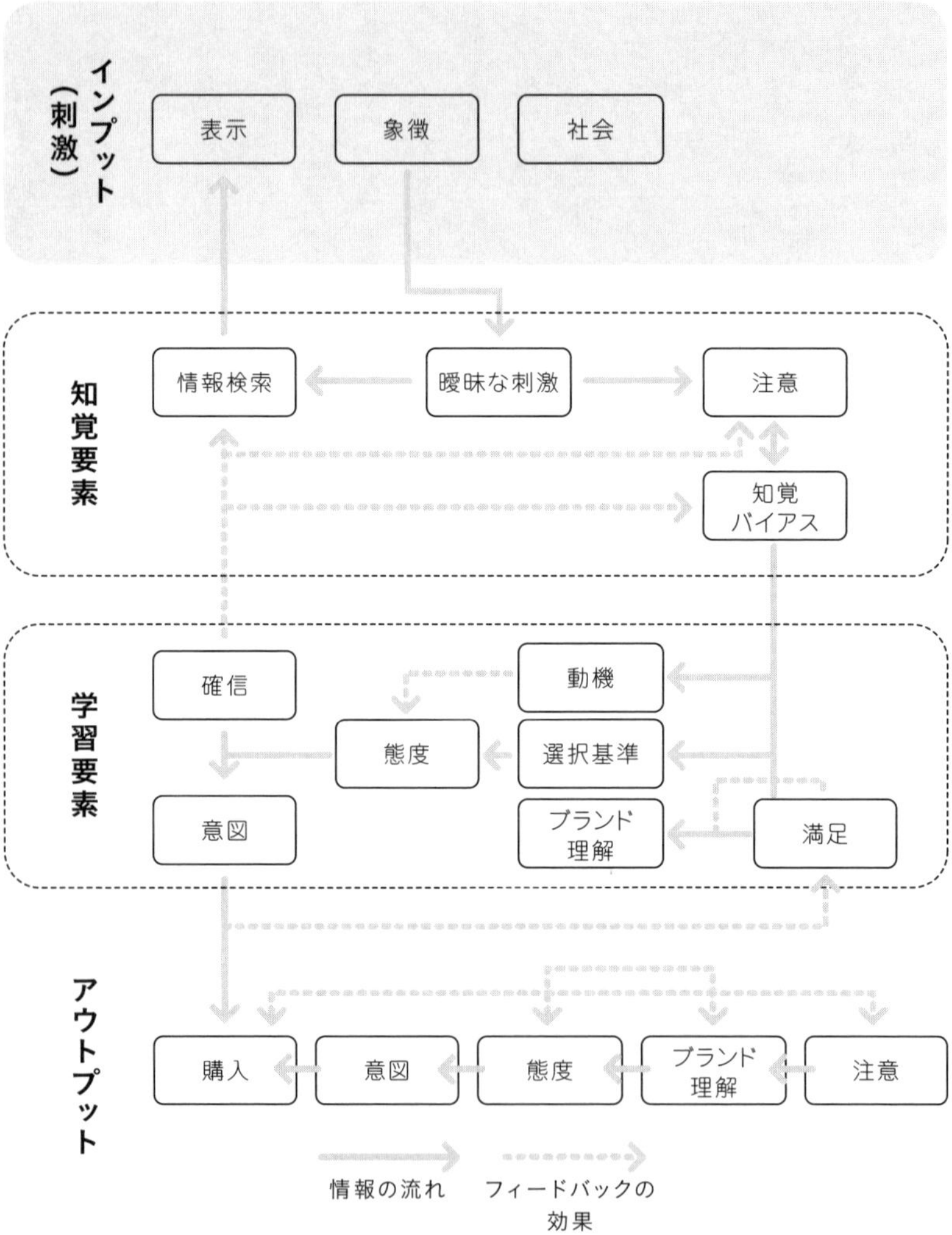

ハワード、シェスによる購買意思決定モデルは、生活者の購買の流れを、インプット、知覚、学習、アウトプットの4つのステップで表すフレームワーク。以前はシンプルな刺激と反応モデルであったが、そこに生活者を加えることで、精緻化を図った。このモデルは、生活者が受動的に刺激を受けて行動するという前提に立っているが、実際の社会では異なる行動がとられる点、また生活者によって購買行動が異なる点から、のちの生活者情報処理モデルが育まれた。

れる。

・反復的問題解決

よく知っている商品を購入する場合で、大部分が情報検索せずに意思決定される。この場合、生活者が持つ商品へのロイヤリティに影響されることが多くなる。問題解決を行う際には、購入や使用の有無という生活者の経験が大きく影響しているわけだ。

ハワード・シェス・モデルは、広告から刺激を受けて反応する生活者の一連のプロセスを示している。だが、この刺激に対しては、受動的な生活者像が想定されていた。そのため、この生活者行動モデルは、その後の研究によって、生活者情報処理モデルへと進化していく。

実務家から見たひと言

継続利用者は、反復的問題解決によりモノやサービスを購入している。彼らに新製品や別ブランドをどうトライアルし、ブランド・スイッチしてもらうかを考えるのが、マーケティング担当者の仕事だ。

「顧客満足」を定義する

マーケティングと生活者行動を研究するなかで、「顧客満足（Customer Satisfaction）」や「消費者満足（Consumer Satisfaction）」は、重要なテーマの1つとして注目されてきた。この研究過程で、「顧客満足とは何か」を定義する必要が生じた。

1977年、ハント・キース*は論文「CSの概要と今後の方向性（CS/D Overview and Future Research Directions）」を発表した。彼はこの中で、顧客のロイヤリティを形成する主な要因となるCSは、「感情の総合勘定」だと定義した。そして、**各種サービスの内容そのものより、そのサービスを享受することで、どのような思いが生じたのかが重要なのだと指摘した。**

キースは、顧客満足を取引のプロセス（評価過程）の1つとして捉えたが、顧客満足についての定義はほかにも、

・経験に対する情緒的な反応（Howard and Sheth,1969）

・期待したことと一致しないときの心情が、消費者が消費経験をする前の感情と組み合わさったときに、結果的に生まれる心理的な状態（Westbook and Relly,1983）

とする定義もある。

一方で、顧客満足を取引や消費経験によって生じた結果、あるいは成果として捉え、

・消費の経験が、少なくとも自分が思っていたものと同じだったという評価（Hunt,1977）

ハント・キース
（Hunt M. Keith）
米国のマーケティング学者で米国国立科学技術財団に在籍した。

・選択された代替案が、その代替案に対する最初の思いと一致するという評価（Engel and Blackwell,1982）

・最初の期待と、消費後に感じたときとの落差に対する評価への反応（Tse and Wilton,1988）

といった定義もよく引用される。

実務家から見たひと言

不満を解消しても、顧客満足にはつながらない。顧客の期待を超えて初めて、生活者は感動し、次回も利用しようと考える。すべての顧客を満足させようとせず、重点顧客にフォーカスして施策を考え、実行することだ。

顧客満足を形成するメカニズム、期待不確認モデル

経営の分野で、「顧客満足」の概念を最初に提唱したのは、ピーター・F・ドラッカーだ。彼は1954年に刊行した著書『現代の経営（The Practice of Management）』（ダイヤモンド社）の中で、ビジネスの目的は「利益」を上げることではなく、「顧客の創造」にあるという有名なメッセージを残している。

また、ハーバード・ビジネス・スクール教授だったセオドア・レビットも、1960年の論文「マーケティング近視眼（Marketing Myopia）」の中で、当時企業にとって

一般的な概念だった「モノづくり絶対主義」ではなく、「顧客満足の追求を目的としたマーケティングを中心に、企業は活動すべきだ」と主張した。

「顧客満足」が、顧客の心の中にどのようなメカニズムで形成されるのかという理論は、リチャード・オリバー*が１９８１年に提示した「期待不確認モデル(expectation-disconfirmation model)」だ。

期待不確認モデルとは、生活者が商品を購入する前に抱いていた品質や価格に対する「期待(expectation)」と、実際に商品を購入した後で感じた効用や効用を実感した状態(perceived performance)でどう評価されたかによって、「満足」か「不満」かが決まるという考え方だ。

言い換えると、顧客が事前に「期待」していたことと、事後に「実感(パフォーマンス)」したことを比較して、満足か不満かが決まるわけだ。

顧客満足を高めるには、「期待」と「実感」に着目し、「実感」が高いほど顧客満足は高く、「期待」が低いほど顧客満足は高くなるのである。

また、ジョン・E・スワン*とリンダ・ジョーンズ・コームズ*は１９７６年、論文「製品の性能と消費者の満足度——新たな概念(Product Performance and Consumer Satisfaction: A New Concept)」を発表。製品やサービスには、次のような「本質機能」と「表層機能」があり、双方が期待と一致したときに、顧客は満足するという理論を提唱した。

・本質機能

リチャード・オリバー
(Richard L. Oliver)
米国の消費者心理学を専門とするマーケティング学者。ワシントン大学やペンシルバニア大学などで教鞭を執り、現在はヴァンダービルト大学で教授を務める。

ジョン・E・スワン
(John E. Swan)
米国のマーケティング学者。アラバマ大学バーミンガム校やアーカンソー大学でマーケティングの講座を受け持った。

リンダ・ジョーンズ・コームズ
(Linda Jones Combs)
米国のマーケティング学者。

顧客が求める一次機能を意味し、一定の品質を備えていることだ。自動車なら、基本機能である「走る」ことが該当する。備えていて当然の機能だが、この機能が満たされていない場合、顧客満足は当然低下する。

・表層機能

本質機能を補い、付加価値を加味したものだ。自動車なら、「燃費が良い」「長時間運転しても疲れない座席」という要素だ。

このように、本質機能が水準以上の条件を満たし、さらに表層機能の品質が高まっていけば、顧客満足は当然向上するわけだ。

その後、日本でも「顧客満足」は経営手法の1つとして注目されるが、単に「サービスを高めること」だと誤解され、本質とはかけ離れた過剰なサービス提供や商品を多機能化させるなど、一時その方法論が迷走する事態も起こった。

顧客満足を重視した経営とは、自社が想定している顧客が期待するサービスのレベルを把握し、自社の商品やサービスを求める顧客を選別して提供することだ。対象にする顧客を決めることで、提供する商品やサービスの内容が定まり、顧客満足も向上する。相手にする顧客を間違うと、せっかくの取り組みも徒労に終わることがあるからだ。

「顧客満足」の概念は、のちに登場するＣＲＭやワン・トゥ・ワン・マーケティングにつながり、１９９０年代以降はＩＴが活用されていく。

実務家から見たひと言

すべての人を相手に満足してもらおうとするより、自社の価値を理解してくれる顧客は誰なのかを考えることだ。製品やサービスの「本質機能」と「表層機能」を検討することが、顧客からの評価と自社の収益に結びつく。

サービス業調査で浮かび上がった従業員満足と顧客満足の因果関係

1985年、ベンジャミン・シュナイダー*は、米国の大西洋岸に立地する28の銀行の支店に勤務する142人の銀行員と968人の顧客を対象に調査を行った。調査の結果、サービスに関して、顧客と職員それぞれの認識には、強い因果関係があることが立証された。

まず、銀行員の対応（接客などのサービス対応）が悪いと、顧客は他の銀行に流出してしまう。次に、銀行員は顧客からの不満が増えれば増えるほどつらくなり、結果的に他行に転職したり退職したりする。

銀行が提供するサービスには、銀行員だけではなく、顧客も参加しており、**従業員満足度と顧客満足度は、相互に影響し合って成立しているのだ**。

銀行に代表されるサービス業では、従業員と顧客のやり取りを通じてサービスが生まれ、さらに消費される。顧客満足度を向上させるには、顧客に対する社員のサービ

ベンジャミン・シュナイダー
(Benjamin Schneider)
米国の経営学者。組織心理学、社会心理学で博士号を取得。専門は組織風土、文化や人事管理などで、現在はアリゾナ大学経営学部で教授を務める。

スレベルを高めながら、同時に従業員満足度を上げることも重要だとする考え方だ。

実務家から見たひと言

優れた企業には、優れた顧客が存在する。優れた顧客の素晴らしさは「批判」「批評」でなく、「評価」「賞賛」、そして「代替案の提案」ができることだ。

顧客満足によるリピーター顧客の育成と顧客生涯価値の向上

1987年、キャス・ビジネス・スクール教授で、コンサルタントのロバート・ショー*とマーリン・ストーン*の論文「競争優位のデータベース・マーケティング（Database Marketing for Competitive Advantage）」の中で、「顧客生涯価値（customer lifetime value）」という言葉が使用された。

顧客生涯価値とは、一生の間に顧客が取引（購入）を始めてから終了するまでの期間（「顧客ライフサイクル」と呼ぶ）に、その顧客が企業にどれだけ利益をもたらしてくれるかを算出するマーケティング指標のことだ。

計算式は、「年間取引額×収益率×取引継続年数」が基本となる。また、次のような項目についての数字を求めることができる。

・リピート顧客数＝新規顧客数×顧客維持率
・継続顧客収入＝顧客単価×リピート顧客数

ロバート・ショー
(Robert Shaw, 1950～)
英国のマーケティング・コンサルタント。ケンブリッジ大学で数理物理学の博士号を取得したほか、オペレーションズ・リサーチの修士号を持つ。アンダーセン・コンサルティングに勤務後、自身のコンサルティング会社を設立。キャス・ビジネス・スクールでマーケティングの名誉教授も務める。

マーリン・ストーン
(Merlin Stone)
英国のカスタマー・マネジメントとリレーションシップ・マネジメントの専門家。英国マーケティング協会から世界のマーケティング思想家トッ

・顧客維持費用＝新規顧客数あるいはリピート顧客数×1人当たり顧客維持費用
・単年度利益＝継続顧客収入－顧客維持費用
・初期投資額＝初年度に顧客を維持するために投入した費用
・生涯顧客価値＝単年度利益の累積金額
・1人当たり生涯顧客価値の合計＝（生涯顧客価値の合計－初期投資額）／顧客数

顧客生涯価値の指標が注目された背景には、新規顧客を開拓するには、既存顧客を維持するよりも5倍から20倍のコストが必要なことがある。そのため、新規顧客の開拓よりも、既存顧客によって売上を伸ばすほうが効率的であり、顧客シェアを追求すべきだという考えがあった。

顧客生涯価値に基づいた経営は、短期的な売上増を図るのではなく、顧客との長期的な信頼関係を重視することが必要だ。

実務家から見たひと言

大都市にあるサービス産業ほど、継続利用してくれる顧客の価値に気づかずにいる。人口が多い分、新規顧客が多いからだ。新規顧客から継続利用顧客が生まれないかぎり、事業の継続性は望めない。

データベース・マーケティングに欠かせないＲＦＭ分析

データベース・マーケティングにおいて、顧客データを分析する際に用いられる基本的手法が、「ＲＦＭ分析（ＲＦＭスコア法）」である。

ＲＦＭ分析は、顧客の購入行動と購入履歴から、優良顧客を導き出す顧客分析手法だ。

顧客の購入行動を、「最終購入日（Recency）」「購入頻度（Frequency）」「累計購入金額（Monetary）」の３つから分類し、顧客の選別と格付けを行う。それぞれの頭文字を取って、「ＲＦＭ分析」と呼ぶ。１９６０年代、カタログ販売やダイレクトメールの効率を上げるために、米国の通信販売業を中心に広まったとされるが、提唱者は不明だ。

ＲＦＭ分析の具体的方法は、顧客一人ひとりに関して、次の３つの観点から指標化する。

・**R＝Recency**（最新購買日）……いつ買ったか、最近購入しているか
・**F＝Frequency**（購入頻度）……どのくらいの頻度で購入しているか
・**M＝Monetary**（累計購入金額）……いくら使っているか

一般的には、ＲＦＭの項目を5段階で評価し、それぞれの項目で最も高いランクになる「５５５」の顧客が、「最近、何度も、たくさん買ってくれている最優良顧客」だと判断する。逆に、「１１１」になる顧客は、顧客といえるかどうかも含めて考え直し、ダイレクトメールなど販売促進の費用を見直してリストから削るなどの判断材料*にする。

判断材料
ＲＦＭそれぞれについての見方の参考例を次に挙げる。
・Ｒのランクが高いほど、将来企業の収益に貢献してくれる可能性が高い
・Ｒのランクが低いと、ＦやＭのランクが高くても他社に奪われている可能性が高い
・Ｒのランクが同じなら、Ｆのランクが高いほど常連顧客といえる
・Ｒのランクが同じなら、ＦやＭのランクが高いほど顧客の購買力がある
・ＲやＦのランクが高くても、Ｍが少ないと購買力が低い顧客といえる
・Ｆのランクが低くＭのランクが高い顧客は、Ｒが高いほうが良い顧客だと判断できる
・Ｆのランクが上がらないか下がっている顧客は、他社に奪われている可能性が高い
・ＲＦＭすべてが低い顧客

ＲＦＭ分析は、サービス業や小売業には有効だ。しかし、購入頻度がきわめて少ない製品（住宅や家具、クルマなど）の場合や、単価が極端に低い商品を大量に販売する小売業（１００円ショップなど）の場合には、適さないことがある。

実務家から見たひと言

優良顧客の特定だけで終わらせず、彼らが優良顧客になっていった経緯を分析し、継続利用を決定づけた自社の取り組みを抽出してほしい。

データベース・マーケティングの究極の姿、ワン・トゥ・ワン・マーケティング

「ワン・トゥ・ワン・マーケティング」の概念を提唱したのは、マーケティング・コンサルタントのドン・ペパーズ*とマーサ・ロジャーズ*だ。１９９３年に刊行された彼らの著書『ＯＮＥ ｔｏ ＯＮＥマーケティング――顧客リレーションシップ戦略（The One to One Future）』（ダイヤモンド社）によって広まった。

ドン・ペパーズとマーサ・ロジャーズは、ワン・トゥ・ワン・マーケティングを「１回に１人の顧客というビジネスを構築するために情報技術を駆使し、異なる顧客に異なる対応ができるように、企業努力をすること」だと説明している。

わかりやすく言い換えると、顧客がそれぞれ置かれている個人の状況や嗜好、価値観などを把握し、個別のニーズに対応しながら、顧客それぞれに異なるアプローチを

は、顧客としないことも視野に入れて検討する

ドン・ペパーズ
（Don Peppers, 1950〜）
米国の顧客マネジメントに関わるコンサルティング・ファームの代表を務める。米国空軍学校で宇宙工学を学び、プリンストン大学では広報の修士号を得る。石油会社のエコノミストからキャリアをスタートさせ、のちにダイレクト・マーケティング会社でＣＥＯを務める。自身のブログには10万を超えるフォロワーを抱える。

『ONE to ONE マーケティング――顧客リレーションシップ戦略』ドン・ペパーズ、マーサ・ロジャーズ（ダイヤモンド社）

行うマーケティングのことだ。

マス・マーケティングは、顧客をひとかたまりの集団と捉え、属性や傾向などの共通する特性を絞り込んで、重点顧客を設定する。だが、**ワン・トゥ・ワン・マーケティングは顧客を個で捉え、顧客に対して個別アプローチを行う。**

まず、マス・マーケティングによって新規顧客を獲得し、顧客になってもらう。その後、ワン・トゥ・ワン・マーケティングによって、既存顧客との双方向の情報交換や購入履歴などによって顧客データを積み重ね、継続的な関係を維持するステップを踏むという流れだ。

ワン・トゥ・ワン・マーケティングでは、「顧客シェアの拡大」「顧客を個別に識別し、顧客との関係づくりによる学習」「マス・カスタマイゼーション（顧客の個別ニーズに合わせた多品種大量生産）などによる顧客別対応」などを踏まえることが重要だ。

ワン・トゥ・ワン・マーケティングが実践され、顧客の属性や購入履歴などの顧客データベースが企業に整備されると、それぞれの顧客に特化したネット上の顧客ページやeメール、バナー広告を掲示するなど、現在我々が享受している仕組みが実現できるようになる。

ただし、これらは顧客の「許諾（パーミション）」を得たうえで実践しないと、反発を招く事態も生じるので注意が必要だ。

マーサ・ロジャーズ
(Martha Rogers)
米国のマーケティング学者。コピーライターとしてキャリアを始め、現在はデューク大学で准教授を務めるほか、ドン・ペパーズとともにコンサルティング会社を経営する。

実務家から見たひと言

顧客の側から情報を提供してもらうインバウンド型コミュニケーションが、これから主流になる。アウトバウンド型（企業側からの情報発信）しか知らない企業が取り組むには、予想以上にハードルが高いことに気づくはずだ。

顧客との関係性を経営の中核に据えるCRM

「カスタマー・リレーションシップ・マネジメント（CRM＝Customer Relationship Management）」は、1990年代前半に米国で誕生した。

1998年、アンダーセン・コンサルティング（現アクセンチュア）が出版した『CRM——顧客はそこにいる』（東洋経済新報社）で知られるようになった。

同書で、CRMとはIT（情報システム）を活用して、「顧客データの分析をもとに、顧客を識別し、コールセンターやインターネットなどの新しいチャネルを利用し、顧客との関係を深める広義のマーケティング手法」だと解説している。

CRMの目的は、既存顧客との関係を強固にして顧客満足度を高め、顧客が生涯にわたってもたらす利益である「顧客生涯価値（カスタマー・ライフタイム・バリュー＝CLTV）」を高めていくことにある。

よくある過去の手法として、誕生日や結婚記念日など顧客のライフイベントに合わ

『CRM——顧客はそこにいる』アクセンチュア（東洋経済新報社）

せて、ＤＭやメールなどで、商品・サービスのプロモーションやキャンペーンを知らせて勧誘する方法がある。

顧客生涯価値のページで述べたように、新規顧客の獲得にはコストがかかる一方、既存顧客の場合は、ＣＲＭを活用して顧客生涯価値を高めれば、収益が上がると考えられる。

そのため、１９９０年代後半から２０００年頃にかけて、ＣＲＭは多くの企業で導入された。だがその多くは、顧客との関係性を強化するのではなく、一方的な押し売り販売になってしまうケースが出てきた。

本来のＣＲＭは、顧客から許諾を受けたうえで、

・顧客の年齢、性別、趣味、嗜好などの個人情報
・購入、利用履歴、購入動機
・苦情、意見、要望などの企業への問い合わせ履歴
・ライフスタイル

などを加味して顧客データを作成する。そのうえで、顧客層別と顧客別の需要と購買行動を分析して、最適な施策を実行する。

このように、個々の顧客に最適な商品とサービスを提供し、顧客満足度を高めながら、購入額を増やし、顧客維持率も高め、長期的な関係づくりを目指していくのだ。

実務家から見たひと言

ＣＲＭは顧客のデータベースを活用しながら、顧客が「人の対応や存在感」「社員の顔が見えるかどうか」の有無によって、成否が決まる。仮に「人」が介在しなくても、そこに人がいることを感じさせる配慮が欠かせない。ＩＴを駆使した際に、加味すべき重要なポイントだ。

リピーターづくりと顧客生涯価値向上に欠かせない、顧客ロイヤリティの形成

１９８０年代の米国では、従来の「生産者発想」のモノづくりから、生活者（顧客）のニーズや嗜好を踏まえた「生活者発想」に転換する必要があるという考え方に進化した。

そこで、顧客満足（Customer satisfaction）の概念が注目されるようになる。サービス業に代表される第3次産業が拡大していたことも、この取り組みを加速させた。

「パレートの法則*」や、ベイン&カンパニーのコンサルタント、フレデリック・F・ライクヘルド*が１９９６年に発表した「顧客維持率を5％改善させると、利益を95％向上させることができる」という研究成果（論文「The Loyalty Effect The Hidden Force Behind Growth」）が注目され、１９９０年代後半から「顧客ロイヤリティ」が重視されるようになってくる。

顧客ロイヤリティとは、顧客が企業や製品・サービスに対して忠誠心を示すこと（愛

パレートの法則
イタリアの経済学者・社会学者のヴィルフレド・パレート（Vilfredo Federico Damaso Pareto、1848～1923）が、１８８６年に論文の中で発表した法則。20対80の法則とも呼ばれる。

フレデリック・F・ライクヘルド
（Fred F. Reichheld）
米国のビジネス作家・コンサルタント。顧客ロイヤリティの研究で知られる。ベイン&カンパニーでコンサルタントとして世界のトップコンサルタント25人の1人に選ばれた。ネット・プロモーター・スコア（ＮＰＳ）の概念の提唱者としても知られる。

着心を抱いたり、贔屓《ひいき》にすること）だ。企業や製品のブランドに対しては「ブランド・ロイヤリティ（brand loyalty）」、小売業などの店舗に対しては「ストア・ロイヤリティ（store loyalty）」と呼ぶ。

顧客がその企業や製品・サービスに対してロイヤリティが高いと、いつも気に入っているモノやサービスを選び、継続して購入したり利用したりしてくれる。

カール・アルブレヒト*は、著書『見えざる真実』（日本能率協会マネジメントセンター、1993年）の中で、顧客のロイヤリティを獲得するには、顧客が「価値を見出す要因」を特定する必要があるとした。その要因とは、「顧客は、企業が提供するモノのどこに、価値を感じているか」ということである。

さらに、アルブレヒトは顧客の期待を基に、顧客が価値を見出す要素を、次の4つに分類した。

・**基本価値**……絶対不可欠な要因
・**期待価値**……顧客が提供されることを当然視する要因
・**願望価値**……必ずしも期待していないが、提供されると顧客は高く評価する要因
・**未知価値**……顧客の期待や願望を超えたモノやサービスが提供され、顧客に驚きをもって受け止められる要因

そして、4つの分類のどの段階で、どのような価値を見出すかを、企業は正確に捉えることが重要だとした。

さらに、自社の競争優位と顧客ロイヤリティを獲得するためには、顧客が現在いる

『見えざる真実』カール・アルブレヒト（日本能率協会マネジメントセンター）

カール・アルブレヒト
（Karl Albrecht）
米国のマネジメントコンサルタント。顧客やサービスに関わる書籍を多数執筆。もともと物理学者で、米軍の諜報部門での勤務経験もある。

段階よりも次の段階で、新たな価値を提供することが必要だとした。

顧客が価値を見出す要素を把握する際には、顧客の期待を探るための調査が必要だ。また、顧客の期待が「モノの機能」なのか、それとも「モノが提供する便益」なのかを、企業は区別して理解する必要がある。

実務家から見たひと言

顧客にロイヤリティがあるかどうかは、「他者に推奨してくれる」「新規顧客を紹介してくる」という2点を調べれば容易に判断できる。

顧客ロイヤリティの概念と定義

１９９９年、リチャード・オリバー（→P154）は論文（「Whence consumer loyalty?」）において、顧客ロイヤリティのことを、「現在選んでいる製品やサービスを将来も継続して購入し利用しようという顧客の強いコミットメント（約束・態度表明・決意）で、周囲の状況が変化したり、競合企業などのマーケティング活動が行われても、顧客に同じブランドや同じカテゴリーブランドに対して反復購入行動を促すもの」だと定義している。

また、オリバーはここで、顧客ロイヤリティを次の４つの段階で捉えている。

①認知的ロイヤリティ

事前知識や経験を通じて得たブランドへの評価が、他よりも好ましく感じている状態。そこで満足する感情が生まれると感情的な要素が芽生え始める。

②**感情的ロイヤリティ**

使い続けることで満足感が深まり、好きだから買うという段階。好意を持たれているため、認知的ロイヤリティよりもブランドをスイッチしにくい。

③**行動意欲的ロイヤリティ**

そのブランドに対して好ましい感情を持ち、反復購入によるエピソードが蓄積され、再購入する動機づけに近い存在。

④**行動的ロイヤリティ**

行動慣性（action inertia）が発達し再購入が促進され、本当のロイヤリティになって購入後の消費プロセスに大きく影響する。

つまり、「態度のロイヤリティ」が、「行動のロイヤリティ」の前提にあるというわけである。

実務家から見たひと言

顧客の意識調査を行う際に、ロイヤリティの形成プロセスを加味した設問を用意して、実務に生かしてほしい。

顧客に許諾を得るパーミッション・マーケティング

1999年、米国のヤフー社（Yahoo!）のダイレクト・マーケティング担当副社長のセス・ゴーディン*は、著書『パーミッションマーケティング――ブランドからパーミッションへ（Permission Marketing）』（翔泳社）の中で、「パーミッション・マーケティング」を提唱した。

これは、顧客に対して、事前に許諾（パーミッション）を受けたうえで、許諾された範囲内で行うマーケティング活動のことだ。

ゴーディンは、現在でもよく行われている顧客に無断で一方的に働きかけるプロモーションなどの活動を「インタラプション・マーケティング（interruption marketing）」と呼び（インタラプションは妨害・邪魔の意）、この方法は非効率的であり、顧客にすれば迷惑な存在で逆効果になると述べた。

ワン・トゥ・ワン・マーケティングは「顧客への販売行為」から始まるが、パーミッション・マーケティングは「人との接触」から始まる、というのがゴーディンの指摘だ。顧客と企業の間では、信義則に基づく「許諾された関係」が築き上げられている。パーミッション・マーケティングは、顧客からの信用と親しみを増幅させていく考え方で、一時的な許諾でなく、継続的な取り組みだとゴーディンは位置づけている。

顧客と直接やり取りするため、ワン・トゥ・ワン・マーケティングと似てはいる。だが、**パーミッション・マーケティングは顧客に承諾を得るため、顧客が迷惑せず、**

セス・ゴーディン
(Seth Godin,1960～)
米国の著述家。以前はヤフーのダイレクト・マーケティング部門でバイス・プレジデントを務めた。デジタル時代のマーケティングについての第一人者として知られる。

『パーミッションマーケティング―ブランドからパーミッションへ』セス・ゴーディン（翔泳社）

また不快に感じないように配慮されている点で優位性がある。

実務家から見たひと言

成約率を高めるには、顧客との信頼関係を築くことだ。

顧客を資産と位置づけた顧客資産価値とその定義

2002年、ロバート・ブラットバーグ*、ゲーリー・ゲッツ*、ジャクリーン・トーマス*は、「カスタマー・エクイティ（顧客の資産価値）」という概念を提唱した。これは、顧客獲得・顧客維持・追加販売の3要素によって推進される。「企業の総カスタマー・エクイティは、企業が保有している顧客の全体について、新規獲得からの収益と、顧客維持によって得られた収益や追加販売からの収益を、将来のすべての時点にわたって合算したものだ」と、ブラットバーグたちは定義した。

また、フィリップ・コトラーとケビン・レーン・ケラーは著書、『コトラー&ケラーのマーケティング・マネジメント』（丸善出版）において、カスタマー・エクイティは、ダイレクト・マーケティング、データベース・マーケティング、サービス・クオリティ、リレーションシップ・マーケティング、ブランド・エクイティといったマーケティング・コンセプトから生まれたものだとしている。

また、コトラーたちは、カスタマー・エクイティに特有の考え方として、企業にとっ

ロバート・ブラットバーグ
(Robert C. Blattberg)
米国のマーケティング学者。専門はマーケティング・インフォメーション・テクノロジー、データベース・マーケティング、セールス・プロモーション、プライシング、小売で、ノースウェスタン大学ビジネス・スクールで教授を務めた。

ゲーリー・ゲッツ
(Gary Getz)
米国のコンサルタント。以前はジェミニ・コンサルティングでコンサルタントを務めていたが、現在は戦略とイノベーションに関わるコンサル

『コトラー&ケラーのマーケティング・マネジメント 第12版』フィリップ・コトラー、ケビン・レーン・ケラー（丸善出版）

ては顧客価値を理解し、株主にとっては企業価値全体を増加させるために、顧客を「戦略的資産」としてどう管理するかに焦点を当てることだとも述べている。

また、ローランド・ラスト*とキャサリン・レモン*、バレリー・A・ザイタムルは2001年に、「企業のカスタマー・エクイティとは、その企業のすべての顧客の（物価上昇分を割り引いた）生涯価値の合計である」と定義している。

さらに、ラストたちは、カスタマー・エクイティには次の3つの要素があると指摘している。

①バリュー・エクイティ

顧客が取引の中で製品を客観的・合理的に評価したものだ。これを構成する要素として、「品質」「価格」「利便性」の3つがあり、バリュー・エクイティは価値に対する顧客の評価だとした。

②ブランド・エクイティ

ある製品に対して、客観的な価値を超えて生まれた「顧客の主観的で抽象的な評価」のことだ。これを構成する要素として、「顧客のブランド認知」「ブランドに対する顧客の態度」「ブランド倫理に対する顧客の認識」の3つがある。ブランド・エクイティは、企業が展開するマーケティングによって形成され、顧客のブランドとの関わり方や生活経験によって影響される。

③リテンション・エクイティ

顧客が客観的・主観的評価を超えて、その商品（ブランド）を継続的に支持する

ティング会社のCEOを務める。

ジャクリン・トーマス
(Jacquelyn S. Thomas)
米国のマーケティング学者。南メソジスト大学ビジネス・スクールでマーケティングの教授を務める。

ローランド・ラスト
(Roland T. Rust)
米国のマーケティング学者。メリーランド大学ビジネス・スクールでマーケティングの教授を務める。

キャサリン・レモン
(Katherine N. Lemon)
米国のマーケティング学者。ボストン大学経営学部の教授を務める。博士号取得前にヘルスケアおよびハイテク企業におけるマーケティングの実務経験がある。

傾向のことだ。これを構成する要素として、「ロイヤリティ・プログラム」「特別な認知と処遇のプログラム」「アフィニティ（親近感）・プログラム」「コミュニティ形成プログラム」「知識蓄積プログラム」の5つがある。リテンション・エクイティは、企業と顧客との関係性に焦点を当てている。

実務家から見たひと言

優れた企業は、社員に対して、自社の顧客資産（カスタマー・エクイティ）を認識させたうえで企業活動を行う。淘汰される企業は、社員に「売れ」としか指示しない。

顧客が自然にやって来ることを目指すインバウンド・マーケティング

２００６年、インバウンド・マーケティングの統合ソフトウエアを提供する米国企業、ハブスポット社（Hubspot）を立ち上げたブライアン・ハリガン*とダーメッシュ・シャー*の2人によって、「インバウンド・マーケティング」が提唱された。

そして、２００９年に刊行された彼らの著書『インバウンド・マーケティング（Inbound Marketing: Get Found Using Google, Social Media, and Blogs）』（すばる舎）で、その全貌が紹介された。

インターネットが普及する以前は、生活者が情報を入手する手段は、マスメディア

ブライアン・ハリガン
（Brian Halligan）
米国の起業家で、マーケティングソフトウエア会社ハブスポットのCEO。マサチューセッツ工科大学で講師も務める。

ダーメッシュ・シャー
（Dharmesh Shah）
米国の起業家でハリガンとともにハブスポットを創業し、チーフ・テクノロジー・オフィサーを務める。

『インバウンド・マーケティング』ブライアン・ハリガン、ダーメッシュ・シャア（すばる舎）

や書籍などが中心だった。入手できる情報の質と量はともに限られ、必要な時間と手間もかかっていた。

この時代は、大企業がマスメディアを使用して告知する広告や、DMなどに代表される販売促進活動など、企業が情報を発信する「アウトバウンド型」のアプローチが主流を占めていた。

アウトバウンド型コミュニケーションは、顧客を個別に特定せず、また生活者の個人的な関心の有無なども考慮されることなく、企業が発信したい情報を一方的に送り出してきた。

ところが、インターネットが普及し、スマートフォンやタブレット端末を使えば、知りたい情報があれば即座に検索できる環境になった。すると生活者は、マスメディアからのコンテンツや、広告からの情報を参考にはするものの、欲しい情報や知りたい情報は、自分でインターネットで検索して入手するスタイルが当たり前になった。

こうした環境では、企業側の一方的な都合によるアウトバウンド型コミュニケーションでは、生活者に見てもらえなくなり、場合によっては嫌われる原因にもなる。

自ら検索して情報を入手するネット社会では、生活者の立場に立ち、人の役に立つ内容に情報を変換させれば、生活者は企業からの情報を見てくれるようになる。

「生活者が自ら検索して、情報に触れる」という主体性のある行為だからこそ、企業はその生活者と好ましい関係がつくれ、無理強いしなくても商品やサービスを購入してもらえるようになる。また、単発的で短期的でなく、長期的で友好的な関係を通じ

て継続的な購入も期待できる。

このように、生活者側から主体的に情報を探しに来てもらうことを、「インバウンド・マーケティング」と呼ぶ。

生活者はネット検索を行うだけでなく、商品やサービスを購入すると、その良し悪しなどの感想をフェイスブックなどのSNSやブログにアップするようになった。また、インターネット上のコメントやコンテンツをきっかけに、新たな生活者が商品・サービスの情報検索をしたり、購入するようにもなる。

企業は、SEO*（Search Engine Optimization）などの検索エンジン対策に加え、SMO*（Social Media Optimizction）の取り組みを行い、生活者が見つけやすい情報環境をつくり上げる必要がある。

インバウンド・マーケティングを成功させる第一歩としては、そこに行かなければ見ることができない魅力あるコンテンツを提供することだ。

実務家から見たひと言

ネットによる検索社会では、顧客にどう見つけてもらうかを企業は工夫することだ。モノやサービスを販売につなげるための情報を用意する前に、顧客が本当に必要としている情報の内容を特定してほしい。

SEO
検索エンジンを使って検索された結果ページの表示で、自社のサイトが上位に掲示されるように工夫する取り組み。

SMO
ブログや掲示板（BBS）、SNSなど、生活者が情報を発信するソーシャルメディアでの評判を高め、サイトへのアクセスや評価を向上させる取り組み。

企業の応援者の力を借りるアンバサダー・マーケティング

米国のマーケター、ロブ・フュジェッタ*は2012年、著書『アンバサダー・マーケティング（Brand Advocates: Turning Enthusiastic Customers into a Powerful Marketing Force）』（日経BP社）で、「アンバサダー・マーケティング」を提唱した。

フュジェッタは、米国の半導体メーカー、インテルを成功に導いたマーケティング・コミュニケーション会社、レジス・マッケンナ社*の元パートナー（役員）で、ソーシャルメディアを活用して米国のアップル社を躍進させたマーケティング支援会社、ズーベランス社の創業者兼最高経営責任者である。

アンバサダー・マーケティングとは、「アンバサダー（大使）」や「アドボケーツ（支援者）」と呼ばれるような熱烈なファンの力を借りて、マーケティングとコミュニケーションを行うことだ。

昔は、1人のクチコミで広がる情報の深さと幅には限りがあった。しかし、ソーシャルメディアが普及した今では、一般的な生活者であっても、その人がフェイスブックやツイッターのユーザーなら、平均して100人以上は友人やフォロワーがいるといわれる。ネット上でのコメントやつぶやきは、大きな伝播力を持つようになった。

1人の熱烈なファンが企業や商品について、ソーシャルメディア上で推奨すれば、オンラインでつながる100人単位の友人に知られる。その100人を経由して、各人の友人100人にそれぞれ情報が連鎖することも起こる。

『アンバサダー・マーケティング』ロブ・フュジェッタ（日経BP社）

ロブ・フュジェッタ
(Rob Fuggetta)
米国の起業家で、クチコミやソーシャルメディアを活用したマーケティング会社ズーベランスの創業者。約20年間にわたり、シリコンバレーで3つの会社の立ち上げを経験する。

レジス・マッケンナ社
創業者のレジス・マッケンナは1992年、『ザ・マーケティング――「顧客の時代」の成功戦略（Relationship Marketing）』（ダイヤモンド社）を出版。

ソーシャルメディア上で、熱烈なファンによるクチコミの推奨力を入手し、幅広い生活者に情報を届ける方法が、アンバサダー・マーケティングだ。

マスメディアしかなかった時代は、「マスメディアによる広告と販促」というアウトバウンド型コミュニケーションしか存在しなかった。

だが、ネットやソーシャルメディアが普及し、生活者が主体的に検索を行う現在の社会では、**熱烈なファンを見つけ、彼らの力を借りて行う「アンバサダー推奨型コミュニケーション」に取り組むことが不可欠だ。**

実務家から見たひと言

ネットを利用することが日常化し、「やらせのコメント」と「本当の顧客の声」を生活者は識別できる力を持ち始めている。この認識を間違うと、ネット上で炎上することになる。

参考文献

富士通総研「消費者行動のモデル化に関する一考察――情報処理の観点から」新堂精士、長島直樹
http://jp.fujitsu.com/group/fri/downloads/report/research/2002/report138.pdf

『マーケティングの革新――未来戦略の新視点〈新版〉』セオドア・レビット著　土岐坤訳　ダイヤモンド社　２００６年

『お客様に対応する業務の品質管理』永川克彦、蛭田潤、江渡康裕、渡邉聡著　日本能率協会マネジメントセンター　２００７年

『日本消費経済学会年報』第23集「顧客満足／不満足経験とその後の選択行動」佐藤和代　２００１年

信金中央金庫「ＳＣＢ　ＮＥＷ ＹＯＲＫ通信」２００５年12月21日号
http://www.scbri.jp/PDFNY/17-2.pdf

『戦略的データベース・マーケティング――顧客リレーションシップの実践技法』
ロブ・ジャクソン、ポール・ワン著　日紫喜一史訳　ダイヤモンド社　１９９９年

『顧客生涯価値のデータベース・マーケティング――戦略策定のための分析と基本原則』アーサー・Ｍ・ヒューズ著　秋山耕監訳
小西圭介訳　ダイヤモンド社　１９９９年

『顧客投資マネジメント――顧客価値の可視化によるファイナンスとマーケティングの融合』スニル・グプタ、ドナルド・Ｒ・レーマン著　スカイライトコンサルティング訳　英治出版　２００５年

『インターネット マーケティング ニュース』http://www.newsbit.info/note/20010912.html

『One to Oneマーケティング――顧客リレーションシップ戦略』ドン・ペパーズ、マーサ・ロジャーズ著　井関利明監訳　ダイヤモンド社　１９９５年

IT media エンタープライズ　情報システム用語辞典
http://www.itmedia.co.jp/im/articles/0401/12/news003.html

『ＣＲＭ――顧客はそこにいる』アンダーセン・コンサルティング（現アクセンチュア）著　東洋経済新報社　１９９８年

富士ゼロックス総合教育研究所　フォーラム
「顧客ロイヤリティを獲得し顧客に選ばれ続けるために今、何が必要か　～キーワードは感性と感動！～」
ソリューション統括部　コンサルタント　高城晴美
http://www.fxli.co.jp/co_creation/forum/insight/000427.html

「消費者行動とブランド論（２）ブランド論の変遷と位置づけの整理」高橋広行
http://kgur.kwansei.ac.jp/dspace/bitstream/10236/4069/1/20100524-2-6.pdf

中央大学商学部演習論文大会草稿「コーズ・リレイテッド・マーケティングの消費者受容プロセス―最寄品における顧客ロイヤルティ構築の是非―」土岐恵 古屋雄司 増山絵里 佐藤美緒 http://c-faculty.chuo-u.ac.jp/~tomokazu/zemi/works/3_CRM.pdf

『パーミションマーケティング――ブランドからパーミションへ』セス・ゴーディン著　阪本啓一訳　翔泳社　１９９９年

『カスタマー・エクイティ――ブランド、顧客価値、リテンションを統合する』ローランド・Ｔ・ラスト、バレリー・Ａ・ザイタムル、キャサリン・Ｎ・レモン著　近藤隆雄訳　ダイヤモンド社　２００１年

『顧客資産のマネジメント――カスタマー・エクイティの構築』ロバート・C・ブラットバーグ、ジャクリーン・S・トーマス、ゲイリー・ゲッツ著　小川孔輔、小野譲司監訳　ダイヤモンド社　2002年

『ブランド・エクイティ戦略』デビッド・アーカー著　陶山計介、尾崎久仁博、中田善啓、小林哲訳 ダイヤモンド社　1994年

『コトラーのマーケティング・マネジメント』フィリップ・コトラー著　恩蔵直人監修 ピアソン・エデュケーション（現在は丸善出版）2001年

『コトラー＆ケラーのマーケティング・マネジメント』フィリップ・コトラー、ケビン・レーン・ケラー著　恩蔵直人監修 月谷真紀訳 ピアソン・エデュケーション（現在は丸善出版）2008年

『カスタマー・エクイティ』ローランド・フスト、キャサリン・レモン、バレリー・ザイタムル著　近藤隆雄訳　ダイヤモンド社　2001年

「BtoB マーケティングにおけるカスタマー・エクイティ・マネジメントの意義」高林亨
http://mizkos.jp/files/project/2011takabayashi.pdf#search='%E3%82%AB%E3%82%B9%E3%82%BF%E3%83%9E%E3%83%BC%E3%83%BB%E3%82%A8%E3%82%AF%E3%82%A4%E3%83%86%E3%82%A3'

『インバウンド・マーケティング』ブライアン・ハリガン、ダーメッシュ・シャア著　川北英貴監修、前田健二訳　すばる舎　2011年

『アンバサダー・マーケティング』ロブ・フュジェッタ著　藤崎実監修、徳力基彦、土方奈美訳　日経BP社　2013年

CHAPTER 7

マーケティング・コミュニケーション

COMMUNICATION

米国ではAIDMAよりも評価されているAIDAの概念

1925年に発表された、米国の応用心理学者E・K・ストロング*の論文「販売に関する理論（Theories of Selling）」の中に、「AIDAモデルは、1898年に米国の広告研究家セント・エルモ・ルイス*が唱えた」と紹介されている。

「AIDA」は、消費者の心理的プロセスについて、最初にモデル化されたものだ。現在でも、米国のマーケティングや広告における用語としては、のちに触れるAIDMAよりも登場する機会が多い。AIDAとは、

・**Attention**（顧客に注目してもらう）

・**Interest**（顧客に商品をアピールし、興味・関心を持ってもらう）

E・K・ストロング
（Edward Kellog Strong, Jr.、1884～1963）
米国の応用心理学者。組織心理学やキャリア理論が専門。大学では生物学を学び、米国林野局で働く。その後心理学を専攻し、広告と心理学についての論文を発表、さらに広告代理店や従軍を経てスタンフォード大学で心理学の教授

年代	ビジネステーマ	メディア	マーケティング概念	CHAPTER7で登場するマーケティング理論・手法
1950年代（戦後復興期）	大量生産・消費／モノ不足／製品企画・管理	マスメディア（テレビ・ラジオ・新聞・雑誌）	製品中心のマス・マーケティング（マーケティング1.0）	プロダクト・プレイスメント 1955年 AIDMA 1924年 サミュエル・ローランド・ホール AIDA 1898年 セント・エルモ・ルイス
1960年代（高度経済成長期）				USP 1961年 ロッサー・リーブス DAGMAR理論 1961年 ラッセル・H・コーリー
1970年代（安定成長期）				
1980年代（バブル期）	高額品消費／顧客創造・管理		顧客中心のマーケティング（マーケティング2.0）	スポーツ・マーケティング（ロサンゼルス・オリンピック） 1984年 ピーター・ユベロス アフィリエイト・プログラム 1988年 PC Flowers & Gifts.com
1990年代（経済停滞期）	コモディティ化・サービス化／ブランド構築・管理	インターネット		統合型マーケティング・コミュニケーション 1993年 ドン・シュルツ、スタンレー・I・タネンバーム、ロバート・ラウターボーン SEO 1995年 ヤフー バイラル・マーケティング 1996年 スティーブ・ジャーベットソン
2000年代（経済停滞期）	ネット化／新たな価値創造	ブログ／メルマガ		フラッシュ・マーケティング 2004年 WOOT バズ・マーケティング 2001年 ルネ・ダイ AISAS 2004年 電通
2010年代（現在）		ソーシャルメディア	価値主導のマーケティング（マーケティング3.0）	ゲーミフィケーション 2011年 ガートナー ステルス・マーケティング 2010年 アビジット・ロイ、サトヤ・チャトパドヤ ブランド・アンバサダー 2012年 ロブ・フュジェッタ

・**Desire**（顧客に商品を欲しくなってもらう）
・**Action**（顧客に購買行動を起こしてもらう）

というそれぞれの単語の頭文字をとってつくられた言葉だ。

ストロングは前述の論文で、「ＡＩＤＡには行動する前に『確信（Conviction）』するステップが必要だ」として、「ＡＩＤＣＡ」に修正している。

実務家から見たひと言

ＡＩＤＡがＡＩＤＣＡに修正されたことは、あまり知られていない。

日本ではよく引用されるＡＩＤＭＡ理論

１９２４年、米国の販売や広告の実務書を執筆したサミュエル・ローランド・ホール*は、著書『小売業の広告と販売（Retail Advertising and Selling）』（Taylor & Francis）の中で、「ＡＩＤＭＡ」を提唱した。このモデルは、広告での生活者の心理プロセスを分析した概念だ。

ＡＩＤＭＡモデルには、「①認知段階」「②感情段階」「③行動段階」の３つのプロセスがある。

①認知段階とは、「製品やサービスの存在を知る」レベルにある。②感情段階とは、「好きか嫌いか、使用したいかどうか」という判断レベルにある。③行動段階とは、「購

になる。彼の代表的な研究成果に職業興味研究がある。

セント・エルモ・ルイス
(E. St. Elmo Lewis, 1872～1948)
米国の広告実務家・研究者。広告の潜在的な力を広く社会に訴えた。当初は自身の広告代理店を設立し、経営に当たったほか、広告を専門としてさまざまな実業の世界を経験した。

サミュエル・ローランド・ホール
(S. Roland Hall)
米国のマーケティング実務家。

入する、使用する」という行動を起こす段階にある。

AIDMAモデルは、

①認知段階（A：Attention＝注目）

②感情段階（I：Interest＝興味、関心）

（D：Desire＝欲求）

（M：Memory＝記憶）

③行動段階（A：Action＝行動）

という流れになっている。そして、

①認知段階では、生活者に製品やサービスに注目してもらう（Attention）。

②感情段階では、製品やサービスに興味・関心を持ってもらい（Interest）、製品やサービスを欲しくなる気持ち（欲求）が芽生え（Desire）、その欲求が記憶に残る（Memory）。

③行動段階では、製品購入やサービスの入手といった行動（Action）を起こす。

という手順を踏む。

実務家から見たひと言

ネットが存在しない時代には、AIDMAは重宝したモデルだった。

映画やテレビの中に商品を登場させるプロダクト・プレイスメント

「プロダクト・プレイスメント」とは、映画やテレビ（近年はアニメーションやゲームなどあらゆるコンテンツが含まれる）の中に、企業の商品やロゴマーク、さらには個別商品やサービスを指す台詞や実物などを登場させ、見る側にさりげなくアピールする広告手法だ。

この手法が出現したのは、1955年に公開された米国映画『理由なき反抗』だ。「劇中でジェームス・ディーンが頻繁に整髪するシーンで使用された櫛（クシ）*の入手先を知りたい」という若者たちからの問い合わせが、映画会社のワーナー・ブラザーズに殺到した。これにヒントを得て、映画会社が「劇中広告で企業とタイアップ」したのが最初だとされる。

日本でも馴染みがあり、よく知られているプロダクト・プレイスメントとしては、映画『007』シリーズで、「アストンマーティンDB5」「トヨタ2000GT」「オメガ（時計）」「ヴァージン・アトランティック航空」「ソニー・エリクソン（携帯電話）」「ソニー・エレクトロニクス」「ブリオーニ（タキシード）」「ボランジェ（シャンパン）」「スミノフ・ウォッカ」など、クルマから時計、ファッション、そして飲料まで数多くの商品が登場している。

実は、この手法は日本が先行している。江戸時代に歌舞伎の作品において、商品の宣伝文句や街の話題を取り入れて、評判になったようだ。1718（享保3）年、江

櫛（クシ）
ニューウェル・ラバーメイド社（Newell Rubbermaid）の「エース櫛（Ace comb）」。

戸で活躍した二代目市川団十郎が外郎《ういろう》売りに扮して、小田原にある薬屋の家伝薬「透《とう》頂香《ちんこう》」の宣伝口上を述べたといわれている。

プロダクト・プレイスメントの手法はその後、「ストーリー・プレイスメント」という形式に高度化されていく。

ストーリー・プレイスメントとは、ブランド・イメージを想起させ、あるいは向上させるような短い物語にして生活者に見せる手法だ。米国のコカ・コーラ社や、フランスのＬＶＭＨ社（モエ・ヘネシー・ルイ・ヴィトン）の高級ブランド、ルイ・ヴィトンがすでに実施している。

広告の目標達成度合を数値で評価するＤＡＧＭＡＲ理論

１９６１年、ラッセル・Ｈ・コーリー*は全米広告主協会からの依頼で、著書『広告効果測定のために、広告目標を定義する（Defining Advertising Goals for Measured Advertising Results）』を刊行した。この著書の頭文字を取り、本書に書かれた理論を「DAGMAR（ダグマー）理論」と呼ぶようになった。

ＤＡＧＭＡＲ理論とは、広告の効果測定方法のことで、広告の目標達成度合を数値で評価する目標管理モデルである。

その特徴は、売上高を最終的な広告目標に置かないことだ。その代わり、売上につながる「５段階のレベル」を設定し、各レベルにおいてコミュニケーション目標を設定し、その達成度合を数値で評価する。

ラッセル・Ｈ・コーリー
(Russell. H. Colley)
米国の広告評価測定のパイオニア。

ＤＡＧＭＡＲ理論の「5段階のレベル」とは、

・**未知**（unawareness）
・**認知**（awareness）
・**理解**（comprehension）
・**確信**（conviction）
・**行動**（action）

であり、この5段階をまとめて「コミュニケーション・スペクトラム」と呼ぶ。

広告の最終目標は、売上目標金額の達成だが、ＤＡＧＭＡＲ理論はその目標達成のために、広告のコミュニケーションの各プロセスにおいて、それぞれ広告目標を設定する必要があるとした。

広告を実施することで、「5段階それぞれのレベルで、どの程度目標をクリアしたか」という達成度合を数値で評価する目標管理の理論ともいえる。

ＤＡＧＭＡＲ理論では、まず目標を数値で示すために、広告実施前に5段階ごとに「知名率」「認知率」「理解率」「確信率」「行動率」の5つを調査し、それを基に目標を設定する。そして広告実施後、再度調査を行って、事前と事後で比較して広告効果を測定する。

実務家から見たひと言

マスメディア広告からネット広告に、広告主がシフトしている最大の理由は、販売に直結し、しかも瞬時に効果測定が行える点にある。

広告の大原則、ユニーク・セリング・プロポジション

１９６１年、ロッサー・リーブス*は著書『広告における現実（Reality in Advertising）』の中で「ユニーク・セリング・プロポジション（ＵＳＰ＝Unique Selling Proposition）」を提唱した。リーブスは、米国の広告代理店テッド・ベイツ社の会長を務め、米国第34代大統領ドワイト・アイゼンハワーの選挙参謀も務めた人物だ。リーブスがまとめた広告の法則がＵＳＰで、次のような「広告の３大原則」を述べている。

①広告表現（ストーリー）を頻繁に変更することは、浸透度から見ると、広告をやめることに匹敵する結果を招く。

②毎年卓越したキャンペーンを実施しても、その内容を毎年変更していれば、大したことのないキャンペーンを継続している競合企業に負けてしまう可能性がある。

③商品が流行遅れにならないかぎり、卓越したキャンペーンが古くなることはない。

そして、リーブスは、次のような「ＵＳＰの３大定義」を提唱している。

ロッサー・リーブス
（Rosser Reeves, 1910〜1984）
米国の広告業界幹部でテレビ広告のパイオニア。学生時代は放蕩生活を送るが文筆の才があり、投稿論文が受賞した。その論文のタイトル「化学を通したより良い生活」がのちのデュポン社のキャンペーンに使われた。米国バージニア州の新聞『リッチモンド・タイムズ・ディスパッチ』の記者を経て、ニューヨークで広告代理店テッド・ベイツ社を創業し、コピーライターとして活躍。

①「この製品を買えば、こんなメリットがある」という具合に、すべての広告は生活者に提案すべきだ。

②広告の提案は、競争相手が示せず、主張しようとしてもできない独自の内容にすべきだ。

③その提案には力があり、新規顧客を中心に多くの人々を引き寄せる内容でなければならない。

さらに、「商品が画一化している場合に、広告会社がとるべき方策」として、次の3点を指摘している。

・商品のUSPを見つける
・クライアント（広告主）に商品を改善するように働きかける
・商品を変えることができず、また特徴がなくても、その商品についてこれまで明らかにされていなかった情報を見つけ、社会に伝える

実務家から見たひと言

ネット上で広告を制作して展開する際にも、この広告の3大原則は応用できる。広告がノイズになると、無視されるだけでなく、時に反発を招く。

競合商品との露出度比較ができるシェア・オブ・ボイス

「シェア・オブ・ボイス（ＳＯＶ＝Share of Voice）」とは、競合商品（ブランド）との広告露出度の比較割合を意味する。競合する商品（カテゴリー）市場におけるシェアは、広告費などの絶対量ではなく、競合する商品との出稿量の違いによって決まるとする考え方だ。

自社商品の広告量を、その商品市場全体の広告量で割ることで算出される数値で、この数値を比べると、競合商品との露出度比較ができるとした。

パブリック・リレーションズ（ＰＲ＝Public Relations）の業界では、広告出稿量だけでなく、「パブリシティ」によるメディア露出も含め、ＳＯＶを算出する場合もある。パブリシティとは、広告ではなく、ＰＲによる番組や記事・ネット上でのコンテンツ露出のことだ。

シェア・オブ・ボイスの対極的な考え方が、「シェア・オブ・マインド」（マインドシェアと同じ意味）だ。生活者の心（マインド）の中における、企業ブランドや商品ブランドの占有率を意味する言葉だ。

シェア・オブ・マインドは、「特定の商品について、どのブランドを想起するか」といった生活者の意識調査から導き出す。

統計上のマーケットシェアは、商品などの過去の強さを示しているが、シェア・オブ・マインドは、ブランドなどの近い将来に向けた潜在的強さを示している。

実務家から見たひと言

検索した際に、ネット上にどれだけ自社の情報が出てくるかが何よりも重要だ。シェア・オブ・ボイスは、マス広告とマスメディアへのパブリシティ掲載の量だけでは測定できなくなった。

オリンピックで開花したスポンサーシップ・マーケティング

「(スポーツ)スポンサーシップ・マーケティング」が登場するきっかけになったのは、1970年に米国で制定された公衆健康喫煙法(Public Health Smoking Act)だ。この法律によって、タバコ会社によるテレビとラジオの広告が、全面的に禁止された。広告への依存度が高いタバコ会社は、代替メディアを見つける必要に迫られ、スポーツ競技場で使用する看板広告を利用し始めた。

スポーツ競技場の看板広告から始まったスポンサーシップ・マーケティングの取り組みは、その後、「スポンサーシップ・インベントリ(スポンサーになってもらうための資源の意味)」へと拡張していく。スポンサーシップ・インベントリとは、スポーツイベントの冠《かんむり》スポンサー(1社独占提供や複数社提供など多様な提供方法がある)、ポスター、リーフレット、入場券、出場する選手ユニフォームなどへのロゴマークの使用権といった取り組みのことだ。

スポンサーシップ・マーケティングを加速させたのは、1984年に開催されたロサンゼルス・オリンピックだ。当時、大会委員長を務めていたピーター・ユベロス＊が、テレビ放映権やスポンサーシップに、1業種1社の独占的な仕組みを取り入れた。こうして、「オフィシャル・スポンサーシップ制度」が誕生する。

オリンピックはそれまで、開催都市に巨額の金銭負担を強いていた。だが、この制度が誕生したことで、1セントの税金も投入することなく、ロサンゼルス・オリンピックでは2億2500万ドルの黒字を計上して、大成功を収めた。

ユベロスによって生まれた「オフィシャル・スポンサーシップ制度」はその後、国際オリンピック委員会によってアマチュアスポーツの世界にも転用された。さらに、ユベロスがのちに米国メジャーリーグ（MLB＝Major League Baseball）のコミッショナー（最高責任者）に就任したことで、プロスポーツの世界にも広がっていく。

1980年代の（スポーツ）スポンサーシップ・マーケティングは、企業・商品ブランドの知名・認知の向上が中心だった。

だが1990年代に入ると、インターネットや衛星放送など、新たなメディアとIT技術が進化し、開催側のスポンサーシップ・インベントリ（イベントの冠やロゴの使用権、看板広告などスポンサーに投資してもらう対象物のこと）は、急速に増大していく。

こうしたなか、企業側にもスポンサーシップ・マーケティングの経験とノウハウが蓄積されていく。21世紀に入ると、提供する目的に対して、成果が出ているかどうかを把握するために、「ROS（Return on Sponsorship）」という評価システムが実施されるようになる。

ピーター・ユベロス
（Peter Victor Ueberroth, 1937〜）
米国の実業家。1984年から1989年にかけて6代目のメジャーリーグ（MLB）のコミッショナーを務めたほか、米国オリンピック委員会の議長も最近まで務めていた。学生時代はアメリカンフットボールや野球、水泳に長けており、大学には奨学生としてスポーツ枠で入学。その後トランス・インターナショナル航空で副社長を務めた後に、自身の旅行会社を立ち上げ、全米2位の旅行代理店に育てた。

実務家から見たひと言

オリンピックに限らず、人気のあるスポーツに、スポンサーシップ・マーケティングは不可欠になった。これは、広告効果が高いことに起因する。オリンピックでは、電通の力が圧倒的に強い。

生活者との全接点を重視する統合型マーケティング・コミュニケーション

1993年、ノースウェスタン大学のドン・シュルツ*やスタンレー・I・タネンバーム*、ロバート・ラウターボーンが提唱したのが、「統合型マーケティング・コミュニケーション（IMC＝Integrated Marketing Communication）」だ。

「生活者と企業とのすべての接点は、企業からメッセージを伝えるチャネルだと考え、生活者を起点とし、あらゆる手法を用いて説得力あるコミュニケーションを実践するプロセスがIMCであり、想定顧客の購買行動に直接影響を与えることがIMCの目的」だと、彼らの著書『広告革命 米国に吹き荒れるIMC旋風――統合型マーケティングコミュニケーションの理論（Integrated Marketing Communications）』（電通）の中で提示された。

シュルツたちが考えたIMCとは、

①生活者起点の「生活者データベース」を作成する。

ドン・シュルツ

（Don E. Schultz, 1934～）

米国のマーケティング学者。統合型マーケティング・コミュニケーションの権威。広告業界で15年間のキャリアを経た後に、学者としてのキャリアを始めた。博士号を43歳のときに取得した異色の経歴の持ち主。

スタンレー・I・タネンバーム

（Stanley I. Tannenbaum, 1928～2001）

米国の広告実務家。広告代理店で26年間のキャリアを持つほか、ノースウェスタン大学でも教鞭を執った。

『広告革命 米国に吹き荒れるIMC旋風――統合型マーケティングコミュニケーションの理論』ドン・E・シュルツ、スタンレー・I・タネンバーム、ロバート・F・ロータボーン（電通）

②「生活者データベース」は目的別に対象を絞り込む。
③生活者にメッセージを届ける時期・場所・方法を踏まえ、コンタクト・マネジメントを行う。
④コミュニケーションの目標と戦略を立案する。
⑤ブランド資産を算定し、ブランドのネットワーク（ブランドのイメージとキーワードを連鎖させる）を作成する。
⑥マーケティングの目標を明確にして、マーケティング・ミックスの方法を検討する。
⑦ROI分析（投資効果分析）を行い、コミュニケーション戦術として広告・販売促進・PRなど最適な方法を組み合わせて実施する。
という内容だ。

当初のIMCは、企業から生活者に対するワンウェイ（一方向）・コミュニケーション概念だったが、その後、双方向性によるコミュニケーション・モデルへと進化していく。

実務家から見たひと言

生活者に対して「説得力のあるコミュニケーション」については、どんなコンテンツを、どのような方法でメッセージするかを考えないと、企業の発言はノイズに終わる。

アマゾンが開花させたアフィリエイト・プログラム

ネット上にある広告をクリックした人が、広告主のサイト内で商品やサービスを購入し、あるいは会員登録や資料請求などをした時点で、広告主が協力者に手数料を支払う。この成功報酬型広告の仕組みが、「アフィリエイト（affiliate＝提携するという意味）広告」だ。

どのアフィリエイト・サイトから、どれだけ成果が出たかを正確に追跡し、成果報酬額を集計するシステムが必要となるので、このシステム全体のことを「アフィリエイト・プログラム」と呼ぶ。

アフィリエイト広告とは、従来のように、ネット上に露出した回数やクリック数を増やすことで、報酬を得る広告の形態とは違う。成果が発生した場合にだけ、報酬を支払う仕組みだ。このため、投資に対する利益（ＲＯＩ）を把握でき、費用対効果が明確になる。また、広告のコストをクライアント側で自由に設定できる点も、アフィリエイト広告のメリットだ。

ウイリアム・トビン*が１９８８年に創業した「PC Flowers & Gifts.com」が、アフィリエイト・プログラムを初めて備えた物販サイトだ。このサイトは、バラの花束をネット上からギフト用として注文できる最初のサイトだが、のちに消滅している。「Clubmom.com」の運営者であり、アフィリエイト関連の著作もあるショーン・コリンズ*は、アフィリエイト広告の黎明期について言及している。

ウイリアム・トビン
(William J. Tobin)
米国の起業家・発明家・ビジネスオーナー。12歳のときに母に芝刈り機を購入してもらって会社を始め、大学時代には2台のトラックと12人の作業員を雇うまでに成長した。その後数々の会社を設立し、15の特許を取得したほか、米国のインクマガジンよりアントレプレナー・オブ・ザイヤーにも選ばれた。

ショーン・コリンズ
(Shawn Collins)
米国のアフィリエイトマーケター。アフィリエイトサミット社の共同創業者。

それによると、インターネット上でアフィリエイト・マーケティングを最初に実践したのは、アダルトサイトの「サイバーエロチカ（Cybererotica.com）」だという。同サイトは1994年に登場し、同年に同種のサイト「ダニーズ・ハード・ドライブ（Danni's Hard Drive）」が始めたと指摘している。しかし、サイバーエロチカとダニーズ・ハード・ドライブの両方とも、のちに消滅している。

本格的にアフィリエイト・プログラムを展開して成功させ、この方法を広く普及させるのは、ジェフリー・プレストン・ベゾス*（通称ジェフ・ベゾス）率いる「アマゾン（Amazon.com）」だ。

アマゾンのアフィリエイト・プログラムは、協力者のウェブサイト上に、アマゾンの商品リンクを掲載してもらい、リンク経由で商品が売れれば、サイトオーナーが報酬をもらえる仕組みだ。

世界で数百万サイト以上が登録しており、日本国内では2001年5月にスタートし、登録サイト数も急速に拡大している。

実務家から見たひと言

アフィリエイト広告は、企業ではなく顧客が推奨し、推奨した顧客に報酬を支払うという画期的な方法だ。しかし、「やらせ」はすぐ生活者に気づかれ、価値のない商品を推奨しても、購入する人はいない。アフィリエイトで成功する人は、バイヤー的センスを備えた人だ。

ジェフリー・プレストン・ベゾス
（Jeffrey Preston Bezos, 1964〜）
米国アマゾン社の創業者兼CEO。プリンストン大学で電子工学とコンピュータ・サイエンスを専攻、優等で卒業し、ウォール・ストリートの金融機関のIT部門で、トレーディング・システムの構築に従事した。1990年にヘッジファンドD. E. Shaw & Co. に移籍。92年に、シニア・バイス・プレジデントに昇進するが、インター

提案やクチコミで顧客を増やしていくバイラル・マーケティング

「バイラル・マーケティング（viral marketing）」とは、商品やサービスを利用した人が、インターネットなどメディアを使って友人や同僚に紹介したり、推奨したりするプロモーション手法のことだ。その狙いは、クチコミを誘発することにある。「バイラル」とは病原体のウイルスの意味で、商品の情報が人を介して伝わっていく仕組みをウイルスの感染に喩《たと》えて命名された。

バイラル・マーケティングは一般的に、自社にロイヤリティを持っている既存顧客や、影響力を持つ有名人などを通じて、自社の商品やサービスを、多くの人たちに紹介してもらう仕組みを用意する。

「バイラル・マーケティング」という言葉は、米国のベンチャーキャピタルＤＦＪ（ドレーパー・フィッシャー・ジャーベットソン）社のスティーブ・ジャーベットソン*が、ホットメール*（Hotmail）が急成長した仕組みを説明するために、１９９６年に使い始めた。

ホットメールが行ったバイラル・マーケティングについて説明すると、ジャーベットソンと同じＤＦＪにいたティム・ドレイパー*がホットメール社に投資する際、同社創業者に対して、ｅメールの下に「P.S. Hotmailで無料電子メールを入手しよう」というメッセージとＵＲＬを入れることを提案した。この方法により、ホットメールユーザーは、送信相手に広告を行うことができ、急速に市場を成長させたのだ。

ネットの可能性に注目し、94年に退職。同年、インターネット書店のCadabra.comを開業し、翌95年にAmazon.comとして正式にスタート。97年には株式を公開。２０１３年には米国の大手新聞社「ワシントン・ポスト」を買収してオーナーになった。

スティーブ・ジャーベットソン（Steve Jurvetson, 1967〜）
米国の実業家。スタンフォード大学で電子工学の修士号とＭＢＡを取得した後、コンサルティング会社ベイン&カンパニーでコンサルタントとして活躍し、その後ベンチャーキャピタル業界に身を投じる。米国の電気スポーツカー「テスラモデルＳ」の世界初のオーナーとしても知られる。

ホットメール
１９９６年に登場した無料のｅメールサービス。開始から18カ月で１２００万人

ところで、パーミッション・マーケティング（→P168）を提唱したセス・ゴーディンは、2000年に刊行した著書『アイデアというウイルスを解き放つ（Unleashing the Ideavirus）』の中で、「最初に許諾をもらう」ための方法として、バイラル・マーケティングを推奨すると述べている。

ネット上のメッセージサービスなどのように、商品自体に友人や知人を誘いたくなる仕組みが埋め込まれているものを、「1次的バイラル・マーケティング」という。

「ご紹介キャンペーン」のような形で、なんらかの便宜・報奨（インセンティブ）を用意して、商品の紹介を依頼する手法を、「2次的バイラル・マーケティング」という。

商品やサービスに心酔している優良顧客から推奨してもらうことができれば、バイラル・マーケティングは非常に効果的に力を発揮できる。

しかし、金銭を受け取り、本来は広告活動であるのに、それを隠して行う「やらせ」が発覚すると、批判されるだけでなく、企業や商品ブランドの価値を毀損することになる。

また、こうした販促的手法には、「マーケティング」という用語（概念）でなく、「プロモーション」という表現を用いるべきで、マーケティングの本質を誤解させる懸念が残る。

以上のユーザーを獲得し、世界最大の無料メールプロバイダに成長した。1997年にマイクロソフトに買収され、MSNホットメール（MSN Hotmail）となった。

ティム・ドレイパー
（Tim Draper, 1958～）
米国のベンチャーキャピタリスト。自身のベンチャーキャピタルを起業し、ジャーベッツトソンとともにスカイプやホットメール、テスラなどへの投資実績がある。

実務家から見たひと言

検索時代にふさわしい話題づくりと、クチコミの方法が存在する。どんなコンテンツを、どこで発信したときに、どれだけアクセス数が上がり、生活者から反応があるか。ネットでは試行錯誤した質と量が、ノウハウに転用される。

マーケティングはネット検索時代に対応する

インターネット上にある情報を探す検索エンジンが出現するのは、1995年に登場した「ヤフー(Yahoo!)」が最初だ。当初、ヤフーは人の手でカテゴリー分けを行って登録する、ディレクトリー型を採用していた。

次に、アルタビスタ(Alta Vista)やインクトミ(Inktomi)と呼ばれるロボット型検索エンジンが登場。ヤフーもディレクトリー型は継続しながら、1996年にはアルタビスタの検索エンジンを採用。1998年には、インクトミに乗り換える。この時代のアルゴリズム*は、キーワード出現率でページを評価していた。

この後、「グーグル(Google)」が登場し、検索エンジンとSEO(Search Engine Optimization)も大きく変化する。

グーグルが生み出した「ページランク(PageRank)」というアルゴリズムは、米国特許第6285999号の「注目に値する重要なウェブページは、たくさんのペー

アルゴリズム
コンピュータを使って特定の目的を達成するための処理手順のことを意味し、プログラミング言語を使って、アルゴリズムを具体化したものがプログラム。

ジからリンクされる」という考えに基づき、リンクの数が多ければ、検索結果の上位に表示されるアルゴリズムだった。

グーグルの出現により、検索結果に対する満足度が飛躍的に向上し、グーグルの利用者が急増していく。その結果、ヤフーを始めとする他社のポータルサイトも、グーグルのアルゴリズムを採用していく。

日本国内での検索エンジンは、グーグルが共通基盤となり、SEOの取り組みも、グーグルによる最適化の取り組みになる。

SEO——検索エンジン最適化

前述したように、ヤフー時代のアルゴリズムは、「キーワードの出現率」と「リンクの数」が多ければ多いほど、検索結果の上位に表示される。そのため、当初のSEOは、検索ページで高順位を獲得するために、検索時によく使用される検索キーワードをサイトに盛り込んだり、外部リンクを増やしたりする取り組みが行われた。その業務を請負うSEO専門会社も現れた。

しかし2011年、グーグルが米国に導入した「パンダアップデート*」（日本導入は翌12年）と、12年に導入した「ペンギンアップデート*」という2つの検索アルゴリズムのアップデートによって、検索品質がいっそう向上し、テクニックだけのSEOは通用しなくなる。

その結果、テクニックによるSEOは終焉を迎え、「提供する情報コンテンツの価値」

パンダアップデート
「数多くのサイトをつくってリンクを張り、検索順位を上げる」行為を無意味にし、「情報価値の高いコンテンツ」を提供するサイトの検索順位が上がるようにしたもの。

ペンギンアップデート
「リンクを目的としただけの相互リンクサイト」や、「過剰に最適化されたテキストリンクを集めたサイト」「誰も利用しない検索エンジン対策だけが目的のサイト」などを排除する仕組み。

を高めるという本来の姿に立ち返ることが、最善のSEOになる時代になった。

サーチエンジン・マーケティング

検索エンジンを使って検索している人たちを対象に、自社のサイトに訪れてもらえるようにする手法を、「サーチエンジン・マーケティング（SEM＝Search Engine Marketing）」と呼ぶ。

検索エンジンの検索結果から、自社のサイトを訪れる人は、自社の事業や商品領域に関心を持ち、見込み客になる可能性が高い。そこで、検索エンジンが広告媒体として活用されるようになる。

検索エンジンで検索する際、上位に自社サイトが掲載されるようにするため、コンテンツを最適化する手法として、「SEO」「キーワード連動型広告」「有料リスティングサービスによる広告掲載」といったものがある。

有料リスティングサービスとは、検索エンジンを使った検索結果のページに、有料でテキスト広告を表示するサービスだ。具体的には、リスティング事業者に料金を支払ったうえで、キーワードを登録する。そのキーワードで生活者が検索した際に、検索結果のページに「スポンサーサイト」と表示がされたうえで、自社サイトの広告が表示されるようになる。

有料リスティングサービスを行う専門企業としては、ヤフーに買収された米国のオーバーチュア社（Overture）や、グーグル社の「アドワーズ（AdWords）」がある。

実務家から見たひと言

グーグルは、SEO対策のためだけに行う相互リンクや、信頼度の低いコンテンツの書き手を重視しない検索方法にシフトしていく。こうなると、SEO専門会社は、これまでの方法論はどれも使えなくなる。

クチコミを生み出すバズ・マーケティング

2001年、ルネ・ダイ*は『ハーバード・ビジネス・レビュー』誌に掲載した「the Buzz on Buzz」という論文で、「バズ・マーケティング」という概念を提示した。

これは、クチコミを活用して行うマーケティングという意味だ。「バズ（Buzz）」という単語には、「ざわめき・羽根音・下馬評・がやがやいう」といった意味があり、人々が噂話などでざわめいている状況を表現している。

ダイはこの論文の中で、「クチコミの5つの神話（The 5 Myths of Buzz）」と題して、次の5点を指摘している。

神話①　エッジの効いた商品（情報が尖っている商品）だけがクチコミの価値があり、処方された薬のようにクチコミ効果がある。

神話②　クチコミは、著名人を起用するなど計画的に意図した結果、起こる。

神話③　最良の顧客が、最高のクチコミ伝道師だ。時として、反体制派はクチコミ

ルネ・ダイ
（Renee Dye）
米国の元マッキンゼーのコンサルタント。エモリー大学で准教授も務めた。

を始める大きな力を持つ。

神話④　クチコミから利益を生み出すには、先行優位性が必要だ。いつクチコミが拡散するかを知る企業が、一番利益を得る。

神話⑤　クチコミを生むには、広告が必要だ。ただし、あまりに広告を使うのが早すぎたり多すぎたりすると、クチコミが始まる前に握りつぶしてしまうことになる。

実務家から見たひと言

価値のない商品は、クチコミによる拡散は望めない。最良の顧客を生み出せる価値を備えた商品を提供し、最良の顧客から推奨してもらうことがすべての起点になる。

ネット時代に必須となった「検索」と「共有」を盛り込んだAISAS

「AISAS」とは、電通が提唱し、2004年に商標登録した概念だ。Attention（注目）→Interest（関心）→Search（検索）→Action（購入）→Share（情報共有）の5つの頭文字からつくられた言葉で、インターネット時代の生活者の購買行動を説明したモデルだ。

前述したAIDMA理論のDesire（欲求）とMemory（記憶）が変更され、3番目のプロセスに「Search」が加わり、4番目のMemoryの代わりにActionが入り、その

1-17図 AISASモデルとAIDAモデル、AIDMAモデル

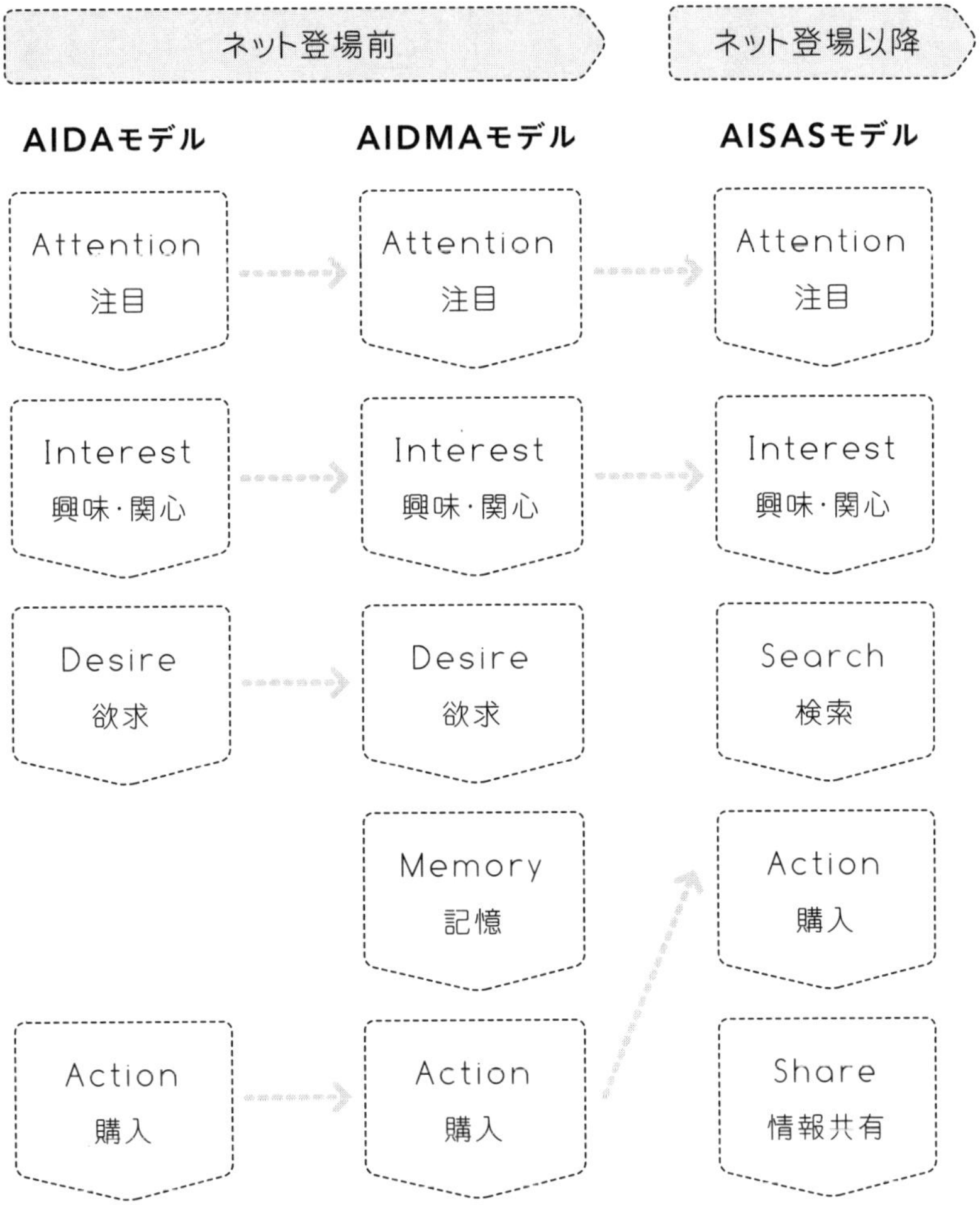

インターネットの誕生で、顧客の商品・サービス購入に至るプロセスが変わった。「検索」と「情報共有」がネット時代の特徴だ。現在ではFacebookやTwitterなどのソーシャルメディアの進化により、さらにSIPS(Sympathize 共感する→ Identify 確認する→ Participate 参加する→ Share & Spread 共有・拡散する)という概念も、電通により提唱されている。コミュニケーションの進化が生活者の購買モデルを変化させるなかで、依然マスメディアの力も侮れない。さまざまなコミュニケーション・スタイルが登場することで、企業がマーケティング力を発揮できるチャンスがさらに拡張している。

後に「Share」が追加された。

　ＡＩＳＡＳの3番目に位置づけられた「Search」は、商品やサービスに関心を持った生活者が、購入する前に検索エンジンを使って情報を調べるプロセスを表している。5番目の「Share」は、ネット上のＳＮＳやブログなどで、商品やサービスの感想などをアップして友人たちと情報を共有するプロセスを意味している。

　インターネットが普及したことで、生活者は気になる商品やサービスを見つけると、グーグルなどの検索エンジンを使い、必要とする情報を調べるようになった。そのため、インターネットが存在せず、従来の「マス広告」だけを前提とした「ＡＩＤＭＡ」モデルでは、生活者の購買心理と行動プロセスを説明できなくなったのだ。

　インターネットが生活基盤として存在する暮らしの中で、生活者は「検索」し、購入後に「情報を共有」することが一般的になった。**インターネット上にある情報や他の生活者のクチコミが、生活者の消費行動に大きな影響を及ぼすことを、ＡＩＳＡＳは提示した。**

実務家から見たひと言

ＡＩＳＡＳの概念はもっと評価されるべきだ。ＳＮＳが台頭して、Share する意味と価値がさらに向上しているからだ。

短時間限定を売り物にしたフラッシュ・マーケティング

「フラッシュ・マーケティング」とは、インターネットを使って商品やサービスを販売する際に、割引価格や特典付きクーポンを用いて、きわめて短期間・短時間のうちに販売する手法のことだ。

フラッシュ・マーケティングを用いたサイトの販売期間は、24〜48時間という短時間が大部分を占める。「フラッシュが光るくらいの短期間」で販売を終えることから、こう呼ぶようになった。

この短時間の間に、出品者が設定した数量を売り切れば取引が成立する。逆に、予定数の注文に達しなければ販売は成立しない、という仕組みだ。

商品画面に、販売終了までの制限時間を秒刻みで表示させて、現在の注文件数がリアルタイムでわかるようにする。生活者に焦燥感を与えて、購入意欲を高めるのが特徴だ。

フラッシュ・マーケティングの原型となったのは、米国ウート社（Woot）の「woots.com」だ。1日に1商品（One Day, One Deal）だけを大幅に値引きして、販売するオンラインストアである。深夜零時（本社があるテキサスの米国中部標準時刻）にサイト上に商品を掲載し、それから24時間は、その商品だけを安価に販売する仕組みだ。同社は、2010年にアマゾンによって買収された。

フラッシュ・マーケティングを展開する企業とそのビジネス形態としては、次の2つがある。

①共同購入によるクーポン販売型サービス事業者

商品を大幅な割引価格で購入できる「デイリー・ディール・クーポン」をネット上で販売する。代表的な企業としては、

・グルーポン（Groupon）……一定の時間内に、決められた数の購入希望者が集まれば、条件が成立する共同購入型クーポンを販売し、携帯端末向けアプリケーションを早くから展開した。

・リビングソーシャル（Living Social）……あらかじめ設定されたクーポン数を販売し、フェイスブック対応のアプリケーションを早くから導入した。

・グーグル……グルーポンやリビングソーシャルと同様のグーグルオファーズ（Google Offers）というサービスを展開。自社ブラウザーのグーグルクローム（Google Chrome）、オンライン決済機能の「グーグルチェックアウト（Google Checkout）」、モバイル決済機能の「グーグルウォレット（Google Wallet）」、SNSの「グーグルプラス（Google＋）」と連携している。

②ショッピングモール型サービス事業者

仕入れた商品や小売業の商品を、割引価格で会員向けにオンラインで販売する。代表的な企業としては、

・ウート（Woot）……前述したように、1日に1商品だけを大幅に値引きして販売する。エレクトロニクス製品を中心にしており、別サイトではワインや子供用品も展開する。

・ギフト（Gilt）……デザイナーズブランドのラグジュアリー商品を扱い、デザイ

ナーと共同での新作の先行発売やファッション情報、着こなし情報なども提供する。旅行サービスを販売する「ジェットセッター（Jetsetter）」と、デザイナーズブランドの定価販売サイト「パーク&ボンド（Park & Bond）」も運営している。

・ベンテ－プリビー（Vente-Privee）……フランスで生まれたラグジュアリーブランド専門企業で、米国ではアメリカン・エキスプレスと合弁で事業を開始し、アメックス会員を対象にビジネスを展開している。

・ホートルック（Hautelook）……ブランド服飾品を取扱う事業者で、2011年に米国のデパート、ノードストロームに買収され、同社との関係が強化された。

実務家から見たひと言

フラッシュ・マーケティングは、テレビショッピングでも使用されている手法だ。だが、ズルい手法を用いると、リピーターづくりにつながらず、企業の評価を下げることになる。

海外では違法とされるステルス・マーケティング

「ステルス・マーケティング（Stealth Marketing）」は、スクラントン大学のアビヒジット・ロイ*とサトヤ・チャトパドヤ*が、2010年に『ビジネス・ホライズン』誌に発表した論文で紹介された。

「ステルス」には、「隠れる、こっそりやる、秘密」などの意味があり、米国では「ア

アビヒジット・ロイ
（Abhijit Roy）
米国のマーケティング学者。大学では機械工学専攻後にマーケティングで博士号を得る。学者としてのキャリアを積む前はインドで技師として勤務していた。現在はスクラントン大学で教授を務める。

サトヤ・チャトパドヤ
（Satya P. Chattopadhyay）
米国のマーケティング学者。ロイと同じくスクラントン大学で准教授を務める。

ンダーカバー・マーケティング（Undercover marketing）」とも呼ばれる。日本では、「ステマ」と略す人もいる。

　ステルス・マーケティングとは、一般生活者（第三者的立場）であるかの如く見せかけ、広告とは思わせないように企業や商品の広告を行い、企業や商品に関してクチコミを発信して拡散させる行為だ。企業が介入している情報発信にもかかわらず、情報の受け手や生活者に隠して行われる情報発信行為でもある。

　英国では２００８年、「不公正取引から消費者を保護するための法律（ＣＰＵＴＲ）」が制定され、虚偽のクチコミやＰＲだと知らせない宣伝行為などは法律で規制された。生活者保護の観点から、ステルス・マーケティングは違法だと規定したのだ。

　米国の連邦取引委員会（ＦＴＣ＝Federal Trade Commission）は２００９年、「広告における推薦及び証言の使用に関するガイドライン」を策定した。これによって、広告だと明示のないクチコミ型の広告で、広告主とブロガーなど情報の送り手との間に利益供与などの重大なつながり（Material connection）があった場合には、「欺瞞《ぎまん》的な行為または慣行」となり、違法と判断された。

　日本では、２０１１年に消費者庁が景品表示法のガイドラインとして、「インターネット消費者取引に係る広告表示に関する景品表示法上の問題点及び留意事項」*を公表した。

　また、２０１２年5月、インターネット消費者取引で、事業者が守るべき事項をまとめたガイドラインの一部が改訂*された。

インターネット消費者取引に係る広告表示に関する景品表示法上の問題点及び留意事項

事業者がクチコミサイトやブログにクチコミ情報を自ら掲載したり、第三者に依頼して掲載させたりしたとき、そのクチコミ情報が、その事業者の商品・サービスの内容または取引条件について、実際のものまたは競争事業者よりも著しく優良または有利であると、一般消費者に誤認されるものである場合、景品表示法上の不当表示として問題となるとされた。

このようにステルス・マーケティングに関して、日本ではまだ法規制が存在していない。インターネット上でクチコミ・マーケティングを行っている事業者による任意団体「WOMマーケティング協議会（WOMJ）」が、業界の自主規制の目安として、ガイドラインを公表した程度にとどまっている。

実務家から見たひと言

生活者を軽く見ていると、社会的制裁を受ける。安易な方法で、成功した企業などない。

「Nike＋」で具現化されたゲーミフィケーションの概念

「ゲーミフィケーション」*は、2011年7月、米国の大手調査会社ガートナー（Gartner, Inc.）が発表した「先進テクノロジーのハイプ・サイクル」に取り上げられてから、メディアにも登場するようになった。

「ハイプ・サイクル（hype cycle）」とは、特定の技術がいかに成熟し、採用され、社会に浸透していくかを示す図のことで、ガートナーがこの用語をつくり出した。

ハイプ・サイクルの図は、曲線を使って、新技術の登場によって関心が集まり、期待と誇張（これをハイプという）が高まり、やがて失望を経て安定するまでを説明している。技術がいつ、どのように次の段階に進んで利益を生み、社会に受け入れられていくかも示している。

一部を改訂
クチコミサイトなどにおける「サクラ記事」などのステルス・マーケティングの手法について、景品表示法違反（不当表示の禁止）に該当する恐れがある、という旨を指摘する事項が追加された。

ゲーミフィケーション
「ゲーム化（gamefy）」という単語に、「……化」や「……すること」という名詞「ケーション（cation）」が組み合わされたもの。ゲーム以外のビジネス分野などに、ゲームの要素を持ち込むという意味になる。

ハイプ・サイクルは5つの段階に分かれ、次のようになっている。

①**黎明期**（技術の引き金＝Technology Trigger）

革新的技術が生まれると報道され、社会の関心が集まる時期。

②**流行期**（過剰期待の頂点＝Peak of Inflated）

社会の注目が集まり、興奮と期待の中で多くは失敗することが多い。

③**幻滅期**（幻滅のくぼ地＝Trough of Disillusionment）

急速に関心が薄れ、報道もされなくなる。

④**回復期**（啓蒙の坂＝Slope of Enlightenment）

報道されないなかでも価値あるものは進化し、その価値が理解されるようになる。

⑤**安定期**（生産性の台地＝Plateau of Productivity）

広告されて必要性が受け入れられると、その技術は安定し、さらに進化を続けてそれなりの市場を生む。

ガートナーのハイプ・サイクルは、2000を超えるテクノロジーを100の分野にグループ化し、その成熟度と企業にもたらされるメリット、今後の方向性に関して分析した情報を提供している。

そして、1995年以来、新しいテクノロジーおよび革新的テクノロジーにともなう大きな期待、幻滅、最終的な安定という共通のパターンが明示されている。

2011年、ガートナーは「2014年までに、グローバル2000に入る企業の70%が少なくとも1つ、ゲーミフィケーションに関する取り組みを実施する」と発表。

また、2013年以降のテクノロジーにおける重大な予想の1つに、「2014年にグローバル1000社のうちの40％が、ゲーミフィケーションを活用して大きな変革を起こす」と指摘して注目された。

ゲーミフィケーションの実例として登場するのは、米国のナイキ社による「Nike＋（ナイキプラス）」だ。これは、ランニングシューズに付ける装置や、腕時計型の装置を使って、人が運動をしながら、消費カロリーや歩数、移動距離などの自身の活動記録を自動的に計測してもらう仕組みだ。

運動した結果をクラウド上*にアップし、目標と経過を比較できるうえに、フェイスブックを通じて友人と競争することもできる。

ゲーミフィケーションは、マーケティング分野はもとより、教育やヘルスケア、環境から政治の分野に至るまで、導入されるようになってきている。

実務家から見たひと言

ストイック（禁欲的）にならずに継続でき、効果が期待できる方法として、ゲーミフィケーションに注目したい。義務教育はもとより、社会人教育やダイエットなどの領域で、この概念は有望だ。

クラウド
データを自分のパソコンや携帯端末上ではなく、インターネット上に保存するサービスを意味する。

アンバサダー・マーケティング

174ページでも紹介したが、「アンバサダー・マーケティング」は、2012年、米国のマーケティング会社、ズーベランスの創業者兼最高経営責任者のロブ・フュジェッタが著書『アンバサダー・マーケティング』（日経BP社）で提唱した概念だ。

フュジェッタはこの書籍の中で、生活者は広告よりもクチコミを信頼するようになってきており、マスメディアやインターネットの広告だけに注力するのは、得策ではないと指摘。自社の商品を誰か他の人にすすめたくて仕方がない人（アンバサダー）を見つけ、彼らとともにマーケティング活動を推進すべきだとした。

フュジェッタは、アンバサダー・マーケティングについて、5つのポイントを挙げている。

①アンバサダーに報酬を払わない

アンバサダーにブランドや商品を推奨してもらうのに、金銭的報酬やインセンティブを提供しない。金銭やインセンティブを提供してしまえば、本物の推奨とはいえず、裏目に出る可能性もある。

②アンバサダーに手間をかけさせない

アンバサダーが簡単にレビューや体験談を書け、プロモーション情報やコンテンツをシェアでき、それ以外にも、ブランドや商品をすすめることが可能なツールを提供する。

③アンバサダーの発掘と活性化は継続的に行う

アンバサダー・マーケティングは、一時的なキャンペーンやイベントではなく、戦略的で持続性のあるマーケティング手法だ。

④アンバサダーの意見に耳を傾け、彼らのやる気を引き出す

アンバサダーの意見を傾聴し、彼らからアイデアをもらい、最も価値のある顧客である彼らとの関係を深めることが重要だ。

⑤結果を追跡して最適化する

分析ツールを活用して、アンバサダー・プログラムの効果を測定する。

また、アンバサダーを発掘する方法について、次の3つを挙げている。

①直接その忠誠度を尋ねる

顧客の忠誠度（ロイヤリティ）を測る「究極の質問」として、「当社を友人に強くすすめようと思いますか？　0から10までの数字でお答えください」と尋ねる。「9もしくは10のレベルで強くすすめる」と答えてくれた顧客ならアンバサダーだ。

②傾聴する

ツイッターなど、ソーシャルメディア上での発言をモニタリングすれば、アンバサダーは見つかる。

③観察する

顧客の行動を観察して、アンバサダーを発見する。たとえば、見込み客を紹介してくれたり、商品を推奨する動画をユーチューブに投稿してくれたりする顧客は、アンバサダーだ。

さらに、アンバサダーを増やす方法として次の5カ条と、それに加えて衝撃的な方法も提示している。

①「ヤバいぐらい最高」の製品にする

「ヤバいぐらい最高（insanely great）」という表現は、故スティーブ・ジョブズの名言だ。ありきたりの商品やサービスを熱心にすすめる人などいない。

②記憶に残るサービスを提供する

同じような商品やサービスがあふれている世の中で、サービスは強力な差別化ポイントになる。

③「良い利益」を得る

詐欺のような価格設定や顧客サービスの低下、自己負担すべき費用を顧客に負担させるなどして得た利益とは、悪い利益だ。

④コストが増えても正しいことをする

費用が増えなければ、企業は正しいことをする。しかし、正しい行為がコスト増につながると、選択すべきではない方法を選んでしまう企業は多い。たとえ、レモン1個の返品でコストが増えたとしても、それを認めるべきだ。その理由は、批判する人を生まないためだ。

⑤社会的良心を持つ

社会的に良心を持つ企業やブランドのほうが、推奨される可能性が高い。ナイキは労働者を低賃金で働かせていたことが報道されて、アンバサダーに見放された。社会的な問題には良心的な立場を守り、コミュニティに利益を還元すべきだ。

そして、アンバサダーを増やすための衝撃的な方法とは、**批判者と手を切ることだ**。その理由は、「常に万人を満足させることはできない」からだと、フジェッタは指摘している。

実務家から見たひと言

ネット上で自社を評価してくれる顧客を見つけることに、企業はもっと注力すべきだ。彼らは、お金では買えない価値ある存在だ。

参考文献

『AD STUDIES』 Vol.24 2008年「米国におけるスポーツマーケティングの現状」鈴木友也
HARVARD BUSINESS SCHOOL WORKING KNOWLEDGE 2001年1月29日付
Business Horizons (2010) 53, 69-79 Stealth marketing as a strategy Abhijit Roy, Satya P. Chattopadhyay
『アンバサダー・マーケティング』ロブ・フジェッタ著 藤崎実監修 土方奈美訳 日経BP社 2013年

DISTRIBUTION

CHAPTER 8

流通の新たな取り組みと新業態

100円ショップの前身、1ペニー・ショップ

のちにマークス&スペンサー社（M&S＝Marks & Spencer plc）の創業者となるマイケル・マークス*は、１８８０年代にロシア領ポーランドから英国に亡命し、仕入れた日用雑貨を使って、イングランド北東部エリアを中心にした行商人の仕事を始める。

マークスは１８８４年、青空市場に露店を開き、その後１８８６年には屋内市場（Covered market hall）で屋台を1店買い取り、そこで画期的な販売方法を展開する。

その方法とは

・買い物客が商品を手に取ることができるように、店頭に商品をディスプレイした

マイケル・マークス
(Michael Marks)
英国のマークス&スペンサーの創業者。ロシア系ユダヤ人の移民として英国の流通業で大成功を収める。リーズで開業し、のちにトム・スペンサーを共同経営者に迎えた。現在は、英国最大手の小売業チェーンに成長する。

年代	ビジネステーマ	メディア	マーケティング概念	CHAPTER8で登場するマーケティング理論・手法
1950年代（戦後復興期）	大量生産・消費／モノ不足／製品企画・管理	マスメディア（テレビ・ラジオ・新聞・雑誌）	製品中心のマス・マーケティング（マーケティング1.0）	アウトレットストア 1936年 アンダーソン・リトル PB 1928年 サイモン・マークス
1960年代（高度経済成長期）				チェーンストア理論 1962年 渥美俊一
1970年代（安定成長期）				EDLP 1974年 ウォルマート
1980年代（バブル期）	高額品消費／顧客創造・管理		顧客中心のマーケティング（マーケティング2.0）	イールド・マネジメント 1985年 アメリカン航空 カテゴリーキラー 1980年代 オフィスデポ、トイザラス カテゴリー・マネジメント 1989年 ブライアン・ハリス SPA 1987年 GAP ECR 1980年代 ウォルマート、P&G サプライチェーン・マネジメント 1983年 キース・オリバー、ミシェル・ウェバー
1990年代（経済停滞期）	コモディティ化・サービス化／ブランド構築・管理	インターネット		オンラインオークション 1995年 eBay チーム・マーチャンダイジング 1980〜90年代 セブン-イレブン
2000年代（経済停滞期）	ネット化／新たな価値創造	ブログ／メルマガ		フリーミアム 2006年 フレッド・ウィルソン オムニチャネル 2000年代 メイシーズ クリック&モルタル 2000年 デビッド・S・ポトラック
2010年代（現在）		ソーシャルメディア	価値主導のマーケティング（マーケティング3.0）	O2O 2010年 アレックス・ランペル

・商品に値札をつけて価格を提示し、買い物客が店員に値段を聞いたり、価格交渉したりする手間をなくした

という2点だ。

こうした取り組みの後に、マークスは**「すべて1ペニー**（Don't ask the price, it's a penny）**」というコンセプトで、すべての商品を1ペニーで販売する業態「ペニー・バザール」を生み出す。これが現在の100円ショップの起源といえるだろう。**

1894年、ビジネス・パートナーとして、トム・スペンサー*を迎え、1903年に有限会社にして、マークス&スペンサー社の原型が誕生する。同社は、この時期に英国を始めヨーロッパ各地の生産者から商品を現金で直接買い取り、仕入れ費用を安価にする方法も確立している。メーカーから商品を直接仕入れる方法は、当時としては画期的な取り組みだった。

実務家から見たひと言

100円ショップの原型が、これほど古くに誕生していたことに驚く。この概念を再び日本企業が復活させ、海外にまで進出できる価値づくりに取り組んだ。歴史はいつも、私たちに新しい発想を与えてくれる。

M&Sが価格決定権を握るために考え出したプライベート・ブランド

トム・スペンサー
(Thomas Spencer, 1852〜1905)
マークス&スペンサーの共同経営者。もとはマークスが仕入れていた卸会社で現金出納係であった。マークスは当初、卸会社の代表に話を持ちかけたが断られ、代わりにスペンサーを紹介された。スペンサーは事務所と在庫管理を担当し、マークスが店舗を担当した。

マークス&スペンサー（M&S）は、英国の小売業で取扱商品をすべてPBで展開する戦略を採用し、PBの先駆的役割を担った。

M&Sがペニー・ショップ「ペニー・バザール」を拡大させていた時代は、増大していた労働者階級の所得が上昇して生活水準が向上し、安価な商品への購買力が高まっていた。１９１０年代から、M&Sは幅広い商品を揃えるバラエティ・ストアのチェーン店企業として発展した。１９１５年までに、イングランド各地の都市部を中心に１４５店舗を出店。現在のチェーン店方式の原型ともいえる業態開発によって、低価格販売を行った。

しかし、同社の成功を見て模倣する企業が数多く現れたため、他社と差別化するため、商品に自社の社名「Marks & Spencer Ltd」を印刷した台紙をつけて販売する。メーカーから仕入れた商品に自社名を冠したことが自社ブランドとなって、M&Sの名は知られていくようになる。

第1次世界大戦の勃発で、M&Sはヨーロッパや日本から安価に商品が調達できなくなり、戦時中に調達上の制約を受けた。そのため１９１８年頃、１ペニーでの販売を大部分の店舗で取りやめた。

１９１６年にM&S社長に就任したマイケルの息子サイモン*は１９０９年、「１ペニーの価格設定」をやめて、複数価格帯方式を取り入れた。この方式は、当時最大のライバルだった米国のバラエティ・チェーンを展開するウールワース社（Woolworth）を参考にしたもので、「シリング（12ペンス）を上限として、１ペニーから１シリング

サイモン・マークス
（Simon Marks）
マークス&スペンサーの創業者マイケル・マークスの息子。父よりマークス&スペンサーを引き継ぎ、英国を代表する小売業に育てた。その功績がたたえられ、男爵の称号を授与された。その息子マイケル・マークス（創業者と同じ名前をつけた）は日本人と結婚したが、後に離婚している。

（12ペンス）の間で価格を設定する複数価格帯」という方式だった。

複数価格帯の導入によって、商品の仕入れや購買における新たなマーチャンダイジングが必要となった。このため、M&Sは「バイイング・ブリティッシュ（国産品調達）原則」も取り入れる。

この背景には、商品の販売価格を安定させ、戦争など不測の事態が生じても、商品調達が可能となり、仕入れ価格の乱高下を避けるという意図があった。その結果、M&Sは、取扱商品の90％を英国国内の生産者から直接調達できるようになった。

M&Sのもう1つの取り組みは、独自に自社商品の販売価格を設定できるようにすることだった。当時の英国では、再販売価格維持制度が一般的で、商品価格の決定権はメーカーが握っていた。また、M&Sはこの取り組みで、ウールワース社と差別化を図るという意図もあった。

M&Sはまず、商品を絞り込んで、衣料品分野に注力する。当時の衣料品は、卸を利用するのが一般的だった。しかし、M&Sは多店舗展開による調達力と販売力を生かし、衣料品メーカーのコラー社（Corah）との直接取引を実現させる。

同時に、M&Sは、自社向けの商品に創業者で父親の名前にちなんだ「St. Michael」を冠したブランドで商品の生産を開始。M&Sが独自に商品を企画開発し、小規模なメーカーを取り込んで価格決定権を握り、1ペニーの価格戦略から脱却して、独自の価格戦略による経営を実現した。

これが、世界で初めて登場した「プライベート・ブランド（PB）」だ。

ちなみに、日本で最初に登場したPBは、1959年に大丸百貨店が手がけた紳士服ブランドの「TROJAN（トロージャン）」だ。食品では、ダイエーが1960年に発売した缶詰「ダイエーみかん」と、翌61年に登場する「インスタントコーヒー」だ。だが、当時のPBはNB（ナショナル・ブランド）に比べて安価だが品質が劣った。景気が悪いときには注目されても、NBの対抗勢力になるまでには至らなかった。

1980年代に入ると、西友のPBとして開発された「無印良品」が別法人として独立。ダイエーのPB「セービング」が登場して、価格破壊の象徴として取り上げられるようになる。

その後、2007年のサブプライム問題による景気後退とともに、セブン&アイ・ホールディングスの「セブンプレミアム」やイオンの「トップバリュ」といったPBが、それなりの地位を得ることになる。PBの市場規模も、2012年段階で約3兆円にも達する。

実務家から見たひと言

セブン&アイ・ホールディングスが取り組んでいるPBは、業界で力のあるNBメーカーと協働して製造しており、その品質と価格は他社を圧倒している。ダイエー時代のPBとは、雲泥の差だ。

プライベート・ブランドから誕生したＳＰＡ

Ｍ＆Ｓは、自社の研究所で素材・縫製・デザインを分析し、メーカーに革新的な生産技術を指導するという取り組みを行った。同社は強力な商品開発力を発揮して、1930年代末から、ＰＢがＭ＆Ｓのマーチャンダイジングの中核を担うようになる。同社は商品を絞り込み、婦人服や紳士服に注力したマーチャンダイジングによって成功を収めた。

当時の英国は、事務員・セールスマン・技術者・医者・法律家といった第3次産業に従事する人々が増大し、これまで存在していた資本家階級と労働者階級に加えて、中産階級が台頭してくる。

中産階級の人々は、価格よりも商品の品質や幅広い選択肢を重視し、買い物に楽しみを求めた。従来からあった百貨店も、中産階級を対象にしていた。だが、Ｍ＆Ｓは良い品を最適な価格で販売する戦略に加え、店舗を豪華な建物に改装して、買い物に快適性を加味した。その結果、百貨店から顧客を奪取することに成功する。

Ｍ＆Ｓは、低価格を売り物にしたペニー・バザールから進化し、中産階級を対象に店舗イメージを向上させていく。同社は価格訴求力ではなく、商品の企画開発力を高めて価格の決定権を握り、衣料品分野におけるＰＢを同社の経営資源にしていった。

これが現在、「衣料品製造小売業（ＳＰＡ＝Speciality Store Retailer of Private Label Apparel）」と呼ばれるビジネスモデルで、Ｍ＆Ｓから誕生した。

実務家から見たひと言

ＳＰＡは、製造から販売まですべての販路は自社展開のため、自社でコントロールできるので、ショールーミング化（→P256）されても売上は自社に加算され、商品のカニバリゼーションは起きない。

アウトレット・ストアとアウトレット・モール

「アウトレット・ストア」は当初、米国の東海岸にあるアパレルや靴のメーカーが、過剰在庫や傷などがある商品を、従業員に対して安価に販売したことから始まる。

初めてのメーカー直営のアウトレット・ストアとしては、１９３６年に米国のメンズ・アパレル・メーカー、アンダーソン・リトル社（Anderson Little）が、工場からも小売店からも離れた場所に開店させた店舗になる。

一説には、１９０８年に米国東部のニュージャージー州にあったフレミントン・カットグラスという高級ガラス食器メーカーが、傷物や過剰在庫品などを処分するため、工場に隣接したところに小さい店舗を設けたともいわれる。当時、この販売方法は「ロビンソン＝パットマン法」という連邦法の中にある「公正取引法」の、「同一商品は同一条件のとき同一価格で売らなくてはならない」という内容に抵触しており、違法だった。

それ以降、アウトレット・ストアは通常販売する店舗やエリアから離れた場所で、過剰在庫品や傷物商品を販売してきた。その後、1974年に女性用下着メーカーのバニティ・フェア（Vanity Fair）が初めて、複数のアウトレット・ストアが入居するアウトレット・センターをペンシルバニアにオープンさせている。

現在のようなアウトレット・モールは、1980年代に米国で誕生した新しい小売業の業態だ。メーカー品やブランド品を、定価よりも安価に販売する複数のアウトレット・ストアを、1カ所に集めたショッピングセンターのことを指す。

アウトレット・ストアには、2種類のタイプがある。1つは、「ファクトリー・アウトレット」で、メーカーが自社商品を直接販売する店舗。もう1つは、「リテール・アウトレット」と呼ばれ、小売店がメーカーから仕入れた在庫品を販売する店舗だ。

実務家から見たひと言

米国でアウトレットを利用する顧客層と、日本で利用する顧客層とでは違いがある。階層社会では、顧客の棲み分けが明確だ。

チェーンストア理論

「チェーンストア」とは、同一の資本で、店舗数が10店舗以上ある小売業の形態のことだ。多数の店舗を開発して運営する仕組みを、「チェーンストア理論」という。

この理論には、規模の利益を追求する発想が根底にある。企業としての戦略立案や商品開発、さらには商品調達・人事・財務・管理といった機能は本社（本部）に集中させ、各店舗は店舗運営に専念して効率を高める。こうすることで、コストダウンにもつながるという考え方だ。

チェーンストア経営の源流には、ヘンリー・フォードが提唱した「大量生産の原理」があり、その基本原則は「3S主義」にある。3Sとは次の3つになる。

①標準化（Standardization）

誰にでも仕事ができるようにマニュアル化することだ。外食産業や小売業を例にすると、そこに働く社員たちは、マニュアルに基づいて担当業務を行っている。これにより業務を標準化させていることがわかる。

②単純化（Simplification）

店舗に働く従業員の資質によってサービスなどに差が出ないように、誰にでもできる運営方法を取り入れることだ。

③専門化または分業化（Specialization）

前述したように、本社（本部）と店舗の機能を明確に棲み分けることだ。

3Sの基になったフォードの生産システムは、科学的管理の原理を自動車生産に適用したもので、大量生産システムの基礎を築き上げた。その概要は次の5点だ。

①取扱い製品の絞り込み

フォードは工場で生産する車種を「T型フォード」に絞り込んで専業化させ、規模の利益を追求した。

②部品の規格化

互換性のある部品を採用して部品の規格化を実現した。同じ精度による部品の大量生産が可能になり、部品コストの低減化を実現した。

③作業の分割と細分化

自動車の製造過程には、多様な加工や組立作業が数多く存在する。この作業内容を細分化し、単純化させた。この方法により、熟練した労働者でなくても作業できるようになった。

④作業の標準化

フォードのシステムは、膨大な作業を標準化して無駄をなくし、作業を効率化した。作業を標準化して無駄をなくしたことにより、同期化生産（各所に待ち時間や在庫を発生させないように生産を行うこと）が可能になった。

⑤ベルトコンベア・システムの導入

作業する場所に人が移動するのではなく、人がいる場所へ作業が自動的に流れてくる方式のことだ。だが、作業速度はコンベアの速度に合わせて、人が行う必要があった。

先進諸国では、原料メーカーから材料メーカー、そして製品加工メーカーから流通サービス業へと、順を追って企業は巨大化していった。だが、第2次世界大戦後の日本では、小売業には依然として零細事業者が多く、その規模が変わらないまま取り残

渥美俊一
（1926〜2010）
日本の流通コンサルタント。元読売新聞の記者で当時、ダイエー創業者の中内㓛ら流通業界有力者との交流をきっかけに流通専門の研究団体「ペガサスクラブ」を立ち上げ、米国のチェーンストア理論を日本に普及させた。イトーヨーカドーの伊藤雅俊やイオンの岡田卓也といった日本を代表する流通企業の経営者が師事した。

されていた。

そこで、経営コンサルタントの渥美俊一*は、チェーンストア理論を日本に導入し、小売業などのサービス業が近代化し成長するために、チェーンストア経営を提唱した。

渥美は、「ペガサスクラブ」と呼ばれる組織を主宰し、チェーンストア教育機構を設立。当時の勉強会には、ダイエー、イトーヨーカドー、ジャスコ、ニチイ、ユニーなど、その後拡大する小売企業が参加していた。

実務家から見たひと言

米国に出現した新しい小売業のビジネスモデルを模倣し、日本で同様の業態を展開する時代は終焉した。お手本なき時代が始まっている。

ウォルマートのエブリデー・ロー・プライス

「エブリデー・ロー・プライス（EDLP = Everyday Low Price）」とは、小売業が経営改革によって、特売期間を設けることなく、取扱商品をいつでも低価格で販売する戦略だ。

EDLP概念を最初に打ち出したのは、1962年にサム・ウォルトン*が米国アーカンソー州ロジャーズに開業して、その後躍進することになるウォルマートだ。

1974年、同社の幹部ジャック・C・シューメーカー*が、毎日低価格で商品

サム・ウォルトン
(Sam Walton, 1918〜1992)
世界最大の小売業ウォルマートの創業者。学生時代は大恐慌時代と重なり、家計を助けるためにさまざまな仕事を手伝った。大学卒業後、米国の小売業JCペニーで過ごした後に従軍し、終戦後に父の雑貨店を引き継いだ。その後試行錯誤をしながら、1962年にウォルマート1号店を開き成功を収めた。

を提供するEDLPのコンセプトを打ち出したことが始まりだ。

ウォルマートは、当時の小売業界で一般的な出店方式を採用せず、都市部でなく郊外に大型店を集中して出店する「ドミナント戦略」をいち早く導入した。

同社は、低価格、物流管理、コスト削減などを推進する効率的な経営により、シアーズやKマートを抜いて、米国最大の小売業に成長していくことになる。

ウォルマートが短期間に急成長を実現したため、EDLPは1980年代後半から90年代前半にかけて、日本でも注目された。

EDLPに対して、特定の商品を安くし、期間を定めて特売によって集客する方法を「ハイロー（HILO＝High-Low Price）」または「ハイ&ロー」という。

一般的に、小売業は一時的に商品を安くする特売で集客する。だがこの場合、特定の商品は売れても、他の商品を購入してもらえないことや、平時の売上にはあまり寄与せず、チラシ制作費といった販促費などのコストがかかるという問題を抱えている。

それに対して、EDLPは「毎日すべての商品が安い」ことを最大のセールスポイントにしている。EDLPのメリットを整理すると、次の4つになる。

①チラシの配布回数が減り、販促コストが低減できる。
②店舗の運営が平準化できる。
③高頻度に値札を変更する必要がなく、作業量とそのコストを減らせる。
④特売ではないので、商品価値の下落をある程度は防げる。

また、EDLPにもデメリットはあり、次の4つになる。

ジャック・C・シューメーカー
(Jack C. Shewmaker)
米国のスーパー「クローガー」のマネジャーから、ウォルマート急成長時の1970年にサム・ウォルトンに引き抜かれてウォルマートに参画した。マネジャーを教育するマニュアルの作成に貢献したほか、その後数年で副社長に上り詰めた。

①経営の仕組みをＥＤＬＰの体制に変えておかないと、粗利益率が低下する。
②ローコスト経営を行わないと、ＥＤＬＰが継続できない。
③ＥＤＬＰの政策に転換するには、経営方法を変革する必要がある。
④商品の仕入れ価格を低く抑えるために、メーカーから直接仕入れるなど、原価を低く抑える取り組みが不可欠になる。

シアーズやＫマートが新興企業のウォルマートに敗れた背景には、経営改革が思うように進まなかったことがある。

ただ、景気が良くなると、生活者は低価格以外にも価値を求めるようになる。そのため、ウォルマートは当初の売りだった低価格に加えて、利便性の向上や顧客サービスにも注力し、さらなる魅力づくりに取り組み続けている。

実務家から見たひと言

低価格競争は、企業規模による商品調達力で勝負が決まる。安さ以外の価値を創造しないと、横並び発想だけの小売ビジネスでは、企業の継続は難しい。

サプライチェーン・マネジメントの目的

部品や資材を調達して商品をつくり、卸や小売りなどの流通チャネルを通して生活者に商品を届けるまでの一貫したモノの流れを「サプライチェーン」と呼ぶ。

サプライチェーン・マネジメント（SCM＝Supply Chain Management）**とは、一貫してモノの流れを正しく管理し、全体の経営効率を最適化する経営手法だ。**複数の企業や組織の壁を越えて経営資源と情報を共有化し、プロセス上の無駄を徹底して減らしていくという狙いもある。

1982年、コンサルティング会社のブーズ・アレン・ハミルトン（Booz Allen Hamilton Inc.）のキース・オリバー*とミシェル・ウエバー*が、SCMという言葉を初めて使用した。

SCMの目的はいくつかある。まず、開発、調達、製造、発送、販売に至る一貫した流れの中で、それぞれの在庫量や商品の滞留時間などを削減すること。顧客に対しては、時間をかけずタイミング良く商品を提供すること。そして、関係するすべての企業に、リードタイムの短縮、在庫の圧縮、稼働率の向上などによってコストを削減し、効率的な運営と経営を実現することだ。

たとえば、コンビニエンス・ストアに代表される組織小売業の店頭では、POS（販売時点情報管理）やEOS（電子発注システム）を使って、商品情報が本部に送られている。本部は、その販売と受注の実績から需要を予測して、生産、出荷、物流そして販売までのモノの流れと情報を最適化する。こうして、購買、生産、物流のすべての領域において、運営管理が行えるようになっている。

また、メーカーも受注データを入力すると、関連する全セクションで、リアルタイムに情報が共有化される。そして、最適な調達と生産、配送で動く仕組みが構築でき

キース・オリバー
(Keith Oliver)
英国の物流分野で著名なコンサルタント。ブーズ・アレン・ハミルトン（現ストラテジー・アンド）のコンサルタントとして活躍し、シニアパートナーを務めた。サプライチェーン・マネジメントの提唱者として製造業のみならず、サービス業にもそのコンセプトを適用することに尽力した。

ミシェル・ウェバー
(Michael Webber)
キース・オリバーと同じブーズ・アレン・ハミルトンのコンサルタントであった。

るようになってきている。

SCMの導入によって、物流業界では細かな要求に対応するため、複合輸送システムの構築、物流センターの充実、物流網システムの効率化などが進められている。SCMを導入するためのパッケージソフトとしては、SAPやi2テクノロジーなどが知られている。また、情報システムのことを、「SCM」と呼ぶこともある。

なお、SCMのほかに、「ディマンドチェーン」や「バリューチェーン」といった言葉があるが、3者とも、「生産、在庫、購買、販売、物流などの各プロセスで生まれる情報を、リアルタイムに共有化していく概念」という点では共通している。

実務家から見たひと言

eコマースや、後述するオムニチャネルが拡大すればするほど、独自のSCMが必須になる。できる企業は、表からは見えない「バックヤード」に投資する。

GAPの登場とSPAの登場

220ページでも登場した「SPA（Speciality Store Retailer of Private Label Apparel）」とは、1986年に「GAP*（ギャップ）」が、自らの事業を定義した言葉だ。SPAは、衣料品業界で、商品企画から販売までを一手に握る業態のことを意味している。

ギャップは、1969年にドナルド・フィッシャー*が創業した。当時、フィッ

GAP
「GAP」というブランド名は、ジェネレーション・ギャップに由来する。

ドナルド・フィッシャー
(Donald G. Fisher, 1928〜2009)
米国のアパレル小売GAP創業者。現代美術の収集では世界トップ10の1人にも挙げられた。

シャーは不動産会社を経営していた。百貨店で買い物をした際、やせている自分の身体に合ったジーンズが見つからなかったことをきっかけに、自らフルサイズのジーンズが揃う専門店を開こうと考えて創業した。

ギャップはカジュアル・スタイル・ショップとして、1970年代からベビー・ブーマー世代に支持され、仕入れ先であるリーバイスと良好な取引関係を築いて成長していく。しかし、この状況は1977年に一変する。

1977年、米国連邦取引委員会は、小売価格の規制緩和の一環として、リーバイスが小売価格を設定する行為を禁止した。さらに、リーバイス商品をギャップだけで独占販売する行為は認めず、他の企業にも卸さなければいけないという指示が出る。

そのため、リーバイスのジーンズは、スーパーマーケットやディスカウントストアでも販売され、安売り競争が勃発する。同時に、ギャップは従来のマージン率が確保できなくなり、リーバイスを取り扱うメリットは薄れていく。

1980年代に入ると、米国の人口構造は変化し、ギャップの主要顧客だったベビー・ブーマー世代が大人になった。ギャップが得意としたトレンディなカジュアル・スタイルは、好まれなくなる。

ギャップがこれまで通り、ベビー・ブーマー世代を重点顧客にするなら、商品戦略を転換して、新たな品揃えによるマーケティングが必要になる。

そこで、フィッシャーは1983年、米国を代表するデパートであるブルーミングデール（bloomigdales）やメイシーズ（Macy's）で活躍していたミラード・ドレク

1-18図 SPA登場前後のサプライチェーン比較

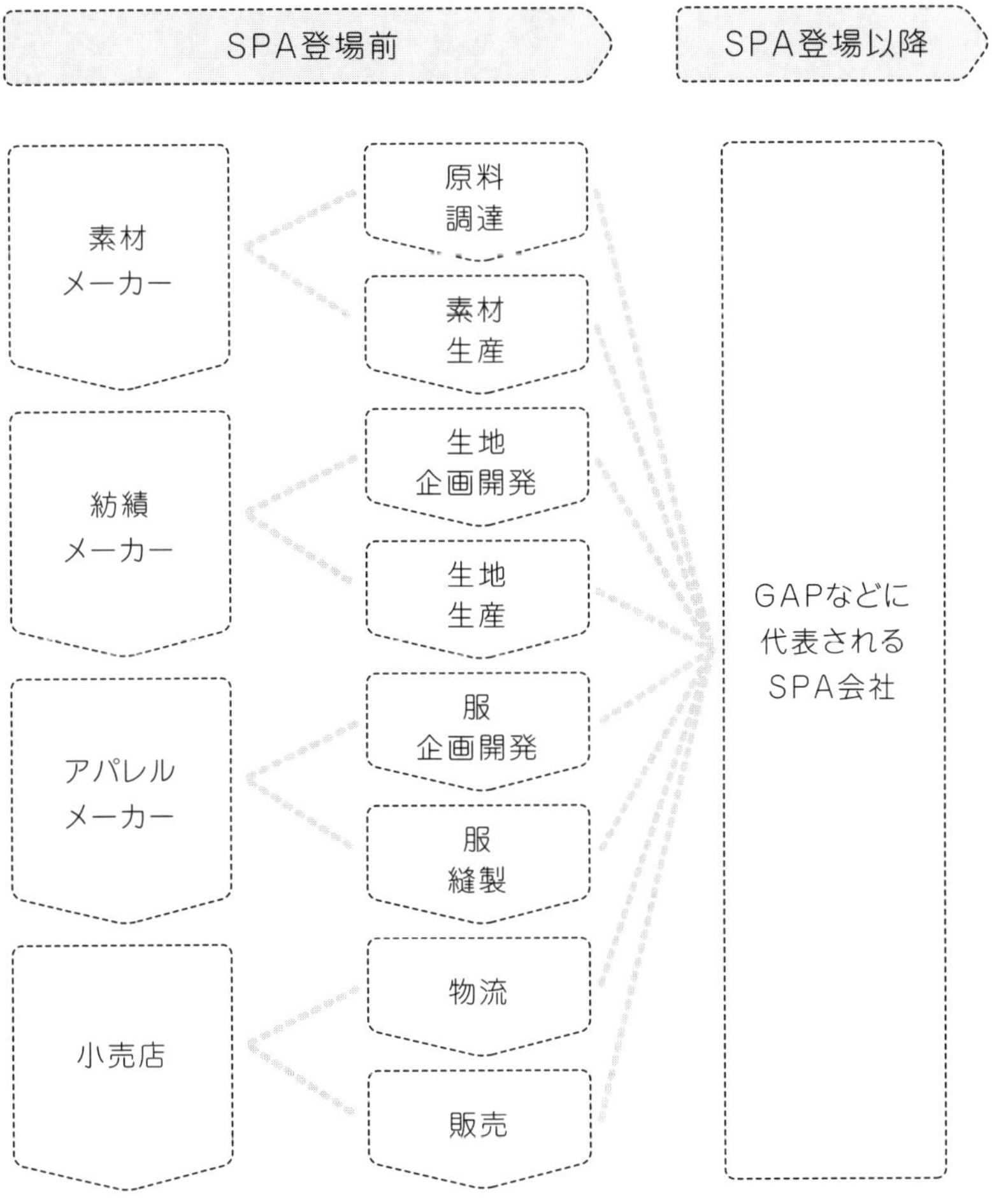

SPAの登場前は素材メーカー、紡績メーカー、アパレルメーカー、小売店の4段階のサプライチェーンがあったのに対し、SPA登場後は1社がすべてをコントロールすることで、サプライチェーンを簡素化した。結果、各サプライチェーンで分担していた在庫などのリスクを1社が背負うことになるため、商品の販売動向をすばやくフィードバックする全社的な体制、仕組みづくりが欠かせない。SPAには小売店が川上にのぼるモデルとアパレルメーカーが川下におりる2つのパターンがあるほか、アパレル業界に限らず、食品などの他の業界でもSPAを模したビジネスモデルが展開されている。

スラー*を経営陣として招き、ドレクスラーはギャップの戦略を転換する。

ドレクスラーは１９８４年、商品戦略の見直しを行い、ベビー・ブーマー世代を対象に「シンプル」「クラシック感」「好ましいデザイン」という３要素を備えた、ベーシックな商品を中心としたものに変えた。

ドレクスラーは、ベビー・ブーマー世代向けに、新しいライフスタイルに合致するカジュアル・スタイルを提案してギャップブランドを強化。企画や生地調達などの機能を内製化して、マーケティングを行うなど、サプライチェーン・マネジメントを実現する。生産コストを削減するため、人件費が安い国と地域に生産を外注して、価格競争力も高めていく。

こうした取り組みによって、**ギャップは、企画、生産、店舗展開と運営、販売促進などの企業活動を自社で一括管理できるようになり、同社独自のサプライチェーンモデルをつくり上げた。**

１９８７年、ギャップはこうして開発された自社の事業モデルを、「スペシャリティ・リテイラー・オブ・プライベート・レーベル・アパレル（Specialty Store Retailer of Private Label Apparel）」として発表。同年の『アニュアル・レポート』の中で、同社のＳＰＡを次のように説明している。

「ギャップはプライベート・ブランドを持つアパレル小売専門店だ。私たちは自ら商品をデザインして生産し、自社のブランドを付け、自ら設定した価格で、コーディネートして店頭に陳列する。同時に商品知識の豊富な販売員が、一流の接客サービスを提

ミラード・ドレクスラー
（Millard Drexler, 1944〜）
米国の実業家。元ギャップのＣＥＯで、現在はＪクルーのＣＥＯを務める。

供しながら販売を行う。こうして私たちは自らの運命を、自らコントロールする」

ギャップのＳＰＡは、それまでサプライチェーン全体をコントロールしてこなかったアパレル業界に、次の２つの大きな影響を与えた。

①良い品質と低価格の実現

生産コストを下げるために、同社は１９９２年までに世界約40カ国に委託工場を持った。商品の品質を維持するため、約２００名の品質調査員を各国の工場に派遣。商品の生産と品質の管理を徹底した。

②サプライチェーンにおけるスピーディな意思決定と強力な管理

ギャップの在庫回転率は、年間平均７・５回と、競合他社の３・５回より２倍も高い。新商品の入荷は約２カ月ごとに行われ、色も約２カ月ごとに刷新する。経営トップ*により、こうしたスピーディな対応が実践された。

ちなみに、１９９２年頃までに、ギャップの店頭からリーバイス商品はなくなり、ギャップブランド１００％の商品構成になる。

ただし、ギャップのＳＰＡモデルが抱える課題としては、次の３点が挙げられる。

①過大なリスクがある

自らサプライチェーン全体をコントロールするので、商品企画の失敗や発注量の誤り、欠品や売れ残りが発生した際には、すべてのリスクを自社で負うことになる。

②アウトソーシングのためリードタイムと経費がかかる

経営トップ
１９８７年にドレクスラーが社長になると、店舗の売上データを日々チェックし、自ら店舗調査と視察を実施。経営者が店頭情報を把握して、顧客ニーズに合致する商品企画や販売促進活動を行い、企業全体をコントロールしていった。

アジアなどで海外委託生産を行う場合、企画から店頭に届くまでのリードタイムは9カ月ほどかかる。また、関税や輸送費などの費用が別途必要となるので、低価格を実現するには、大量発注が必要になる。

③大量生産のため、売れ残りのリスクがある

ギャップは、ベーシック・アイテムを中心とした品揃えのため、1アイテム当たりの発注量が多く、同社のSPAは大量生産になる。大量生産は、規模の経済が追求できる反面、売れ残りのリスクも同時に大きくなる。

実務家から見たひと言

SPAの仕組みを使って競合他社を圧倒するには、顧客を魅了し、独自性のある商品企画力が必要だ。GAPとユニクロの商品企画力を比較すると、この意味がわかるはずだ。

小売業とメーカーの思惑が合致したカテゴリー・マネジメント

「カテゴリー・マネジメント」は、1989年、米国の小売業向けのコンサルティング企業、パートナーリング・グループ（The Partnering Group）のブライアン・ハリス*が提唱した概念だ。

これは、生活者（顧客）が買い物をしやすいように、小売業がメーカーや卸・問屋などと共同して、商品カテゴリーごとに最適な品揃えと商品の組み合わせを考え、適

ブライアン・ハリス
（Brian Harris）
米国のマーケティング学者。カテゴリー・マネジメントの提唱者として知られる。マーケティングの博士号取得後に南カリフォルニア大学ビジネス・スクールで教授を務める。彼は小売店における最適な製品陳列スペースを編み出す棚割りソフトをアポロ・スペース・マネジメント・システムとして開発。カテゴリー・マネジメントを8つのステップにしてブライアン・ハリス・モデルとして提唱した。自身のコンサルティング会社も経営する。

切な価格と数量、そして時期を考慮に入れて商品を提供する取り組みのことだ。

各カテゴリーの売場位置の選定から、陳列棚にどの商品を、どれだけの量で、どの位置に陳列するかという売場づくりの取り組み*も、カテゴリー・マネジメントに含まれる。

このように、顧客にとってわかりやすく、選びやすく、買いやすい売場にして、さらに関連する商品群を顧客の動線上に陳列すれば、需要の拡大がいっそう期待できるわけだ。

店頭のカテゴリーごとに顧客ニーズに対応し、選択しやすく買いやすい売場を実現するには、顧客の購入心理と購入プロセスを踏まえた売場づくりが必要となる。

小売業は、自社が持つノウハウでは不足するため、カテゴリーでトップシェアを握るメーカーを中心に、卸も含めて共同でカテゴリー・マネジメントに取り組んでいる。

カテゴリー・マネジメントとは、小売業にとっては、よりいっそう魅力的な売場をつくり、顧客単価を向上させる取り組みだ。メーカーや卸にとっては、自社商品の売上をさらに向上させる取り組みだ。

実務家から見たひと言

カテゴリー・マネジメントによって市場が細分化しすぎたら、市場と顧客、商品などすべてにわたってリ・ポジショニングが必要になる。既存市場では見過ごされていた、新市場が見つかるはずだ。

売場づくりの取り組み
たとえば、生活者がシャンプーを必要とするときに、「ダメージヘア用」「スカルプケア（頭皮ケア）用」「髪質（柔らかい髪・かたい髪・くせ毛）別」などに分類されたカテゴリーの中から最適な商品を選べるようにする、といった売場の取り組みがこれに当たる。
また、パンの売場なら、パンと同時に買われる可能性が高いバターやチーズ、ジャムなどの商品を近くに陳列すれば、買い忘れを防止するとともに、関連商品を購入してもらうことによって、小売業の顧客単価が増大する。

既存のデパートや量販店に脅威を与える存在、カテゴリーキラー

「カテゴリーキラー（Category Killer）」とは自社で販売する商品分野（カテゴリー）を決め、そのカテゴリーに特化して、低価格で販売する小売業態を意味する。

カテゴリーキラーが登場すると、商圏内にあるデパートやスーパーマーケットなどは自社で取り扱っていたカテゴリー商品の売れ行きが低下し、縮小したり撤退したりすることが増える。こうしたことからそう呼ばれるようになった。

異なる業種のカテゴリーキラーが多数集積したショッピングセンターを「パワーセンター」といい、こちらも近年増加している。

カテゴリーキラーは、１９８０年代に米国で誕生して以来、急成長を遂げている。デパートやＧＭＳ（総合量販店）といった業態は、幅広い品揃えをする。これに対して、カテゴリーキラーは専門特化した品揃えを行い、価格競争力を武器にして成功する業態だ。

米国における代表的なカテゴリーキラー企業としては、玩具・子供用品のトイザらス（Toys"R"Us）、オフィス用品のオフィス・デポ（Office Depot）がある。

１９４８年、米国のワシントンで子供家具と洋品店を経営していたチャールズ・ラザラス（Charles Lazarus）は、自店内に玩具専用コーナーを設けた。このコーナーが人気を集めたため、彼は10年後に「ＴＯＹＳ ＡＲＥ ＵＳ（玩具のことなら私たちに）」という言葉に、ラザラスの名前と玩具の〝ＴＯＹ〟を掛け合わせて「ＴＯＹＳ〝Я〟Ｕ

S」が誕生した。

トイザらスのロゴは、「R」の字が左右逆になっている。これは、米国の幼い子供が「R」を間違って左右逆にして「Я」のように書くことがよくあり、これにヒントを得たといわれる。「TOYS〝Я〟US」のロゴは、1977年に採用されている。

オフィス・デポは、1986年に米国のフロリダ州で設立され、翌87年に同州のフォート・ローダーデールに1号店を開業した。世界60カ国以上に店舗を展開する世界最大の文具・オフィス製品のカテゴリーキラーで、米国内で1100店舗以上、米国外で400店舗以上を展開している。

取扱商品は、文具、OAサプライ、菓子などの食品や飲料、机や椅子といったオフィス家具・電気製品などだ。ナショナル・ブランド（NB）よりも価格が安い同社のPBもある。日本には1997年、東京の品川に1号店がオープンして展開を始めたが、2009年に撤退している。

実務家から見たひと言

リアルの世界だけで展開していたカテゴリーキラー企業は、アマゾンのように、ネット上にプラットフォームをつくって販売する競合が現れると、顧客を奪われる。リアルだけの時代は、カテゴリーキラー発想が優位だった。しかし、ネットの時代では、ネット上のプラットフォーム化と品揃えの総合化が強みを発揮している。

フリークエント・フライヤー・プログラムとフリークエント・ショッパーズ・プログラム

「フリークエント・フライヤー・プログラム（FFP＝Frequent Flyer Program）」と「フリークエント・ショッパーズ・プログラム（FSP＝Frequent Shoppers Program）」は、高頻度に自社のサービスを利用してくれたり、自社の製品を購入してくれたりする顧客に限定して、さまざまな優待を提供するプログラムのことだ。

世界で最初に登場したFFPは、1981年にアメリカン航空が「アドバンテージ・プログラム（Advantage Program）」という名で始めた制度だ。

1970年代後半、米国政府（当時はジミー・カーター政権）の航空自由化政策によって、航空業界に新規参入する企業（特にチャーター便航空会社）が増大した。アメリカン航空を始めとする既存航空会社は一時低迷し、業績を改善する必要に迫られていた。

その窮状を打破するために、アメリカン航空が考え出したアイデアが「アドバンテージ・プログラム」だ。このプログラムは、かつてデパートに勤務した経験があるアメリカン航空の社員が、デパート時代の経験を生かして発案した。

当初のプログラムでは、アメリカン航空を利用してポイントを貯めると、ハワイ行きの航空券やファーストクラスへのアップグレード券に交換する、という特典が用意された。

アメリカン航空を最も利用している顧客13万人（予約システムに登録されている顧客データから抽出）と、アドミラルズクラブ（各空港に用意されているアメリカン航空の会員制待合ラウンジ）のメンバー6000人を対象に、同社はテスト・マーケティングを行ったところ好評だった。そこで同社は1981年、正式に「アドバンテージ・プログラム」の運用を開始した。この取り組みにより、アメリカン航空はわずか1年間に、100万人の会員を獲得することに成功する。

アメリカン航空の動きを見て、ユナイテッド航空は約1週間後に、「マイレージ・プラス」という同様のFFPを発表。その後、「アドバンテージ・プログラム」の誕生を契機として、どの航空会社もFFPに取り組むことになった。

現在のFFPは、無料航空券の提供はもとより、異業種他社との提携を行って、さまざまな優待策を提供して、その魅力を高めている。FFPは、航空会社が恒常的に行うプロモーションとし、今では定着している。

ところで、FFPが元デパート勤務の社員が発案したように、小売業でも同様のプログラムが誕生する。それがFSPだ。

FSPは、ポイントカードやメンバーズカードといった顧客カードを発行し、顧客を購入金額や来店頻度によって個別に選別する。そして、階層別に特別なサービスや特典を提供して、効率的に販売促進を行い、優良顧客を固定客として維持し、その拡大を図るプロモーションになる。

「企業の売上の80％は、上位顧客である20％の人たちからもたらされる」という「パレートの法則」のとおり、上位顧客ほど企業の利益に貢献し、またロイヤリティも高い。また、新規顧客の獲得には、既存顧客を維持するよりも5倍から20倍のコストを必要とする。

自社の収益に対して貢献度が高い優良既存顧客を識別し、利用頻度や購入頻度、あるいは購入金額に応じて、顧客に還元策を提供する。そして、**顧客を維持しながら購入金額を高め、さらに自社に対してロイヤリティを高めてもらう。これが、ＦＦＰとＦＳＰの最大の狙いだ。**

さらに、会員制度にすることで、顧客の基本情報（住所・氏名・年齢・職業・勤務先・家族構成・趣味や嗜好など）と購入履歴が入手でき、継続的にデータベースに蓄積していける。こうしてデータベース・マーケティングも可能になる、というメリットも生み出した。

実務家から見たひと言

1社だけが行うＦＦＰやＦＳＰの時代は終わり、異業種他社とも連携して、広範囲に利用できるＦＦＰやＦＳＰの仕組みに移行している。これからは、プラットフォームをつくり上げた企業が覇権を握る。

売れ残りをなくし収益を最大化させるイールド・マネジメント

定期便を運航する航空会社や、ホテルやレストランといったサービス業は、「供給量に上限があり、在庫を持ち越せない」という特徴がある。こうした業界で活用される販売手法が、「イールド・マネジメント*」だ。

イールド・マネジメントとは、正規料金で販売できる数量を確保したうえで、売れ残る可能性があるサービス商品の価格を順次下げていき、すべてを売り切って収益を最大化する考え方だ。小売業が行う在庫品や売れ残り品の値下げ販売、旧型製品を段階的に値下げする方法と発想は同じだ。

イールド・マネジメントは、1970年代に行われた米国航空業界における規制緩和をきっかけに、1985年にアメリカン航空が考え出した手法だ。前述したように、1970年代後半に米国で航空市場が自由化され、チャーター便を運航する航空会社が参入する。

安価な料金で運航していたチャーター便運航会社は、この機会にパブリックチャーター便（定期チャーター便）から、大手航空会社が独占している定期便市場に参入することを狙っていた。

こうしたなかで、アメリカン航空は、格安航空会社に対抗する施策を考え出す必要に迫られた。当時、マーケティング担当副社長のロバート・L・クランドール*は、空席を正規料金でなく、見切り料金で売る方法を考える。

アメリカン航空は、自社の座席予約システム「セーバー（SABRE）」を利用し、フライトの3週間前までに予約を入れた場合に限定して、特別運賃を適用する限定割引運

イールド・マネジメント
「イールド」という言葉は、製造業では「歩留まり」、金融業では「利回り」を指す。だが、イールド・マネジメントでは、「キャパシティ当たりの収益」を意味する。

ロバート・L・クランドール
（Robert L. Crandall, 1935～）
アメリカン航空の元取締役議長。学校卒業後に航空会社TWAに6年間勤務後、百貨店ブルーミングデールのファイナンス・オフィサーを経てアメリカン航空に入社した。

賃「スーパー・セイバー（Super Saver）」を考え出す。

この取り組みは、空席になりそうなフライトの座席を、セーバーで予測することが可能だったから実現できたやり方だった。この方法なら、通常料金を支払っている顧客が、低料金に流れることも防止できた。

この運賃制度は大成功し、他の大手航空会社も同様の取り組みを開始。チャーター便運航会社に対して、大手も優位性を発揮できた。クランドールは、この方法を「イールド・マネジメント」と名づけた。一方、デルタ航空は「レベニュー・マネジメント」と呼んだ。

1978年、航空会社規制緩和法が成立して米国の航空市場が自由化されると、格安航空会社が登場してくる。そのなかで既存航空会社に挑んだのが、1980年に設立されたピープル・エキスプレス航空（PEOPL Express Airlines）だった。

この格安航空会社は、ルフトハンザ・ドイツ航空が手放したボーイング737の中古機体を購入し、ハブ空港にはニュージャージー州のニューアーク・リバティー国際空港を選んだ。同空港に長年放置されていたターミナルを拠点に、格安運賃で運航を始めた。

同社は1981年、ニューアークとバッファロー、コロンバス、ノーフォーク間で運航を開始する。運航開始直後に敷地内で起きた貨物列車の事故で、ターミナルが使用できなくなるトラブルに見舞われるが、格安運賃が支持されて急速に成長、同年末には、フロリダまで路線網を拡げた。

これに対抗するため、大手航空会社は、ピープル・エキスプレス航空が参入した路線で運賃を引き下げ、数年にわたって値下げ競争が行われた。

アメリカン航空のCEOに就任していたクランドールは、1985年にアメリカン航空の新運賃プランとして、「アルティメイト・スーパー・セイバー（Ultimate Super Saver）」を発表した。この内容は、イールド・マネジメントによる割引運賃を、すべての路線に導入することだった。

これにより、空席が予想されるアメリカン航空の座席は、ピープル・エキスプレスの運賃と同額か、それを下回る運賃設定を可能にした。

ビジネス顧客は当初から、大手航空会社を利用している。格安航空会社の機内サービスなどの快適性は、大手航空会社と比較してはるかに劣っていたからだ。一方で、安価な航空券を求める顧客は時間に融通が利き、多少時間が前後しても大手航空会社の安い空席を探す傾向があった。

このため、ピープル・エキスプレスの搭乗率は激減する。ピープル・エキスプレスCEOのドナルド・バー*は、この動きに対抗するため、企業買収で規模の拡大を図り、全機にファーストクラスを設けてサービスを向上させる。

だが、座席管理システムを備えていない同社は、アメリカン航空がアルティメイト・スーパー・セイバーを導入した1年半後に、コンチネンタル航空に吸収されて消滅した。

現在、イールド・マネジメントは航空業界だけではなく、ホテル業界や運輸業界など、さまざまな分野で用いられている。

ドナルド・バー
(Donald C.Burr, 1941〜)
元ピープル・エキスプレス航空CEO。旅行業界のアナリストだったが、その後ピープル・エキスプレスを起業した。飛行機操縦免許を持つ。

実務家から見たひと言

価格と販売方法は固定化されたものではなく、需要に合わせて弾力的に設定すべきだ。同じ業界でも、収益の差がここで出る。

メーカーと小売が共同で行うチーム・マーチャンダイジング

「マーチャンダイジング（Merchandising）」という概念は、基本的に小売業において仕入れから販売、そして管理に至るまで小売業務全体の流れをつかさどる経営手法のことだ。

「チーム・マーチャンダイジング（チームＭＤ）」とは、小売業が顧客情報を収集分析してその情報をメーカーに提供し、小売業とメーカーが協力して、顧客が求める商品を開発するためにチームを組む方法を指す。お互いに不得意な分野を補い、モノづくりのために製販が連携を強化することだ。

チームＭＤという言葉は、コンビニエンス・ストア（ＣＶＳ）のセブン‐イレブンが、１９８０年代から90年代にかけて使い始めて定着する。

セブン‐イレブンが行うチームＭＤとは、ＰＯＳデータを始めとするセブン‐イレブンの店頭情報や市場動向から仮説を立て、国内外のメーカー・取引先・物流企業の専門的な情報やノウハウを掛け合わせ、フィードバックを繰り返しながら、新商品を開発する流れだ。素材の選定から供給ルート、生産ラインの計画・確保まで、メーカー・

小売・物流という三者それぞれが強みを発揮して、新商品を生み出していく。

この取り組みは、主にＰＢ製品の製造販売に効果を発揮するが、欠品による機会ロスや廃棄ロス・値下げロスの削減といった効果も生み出した。

セブン‐イレブンは１９８８年、既存ベンダー（自社商品の調達先）ではなく、大手食品メーカーに商品開発と生産体制などへの協力を求めた。その理由は、競合他社と差別化するには、生活者ニーズに合致する高品質の商品提供が必要不可欠であり、そのためには食品の供給体制を全国規模にする必要があったからだ。

ここで要請された協力とは、企業の枠を越えて、商品企画担当者や製造技術者を集めて共同開発する取り組みだった。商品開発は、プライムデリカなどのベンダーと参加食品メーカーの工場が分担し、全国的に均質な商品をつくるという計画だった。しかし、当時の味の素や伊藤ハムなど大手食品メーカーは、手間のかかる弁当は手がけてはいなかった。

そこでセブン‐イレブンは、小麦粉や調味料といった原料や素材とともに生産技術も提供し、全国規模で食品供給体制を整備していく。この取り組みがきっかけとなり、のちに、川下から川上へと生産体制を組み替えるチームＭＤにつながっていく。チームＭＤ方式による同社のＰＢの製造・販売は、１９９２年から開始された。

１９９４年時点で、セブン‐イレブンは競合他社のＣＶＳに比べ、平均日販で15万円を超える売上になっていた。この強みを発揮した1つの力が、チームＭＤだ。１９９５年から、同社のチームＭＤに参加する企業は増加し、チームＭＤ力も強化されていく。

セブン-イレブンは、従来からPOSによる単品管理によって在庫回転率を高めてきたが、チームMDを進めて回転率をさらに向上させ、メーカーと問屋、そして小売が連携して無駄のない流通体制を築き上げていくことになるわけだ。

実務家から見たひと言

小売業のメーカー化とメーカーの小売業化が、これから大きなトレンドになる。「つくるだけ」「売るだけ」の時代は終焉した。

SCMとディマンド・マネジメントを融合したECR

「ECR（エフィシエント・コンシューマー・レスポンス、効率的な消費者対応）」とは、消費財メーカーと流通業が協働し、SCM（サプライチェーン・マネジメント）とディマンド・マネジメント*（Demand managemet）を融合したビジネスモデルだ。

ECRは、海外の流通業も含めて、消費財業界の基本的なビジネスモデルになっており、B2B（企業間取引）の基礎ともなっている。ECRの原点は、日本企業が得意とするJIT*（ジャスト・イン・タイム）と、TQM*（トータル・クオリティ・マネジメント）だ。

ECRは、米国でグローサリー商品（食料品・生活雑貨・日用品を総称する言葉）を販売するSM（スーパーマーケット）から生まれた取り組みで、効率化を促進して生活者により高い価値を提供する方法を目指す取り組みだ。

1980年代に米国の消費財企業の方法論として登場し、その起源はウォルマート

ディマンド・マネジメント
顧客の需要創造から商品開発、顧客開拓、販売促進、購入先の獲得、受注成約に至る連続した需要に着目し、単品管理と顧客購買データを活用して品揃えや発注を最適化し、市場のリードタイムを最短化させる取り組み。

ジャスト・イン・タイム
生産効率を高めるための生産技術で、トヨタ自動車の「トヨタ生産方式（カンバン方式）」が代表例として知られている。

トータル・クオリティ・マネジメント
経営や業務全体の質を向上させる管理手法。

とP&Gが始めた取り組みにあるとされる。

さらに1992年、コンサルティング会社のカート・サーモン・アソシエイツ社（Kurt Salmon Associates、現在はKurt Salmon）と15の企業による共同プロジェクトが始まり、1993年のFMI*（Food Marketing Institute）の年次大会でECRの構想が発表された。

その報告内容を見ると、「ECRを実現すると業界全体で300億ドルのコストを削減し、在庫は41％削減でき、製造から生活者が購入するまでのリードタイムが104日から61日にまで短縮できる」など、大規模なコスト削減を可能にするとした。また、こうしたコスト削減が生活者（顧客）に還元されると、グローサリー商品の価格は10・8％下がると予想した。

さらに、コスト削減が可能な領域として、次の4点を挙げている。

①**効率的な品揃え**（流通業が生活者に提供しているブランド数を減らすことが前提）
②**効率的な商品補充**（継続的に店頭在庫を補充できるシステムを確立することが前提）
③**効率的な新製品導入**（本質的に差別化された新製品を導入することが前提）
④**効率的なプロモーション**（多様化・複雑化した取引先向けの販売促進策に代わる効率的なプロモーションの実践が前提）

実務家から見たひと言
コスト削減は必要だが、コストカットよりも販売価格を高めたほうが、企業の収益性が増大することを記憶しておこう。

FMI
米国の食品流通業団体。

イーベイが市場を開拓したオンライン・オークション

インターネットを使ってオークション・サービスが開始されたのは、1990年代に入ってからだ。市場の草創期から存在し、現在最大規模の企業に成長したのが「イーベイ（eBay）」で、インターネット・オークションを中心に、多様なサービスを提供している。

イーベイは、ピエール・オミダイア*によって創業された。オミダイアは大学卒業後、ハイテク企業に勤めていたが、1995年に休暇を利用してイーベイの基となるシステムをつくり上げ、同年9月にオークション・ウェブ（Auction Web）の名称で、ネット・オークション・サービスを開始する。

このサイトが成功したため、オミダイアは勤務先を退社して事業を本格化させた。社名はオミダイアのコンサルティング会社（Echo Bay Technology Group）に由来しており、1997年に「eBay.com」に変更された。

オンラインでオークションを行う場合、知らない人間が相手を信用して取引をするのは難しい。そのため、**まずはネット上でユーザー同士が信頼関係を築ける場になるように努め、イーベイを巨大なコミュニティに育成していく。**

イーベイ自身、同社の利用者を「コミュニティ（Community）」と呼び、「私たちを利用してくれるユーザーのコミュニティは、インターネット上で世界最大で、最もロイヤリティが高いオンライン・コマースのコミュニティの1つだ（Our community of

ピエール・オミダイア
（Pierre M. Omidyar,1967〜）
フランス生まれのイラン系米国人。eBayの創業者として知られる。慈善家としても有名。両親はイランからフランスへの移民で、母はソルボンヌ大学で言語学の博士号、父は外科医でオミダイアが幼少の頃に米国へ渡る。タフツ大学ではコンピュータ・サイエンスを学び、クラリス（アップルの子会社で現在はファイルメーカー社）、次いでジェネラル・マジック（General Magic）に入社し、1995年に休暇を利用してeBayの基となるオークション・プログラムをつくり上げ、同年9月にAuction Webの名称でネット・オークション・サービスを開始する。

users is the largest and one of the most loyal online commerce communities on the Internet)」としている。

この取り組みの結果、１９９７年には1日当たり約80万件のオークションを行うことが可能になり、１９９８年には１００万人以上の利用者を獲得するまでに成長する。

１９９９年6月、イーベイのシステムが24時間ダウンするトラブルに見舞われるが、４００人の社員が出品者に連絡を取り、システムダウンによって生じた損害の謝罪に当たった。この対応が、イーベイの信頼をよりいっそう高めることになる。その後、ユーザーの不満や改善案を積極的に取り入れ、「ユーザーの声を大切にする」コミュニティを形成していく。

現在、イーベイは世界27カ国の言語でサービスを提供し、オークション・サイトとして世界最大規模の企業に成長した（２０１３年現在）。

イーベイは２０００年頃に日本に進出するが、当時、日本で力を発揮していたヤフー（Yahoo!）オークションに勝てず撤退。５年後の２００７年にヤフーオークションと提携し、イーベイの商品を日本で購入できる購買代行サイト、「セカイモン」を立ち上げている。

イーベイＣＥＯのジョン・ドナホー*は、スマートフォンやタブレットに代表される携帯端末の急速な普及により、モバイルＥＣ市場はさらに拡大するとして、イーベイはモバイルＥＣ単体で、２０１３年度の売上が２００億ドル（２兆円）になると予想した。

ジョン・ドナホー
(John Donohoe, 1960〜)
米国の実業家。ｅＢａｙでＣＥＯを務める。以前はベイン&カンパニーでＣＥＯを務めた。

実務家から見たひと言

オンライン・オークションも販売方法の1つだ。顧客が望む販売方法と価格設定を考え出すと、新市場が誕生する。

実店舗とネット店舗を同時に運営するクリック・アンド・モルタル

「クリック・アンド・モルタル（Click and mortar）」とは、インターネット上のオンライン店舗と実店舗の双方を運営して相乗効果を図るビジネス手法だ。

リアルの企業にとって、クリック・アンド・モルタルのメリットは、

・既存ブランドが利用できる
・ネット企業に比べて、広告を始めとする顧客獲得のコストを低く抑えられる
・在庫管理や物流といった既存資源を有効活用できる

といったことがある。一方、生活者（顧客）にとってのメリットは、商品選択の幅と量が増え、代金支払いや商品受け取りの選択肢が拡がることだ。

1995年、世界初のインターネット銀行、セキュリティ・ファースト・ネットワーク・バンクが開業した。同行は、既存の銀行を意味する「ブリック&モルタル（brick-and-mortar、レンガとしっくいによる堅牢な建物の意味）」という表現が使われた。

クリック&モルタルという表現は、米国の証券会社、チャールズ・シュワブ（Chareles Schwab）の社長兼共同CEOのデビッド・S・ポトラック*が使い始めたといわ

デビッド・S・ポトラック
(David S. Pottruck)
米国の実業家。20年間米国の証券会社チャールズ・シュワブで過ごしCEOを務めたほか、現在はサンフランシスコの投資会社でCEOを務める。

れる。同氏には、2000年に出版した『クリック&モルタル（Click and Mortar）』（翔泳社）という共著がある。

チャールズ・シュワブは、早くからパソコン通信によるオンライン・トレードに進出し、オンライン・トレードの大手となった。

同社は当初、既存店舗への影響を回避するため、オンラインの手数料を2割程度割引していた。だが、シュワブの4分の1以下という安い取引手数料を武器に、他のネット専業証券会社が市場参入した。

シュワブも、1996年にネット専用口座「eシュワブ」を新設するが、eシュワブの顧客は店舗が利用できず、通常口座の顧客はネット取引を行った場合でも手数料が割高だった。そこで1998年、同社は両口座を統合。店舗は、口座開設や投資相談を中心にしたカスタマー・サポートセンターと位置づけ、実取引はネットで行う業態を確立した。

その結果、同社の顧客満足度は向上し、米国のオンライン・トレード第2位のイー・トレード（E*Trade、ほとんど店舗を持たない）に対し、収益面で大きな差をつけることになった。同社は「クリック&モルタル」の代表的な成功事例とされている。

実務家から見たひと言

店頭に足を運ぶ必要がある商品・サービスが、市場から減少を始めている。ネットにできない魅力を生み出してリアルの店舗を活性化させると、ネットからの顧客も増える。

無料を切り札に顧客を集めるビジネスモデル、フリーミアム

「フリーミアム」というビジネスモデルが最初に登場したのは２００６年で、ベンチャー投資家のフレッド・ウィルソン*がブログで、次のように説明した。

「サービス商品を無料で提供し、場合によっては広告収入で運営をまかない、クチコミや紹介ネットワーク、有機的な検索マーケティングなどによって効率よく多くの顧客を獲得し、それを顧客基盤として活用して、付加価値サービスや魅力をいっそう向上させたサービスを割増価格で提供する」

この説明後、彼はこのビジネスモデルをどんな名称にするかについて、その呼称を募集した。フレッド・ウィルソンの関連会社でアラクラ（Alacra）という企業に勤めるジャリド・ルーキン*が投稿した言葉が、「フリーミアム」だ。

ウィルソンはブログ上で、フリーミアムの事例として、IP電話サービスの「スカイプ（Skype）」を挙げた。アプリをインストールしたユーザー同士の通話料は無料となるが、アプリをインストールしていない電話機や携帯電話と通話する場合は有料になり、これがプレミアムサービスだとした。

また、オンラインで利用できるストレージサービスやゲーム、さらにナビゲーションソフトもフリーミアム化させている。

フレッド・ウィルソン
（Fred Wilson）
米国のベンチャー・キャピタリスト。ツイッターなどの名だたるインターネット企業に投資実績のあるユニオン・スクエア・ベンチャーの創業者で、著名ブロガーとしても知られる。

ジャリド・ルーキン
（Jarid Lukin）
オンライン・マーケティングや小売で15年の経験を持つ実務家。ブルックス・ブラザーズやレゴでオンライン・マネジャーを務め、現在はオーディオ機器ハーマン・インターナショナルで副社長を務める。

ストレージサービスでは、容量が小さい無料版に対して、ディスク容量が大きく、付加機能がつき、使い勝手を向上させた有料版がある。ゲームでは、ある程度まで楽しむのは無料で、その先は有料になる。ナビゲーションも、簡易版は無料だが、使い勝手が良いものは有料版にしている。

「フリーミアム」という言葉が拡がるのは、ITライフスタイル誌『ワイアード（WIRED）』の編集長であるクリス・アンダーソン*が自著『フリー――〈無料〉からお金を生み出す新戦略（FREE：The Future of a Radical Price）』（NHK出版）で2009年に紹介してからだ。

実務家から見たひと言

企業が収益源にしていた領域が無料にされる事態は、どの業界でも起こっている。スマートフォンを使って無料で国際電話ができるスカイプや、無料の携帯通話やメールができるLINEが好例だ。市場を奪われた企業が、今度はどこで収益を上げるビジネスモデルを生み出しているのか、一度調べてみてほしい。

ネットと情報機器の進化でオンライン・ツー・オフラインが注目

「O2O」は、オンラインのソーシャル広告代理店「トライアル・ペイ（TrialPay）」のCEO、アレックス・ランペル*が、「オンラインの顧客を購入に至るまで誘導

『フリー――〈無料〉からお金を生みだす新戦略』クリス・アンダーソン（NHK出版）

クリス・アンダーソン
（Chris Anderson, 1961〜）
英国系米国人の作家・起業家。米国のロス・アラモス研究所の調査員を務め、科学誌『ネイチャー』『サイエンス』、経済誌『エコノミスト』の編集者を経験、さらに『ワイアード』誌の編集長を2012年まで務めた。同誌は全米雑誌賞の最優秀賞を2005年、2007年、2009年に獲得。彼は2007年、米国『タイム』誌の「世界で最も影響力のある100人」に選ばれている。現在は、3Dロボティクス社の創業者兼CEOを務める。

するプロセスをB２C（B２B）にならって、O２O（＝Online to Offline、オンライン・ツー・オフライン）と呼びたい」と話したのが始まりだとされる。

「O２O」とは、ネットにつながるオンラインとリアルの店舗（オフライン）が連携し、相互に生活者の購入行動に影響を及ぼすことだ。具体的には、モノを販売するためにモバイルアプリなどを使ってインターネット上（オンライン）で集客し、実店舗（オフライン）に生活者を誘導して、商品の購入を促進する仕組みのことだ。

ネット上でのマーケティングは、前述した「クリック・アンド・モルタル」がすでにあり、購入行動でインターネットと店舗が連動する発想自体、新しい概念ではない。

クリック・アンド・モルタルが登場した２０００年代当初は、インターネットの利用率はまだ低く、携帯電話も普及を始めた頃で、モバイルからインターネットへの接続は容易ではなかった。また、ネットに接続する際は、デスクトップのパソコンを使うのが一般的な時代だった。

しかし、２０１０年に入ると、スマートフォンが急速に拡大し、さらにiＰａｄなどのタブレット端末も登場。いつでもどこにいても、インターネット接続が可能な環境になる。さらに、スマートフォンやタブレット端末に内蔵された「GＰＳ（Global Positioning System）」により、居場所に応じて最適な情報やサービスが入手できるようになる。

さらに、ＳＮＳの利用が拡大し、生活者はツイッターやフェイスブックを使って情報を閲覧し、同時に発信するようになる。これにより、評価や紹介された店舗を訪問し、

アレックス・ランペル
（Alex Rampell）
トライアル・ペイ社CEO。ハーバード大学でコンピュータ・サイエンスを優等で卒業。15社以上のベンチャーへの投資家としても知られる。

店側がクーポンを提供するなど、新たな接触機会を生み出すことにつながってきた。**こうしたネット環境と情報機器の進化によって、O2Oという概念が改めて注目されるようになってきたわけだ。**

実務家から見たひと言

無印良品は顧客がO2Oを使い分けていることを把握し、相互に利用してもらう仕組みづくりを考えて実践している。

O2O概念を拡張させ、ショールーミング化を防止するオムニチャネル

「オムニチャネル」とは、ネットから実店舗へ顧客を誘導するO2O（Online to Offline）の概念を拡大させたものだ。米国では、O2Oもオムニチャネルと呼ぶことが多い。

オムニチャネルの目的は、O2Oはもとより、実店舗とEC（電子商取引）とが相互に顧客情報の管理と運用・在庫状況の把握・配送ルートの整備などを行い、いつでもどこにいても買い物ができる環境を創造することだ。

成功事例としては、米国のデパート・メイシーズ（Macy's）の取り組みがある。同社では在庫管理が徹底され、実店舗に商品がなくても他店舗やEC用の倉庫に在庫があれば、そこから顧客の元に直送できる体制を構築した。また、実店舗で働く社員にはモバイル端末を携帯させ、接客中に商品情報、競合店での販売価格、在庫の有無な

どを確認できるようにし、決済もできる仕組みにしている。

近年増大している「ショールーミング化*」に代表されるように、ネットが登場し情報検索社会が到来したことで顧客の消費行動が変化し、それにともなって売上が減少していることに小売業は苦慮している。だが、メイシーズは自社の取り組みをオムニチャネル化させ、ショールーミング化による販売減少を防いでいるといわれている。

実務家から見たひと言

オムニチャネルのプラットフォームをつくり出した企業が、ネット時代の覇権を握る。この動きは、思わぬ企業が買収される事態を招く。企業が買収されたら、買収した企業の戦略を調べてみよう。

ショールーミング化
実店舗では商品をショールームのように見るだけで、購入するのはアマゾンなどのECで行うことを表現した言葉。

参考文献

千葉大学「科学技術と現代社会」第14回講義 「イギリス小売業の経営科学技術」 日本大学商学部 戸田裕美子

A Survey of Outlet Mall Retailing: Past, Present, and Future by Anne T. Coughlan and David A. Soberman, April 2004

流通科学大学卒業論文 崔相鐵ゼミ「日本とアメリカのアウトレット・モールの戦略比較～日本の成功するアウトレット型とは～」
河島 隆浩

『早稲田商学』第４２０・４２１合併号２００９年９月「アメリカにおけるＳＰＡモデルの生成と発展 ギャップの事例研究」李雪

PART 2 マーケティング実務編

PRACTICE OF MARKETING

実務編を読み始める前に

マーケティングの理論やセオリーはマニュアルではない

ビジネスでマーケティングの仕事に携わっている人たちなら、新しい理論や考え方、過去に存在しなかったビジネスモデルが登場すれば、即座にその情報を集め、文献があれば入手して学習し、実務に生かしていくだろう。

これまで数多くのマーケティングの理論や手法が先人たちによって生み出され、我々はその恩恵を受けてきた。「第1部 マーケティング発展史」を振り返ればわかるように、理論や手法は時代の流れとともに誕生し、進化を遂げてきた。

長年マーケティングに携わってきた人たちは、こうした進化を時系列に把握し、過去の考え方との違いや類似点、踏襲できる点とできない点を実務に照らし合わせ、自分たちのノウハウとして活用している。

大学でマーケティングを専攻した人なら、学生時代はビジネス社会を知らないまま、書籍や授業から、過去のマーケティング理論や手法を学ぶ。彼らが社会に出てマーケティングを実践することになると、かなりの人たちが当惑する。学習したこと（その多くは記憶しただけの内容）が、実戦で使えないことを初めて知るからだ。

マーケティングの理論や手法はマニュアルなどではなく、先人が教えてくれた「考え方のプロセス」や「視座」なのだ。しかし、実際に仕事の解答を導き出そうとしても、それが容易ではないことに初めて気づく。

考えてみればわかるが、手順通りに誰でも答えが導き出せるのなら、どの企業も同じ解答と方法論になってしまい、これまた使えない手法になる。マーケターは絶えずこうしたジレンマに直面している。

マーケティングの答えは1つではない

マーケティングを学習したことのある人は、教科書通りにマトリクスを使って分析はしてくれるが、「何をどうするのか」という結論部分になると、その多くはありきたりの内容に陥るケースが多い。いくら現状分析が良くても、「具体的に何をどのように実現するか」が導き出せないと、実務でとても苦しむことになる。こうした事態を防ぐには、企画力や創造性を磨いておくことだ。

マーケティングを実践する際には、**「答えは1つとは限らず、またそこにベストな解などはなく、どれだけベターなプラン、方法を見つけられるか」**と考えて、取り組む必要がある。マーケティングの答えは1つではなく、多様性にあふれたものだと認識していないと、存在しない「たった1つの解答」を探そうと迷宮にさまよい込んでしまう。

その一方、マーケティングを専攻していない人がマーケティング関連部門に配属、あるいは異動によってマーケティングに携わることもある。この場合、とにかく参考になる書籍を探して読破するか、外部の研修機関が実施するセミナーに参加して、ノウハウを取得することから始めることが多い。

マーケティングの実務に携わったことがない人が、有益だとされるマーケティングの理論や手法を学習しても、

・経験を積み重ねたことによって、活字から得た情報を自ら応用できるようになる経験脳

・マーケティングの理論や手法を踏まえつつ、誰も発想しなかった創造的思考力

は身についていない。これればかりは実務経験を重ね、現場で起こっている事実と現実に直面し、実戦的な分析力と企画力、さらには社内や取引先との交渉力を磨くしかない。

マーケティングの書籍を参考にする際、大学の授業で用いるような大部（紙数の多い）の文献では、冗長に感じてしまうことがあるだろう。逆に、実務で参考になりそうな書籍だと思って選んだら、マーケティングの中でもきわめて限定されたテーマで、「木を見て森を見ず」の状況に陥る場合もある。

これから「第2部　マーケティング実務編」を読む方は、次の3点に留意した

うえで、本書を活用してほしい。

①著者は実務家で、日々、企業のマーケティングに携わっている。先人が考え出してくれたすべてのマーケティングの理論や手法に対して、何ら有益でない批判や批評は行わず、ビギナーであっても建設的にマーケティングの業務に活用できる方法を探る。

②「第1部 マーケティング発展史」で紹介したマーケティングの理論や手法を踏まえて、現在企業が直面している課題や問題に対して、参考になると考えられる「思考のプロセス」や「視座」を、実際の企業事例を引用しながら紹介する。

③「第2部 マーケティング実務編」に登場する企業事例では、その企業が採用しているすべてのマーケティング視点や方法論を紹介できるわけではない。読者が関心を持った企業については、自らその企業の情報を集めて分析し、「自分ならどうするか」を考えて、実務に応用していただきたい。

FRAMEWORK

CHAPTER 1

バーティカル・マーケティングvs.ラテラル・マーケティング

（マーケティング・フレームワークの進化）

なぜ理論や手法を使いこなせないのか

先にも触れたように、マーケティングの理論や手法はマニュアルではなく、自らが分析し新たな発想を生み出すための「考え方のフレーム」であり、「視座」だ。ところが、マーケティングを学んだ人の中には、自らの洞察や仮説の抽出などをせず、教科書の理論通りに手順を踏めば、誰でもそこに解答が見つかると思い込んでいる人が少なからずいる。

ビジネス上の課題を発見し、課題解決の方法を見つけるマーケティングのマニュアルなど存在しない。日頃から市場や顧客（生活者）を観察して独自に仮説を導き出し、マーケティングの理論や手法という「考え方のフレーム」を駆使して創造的に思考する。最適な解を導き出せるまで分析し、考えることに尽きるのだ。

テキストに沿って手順を踏めば、誰でも答えが見つかるとは考えてはいけない。

多忙なビジネスパーソンが短期間にマーケティングを理解したいなら、興味のある企業の経営とマーケティングを徹底的に調べ、自社の課題に応用できないか考えてみることをおすすめする。

そこで採用されているマーケティングの理論や手法を知りたくなったら、該当する企業が紹介されている書籍、事例が掲載してある雑誌やネットの記事などを探し、学習するのがよいだろう。その際は、評論家的立ち位置ではなく、自分がその企業のマーケティング担当者になったつもりで、情報に接してみる。単なる批判や批評は、何も成果を生み出さないからだ。

既存市場のマーケティングでは、マーケターは従来の方法論を踏襲する

企業が長年かけてつくり上げた「モノやサービスを生産し、それを流通させて販売する仕組み」は、企業が収益を獲得するうえで非常に効率がよい。この仕組みが市場で機能しているかぎり、企業内マーケターは既存市場を前提に、従来のマーケティングのプロセスや発想などの方法論を踏襲して仕事に取り組む。

消費財であれば、量販店（GMS）、スーパーマーケット（SM）、コンビニエンス・ストア（CVS）などの既存販路を使って販売する、新商品や既存商品のリニューアルを考える。そして、セルフ販売*される店頭で自社商品を生活者に選んでもらえるよ

セルフ販売
顧客自身が、商品を選んで買い物をする一般的な販売方式のこと。

うに、広告に代表されるプロモーション・プランを立案して実行する。

既存の仕組みを生かして企業内マーケターがマーケティング・プランを立案する際には、「顧客視点」を踏まえて「マーケティング・リサーチ」「3C（顧客分析・競合企業分析・自社の資源分析）」「STP（セグメンテーション、ターゲティング、ポジショニング）」「マーケティング・ミックスと4P（製品・価格・プロモーション・販路）」などの理論や手法を元に検討が行われていく。

多くの場合、自社がビジネスを展開している「既存市場」を分析することが中心となり、そこで少しでも新しい市場機会を見つけ、具体的なマーケティング・ミックスを検討する。

既存市場の分析を長年続けていると、固定観念に縛られ、発想が硬直化してしまうことが誰にでもよく起こる。組織小売業を相手に商品を販売しているメーカーなら、春夏商品と秋冬商品それぞれに商談が行われる。その時期になると、マーケティング部門では商談資料をつくる。

既存商品を陳腐化させるほどの力を持った新商品でもないかぎり、組織小売業のバイヤーと商談する際の中心テーマは、「卸価格」「広告投入量」「具体的なプロモーションなど販促施策」といった内容になる。小売の担当者は、メーカーがどれだけ売れるように取り組むか、またどれだけ自分たちの利益が出るか、という点だけに着目してくる。

マーケターの着眼点

「メーカーと小売の力関係」

メーカーが新商品（たとえば飲料）を開発したからといって、すべての組織小売業の店頭に採用されるわけではない。売り場面積が限られているCVSの場合なら、商品カテゴリーごとに並ぶ商品数に制約がある。売れる商品と顧客の選択肢から見て、店頭で最適な品揃えがバイヤーによって行われ、棚割りされている。

もし、こうしたハードルをクリアして採用されるとしたら、すでに品揃えされている商品（定番品と呼ぶ）よりも魅力的（売れる商品）だとバイヤーが判断し、その商品に替わって置き換えてもらえる力があるときだけだ。

GMSの場合なら売場面積が広い分、採用される可能性が拡がる。だが、売上金額は商品が陳列される場所と商品数*に左右される。よく売れるメーカーの商品群は、顧客から見て選びやすい良い商品陳列棚の位置*を獲得でき、陳列される商品数も多くなる。

残念なことに、業界で3位以下のメーカーでは、商品が運よく採用されても、商品陳列棚の位置は悪くなり、商品数も限られる。

そのわけは、該当するカテゴリーでトップに立つメーカーが、商談時に店頭棚割りをつくって小売側に提案し、それを小売側が参考にしているからだ。こうした営業現場の話は、マーケティングの文献には紹介されていない。

商品数
商品フェイス数といって、陳列される商品が1つならワンフェイス、2つ横位置に並ぶとツーフェイスと呼ぶ。

顧客から見て選びやすい良い商品陳列棚の位置
「バストライン」といって、顧客から最も見やすい胸の位置になる。

さらに、3位以下のメーカーは小売業にとって売上構成比が低いため、値下げ圧力がかかる。店頭で安売り商品（目玉商品）にされることがよくある。一度安売りされてしまうと、生活者は販売価格を記憶しているので、通常の定価に戻しても購入してもらえないという弊害が起こる。

下位メーカーは、売上と利益が上位メーカーより限定される。その背景には、マーケティング力だけでなく、企業規模や小売業との力関係が大きく影響している。たとえば、メーカーが小売業に支払う販促費や協力費の有無とその多寡が影響を与えるからだ。

斬新なマーケティングを実現する際、社内の障害が立ちはだかる

企業のマーケティング部門では、商品ごとやカテゴリーごと、あるいは事業部ごとに設定された売上と利益目標を踏まえ、マーケティング・プランを策定する。この取り組みを行う際に、マーケターは上司の指示の下に動く。マーケティング・プランは、部門長と担当役員、あるいは経営陣の承認を得たうえで実行に移される。いかに優れたプランであっても、こうした決定権を握る人たちの承認が得られないと、陽の目を見ることはない。

現在管理職にある人たちの多くは、先人がつくり上げた既存システムの中で業績を上げてきている。彼らの判断基準は、過去の方法論や仕組みによるところが大きい。

それゆえ、管理職と軋轢《あつれき》を生じることなくスムーズに承認が得られるよう、マーケ

ターは社内で通りやすいプランを立案する傾向が強くなる。そのため、社内マーケターが手がけるマーケティング・プランは尖《とが》った内容ではなく、丸いものになる傾向が強い。

マーケターの着眼点

「成功するマーケティングのプレゼンテーション」

経営者や役員が同席する社内用のプレゼンテーション資料をつくる際には、相手に理解してもらえるよう、マーケターは細部にわたり配慮する。たとえば、

・老眼の傾向にある幹部が同席するなら、彼らが読みやすいよう、資料に使う文字は大きくする
・役員の場合、耳慣れない外来語・カタカナはできるかぎり使用せず、日本語にできる言葉は日本語にする
・経営陣の場合、孫たちから最新の情報やトレンドを入手していることがあり、意外に最新の取り組みを理解してくれる場合がある。彼らのお子さんやお孫さんの存在とその年齢などを事前に把握しておく

社内でマーケティング作業やプレゼンテーションを行う際の留意点も、マーケティングのテキストには記載されてはいない。

「競合企業が模倣して参入してくる」ことを前提に、プランを策定する

日本では、新たな市場が見つかり成長性があると判断されると、どの企業もそのマーケットにいっせいに参入し、競争が一気に激化することが多い。まさに、「レッドオーシャン（競争が激しい市場）」になってしまうわけだ。過去に起こった典型的な例としては、

・はちみつレモン飲料……サントリーが新商品を投入して新市場を創造したが、商品差別化が難しかったため、無数の競合他社が参入し乱売された。その結果、市場そのものが消滅してしまった。

・ドライビール市場……アサヒビールの「スーパードライ」がヒットし、他のすべてのビールメーカーが同様のビールを投入し、一時期競争が激化した。しかし、アサヒビールがうまく先行優位性を発揮し、市場を独占できた。

・生麺風袋麺市場……市場が停滞していたインスタントの袋麺市場に、東洋水産が即席麺ながら生麺のような「マルちゃん正麺」を投入し大ヒット。そこに日清食品が「日清ラ王」、サンヨー食品が「サッポロ一番　麺の力」で参入し、市場競争が一気に激化。現在もその攻防が続いている。

市場を活性化させる新商品を開発して投入する際には、「市場投入後にどの企業が類似商品を考えて市場に参入し、自社商品に対していかなるマーケティングとプロモーションを展開するか」を事前に念頭に入れて、自社のマーケティング戦略を立案

する。

業界のトップ3（大手企業）は、自社の新商品には相当力があり、市場構造を変える可能性があると考えた場合に、参入を決めることが多い。ここでは知恵と体力（広告費や販促費の規模、流通での取扱量など）の戦いになりやすい。

反対に、マイナーな企業が参入する場合は、類似商品（中味や機能は劣るが、パッケージデザインやネーミングを瓜二つにするなど）を用意して、安売りを仕掛けてくることが多い。この場合、新商品が築いた新カテゴリーを、粗悪な類似品や安売りにより陳腐化されるデメリットが生じる。こうしたときは、自社の先行優位性と企業力をアピールし、亜流品を選ばせないようにするプロモーションが必要になる。たとえば、新聞や雑誌など活字メディアを使った広告や、店頭でナンバーワン商品であることを訴求するPOPや店頭プロモーションがこれに当たる。

競合他社と同じ発想起点に立たないこと

マーケターは、多くのことを多様な方面から学習して、自らのノウハウにする。大学でマーケティングを専攻した人なら、大学の授業とテキストで学ぶだろう。配属後にマーケティングに携わることになった人なら、社内にいる先輩の分析方法や、社内のマーケティング思考や方法論から学ぶだろう。さらに、外部企業（たとえば広告代理店）の提案書や企画書を読むことで、提案書や企画書のつくり方や分析視点を学ぶだろう。

そして両者とも、必要に応じてマーケティング関係の専門書などからも学ぶはずだ。

この過程で、1つ留意しておいてほしいことがある。それは、自分のマーケティング発想が、競合他社のマーケターと似通った方法にならないようにすることだ。

同業他社のマーケティング担当者も、同じ理論や手法のフレームを使い、既存の発想でマーケティングを行う。そのため、互いに似通った内容になり、マーケティング上の違いや独自性が希薄になる場合がある。その結果、お互いに競争優位性がなくなり、市場に定着せず、誰も望んでいなかった価格競争に陥る事態も生じる。

マーケターの着眼点

「それでどうなるのか？」

初心者や表層的な分析しか行わない人と、マーケティングのプロとの差は、「それでどうなるのか？」という視点の有無にある。**独自のマーケティング発想をしたいなら、「それでどうなるのか？」を突き詰めていくことだ。**

たとえば、社会構造の変化を分析する場合、初心者は「高齢化」という言葉をそのまま受け取り、「お年寄りが増える社会」という認識で終わる。

一方でプロやベテランのマーケターの場合、「高齢化」という言葉に対して、「高齢化が進むとどうなるのか？」「現在生じている問題が続くと、将来はどうなるのか？」という視点を加味して分析し、課題や仮説を導き出す。たとえば、「高齢化」→将来年金支給額が減少する→そうなれば、65歳以降も働く必要が出てくる↓だとすれば、1つの仕事だけで一生を終えるには長すぎる人生になる↓その一方、少子化の影響で高齢者の雇用が必要になる企業が増える↓年金の支給額が減らされない範囲で、働きたい人も増える↓企業には、熟練した人材を安く雇用できる環境が生まれる↓高齢者の教育機関や働く仕組みがよりいっそう必要になる……。

という具合に、「高齢化」という構造変化にともなって、次にどのような変化やニーズが生じるかを分析し、予測していくわけだ。

既存の仕組みが直面する閉塞感を打ち破り、新たな道を探す

インターネットの力が拡大し、ネット上のクチコミや評判が、企業や商品の評価に直結するようになって久しい。リアルの世界で重要な役割を果たしてきたデパート・GMS・SM・CVS・SC（ショッピングセンター）といった既存流通に対して、アマゾンに代表されるバーチャル店舗とeコマースが台頭して巨大市場が生まれ、成長を続けているのは周知の事実だ。

当初、メーカーは既存取引先・既存流通先に遠慮して、自らが直販することに二の足を踏んでいた。しかし、組織小売業もネット販売はもとより、リアルとバーチャルを融合させたO2O（発展史↓P254）とオムニチャネル（発展史↓P255）に取り組むようになると、メーカーも直販する動きを加速させる。

GMSはこれまで、生活必需品を安価に提供し、ワンストップで買い物を済ませら

れることを売り物にしてきた。だが、最安値で買えるサイトやネット通販の宅配という利便性、さらにユニクロに代表されるＳＰＡ（発展史→Ｐ229）の力とＯ２Ｏの取り組みにより、その力が停滞している。

メーカーが成長する条件は、「売れる商品の開発」だと考える人が多いと思う。だが、実はもう1つ重要なポイントがある。それは、**自社で活用している販路が成長しているかどうかだ**。

デパートがその力を発揮していた時代に、日本のアパレルメーカーは、デパートの成長とともに売上を伸ばしてきた。また、ＳＭ（食品スーパー）やＧＭＳ（総合スーパー）が急成長している時代は、ここを主要販路にしていた日用雑貨や食品メーカーが、同じように成長を遂げてきた。

既存販路の利用者数と売上が伸びていれば、そこで商品を販売する企業も成長する。この仕組みが機能しているかぎり、企業内マーケターは、「既存の仕組み」の中でマーケティング・プランを考えればよかった。

だが既存販路の力が低下すると、そのルートを使って販売しているメーカーの商品の売上も低下してくる。過去に成功してきた仕組みが、制度疲労を起こしているわけだ。にもかかわらず、従来通りのマーケティングと過去の方法論を踏襲していては、売上や利益が伸びるわけはなく、経営の先行きも不透明になってくる。

後発企業は、先行企業のビジネスモデルを研究しているので、自分たちは新たな方法なり仕組みなりを考え出して実践する。

たとえば、

・SPAによる直営店展開（既存の流通網を活用しない）

・自家需要ではなくギフト需要（価格の安さでなく付加価値を求める人を相手にする）

・販路や販売エリアの限定（数多くの販路で、全国どこでも販売する量産メーカーとは逆に、限定した販路とエリアだけで商品価格が高くても売れるようにする）

・セルフ販売ではなく、対面販売（接客サービスも商品の付加価値と考える）

といった異なるマーケティング発想によって、自社の市場を創造していく。

マーケターの着眼点

「商品力が敗因とは限らない」

同じアパレル市場でありながら、伸びている企業とそうでない企業に分かれるのには理由がある。

業績が伸びている企業は、既存の取引先（SC（ショッピングセンター）にテナントとして入居している衣料品店・専門店・GMSなど）への販売に加え、テレビ通販会社による商品販売を開始する。既存販路の落ち込みをカバーする以上に、テレビ通販の売上を拡大させ、業績を向上する取り組みを実践する。

その一方、業績が伸びない企業は、新規販路の開拓を行っていない。そのため、SPAの台頭により既存取引先の業績が低迷していることに連動して、売上が下降する。

「売上が伸びない」「業績が悪い」といった原因を「商品」にだけ求めず、既存販路や仕組みが制度疲労を起こしていないか、マーケターは目を向けることだ。

ビジネスで成功を収めるには、誰も考えつかなかった発想起点に立ち、仮説を導き出したうえで、理論や手法を駆使して環境分析と戦略立案を行い、新たに考え出した市場で勝負することだ。そこで重要になるのは、**分析と発想のフレームワークを、そのつど別の視点や角度から分析し、フレームそのものも変えてみることに尽きる**。

既存システムが制度疲労を起こしているときは、既存販路でなく新規販路の開拓を想定し、既存品とは異なる商品と価格、そして販売方法などを取り入れた、新たなマーケティング・プランを策定することが必要だ。

ただしこの場合、手間と投資が不可欠になるので、新たなマーケティングが必要になっている背景や新規開拓に取り組む重要性について、担当役員と上司、そして経営者に事前に了解を得ておくことが必要だ。意思決定者が新規の取り組みを望まず、既存の仕組みを前提にビジネスを考えている場合には、せっかく考えたプランでも的外れに終わる。

従来の方法に限界を感じたら、ラテラル・マーケティングを実践する

従来の「バーティカル（垂直型）・マーケティング*」は、既存の市場構造を前提としているため、現在機能している資源を最大限活用することに力点が置かれる。

バーティカル・マーケティング
マーケティングのテキストに登場する一般的なマーケティング視点と方法により、過去の方法論を生かして論理的に課題を解決する垂直型（バーティカル）のマーケティング。典型例として、消費財メーカーなら、ＳＭやＧＭＳに代表される既存販路に対して、売場の商品陳列棚の商品カテゴリー（飲料なら、コーヒー、ミネラルウォーター、野菜ジュースといった分類）を決めて、そこに新商品を投入する、あるいは既存商品をリニューアルするという発想で、業務の手順を踏む。

テキストに紹介されているように、バーティカル・マーケティングは、分析から始まって仮説を抽出し、そしてアクション・プランを策定する手順を踏む。一般的に、この流れは帰納法*の考え方だ。

こうした発想フレームは、既存のビジネスモデルや既存資源が力を発揮している場合には有効だ。しかし、そこに制度疲労が生じている場合には、新しいマーケティングを展開する発想フレームとしては機能しない。優秀なマーケターは、最初に「仮説」を立て、そこから発想をふくらましていく演繹法*で考えることが多い。

もし、バーティカル・マーケティングに限界を感じているなら、それは市場が成熟して飽和しているか、これまで機能していたビジネスモデルにほころびが生じている可能性があるだろう。

このような場合に、顧客視点を前提とした「3C」「STP」「4P」などの理論を踏まえたうえで、新たなフレームワークを生み出すべく活用したいのが、「ラテラル・マーケティング」（発展史→P71）だ。

従来のマーケティングは、慣例を踏襲して、定型的で論理的な問題解決を行う。これに対して、ラテラル・マーケティングは、非論理的な発想と思考で、新たな解決策を発見しようとする。

ラテラル・マーケティングは次の3つのステップを踏む。

ステップ①「フォーカス」

水平思考をする際の対象になるもので、新市場であれば「市場」や「想定顧客」、

帰納法
目の前にあるものから共通事項を見出し、まとめて結論を出す方法。マーケティングで一般的に使われている考え方のプロセス。

演繹法
ものごとを観察して、そこから仮説を見出して、推論する方法。アイデア出しのような考え方のプロセス。

新製品開発なら「製品」「パッケージ」「ブランド」にフォーカスを当てる。
常識的な発想や理屈に縛られないように、

ステップ②「水平移動」

・**代用**……たとえば「代わりになるものはないか」
・**結合**……たとえば「別の要素を結びつけることはできないか」
・**逆転**……たとえば「逆にしたり入れ替えたりできないか」
・**除去**……たとえば「デメリットをなくせないか」
・**強調**…………たとえば「もっと強くアピールできないか」
・**並べ替え**……たとえば「順序を替えられないか」

という6つの視点で水平思考を行ってみる。

ステップ③「連結」

生まれたアイデアを磨き上げ、実現できるレベルにまで修正を行っていく。
また、発想法も使ってみるとよいだろう。ステップ②「水平移動」を用いて発想する際には、ブレーンストーミング*を考え出したアレックス・F・オズボーンの発想法、「オズボーンのチェックリスト法」も参考になる。オズボーンのチェックリスト法には、次の9つの視点がある。

①**転用する**……新しい使い道はないか？　他の分野へ当てはめることはできないか？
②**応用する**……他に似たものはないか？　何か真似できないか？

ブレーンストーミング
アイデアの創出方法。あるテーマに関して、グループの各メンバーが思いつくままにアイデアを出し合い、最後に整理してまとめあげる。ルールとして、①他人のアイデアを批判しない、②自由なアイデアを歓迎する、③質より量、④他人のアイデアを利用、発展させる、の4点がある。

2-1図　バーティカル・マーケティングと
ラテラル・マーケティング

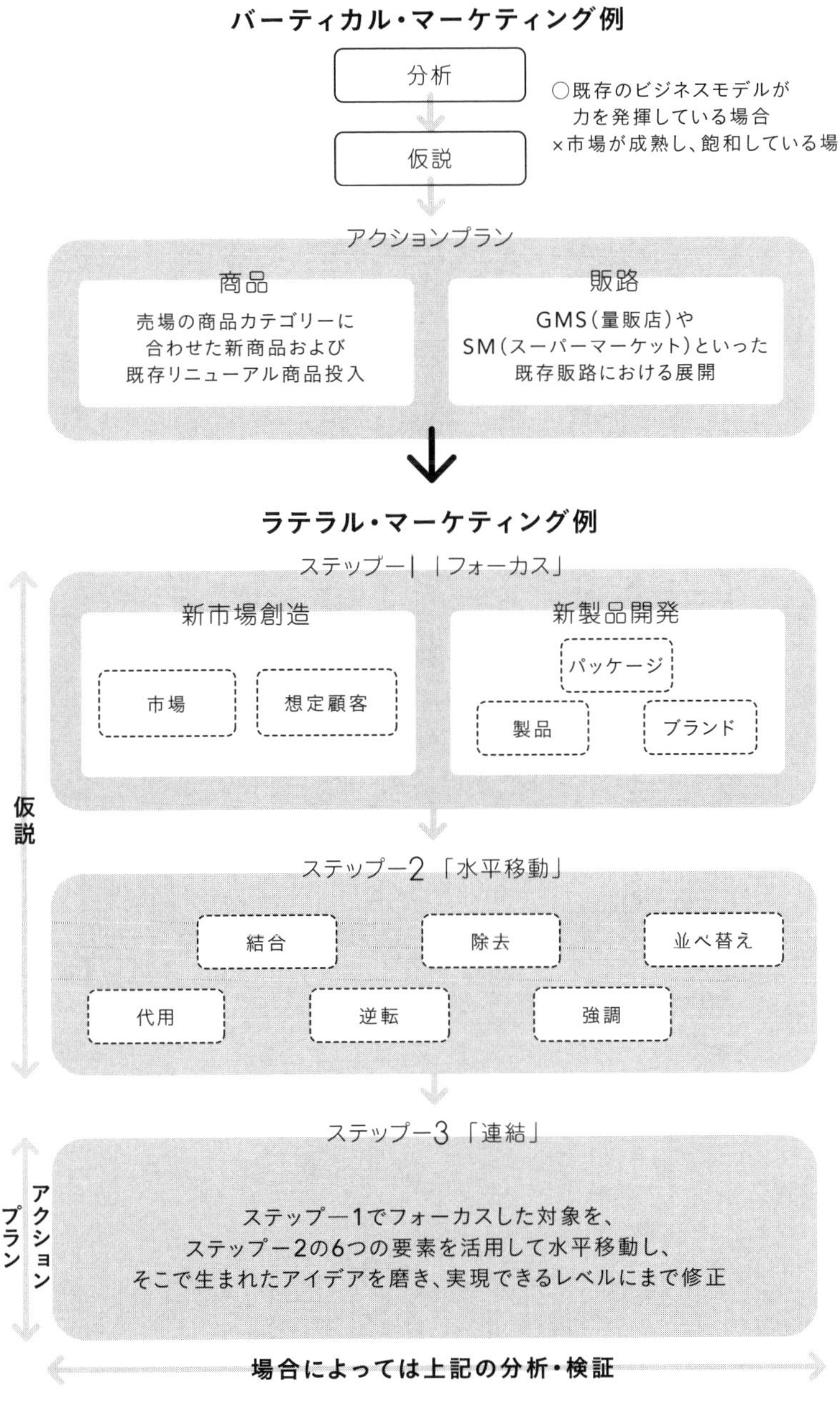
バーティカル・マーケティング例
分析
仮説
○既存のビジネスモデルが
力を発揮している場合
×市場が成熟し、飽和している場合
アクションプラン
商品
売場の商品カテゴリーに
合わせた新商品および
既存リニューアル商品投入
販路
GMS（量販店）や
SM（スーパーマーケット）といった
既存販路における展開
ラテラル・マーケティング例
ステップー1「フォーカス」
新市場創造
市場
想定顧客
新製品開発
パッケージ
製品
ブランド
仮説
ステップー2「水平移動」
結合
除去
並べ替え
代用
逆転
強調
ステップー3「連結」
アクションプラン
ステップー1でフォーカスした対象を、
ステップー2の6つの要素を活用して水平移動し、
そこで生まれたアイデアを磨き、実現できるレベルにまで修正
場合によっては上記の分析・検証

③**変更する**……意味や色、働きや機能、音や匂い、様式や型などを変えることはできないか？
④**拡大する**……より大きくしたり、強くしたり、重くしたり、長くしたり、厚くしたりできないか？
⑤**縮小する**……もっと小さく、弱く、軽く、短く、薄くできないか？
⑥**代用する**……人や物、素材や材料を、製法や動力、利用する場所などを他に代用できないか？
⑦**再利用する**……要素や型、配置や順序などを変えて再利用できないか？
⑧**逆転する**……前後や左右、上下や順番、役割などを逆転できないか？
⑨**結合する**……合体させたり組み合わせたりできないか？

ラテラル・マーケティング実践例、江崎グリコの「オフィスグリコ」

既存の仕組みと既存販路ではなく、どの企業も手をつけていなかった市場に着目し、新たな市場を新しい仕組みとともに創造した典型例が、江崎グリコが考案した置き菓子サービス事業の「オフィスグリコ」だ。これは、ラテラル・マーケティングを活用して、新たな市場とビジネスモデルを発見するうえで、とても参考になるだろう。

〈業界の動向〉

菓子類の市場規模は2兆円強で推移し、GMS・SM・CVS・駅売店キヨスクなどが主要販路になっている。すでに市場は成熟しており、急成長する段階ではない。

これまでの主要顧客は女性や子どもたちが中心だ。食品のように必需品ではないため、既存販路で需要を喚起するにも限りがあった。

〈オフィスグリコ事業が誕生するまでの経緯〉

江崎グリコには、「いつでも、どこでもグリコの商品と出会える環境をつくる」という考え方があった。従来のように、「商品をどう売るか」というモノ売り発想ではなく、顧客視点に立脚して、菓子を食べるタイミングやシーンを考える取り組みとして、１９９７年に「消費者との接点を多様化する」プロジェクトが開始された。

このプロジェクトで、小学生から60代までを対象にした調査を実施。そのなかで、「お菓子を食べるシーン」の１位は「家庭（約70％）」。そして、２位に「オフィス（約20％）」という結果が出た。同社は、オフィスに市場性があることを発見する。

〈当時の労働環境から導き出したオフィスグリコの事業コンセプト〉

１９９１年、日本経済がバブル崩壊によって長期不況に入り、企業は業績を向上させるために成果主義を導入、人員も削減していった。その結果、少ない社員で仕事を進め、要求される成果を出すため、働く人たちは肉体的にも心理的にも負担が増大していた。

同社では、こうした労働環境の変化を踏まえ、「仕事中や残業時に空腹を感じたときに菓子で小腹を満たし、もうひと踏ん張りするためのツールとして菓子がその役割を担う」と考えた。そこで同社は、オフィスで菓子を食すことを「リフレッシュメント」と位置づけ、同事業の

江崎グリコのオフィスグリコ

コンセプトにした。

〈オフィスにおける最適な販売方法を生み出す〉

仕事をしている最中に、菓子を買いに行くことは少ないという実態を踏まえ、同社では当初大きな箱に菓子を詰めて、営業担当者（当時、業務責任者は相川昌也氏）が大阪駅前第1ビルに入居している法人100社に飛び込み営業を行った。そのうちの60社から許可を得て、訪問販売を実践した。

だが、企業に訪問販売を行う際は、昼休みと就業後しか許可されなかった。「菓子は休憩時間に食べる」という旧来概念に直面し、「菓子の訪問販売は仕事の邪魔になる」という考え方が支配的だったため、この方式はすぐに断念した。

訪問販売は、販売する時間に関して企業側から制約が入るため、働く人たちが本当に必要とする時間帯に販売することができない。また、訪問販売では飛び込み営業が必要になるが、営業しようにも、オフィスビルの警備員に制止される事態も頻発するなどの弊害もあった。そこで、人的な訪問販売ではなく、自動販売機も検討された。

同社では、過去に菓子の自動販売機「ジョイモア」に取り組んだ経験があった。ジョイモアは、高速道路のサービスエリアやスイミングスクールなど、人が入れ替わり立ち替わり訪れる場所では好調だった。しかし、社員数が4000～5000人規模の大企業に設置した際には、すぐに売れなくなる経験則があった。

飲料のようにリピート購入されるアイテムと違い、そのときの気分で菓子を選び、毎回同じものを食べてはくれないことを同社は熟知していた。設備投資と電源を必要とすることもあって、自動販売機による販売方法は見送られた。

グリコは、訪問販売や自動販売機でない独自の方法として、「リフレッシュボックス」と呼ばれる、箱に菓子を入れる「置き菓子（この呼称は同社の登録商標）」方式を生み出した。ここで課題となるのは、代金の回収方法だった。

業務責任者の相川氏が着目したのは、農村にある無人の野菜販売所だった。無人の野菜販売所の仕組みは、農家が育てた野菜を無人の販売所に置き、野菜を必要とする人は代金回収箱にお金を入れる。

調査してみると、無人の野菜販売所の代金回収率が9割であることを把握し、この方式の採用を検討する。

訪問販売で開拓した60社に対して、リフレッシュボックスの設置を依頼すると、40社が採用した。翌週、代金回収すると回収率は１００％となった。この結果に基づき、「人の倫理観と善意を前提とした販売代金回収方法」を本採用した。

〈出入り禁止の訪問販売に替わる、オフィスへの設置のための独自の工夫〉

オフィスに設置させてもらうリフレッシュボックスの色は、同社コーポレートカラーの赤ではなく、ブルーにした。デザインは、オフィスにある文具入れのように目立たないものにされた。業務中に菓子を食べるマイナスイメージを、可能なかぎり想起させないためだ。

テスト販売中に直面した問題として、訪問販売がオフィスの規約で禁止されていることが多く、警備員が入ることを認めないことが障害となった。

そこで彼らは、「訪問販売」は禁止されるが、「納品業務」なら出入りは可能な点に着目する。企業には「置き菓子」の許諾を得ているので、納品業務として認識してもらえるように、オフィスグリコ専用のワゴンを製作し、企業訪問時に使用することにする。

〈オフィスグリコの顧客層〉

グリコでは、オフィスグリコの主要顧客層として女性を想定していたが、女性以上に利用したのが男性だった。菓子を食べる時間帯や目的に違いがあるが、年齢を問わず男性に支持され、比率は男性7対女性3となった。これだけ男性利用が多いとは、同社も予想していなかったようだ。

〈テスト販売の取り組みから本格的な事業化が始まる〉

テスト販売に際して、担当者は「当初リフレッシュボックスを1000台設置できるようにオフィスを開拓」する目標を経営陣に掲げた。専任2名に、支店勤務で兼務のサポートスタッフ3名の合計5名で着手。半年ほどで1000台を設置し、売上目標も達成した。

その後も、独自の販売方法を確立すべくテストを続け、1999年には販売センターを立ち上げて現場へのオペレーションを開始。その後、大阪から近畿地方に販路を拡げる。2002年には首都圏へ進出し、オフィスグリコは同社事業として本格的に稼働を開始した。

〈最適な品揃えと代金回収を促進する仕掛け〉

リフレッシュボックスは、１台で20名前後の利用者を想定したつくりになっている。社員が多い場合にも、リフレッシュボックスは大きくせずに、台数を増やす。設置場所は、同じ場所に置くのではなく、点在させる方法をとる。

こうすると、設置された部門やチームごとにリフレッシュボックスへの愛着がわく。利用者が限定される分、代金回収率が良くなることも判明した。ちなみに、食堂に代表される利用者が不特定多数の場合には、回収率が悪くなることを同社は把握している。

リフレッシュボックスの品揃えは、３つの棚に各8個ずつ合計で24個の菓子が入る。この中身は毎週入れ替わる。最上段の棚は、「朝グミ生活」のようなリフレッシュ用、中段は、「毎日果実」のような口寂しいときにつまむアイテム。下段は、「ビスコ」に代表される小腹が空いたとき用という品揃えだ。

商品の価格はすべて１００円に統一されており、利用者が代金箱に入れる仕組みだ。この代金箱も単に市販の貯金箱を流用せず、オリジナルにこだわっている。

業務責任者の相川氏は、地元の銀行が昔、口座開設した預金者にノベルティとして提供していたカエルの貯金箱を探していた。そして、そのカエルの金型が、東大阪のプラスチック工場にあることを突き止める。その金型を使って、リフレッシュボックスの上にカエルの代金箱を取り付けたのだ。

このカエルの代金箱により、お金を入れる楽しさを演出している。さらに、オフィスグリコの利用者の女性がこのカエルに、皆をリフレッシュしてくれるところから「ヨミガエル」と命名。この名が正式に採用される。

24個の菓子代金の回収と商品の補充は、同社サービススタッフ（1日に4時間勤務の主婦パートタイマーが中心）によって、週に1度をめどに行われる。売れた商品を単純に補充するのではなく、3週間ですべての商品が入れ替わるように工夫している。

いつも同じ商品では飽きられてしまうため、絶えず入れ替えを行っている。また、顧客からの声に応えて、他社製品（都こんぶやスニッカーズなど）も品揃えに入れている。

利用者にいつも新鮮なリフレッシュメントを提供するために、甘い・辛いといった味のバリエーションに加え、食感の異なるものを入れるなど、同社では商品ローテーションを重視している。

また、商品によって賞味期限が異なるため、廃棄ロスを減らすことと、利用者が鮮度と楽しさを保てることを実現するため、グリコは商品ごとの売れ行きを調査して販売データを分析し、「法則性」を導き出した。

この法則性の発見によって、2002年にビジネスモデル特許を出願し、2007年に「商品の管理配置やシステム構成など一連の管理手法」をビジネスモデル特許として取得している。

現在は、継続的なオペレーションの改善とともに、年間52週分の商品ローテーションプランを持っている。前述したように、3回の訪問ですべての商品を入れ替え、携帯端末を使った管理システムによって運用している。

〈拡張するオフィスグリコの品揃え〉

オフィスグリコには、常温のリフレッシュボックスに加えて、50名以上のオフィス用には、約5種類50個程度が入るアイス用のコンパクトな冷凍庫アイスリフレッシュボックス、20名以上のオフィスには、アイスクリームが約5種類25個、飲料が約18種類60本程度入るアイス・飲料を組み合わせたリフレッシュボックスという3タイプが用意されている。

〈食を通じた災害対策商品へ事業ポジションを高度化〉

２０１１年３月11日に起きた東日本大震災をきっかけに、東京都は２０１３年４月から東京都帰宅困難者対策条例を施行。企業は、３日分の飲料水と食料の備蓄が努力義務となった。これより以前から、同社ではオフィスグリコを、災害時の常備食として提案する計画を進めていた。

現在、オフィスグリコを導入する企業に対して、災害時や人道的支援が必要な際には、金銭の投入にかかわらず利用できることを訴え、大企業への導入も始まっている。「1台で2度おいしいオフィスグリコ」のポジショニングに高度化できたわけだ。

〈オフィスグリコが創造した市場と今後の展望〉

オフィスグリコは現在、首都圏・関西圏・中京圏・福岡圏に営業センターを置き、8万社以上に利用されている。年商は43億円、リフレッシュボックス数は11万７００0台（いずれも２０１２年データ）に及ぶ。

国内には、法人として１５１万５８３５社（総務省「事業所・企業統計調査」２００６年）が存在しており、その市場規模はまだ拡大する余地がある。

オフィスグリコに学ぶ、水平移動を用いた水平発想

オフィスグリコのラテラル・マーケティングの成功には、次の①〜③という3つのポイントがある。

①ラテラル・マーケティングの「水平発想」的取り組み

グリコは、従来のモノ売り発想のマーケティングではなく、生活者が菓子を食べるタイミングやシーンを探り、「消費者との接点を多様化する」プロジェクトを立ち上げて、新たなマーケティングを開始するきっかけをつかんだ。調査から、「オフィスには菓子需要がある」ことが浮かび上がり、そこで従来発想にない事業プランが策定された。

当時の同社は、「オフィス」という新たな市場で、販売先やチャネル、物流網などの資源やノウハウをなんら持っていなかった。したがって、バーティカル・マーケティングと、既存販路を中心とした既存資源を使うことができなかった。そこで、ラテラル・マーケティング的な視点を活用したのだ。

既存資源を持たない新規事業や新たな取り組みの際には、着眼力と企画力による事業フレームの構築と、テスト・マーケティングを通じた実現性の検証が必須になる。

「オフィスにおける菓子販売という事業」にフォーカスを当てて、水平発想してみると、

2-2図 江崎グリコ「オフィスグリコ」の発想法

ステップ—1「フォーカス」

新市場創造

「オフィスにおける菓子販売」という事業

ステップ—2「水平移動」（仮説）

代用	オフィスで売場の代わりになるもの オフィスにリフレッシュメントを提供する場
結合	農家の無人野菜販売所の発想 代金回収の仕組みとして銀行が提供する貯金箱のイメージ活用
逆転	既存の代金回収方法の盲点 特定の人が利用することを前提とした代金回収の検討
除去	職場に菓子を置くデメリットの除去 デメリットをメリットに変える事業コンセプト オフィスで菓子の置き場所を目立たなくする方法
強調	仕事の効率を高める存在としての菓子 災害時の非常食機能としての菓子
並べ替え	絶えず鮮度をアピールできる品揃え

ステップ—3「連結」（アクションプラン）

利用者はオフィスに設置された
リフレッシュボックスにある24個の菓子から選んで、
商品代金100円を設置された代金箱「ヨミガエル」に投入。
サービス・スタッフが週に1度をめどに、
菓子代金の回収と商品の補充を実施。

・**代用発想**からは、たとえば「オフィスに売場の代わりになるものはないか」「個別商品を売るのではなく、オフィスにリフレッシュメントを提供する場をつくれないか」

・**結合発想**からは、たとえば「農家の無人野菜販売所の発想を生かせないか」「代金を回収しやすい仕組みとして、銀行が提供する貯金箱のイメージを活用できないか」

・**逆転発想**からは、たとえば「既存の代金回収の方法に盲点はないか」「特定の人が利用することを前提に代金回収を考える必要はないか（信用できる人だけが利用する）」

・**除去発想**からは、たとえば「職場にお菓子を置くデメリットをなくせないか」「デメリットをメリットに変える事業コンセプトはないか」「オフィスで菓子の置き場所を目立たないようにする必要があるのではないか」

・**強調発想**からは、たとえば「仕事の効率を高める存在として菓子をアピールできないか」「災害時の非常食として菓子を訴求できないか」

・**並べ替え発想**からは、たとえば「単に売れた菓子を補充するのではなく、絶えず鮮度をアピールできる品揃えに変えられないか」

など、担当者たちが過去に経験した多様な要素・経験値を組み合わせて、事業の仕組みを構築していったことがわかる。柔軟な発想と企画立案力、そして事業構築力があったから、この事業は成功したといえるだろう。

ラテラル・マーケティングを成功させるには、多様な経験を積んだうえで、柔軟な発想による企画立案力が不可欠だ。

②机上論で終わらず、事業責任者自らが市場に出て実態を把握して事業を推進

事業計画を机上論で済ませず、責任者自らが新規事業の立ち上げに行動を起こし、市場の実態とオフィスグリコの運営ノウハウを開発していった点に注目すべきだ。優れたマーケティング・プランを成功させるには、業務を推進できる力量を備えた人材の存在、そして現場でトライ＆エラーを繰り返しつつ、積極的に事業を展開する推進力が欠かせないことがわかる。

③新たなビジネスモデル特許を取得し、同社の知的資産化に成功

オフィスグリコは単に新規事業として成功しただけでなく、「商品の管理配置やシステム構成など一連の管理手法」をビジネスモデル特許として取得し、同社の知的資産化を図った。

同社の仕組みを模倣して他社が数多く参入しているが、ビジネスモデル特許を取得するという発想に立てたのは同社だけだろう。

HOLISTIC MARKETING

CHAPTER 2

徹底したSTPの実践と、ホリスティック・マーケティングを加味したSTP
（マーケティングの適用範囲の拡大）

普遍的な考え方を高度化させて、自社のマーケティング力を強化

マーケティングの概念が登場して以来、時代は進化し、ビジネス環境は大きく変貌している。一方通行のコミュニケーションしか行えなかったマスメディアの時代から、個人も情報発信が可能で、ジャーナリストでなくてもモノが言え、社会に影響を与えることが可能なネット社会になった。

小売機能は、従来のリアルの店舗に加え、eコマースによるバーチャル・ショップが台頭した。そこでは、顧客の声（ユーザーズ・ボイス）が広告よりも信用され、力を持つようになってきた。

時の流れを乗り越え、長年にわたって力を発揮している企業を調べてみると、ある意味で古典的ともいえるマーケティング理論を高度化させ、時代を超越した概念と独自のノウハウに昇華させている企業が存在することに気づく。その考え方が「STP」（発展史↓P53）だ。

STPとは、セグメンテーション、ターゲティング、ポジショニングだ。①市場を細分化（セグメンテーション）し、②市場（重点顧客層の場合もある）を特定（ターゲティング）して、③特定した市場（重点顧客層の場合もある）に対して競争優位性を確立（ポジショニング）して伝達する、というステップを踏む。個別にその取り組みを見てみよう。

①市場を細分化（セグメンテーション）する

マーケティングの視点として「マス・マーケティング*」「セグメント・マーケティング」「ニッチ・マーケティング」「ミクロ・マーケティング」がある。現在では、マス・マーケティングが通用する市場はほとんど存在しなくなり、なんらかの方法で市場を絞り込んでマーケティングを展開することが不可欠になっている。

市場を細分化する視点としては、次のようなものがある。

・地理的細分化

国なら国内か海外か。地域なら関東か関西か、あるいはアジアか。都市の規模や人口密度、気候など。

・人口動態（デモグラフィック）的細分化

年齢、性別、世帯構成、ライフステージ（単身、既婚、子どもの有無など）、所得、職業、教育、宗教、人種、世代（団塊の世代など）、国籍など。

マス・マーケティング
1つの製品を、すべての人に向けて、大量に生産し、数多くの販路に流通させ、大量の広告や販売促進を行うこと。

・サイコグラフィック（心理的要因）的細分化

対象となる顧客層の価値観、社会的階層、ライフスタイルなど。

・行動による細分化

購買状況、購買動機、使用頻度、企業や製品に対する知識や態度など。

なお、生産財の場合の細分化視点としては、

・人口動態（デモグラフィック）的細分化

どの産業やどの業界にするか、企業規模、地域など。

・オペレーティングによる細分化

どの技術に絞るか、購買する量（多量に使うか少量か）、顧客の力量など。

・購買方法の細分化

購買する際の組織、取引先の部門間における力関係、購買の内容（買取りかリースか、製品だけかサービスも必要なのか）、注文の規模など。

・状況の細分化

緊急性の有無、用途など。

②市場（重点顧客層の場合もある）を特定（ターゲティング）する

市場と顧客の細分化により有望な対象が浮き彫りになったら、

・市場の規模と成長性

・市場が持つ構造的な魅力度

・市場と、自社の目標や経営資源との整合性

の観点から最適な市場を決める。次いで、自社の「経営資源」「製品の多様性」「製品ライフサイクル」「市場の多様性」「競合他社のマーケティング」という5つの要素を勘案し、マーケティング戦略の大筋を決める。

たとえば、化粧品や自動車のように市場を細分化し、それぞれの市場で最適な商品とマーケティングを展開する「差別型マーケティング」や、自社の力が最大限に発揮できるようにより狭い領域に絞り込み、その領域だけで展開する「集中型マーケティング」という戦略もある。

③特定した市場（重点顧客層の場合もある）に対して競争優位を確立（ポジショニング）して伝達する

参入する市場が決まり、マーケティング戦略の大筋が決まったら、自社製品と他社製品を比較して顧客の意識の中にどう位置づけるか（ポジショニング）を検討する。

ポジショニングを選択する際は、

・自社の競争優位を明確にする
・明確にした中で、最も力を発揮できる競争優位を選ぶ
・自社製品のポジショニングを決定する

というステップを踏む。

マーケティングのテキストでは「S」から「T」、「T」から「P」という手順になっているが、実務で「STP」を実践する際には、手順にこだわることなく取り組んでかまわない。戦略を精緻化するためには、行きつ戻りつしてよい。

B2B市場とB2C市場それぞれの特徴

市場には、企業間で取引を行う「B2B市場」と、企業と生活者で取引を行う「B2C市場」とがある。マーケティングは、ともすればB2C企業のものだと考える人がいるが、そうではない。

B2B市場はB2C市場と比較して、その規模はきわめて大きい。自動車業界を例に取ると、自動車はボディ用の鋼材、窓ガラス、トランスミッション、ブレーキ、エアバッグ、タイヤなど、数多くの装置や部品からできあがっている。自動車メーカーが、こうした装置や部品を自ら製造していることはなく、その多くはB2Bメーカーから調達する。B2B市場が大きくなるのは、複数の取引が、企業間で頻繁に行われるためだ。

B2B市場には、自動車市場のように巨大企業が強いカテゴリーだけではなく、中小も含めて多様な市場が存在する。自社の市場を特定して絞り込み、その市場で強みを発揮しているB2B企業が、国内にはかなりの数に上る。

B2C市場では、顧客基盤（顧客の数と規模、顧客リスト）をつくるまでに、相当な費用と時間がかかる（特に広告費と販促費が必要不可欠）。さらに、反復購入・継続購入してもらえる商品構成と製品特性を考え出す必要がある（一度だけ買ってもらい、その後継続して買ってもらえない状況が、メーカーには一番つらい）。

その一方、B2B市場は、相手にする業界やジャンルを特定して絞り込み、顧客を

ルートセールス
巡回する取引先が決まっている営業方法。

見つけて一度取引が始まると、その後継続購入につながることが多い。顧客基盤ができると、B2Bの営業は飛び込み営業が必要でなくなり、ルートセールス*になって、効率が上がることが多い（新規取引先を見つけるのはB2C企業と同様に容易ではない）。

自動車や家電、IT関連企業のような巨大市場以外にどのようなB2B市場があるか、その例を見てみよう。B2B市場の例としては、［2－4図］のように、業種の数だけB2B市場が存在していることがわかる。

B2B市場には、大企業が参入してこない独自の市場が存在する

大企業が参入してこない市場に着目して市場を創造し、その市場で独占的地位を獲得している企業が、B

2-4図 B2B市場の例

・中小企業向け会計、経理業務、会計税務ソフトなどの市場
・理容院や美容院で使用する業務用品市場
・病院や調剤薬局向け医薬品や医療材料市場
・学校向け教育用品や教育機材市場
・ホテル向けアメニティグッズ・業務用品・リネン類などの市場
・レストランなど飲食店向け飲料・食材・備品・設備・店舗運用や人事ソフトなどの市場
・福祉施設や介護施設で使用する飲料・食材・備品・設備・運用ソフトなどの市場
・自動車の修理工場などへの部品や用品の販売市場
・法人向け事務機器や事務用品市場
・工場向けの製造機器や部品の市場、メンテナンス用品やサービスの市場
・小売店向けディスプレー機器・店舗什器・事務用品などの市場
・土木測量関連企業向け測量機器や消耗品市場
・メーカー向け産業機械や省エネルギーシステム市場
・運送や物流企業向け業務用トラックなどの車両や用品市場、物流機器などの市場
・工務店向け住宅用建材や資材市場
・ベーカリーやケーキ店向け厨房機器や業務用品、販促用品などの市場
・企業や法人への人材紹介や人材派遣市場
・大型商業施設のメンテナンスや清掃業務市場
・寺社向け法衣などの専門衣料や授与品、販売品市場
・エステやネイルサロン向け衛生ケア用品やネイル関連用品市場
・接骨院、鍼灸院向け医療介護機器や用品市場
・商業施設やオフィスビル向け防犯セキュリティ機器や用品、耐震診断やリフォーム市場

2B市場には結構存在する。

代表例としては、テンポバスターズだ。飲食店業界は、新規参入が多い分だけ廃業も多い。そこで同社は、廃業した店舗の厨房機器や備品を買い取り、メンテナンスしたうえで、新規開業する人に中古の機器として安価に販売する仕組みを考え出した。

東京マツシマもそうだ。同社は、旅館やレジャーホテル（ラブホテル）などで使用されるアメニティグッズを中心に開発、販売している。

こうした企業でも、マーケティングのＳＴＰは機能している。

日本のモノづくりは近年、B2Bで本領を発揮している

マスメディアのニュースに触れると、世界の市場で日本企業の地位が低下しているように感じることがある。家電や造船に代表される完成品のジャンルでは、確かにそうした傾向もあり、アジアを始めとする新興国に、その地位を譲っている面がある。

しかし、基幹部品・素材・工作機械や各種装置に代表される生産財を中心にしたB2B市場を見ると、世界でトップシェアを誇る日本企業が数多く存在する。

B2Bの分野で力を発揮している日本企業から、部品や素材などを調達できなくなれば、中国や韓国などは完成品がつくれなくなる。日本の生産財メーカーが、世界経済を動かしているわけだ。

たとえば自動車は、1台のクルマが2万5000~3万点の部品で構成されている。先に起きた東日本大震災で、トヨタ自動車は、「産業のコメ」といわれる半導体や電

2-5図 日本を代表するB2B企業

完成品・装置

アドバンテスト(半導体試験装置)
アイシン精機(自動変速機)
京セラ(温度補償型水晶発振器、太陽光発電システム)
ジャムコ(航空機用ラバトリー〈化粧室〉)
豊田自動織機(産業用車両、自動織機、カーエアコン用コンプレッサー)
日本金銭機械(紙幣識別機ユニット)
日本電産(HDD用モーター)
マブチモーター(小型モーター)
ヤマハ発動機(船外機)
ヤンマー(建設機械用エンジン)

部品

旭化成(リチウムイオン電池セパレータ、再生セルロース繊維、水処理膜)
NOK(自動車用オイルシール、フレキ基板)
小糸製作所(自動車ランプ)
椿本チエイン(各種チェーン)
デンソー(自動車関連部品)
日亜化学工業(白色LED)
ニッパツ(日本発条)(自動車用懸架バネ)
村田製作所(積層セラミックコンデンサ、セラミックフィルタ、セラミック発信子)
ワシマイヤー(F1用アルミホイール)
YKK(ファスナー)

素材

味の素(アミノ酸)
大阪チタニウムテクノロジーズ(高品質金属チタン)
紀文フードケミファ(ヒアルロン酸)
協和発酵バイオ(アミノ酸)
信越化学工業(塩ビ、半導体ウエハー)
帝人(PEN〈ポリエチレンナフタレート〉フィルム)
東ソー(ジルコニア〈ファイン・セラミック〉)
東レ(PET〈二軸延伸ポリエステル〉フィルム、炭素繊維)
富士フイルム(WVフィルム、TACフィルム)
リョービ(ダイカスト)

子部品を始めとして、最大で500もの部品が調達できず、一時操業できない事態に陥った。北関東から東北にかけて、自動車関連部品を製造するメーカーが集中していたからだ。トヨタ自動車だけでなく、GMを始めとして海外の自動車メーカーも減産を余儀なくされ、大きな影響を与えたことは記憶に新しい。

ここで、日本企業として世界でトップシェアを握り、あるいは非常に高いシェアを持っているB2B企業の表が【2-5図】(→P299)だ。ここに掲載された企業のほかにも、世界で高い技術力とシェアを誇るB2B企業が数多く存在している。

B2CからB2Bにシフトする企業もある

かつてジャック・ウェルチがトップだった時代のGEは、収益が出ないコンシューマー事業は売却し、自社の強みを発揮できるB2B事業に経営資源を集中して成功した。日本で「選択と集中」が叫ばれたときに、必ず事例として登場した企業だ。

近年、GEと同様の動きを始めた企業が、パナソニックだ。これまでパナソニックは、B2C市場における家電製品群を中心に、生活者向け製品を開発、販売してきた。

しかし、大画面テレビを中心に同社が注力してきたプラズマディスプレーテレビが、テレビ市場全体の1割にまで落ち込む規模となる。プラズマディスプレーを製造する尼崎工場への大型投資もあって、同社の業績は悪化した。同時に、B2C市場は、新興国メーカーの出現と前述した市場構造により、利益率が大幅に下落してしまった。

そのため同社では、従来のB2C市場から、自動車・航空・医療を中心としたB2

B事業に経営資源を集中した。さらに、B2B2Cのクラウド・サービス事業*の展開に注力するという舵を切った。その結果、パナソニックは急速に業績が改善している。

日本のB2B企業が、さらに強みを発揮するためのマーケティング視点

前述した企業事例を見ればわかるように、市場で強みを発揮してトップシェアを握っている企業に共通するのは、自社の市場を定めて絞り込み、そこに他社が参入できないように商品力や技術力を磨き上げて、市場を独占している点だ。

『コトラー&ケラーのマーケティング・マネジメント』（丸善出版）には、「**市場を絞り込んで事業を展開するニッチ戦略に必要な専門化視点**」として、次の11点が指摘されている。

①エンドユーザーの専門化

特定の顧客に向けて、自社の商品を専門化する企業になることだ。たとえば、特定の自動車メーカー向けの金型や装置、部品に特化した企業になる専門化視点だ。

②垂直レベルの専門化

生産から流通の中で、自社の強みを発揮できる特定の領域を掘り下げて（垂直レベル）、専門化する視点だ。部品供給なら、部品供給の領域で強みを発揮できるように、自社の取り組みを掘り下げて集中させる視点だ。

③顧客サイズの専門化

企業規模（大企業から小企業まで）を特定し、その顧客に集中する視点だ。企業規

クラウド・サービス事業
インターネットのネットワークを通じて利用者にシステムやソフトウエアを提供する事業。

模が大きい場合は、取り扱い金額が大きくなることが多いので、小規模企業が取引先として大企業に的を絞る意味がある。その一方、小規模企業を相手にする場合には、1件当たりの取引金額が少ないため、取引先数を増やさないと、売上が増えない制約がある。この場合には、広告や販促、そしてeコマースの仕組みなどに投資できる企業体力が必要になる。

④特定顧客への専門化

特定の顧客に限定して自社製品を販売する視点で、たとえばデパートなら三越伊勢丹向けにしか自社商品を製造も販売もしないという考え方だ。

⑤地理的な専門化

特定の地域やエリア、あるいは海外の限定した国だけで販売する視点だ。

⑥製品や製品ラインの専門化

単一の製品（たとえば靴下やハンカチ）や製品ライン（たとえばスマートフォン用のマナーモード用モーターなど）だけを製造し、または販売するという視点だ。

⑦製品特徴の専門化

特定の製品に特化した企業（たとえばスポーツカーやレース専門の部品メーカー）になるといった視点だ。

⑧特注の専門化

特別注文専門の企業や小売になる視点だ。たとえば、自動車メーカー用の試作車専門の金型をつくるといった視点だ。

⑨品質や価格の専門化

高品質や高額の製品、あるいは最安値の商品だけに特化した企業や小売になる視点だ。

⑩サービスの専門化

他企業では提供していない独自のサービスを提供する視点だ。

⑪チャネルの専門化

特定の販路だけに限定し、ビジネスを展開する視点だ。美容院向け専用のヘアケア商品を販売するといった視点がある。

以上の11点は、市場を細分化して特定し、独自の市場を創出する際に参考になる有益な専門化視点だ。

日本のモノづくりはどこでつまずいたか

自社の強みを発揮している生産財メーカーは、マーケティングのＳＴＰを徹底している。これから、「この企業の存在がないと、グローバル企業は自社製品をつくれなくなる」というほどの力を発揮している典型的な企業を取り上げ、どこに強さの源泉があるかを分析してみる。

市場を特定して専門化し、成功している生産財メーカーの事例として、村田製作所を取り上げる。

日本の製造業は、完成品メーカー（自動車メーカーなど）を頂点として、その下に1

次請負企業である「ティア１*」があり、続いて「ティア２」「ティア３」という部品メーカーや協力メーカーがつながって、強固な関係を築き上げている。20世紀、日本はこのようにしてモノづくり大国の地位を確立した。

日本のモノづくりの強さは、国内ですべて製造できるメーカー同士のネットワーク網にあった。だが、経済とモノづくりのグローバル化により、この仕組みにほころびが生じてきた。

機能や技術に違いがない場合には、世界中に存在するメーカーから調達することが一般化してきたからだ。そのため、独自性や優位性に乏しいメーカーは値下げ圧力にさらされ、収益が出ない状況に追い込まれてしまう。

自動車業界ではシャーシや部品の共有化、さらにエレクトロニクス化が急速に進んだ。メーカーへの協力企業も、メガサプライヤー*と、専門性を発揮して他に代わりが利かない専門メーカーだけが生き残れる市場へと変貌している。

振り返れば、１９８８年時点で、日本の半導体メーカーは世界の半導体市場で50%以上のシェアを獲得し、ＤＲＡＭ（半導体メモリ）市場では世界シェアの80%を占めていた。

それが現在では、日本電気と日立製作所のＤＲＡＭ部門がつくったエルピーダメモリは、２０１２年に会社更生法を申請し更生会社となり、２０１３年には、米国のマイクロン・テクノロジー社*の子会社になってしまっている。

また、日立製作所と三菱電機の半導体部門が統合して生まれたルネサステクノロジ

ティア1
「Ｔｉｅｒ1」と書く。完成品メーカーに直接製品や部品を納入する1次サプライヤーを意味する。自動車業界や航空機業界などの完成品メーカーの下に関連企業が連なり、サプライチェーンが長い巨大産業で用いられる表現。

メガサプライヤー
製品の核となる技術力を備え、製品企画や開発時に主導権を握り、製品ラインも多い供給メーカー。

マイクロン・テクノロジー社
米国のアイダホ州にある半導体製造の多国籍企業。

は、発足後から黒字化しなかった。そして、NECエレクトロニクスとルネサステクノロジが統合し、ルネサスエレクトロニクスになった。しかし、東日本大震災で被災したことも災いして、合併後も赤字が続き、産業革新機構やトヨタ自動車など9社が増資したが、現在もリストラを進めている。

現在の半導体市場で力を発揮しているのは、インテルとサムスンという巨大ベンダーを除くと、製造工場を持たないファブレスメーカーだ。彼らは、製造だけに特化するファウンドリーと呼ばれるメーカーに製造委託する、という市場構造の変化がある。

半導体以外にも、日本は携帯電話、薄型テレビ、液晶パネルなどで世界競争に敗れてしまっている。

マーケティングのSTPを徹底する「村田製作所」

このような厳しい状況のなか、市場を特定して専門化し、成功している生産財メーカーの「村田製作所」の取り組みについて見ていこう。

〈村田製作所が手がけている独自の事業領域〉

メーカーには厳しい市場環境になっているなかで、電子部品メーカーの村田製作所は、さまざまな事業において競争優位に立っている。

製造販売している電子部品はいくつもある。たとえば、携帯電話やスマートフォンに必要な小型で高性能の高周波部品やセンサー。機能モジュール*。電子機器（コンピュー

機能モジュール
いくつかの部品機能を集め、まとまりのある機能を持った部品のこと。

タなど）の電子部品を小型化、高周波化、低消費電力化するとともに快適な操作性に寄与するセンサー。セラミックの耐熱特性を生かした、自動車用の電子部品やセンサー。好きな番組を記憶するテレビや、人のいるところを涼しくするエアコンに使われるセンサー。変換効率の高い電源モジュール*などだ。

同社の主要事業の1つであり、世界トップシェアを誇るのが、スマートフォン・メーカーに不可欠な「**積層セラミックコンデンサ**」だ。スマートフォンのような電子機器を制御するのは、ＣＰＵ（中央演算処理装置）である。村田製作所が製造するコンデンサは、ＣＰＵなどで必要な電気の流れを整える役割を担っている。

同社のコンデンサは、スマートフォン以外にハイブリッド車や電気自動車で使われている。また、同社の積層セラミックコンデンサは、国内で唯一のＪＡＸＡ（宇宙航空研究開発機構）認定部品だ。小惑星探査機「はやぶさ」、気象通信衛星「ひまわり」、国際宇宙ステーションの無人輸送機（ＨＴＶ）「こうのとり」にも採用されている。

〈事業コンセプトは「価格の安さ」ではなく、価値で競う企業〉

同社の創業地は、磁器づくりが盛んだった京都市東山区だ。当初は、電気の絶縁用である「磁器製碍子《がいし》」の製造と輸出を行っていた。１９４４年、創業者の村田昭氏は、セラミックコンデンサを開発する。この背景には、大量製造して安く販売する価格競争を行わず、独自性を発揮した製品を開発して、収益性を高めるという明確な意図が存在していた。

電源モジュール
電源回路が1つだけの構成単位として独立した電子部品のこと。

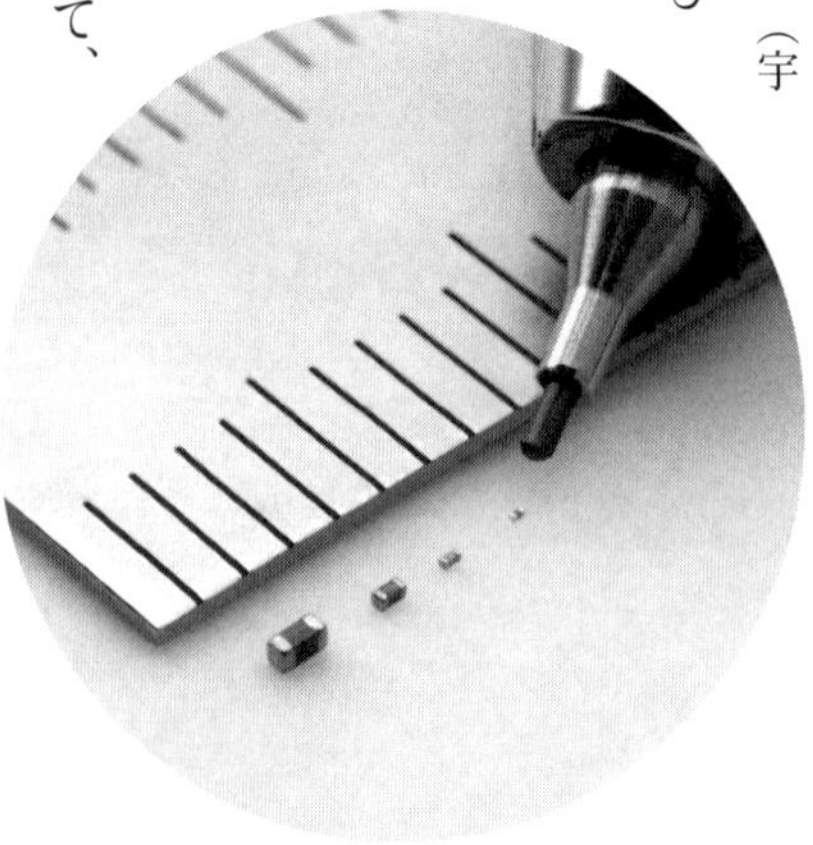

村田製作所の積層セラミックコンデンサ

現在、同社のセラミックコンデンサの製造技術は、材料の配合方法、セラミックの焼き方、膜の積み重ね方といった方法を数千通りもストックしており、競合他社が模倣しようとしても、この製造ノウハウと応用力にはかなわない。

スマートフォンに大量に使用されている同社の超小型コンデンサは、縦０・４ミリ、横０・２ミリしかない。また、同社の世界最小コンデンサは、縦０・２ミリ、横０・１ミリのサイズだ。アップルは、次期「ｉＰｈｏｎｅ」での採用を視野に入れている。

〈1品当たりでは低単価でも、製品に使用される数が多く、指名も多い〉

コンデンサの単価は１個30銭程度でしかない。だが、１つの製品について、メーカーが使用するコンデンサの数は非常に多い。ちなみに、自動車１台で約３０００個以上、薄型テレビ１台で約１０００個、スマートフォン１台では約３００～５０００個のコンデンサが使用されている。

同社は、世界シェアの35％を獲得して首位を誇り、韓国のサムスンの追撃を抑えている。同社では、年間に１兆個のコンデンサを製造販売し、営業利益率は25％にも達する。

〈自社製品の周辺分野に事業領域を拡張する「にじみ出し戦略」〉

村田製作所が今後重視している事業領域が、通信用モジュールだ。携帯電話の通信規格は、現在主流となっている３Ｇをより高速化させたＬＴＥ（３・９Ｇや４Ｇとも呼ぶ）になる。だが、ＬＴＥサービスは、各国ですでに開始されている。

しかし、使用されている周波数帯域は統一されておらず、複数の帯域が使用されている。スマートフォン・メーカーは、対応すべき通信方式が増えているうえに、旧来から使用している2Gや3Gに対応することも要求される。

そのため、スマートフォンには、エリアごとに異なる周波数帯に対応して受信できるようにする「スイッチ」、特定の周波数信号を取り出す「SAWフィルタ」、信号を増幅する「パワーアンプ」、そして雑音を減らす「コンデンサ」などが必要になる。

スマートフォンには、コンデンサはもとより、ノイズ除去フィルタ、通信モジュール、スイッチ、インダクター、SAWフィルタといった製品が搭載されている。これらの部品をすべて供給できるメーカーは、世界を見渡しても村田製作所だけだ。

同社は、ルネサスエレクトロニクスからパワーアンプ事業を2011年に買収している。この動きは、スマートフォン市場における同社の優位性を、さらに発揮するために行われた取り組みだ。こうした取り組みを、同社では「**にじみ出し戦略**」と呼んでいる。

村田製作所全体の売上高は6810億円（2013年度実績）で、税引き前純利益率は8・7％。そのうち、コンデンサの売上高は2287億円となっている。

〈同社の技術力を「見える化」したムラタセイサク君®〉

同社の技術力を端的に提示し、広告にも登場したのが、自転車に乗ったロボットの「**ムラタセイサク君®**」だ。このロボットは、1990年に開発された自立走行ロボットをベースにし、コンデンサ、インダクタ、超音波センサ、ジャイロセンサ、電源モジュール、ショックセンサ、アンテナ、フィルタなどを搭載し、村田製作所が持つ技術を結集して、２００５年に製作されて登場した。

自転車でありながら、停止したまま倒れない「不倒停止」機能、マジックスティックと呼ばれるコントローラーによる制御、走行中に障害物があると停止する「障害物検知」、25度の坂を上れる「坂道走行」、蛇行した道も走行できる「Ｓ字走行」といった画期的な機能を備えている。

実際に走行する姿を生活者に見せたことで、同社の存在と技術力が、取引先から一般生活者に至るまで一躍知られることになった。

同社は２０００年以降、テレビ・新聞というマスメディアを使い、一般生活者への知名度と認知度を高める広告を投入している。

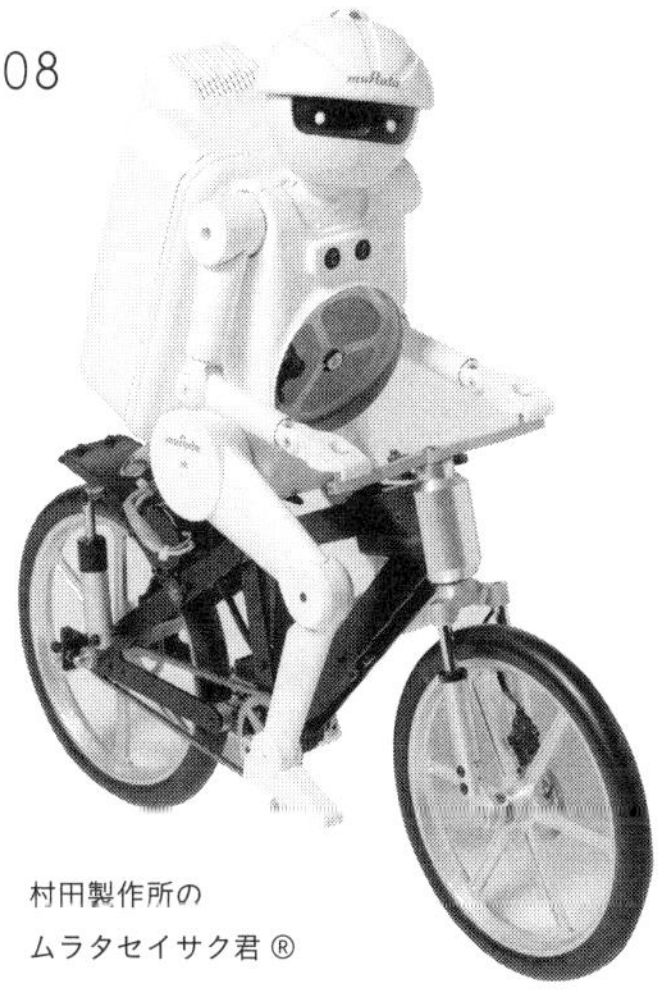

村田製作所のムラタセイサク君®

〈10万社に及ぶ取引先の存在が、リスクへの備えになる〉

スマートフォンやパソコン、タブレット端末に代表されるＩＴ業界や、日進月歩で技術が標準化し、陳腐化するスピードが速い家電業界において、生産財メーカーが特定のメーカーに依存してビジネスを行うことは、非常にリスクがある。

たとえば、アップル社の「ｉＰｈｏｎｅ５」の売れ行きが伸び悩んで減産することになったとき、日本の電子部品メーカーには戦慄《せんりつ》が走った。予想していた販売量が達成できず、売上が確保できなくなるからだ。

特定の企業の製品によって市場が急速に拡大しているときは、部品を納入する企業の売上と利益も伸びる。だが、相手先企業の製品が売れなくなれば、納入している生産財メーカーの業績もそれに連動し、時に共倒れになるケースもある。1社とだけビジネスを行い、1社だけに依存した収益構造には大きなリスクが存在する。

村田製作所の場合、取引している企業は10万社を超え、特定の企業に極度に依存するリスクはない。逆にいえば、同社は10万社というネットワークを持っていることで、今後成長する市場や企業をいち早く察知することができ、成長市場に注力することができるわけだ。

村田製作所に学ぶマーケティングの5ポイント

村田製作所の事例から、次の5つのポイントを押さえておきたい。

①自社の強みを徹底的に発揮できる市場に集中しながら取引先は拡大するという「セグメンテーション」と「ターゲティング」

同社は、STPのセオリー通りに自社の強みを発揮できる市場を特定し、その市場の中で自社の優位性を徹底的に発揮できる取り組みを実践している。

スマートフォンに代表される電子機器市場や、エレクトロニクス化する自動車市場という成長分野に必要な製品を開発し、その技術力に磨きをかけて、欠くことのできない企業としての地位を獲得している。

同社は取引先を偏らせず、その数は10万社に及ぶ。事業領域を絞り込んでいる一方で、幅広い取引先を持ち、特定の企業や業種に偏重するリスクを回避している。STPを実践する際に、単に何でも絞り込めばよいと考えてはいけないことがわかる。

②特化した市場で、取引先が必要とする製品と、それに関連した製品を同時に提供できる「ポジショニング」

コンデンサを始め、同社が注力している市場の製品群に関連して必要とされる部品類*の開発に取り組み、これらの部品をすべて供給できるメーカーとしての地位を確立している。

カテゴリーを絞り込みながら、そのカテゴリー内では「ワンストップ・ショッピング機能」を提供して、同社の競争優位性を発揮している。ここでも、単なる絞り込みに終わっていない。

③他社が模倣できないように、自社のノウハウを磨き競合参入を阻止する「自社市場のブルーオーシャン化」

最小化や極小化という取り組みと併せて、搭載される納入先製品の特性別に、製造方法を変えた製品を納入している。これが、同社のノウハウになっている。こうした対応により、競合他社が模倣できず、自社の事業領域を「ブルーオーシャン化」させることに成功している。

部品類
ノイズ除去フィルタ、通信モジュール、スイッチ、インダクタ、SAWフィルタなど。

2-6図 村田製作所のSTP

Segmentation
市場細分化

生産財の市場細分化

オペレーティングによる細分化

積層セラミックコンデンサ

↓

Targeting
市場特定

・自動車1台でおよそ3000個以上、薄型テレビ1台で約1000個、スマートフォン1台では約300～500個のコンデンサを使用
・スマートフォンに代表される電子機器市場やエレクトロニクス化する自動車市場という成長分野
・世界シェアの35%を獲得して首位

↓

Positioning
競争優位性確立

・材料の配合方法、セラミックの焼き方、膜の積み重ね方といった方法を数千通りもストックするセラミックコンデンサの製造技術
・縦0.4ミリ、横0.2ミリしかない同社の超小型コンデンサ。また同社の世界最小コンデンサは縦0.2ミリ、横0.1ミリのサイズ
・コンデンサはもとより、ノイズ除去フィルタ、通信モジュール、スイッチ、インダクタ、SAWフィルタといった部品をすべて供給できるメーカーは自社だけ
・納入先の仕様に合わせたカスタマイズ化

専門化視点（→ Targeting）

・垂直レベルの専門化
・顧客サイズの専門化
・製品や製品ラインの専門化
・特注の専門化

④多くの取引先を開拓し、取引先を通じて得られた市場動向や成長企業を把握していく「情報ネットワーク力」

同社の製品を必要とする企業と広範囲にわたって取引することで、幅広いビジネス・ネットワークが生まれる。このネットワークを通じて、今後成長する可能性の高い分野・成長企業を見出せるように、営業活動を通じて情報収集活動も行っている。

「iPhone5」の売れ行きが伸び悩み、アップルと取引のある国内の電子部品メーカーは減産することになったが、村田製作所の生産量は、前年を上回っている。同社独自の情報網になった「取引先とのビジネス・ネットワーク」によって、サムスン電子を始めとする別メーカーが開拓されていたからだ。

⑤安易な価格競争に走らずに済む「量産効果」と「カスタマイズ化」

村田製作所の取り組みは、技術力を磨いて、自社製品の価値を認めてもらうことだけではない。商品単価は低いが、その部品を大量に使用しなければならない市場や製品の受注に特化している。通常、同一仕様による大量生産なら、低価格になりやすい。だが、村田製作所は大量生産でありながら、納入先の仕様に合わせたカスタマイズ化を行っているため、安売りせずに済み「付加価値販売」を実現している。

B2C市場も、どの市場を狙うかでマーケティングの中身が変わる

ここからは、新市場を創造するB2C企業が、STPとホリスティック・マーケティング（→P81）をいかに実践するかについて述べていく。まず、B2C市場でビジネスを展開する際にも、どの市場を狙うかによって、取るべきマーケティングは大きく変わる［2−7図］。

万人向け市場は市場規模が大きいが、誰もが購入しやすいように、製品やサービスを安く販売することが必要になり、価格競争に陥りやすい。また、市場がコモディティ化しやすく、価格の安さで顧客が競合他社に移ってしまうことも多い。

絞り込んだ市場では、市場規模が限定されるため、製品やサービスの付加価値を向上させて販売価格を高くし、利益率を上げる必要がある。顧客の数も限られているので、製品やサービスの料金を高くしないと利益が出ない。しかし、あまりに高額な市場にすると、景気の影響を受けやすくなる。

日本人の財布からマーケットボリュームを知る

2012年に実施された厚生労働省の国民生活基礎調査を基に、日本人の財布の状況を分析してみると、［2−8図］（→P316）のようになる。

日本の世帯平均所得金額は549万6000円、中央値では438万円、総世帯数は5195万504世帯（そのうち単独世帯は1678万5000世帯）となっている。こ

れらの数字を基に算出してみると、

①高所得者

1000万円を超える年収がある層で、上位11・3％が該当し、世帯数は約587万世帯。

②平均所得以上の収入がある層

年収500万円以上1000万円未満の層は31・1％で、世帯数は約1616万世帯。

③平均収入に届かない層

年収で200万円以上500万円未満の層は37・4％で、世帯数は約1943万世帯。

④低所得者

年収が200万円未満の層は19・9％で、世帯数は約1034万世帯。

この構造の中で万人向けの市場を狙うなら、数が多い③の層を中心にビジネスを行うことになる。この場合、多くの人が手を出しやすい、安価な商品やサービスを提供することになる。しかし、世界中の巨大企業がこの市場に参入しているため、ここで勝負するには、世界規模の価格競争に打ち勝つ企業体力が必要だ。

2-7図　万人向け市場でのマーケティングと対象を絞り込んだ市場でのマーケティングの違い

	万人を対象にする市場で製品やサービスを販売する場合	対象を絞り込んだ市場で製品やサービスを販売する場合
価格	誰でも手が届く価格＝安価	対象とする顧客が価値だと認める価格＝中〜高価格
商品	万人受けする製品、サービス 大量生産、大量販売	特定の人たちを魅了する製品、サービス 限定生産、限定販売
チャネル	限りなく多くの販路、万人向けのサイトと使い勝手	限定された販路、特定の人たち向けのサイトと使い勝手
広告・販促・PR	万人の間で知名度と認知度を高め、需要を喚起する	特定の人たちの間での知名度と認知度を高め、需要を促進する

その一方で、②の層を中心に顧客層を絞り込んでビジネスを行う企業は、価格の安さではなく、「魅力のある価値」を創造して顧客基盤をつくり出す必要が出てくる。日本ではこれまで、万人向けのビジネスが多く、対象を絞り込んだ市場で優位性を発揮しようと考える企業は限られていた。

市場を絞り込んだB2C市場の例

では実際に、市場を絞り込んでいる市場の例を見てみよう。マーケティングのテキストではよく、「万人向けシャンプー」が、「毛髪のタイプ別」「痛んだ髪用」へと市場を絞り込んでいったプロセスが紹介されている。これを思い起こしてほしい。

たとえば各市場の絞り込みを突き詰めていくと、次のような「ニッチ市場」になっていく。

・薄毛予防のヘアケア（シャンプーなど）
・男性用かつら
・ダイエット食品
・カロリー制限食（糖尿病食）
・きのこ類だけの生産販売
・背が低い人や高い人、太った人向けの衣料

2-8図　所得金額別の世帯構成比

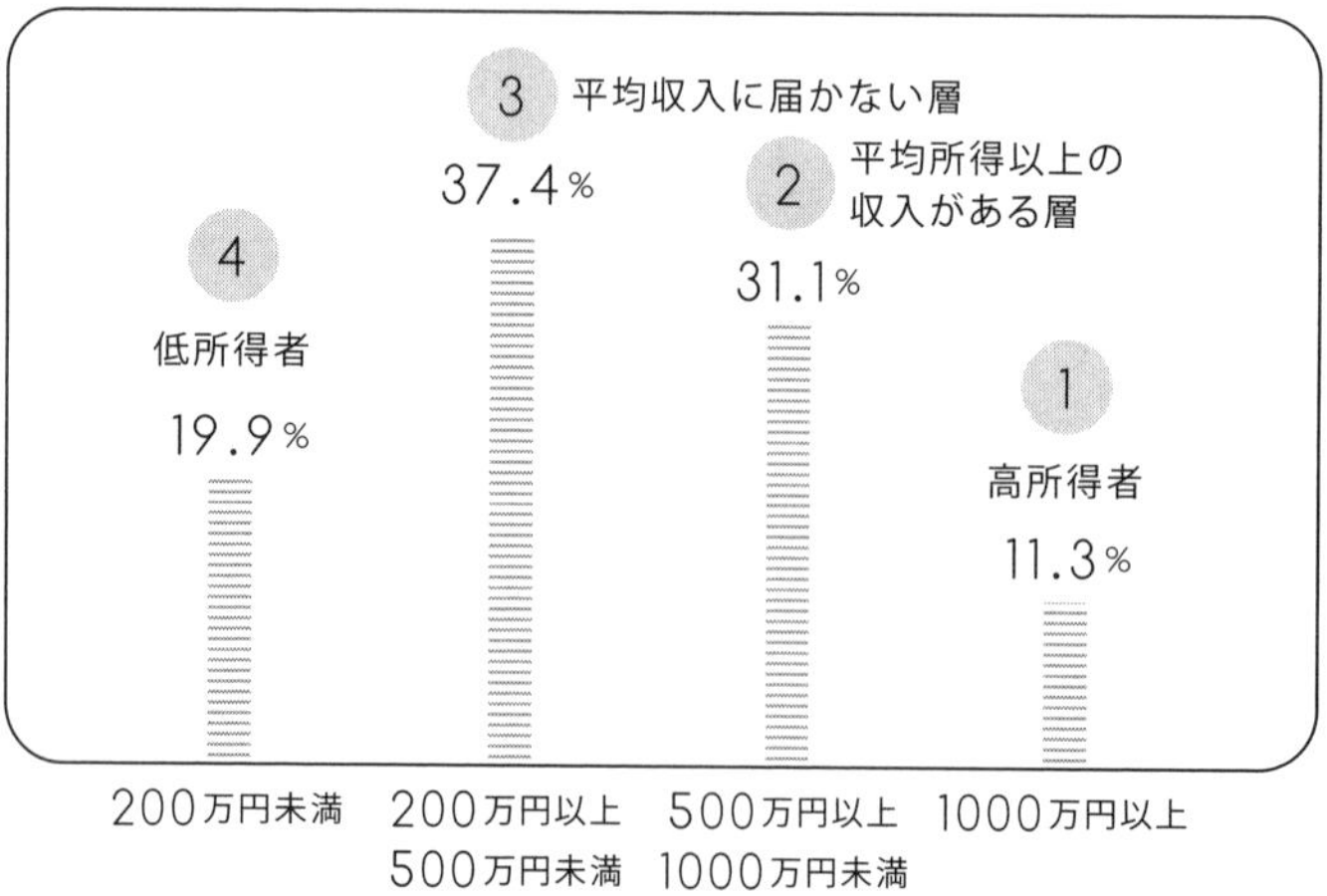

出所：厚生労働省「平成24年国民生活基礎調査の概況」よりブレインゲイト作成

・飛行機や船舶、鉄道などに絞り込んだ雑誌やサイト
・消防車や救急車、キャンピングカーなどの特殊車両
・高額な宝飾品や時計
・登山などのアウトドア用品
・自動車やオートバイのプロレーサー用ヘルメットやレーシングスーツ
・書籍やベビー用品など特定の分野だけを専門に扱うサイト
・特定疾患の専門病院
・メニューのレシピ専門サイトや書籍・雑誌
・動画専門サイト
・ラブホテル、ビジネスホテル、リゾートホテル

日常の暮らしの中で、数多くのニッチな市場が見つかることがわかるだろう。マーケティング視点は、対象にする市場によって変わるのだ。

ビジネスパートナーと顧客、そして自社に喜びがもたらされること

ビジネスを加速させ、いち早く成功する条件は、自社の利益や都合にだけ目を向けず、共にビジネスを行うパートナーに利益をもたらし、さらには顧客にもメリットと喜びを提供することだ。顧客基盤を早くつくらないと収益が上がらないＢ２Ｃ企業にとって、市場の絞り込みに加えてこれは特に必要な概念だ。

かつて自動車メーカーが国内市場を育てる際も、この発想を採用した。メーカーは

製造を行い、販売はディーラーに任せる方法だ。メーカーは、各都道府県別に地元で力を持つ企業に対して、テリトリー内で独占的に販売するメリットを提示し、ディーラーになることを打診した。地元企業に大きなメリットを提供して、ディーラーになってもらうほうが、販売店をゼロから立ち上げるよりも投資が少なくて済み、短期間に販売網を構築できるからだ。

日本には、売り手の都合だけで商いをするのではなく、買い手にも喜ばれ、そして商いを通じて社会に貢献することを説いた近江商人の「**三方よし（売り手よし、買い手よし、世間よし）**」という行動哲学がある。コトラーが提唱した「ホリスティック・マーケティング」（発展史→P81）は、この「三方よし」の概念と共通している面がある。

ホリスティック・マーケティングは、単に「つくって売る」というオールド・エコノミーの発想ではなく、「何を提供するか」から始まり、「顧客の欲求を感じ取り、それに応える」ために必要なマーケティング概念だ。発展史で紹介したホリスティック・マーケティングのポイントをネット社会の視点から見ると、

・発想起点は、「顧客の要望」から始まり、
・マーケティングするうえでフォーカスを当てるのは、「顧客価値」「コア・コンピテンシー*」「協働ネットワーク」で、
・マーケティングするうえで活用するのは、「データベース・マネジメントとバリューチェーンの統合」であり、

コア・コンピテンシー
競合他社を圧倒する能力、他社が真似することができない核となる力。

・マーケティングする目的は、「顧客シェア、顧客ロイヤリティ、顧客生涯価値を高め、利益と成長の両者を追求する」ことだとした。

STPを加味したホリスティック・マーケティングをネットで展開する「一休.com」

徹底したSTPに加え、ホリスティック・マーケティングの概念を加味し、新たな市場をネット上につくり上げたB2C企業が「一休.com」を運営する一休だ。

〈ホテル業界の状況と傾向〉

シティホテルに代表されるホテル業界は、平日と週末では利用する顧客層が異なる。平日は海外も含めたビジネスマンが中心であり、週末は婚礼客や個人顧客が中心だ。日本のシティホテルは宿泊に加えて、コンベンション（企業の宴会や学会などの催し物）、冠婚葬祭（結婚式やお別れの会など）、料飲（レストランやバー）という4つの事業から収益を上げている。

平日の主要顧客はビジネスマンだ。高頻度で世界中に出張があるグローバル企業は、世界に拠点を持つ外資系ホテルと契約を取り交わしており、割引料金*で格安に利用できる。日本の大手企業も、高頻度で国内のホテルを利用している場合、優待割引を受けている。一方、中堅中小企業には基本的に、こうした割引はない（年間に何十日も宿泊する顧客には、優待するホテルもある）。

ただ、ビジネスユースは景気の波に大きく左右される。たとえば、リーマン・ショッ

割引料金
この割引料金を「コーポレート・レート」、通常料金を「ラック・レート」と呼ぶ。

ク（2008年）の際、外資系を始めとする高級ホテルの客室稼働率は激減している。景気が後退すれば、出張などが減るのは当然だ。

景気の良し悪しは、ホテルの料飲部門にも影響を与える。料飲部門を自社で持つホテル（料飲を他社に委託するホテルもある）は、食材の調達が不可欠だ。そして、コンベンションや婚礼という需要があると、料飲で調達した食材を転用できる（レストランで使わない食材が出ると本来なら廃棄する）ので、廃棄ロスを減らして利益率を高めることができる。

しかし、企業が主催する大型の宴会などは、景気の影響を直接受けて増減するため、事業採算性はこの点からも悪くなる。

また、ホテルが避けて通れない問題が「キャンセル」だ。突発的な理由でキャンセルが出ることが避けられない業種のため、経営が不安定になる要素を抱えている。

〈一休のビジネス概要〉

一休は1998年に創業し、高級ホテルや高級旅館に特化した宿泊予約サイトの「一休．ｃｏｍ」、ワンランク上の高級ホテルや高級旅館の宿泊予約サイト「一休．ｃｏｍ＋（プラス）」、高級レストランの予約サイト「一休．ｃｏｍレストラン」、質の高いビジネスホテルを予約できる「一休．ｃｏｍビジネス」、クーポンの共同購入サイト「一

一休.comのサイト

休マーケット」、ギフト券販売を行う「贈る一休」、さらに全日空と提携した「ＡＮＡ一休パック」といった事業を展開するインターネット企業だ。

東証１部に上場した２００７年当時の社員数は30名、売上高は約21億円の規模だったが、２０１３年３月末時点で、社員数は１３０名、売上高は48億４７００万円、営業利益は16億２６００万円、経常利益は17億７００万円、当期利益10億１４００万円（２０１３年３月期）となっている。

会員数は約３００万人（２０１２年末）を擁し、四半期ごとに10万人ほどのペースで会員が増えており（２０１３年現在）、契約している高級ホテルと高級旅館は２１００軒を超える。

〈一休が誕生した経緯〉

最初に、同社はホテルのオークション・サイト事業を開始する。だが、ヤフーが同事業に参入したため、大手と競合することは得策ではないと判断。高級ホテルに限定した予約サイトに需要性があるとして、「一休．ｃｏｍ」事業を開始した。

品質の高い商品とサービスを取り扱うと、「クレームが出ない」「利用金額が高い」「利益率が高い」というメリットがあるため、同社はこの市場を選んだ。

前述したように、ホテルや旅館などのサービス業は、平日と週末では利用する顧客層が異なり、またキャンセルが出ることが避けられない業種だ。経営を不安定にするこの要素を改善するうえで、契約する企業側にも「一休．ｃｏｍ」の潜在需要があった。

〈「一休．ｃｏｍ」の課金と運用システム〉

「一休．ｃｏｍ」は、当初から同社ネット上での広告収入は考えず、販売した商品（たとえばホテルの客室料金）に対する販売手数料（10％）で運営を行っている。「一休．ｃｏｍ」を通じて予約した顧客がホテルなどの施設を利用すると、そこで現金かクレジットカードで支払う。「一休．ｃｏｍ」は、サイト予約者が施設を利用したことを翌月に照合し、後払いで手数料を受け取る方法を取る。ホテル側にリスクがないように考えられたシステムだ。

「一休．ｃｏｍ」が徴収する販売手数料（10％）から、一休側は利用者にポイント還元を行っている。同社では２０１４年４月から半期ごと（４月～９月、10月～３月）に、利用金額に応じてポイント還元率が上がる制度（宿泊の場合の現地決済では１％、１．５％、２％と還元率がスライドする仕組み）を導入した。

「一休．ｃｏｍ」への商品掲載は、ホテルの客室の場合、ホテル側が一休のシステムを使って入力を行うため、24時間随時更新されていく。当日予約なら格安料金が掲示できるのは、この仕組みがあるからだ。

〈市場と顧客を絞り込んだので、一休会員には他社にない優位性がある〉

市場と顧客を絞り込んだことで、「一休．ｃｏｍ」の会員には他社ユーザーにない優位性がある。具体的には、次の６点が挙げられる。

①他社のサイト予約ユーザーと比較して年収が高い

楽天に代表される他社ユーザーと比較して、年収ベースで２００万円ほど収入が高い層で、会員が構成されている。そのため、ネット予約でも20万～50万円といった高額利用者も少なくない。

②リーズナブルな価格だけではなく、旅慣れた人向けのサービスが支持されている

ユーザーには旅慣れている人たちが多く、求めるサービスレベルが高い。単に高級ホテルや高級旅館をリーズナブルに使いたいというだけではなく、

・料金はそのままで、客室が格上げされる「客室グレードアップ」
・通常の時間よりも遅くまで滞在できる「レイトチェックアウト」

などの「一休限定特別プラン」を支持する層が多い。

③予約した料金だけではなく、追加オーダーが入るため顧客単価が高い

格安サイトのユーザーは予算を切り詰めるため、顧客単価が上がらない。一方で、「一休．ｃｏｍ」の会員は、宿泊時のレストラン利用時にワインなどを追加オーダーする人が多い。施設側に利益をもたらす顧客が多いわけだ。

④予約するホテルの宿泊単価が高い

楽天を始めとする宿泊予約サイトは、１泊平均７０００～８０００円という安価な客室を中心に販売している。だが、「一休．ｃｏｍ」は１泊平均２万３０００円であり、付加価値を求める顧客層を相手にしている。

⑤高級ホテルの予約サイトなら「一休．ｃｏｍ」というブランド評価を獲得している

当初から質の高い施設と提携していたため、「高級ホテルをサイト経由で予約するなら一休」というブランド評価を会員から獲得できている。

沖縄のザ・リッツ・カールトンが開業（2012年5月）して予約受付を開始した初日、他社が数室程度の予約しか取れないなか、「一休.com」は700室（1泊平均5万円台）を超える予約を獲得した実績がある。

⑥契約企業側がリピーターになってほしい優良顧客層

法人顧客は経費処理できる反面、景気の影響を受けやすい。一方、「一休.com」にはホテルなどの施設側から見て、リピーターになってほしい個人の優良顧客が多い。

マーケターの着眼点

「プレステージ型クレジットカード会社の魅力が低下」

外資系のプレステージカード*が提供するホテル優待よりも、「一休.com」が提示する料金や特典のほうが優れている。

クレジットカードには、VISAやマスターのような「生活カード*」と、アメックスやダイナースのような「エンターテインメントカード」がある。エンターテインメントカードは、生活カードに比べ年会費が高い分だけ、独自のメリット開発と提供を行ってきた。

たとえば、提携ホテル*の客室グレードアップ（ホテルの客室に余裕があるときだけ）やスイートルームへの優待がある。また、提携レストランでの優待もある。

しかし近年は、生活カードが多様な企業と提携しており、どのクレジットカー

プレステージカード
自己申告しても入れず、カード会社が入会を促すことで持てるカードで、アメックスの場合ならプラチナカードや、俗にブラックカードといわれるセンチュリオンカードが該当する。

生活カード
スーパーマーケットなど少額でも利用する。

提携ホテル
年会費が上がったアメックスのプラチナカードでは、ヒルトンなど特定ホテルの招待券の提供もある。

ド会社もサービス競争が激しく、新しいサービスをどこかが始めると、すぐに他社が追随する状態になっている。

サービス業に従事するスタッフはもとより、一般生活者の中にも、クレジットカード各社のカードについて、質的な違いを認識している人は少ない。せっかくプレステージカードを持っていても、第三者評価を受ける機会が少ないのだ。また一時期、どの会社も付加価値のないゴールドカードを乱発したことも、市場における認識を曖昧にさせた。

「一休．ｃｏｍ」が登場したことで、エンターテインメントカードが提供するホテルやレストランの優待内容は見劣りすることが増えた。エンターテインメントカードの優位性とは、「多くの人が持っていない種類のカード」というだけになりつつある。

年会費にふさわしいメリットを提供しないと、プレステージ型クレジットカードの地位は今後確実に低下していくだろう。

「一休．ｃｏｍ」に学ぶマーケティングの５ポイント

それでは、「一休．ｃｏｍ」から学べる、マーケティングの５つのポイントを解説したい。

①「三方よし」のビジネスモデルとセオリー通りのホリスティック・マーケティングの導入

「一休.com」の経営者である森正文氏は、高級ホテルや高級旅館、高級レストランなどの取引先、「一休.com」ユーザー、そして一休の3者にメリットがある「三方よし」の概念を取り入れてビジネスモデルを築き上げている。加えて、「世間よし」の取り組みとして、ギフト販売の「贈る一休」では、ギフト1個につき「TABLE FOR TWO」（途上国の飢餓と先進国の生活習慣病の改善に取り組む日本発の社会貢献活動）に50円を寄付する取り組みをスタートさせ、ホリスティック・マーケティングの大切な柱である社会的責任マーケティングを実践している。

このビジネスモデルと同社の経営を、STPを加味したホリスティック・マーケティングのセオリーに当てはめてみると、同社が成功しているプロセスが見えてくる。

まず、マーケティングの発想起点は、高品質な施設をリーズナブルな料金で利用でき、会員だけの特典を入手できるという「顧客の要望」と、キャンセルに代表される経営の不安定要素を打破したいと考える「ホテルなど施設側の要望」が踏まえられている。

次に、マーケティングをするうえでフォーカスを当てたのは、上質なサービスを求める人に提供する「顧客価値」である。それまでどこにも存在していなかったハイエンドなサービス業に絞り込んだ「コア・コンピテンシー」。そして、ホテルなど施設側のニーズに合致させて24時間情報を更新できる「協働ネットワーク」を構築している点が指摘できる。

2-9図 一休.comのSTP

Segmentation
市場細分化

市場の細分化

人口動態(デモグラフィック)的細分化

可処分所得の多い優良顧客

Targeting
市場特定

・ハイエンドホテル予約
・ハイエンド旅館、レストランの予約

Positioning
競争優位性確立

・高級ホテルの予約サイトなら「一休.com」というブランド評価
・「一休限定特別プラン」に代表される特典開発
・イールド・マネジメント(→P240)の導入

ホリスティック・マーケティング

マーケティングの発想起点
→会員になると、高級な施設をリーズナブルな料金で入手できるという「顧客の要望」
→キャンセルに代表される経営の不安定要素を打破したいと考える「ホテルなど施設側の要望」

マーケティングするうえでフォーカス
→上質なサービスを求める人に提供する「顧客価値」
→それまでどこにも存在していなかったハイエンドなサービス業に絞り込んだ「コア・コンピテンシー(競合他社を圧倒する能力、他社が真似することができない核となる力)」
→ホテルなど施設側のニーズに合致させて24時間情報を更新できる「協働ネットワーク」

マーケティングするうえで活用
→ネットによる予約システムであり、「データベース・マネジメントとバリューチェーンの統合」

マーケティングの目的
→「顧客シェア、顧客ロイヤリティ、顧客生涯価値を高め、利益と成長の両者を追求」を実践

マーケティングをするうえで活用したのは、ネットによる予約システムであり、「データベース・マネジメントとバリューチェーンの統合」も実現している。マーケティングの目的も、「顧客シェア、顧客ロイヤリティ、顧客生涯価値を高め、利益と成長の両者を追求」しており、ネット社会におけるホリスティック・マーケティングのセオリー通りといえる。

②STPの深耕とイールド・マネジメントの導入で、顧客の要望に応えた領域を拡張

高級ホテルから事業を開始した「一休.com」は、ハイエンドという自社の事業領域は変えず、その後、高級な旅館とレストランに領域を拡張した。質の高い宿泊施設を望む顧客には、同様に質の高い飲食施設も利用したいという要望があり、それをうまくキャッチアップしている。

また、米国ではすでに一般化していたイールド・マネジメント*（発展史→P241）を導入し、さらに共同購入方式によるクーポンシステムを「一休マーケット」として展開している。

「一休.com」は、事業領域を変えることなく、自社だから展開できるビジネスを深掘りしていくSTPのお手本ともいえる。

③CRM*は、同社が持つ多様なサービス、商品情報の提供だけで構築

一般的なホテルや飲食店、メーカーの場合、メールマガジンによるお知らせは、顧客にあまり歓迎されない。その最大の理由は、自社商品に幅がなく、毎回同じ

イールド・マネジメント
需要があるときは定価で、閑散期や当日のキャンセル対応では安価にするといった方法。

CRM
カスタマー・リレーションシップ・マネジメント。（発展史→P162）

ような商品・サービス内容の告知と販促に終始してしまうからだ。

「一休.com」が送るメールマガジンは、ホテルから旅館、レストラン、クーポンまで多彩なため、読み手が飽きることが少ない。自社の商品、サービス情報だけでCRMになっているまれな例だ。

④サービス業が常連顧客にしたい会員特性の実現と内在する課題

ハイエンドなサービス業に特化した結果、他の予約サイトに比べて年収が多く、利用単価も高い顧客の特性は、契約施設側には常連顧客になってほしい要素を備えている。

しかし、一部の加盟店で働くスタッフの中には、価格の安さを売り物にする予約サイトと同社を混同し、提供するテーブルの場所が悪いケース*や接客品質を落とすこともある。企業が「一休.com」に加盟して協働するなら、社員に対して「一休.com」の会員特性を理解させる必要がある。

⑤将来新規ビジネスを展開する際に資源となる顧客データベース

B2Cビジネスの命は、自社の顧客基盤の質と量にある。「一休.com」の会員は、前述したように可処分所得の多い優良顧客である。そのため、同社が将来新規事業を開始する際にも、コア・コンピテンシーとなる経営資源になり、データベース・マーケティングが可能だ。

テーブルの場所が悪いケース
たとえば入り口に近く、雰囲気が良くないテーブル。

過去の方法論に固執しないイノベーションの発想フレームを使う（マーケティングのイノベーション）

CHAPTER 3

INNOVATION

成熟期にある製品やサービスのマーケティングに取り組む

人間に寿命があるように、市場や商品にも寿命はある。だが、企業で働くマーケティング担当者が、「この市場と商品はもう衰退期に入ったから何をしてもダメだ」と、自社のマーケティングを放棄できるはずもない。なんとしても市場を活性化させて売上を伸ばそうと、日々邁進する。

これまで存在しなかった新市場を、自らの手で創造できる企業は、非常に限定される。先進国でマーケティングに従事している大部分の人々は、成熟期に入った市場と商品の活性化に取り組んでいる。

自動車や家電は、新規購入よりも買い換え需要が中心だ。生活必需品である食品や飲料はコモディティ化している。嗜好品の酒（日本酒・洋酒・ビールなど）も、高齢化にともなう飲酒量の減少や、選択肢の拡がりによる競争激化などから、成熟市場になっている。

家電市場は、商品ライフサイクルが急激に短命化している。すでに2007年の段階で、5年前と比較して4割も短くなった。* たとえば2013年の段階で、半年ごとに新製品が投入される液晶大画面テレビは、新製品が登場しても数カ月で値下がりしている。

商品ライフサイクルの短命化は、家電業界に限らず、化粧品・洗剤などに代表される日用雑貨、食品、衣料そして自動車にも及ぶ。その結果、企業は研究開発費として投入した資金が回収できなくなり、**新製品開発の数を減らし、自社の強みを発揮できる領域に集中化せざるを得なくなっている。**

市場を活性化させる意外な存在

市場の活性化は、業界やそこにいる企業だけで成功する場合と、異業種企業の取り組みで成功する場合の2つがある。

後者の典型例は、スマート家電の登場によって業界の動向が大きく影響を受けたことだ。たとえば、冷蔵庫の中にある食品を絶えずチェックして、足りない食材をスマートフォンなどの端末に知らせるといった機能が登場すれば、これまでとは異なる商品や物流システムなどの新市場が生まれる可能性が出てくる。

***5年前と比較して4割も短くなった**
「ものづくり白書2007」より。

また、スマートフォン用のアプリとしてレシピを提供するサイトが登場し、そのレシピに必要な材料を安価に配送する宅配サービスなども登場する可能性がある。

消費行為は、情報の有無と質と量によって決まる。モノやサービスを購入してもらうには、まず魅力的な情報をつくり、次に情報の提供方法を考え、そして物流システムを考えて仕組みにするという発想が欠かせない。

自社と自社商品は将来どうなるかを見極める

市場が成熟しているといっても、その状況は大きく分類すると、次の2つに分けられる。

①市場活性化が必要な市場と製品・サービス

市場として需要はあるが、該当する業界や製品・サービスに関してニュース性が乏しく、明らかに市場の活性化が必要になっている市場、業界、そこに製品・サービスを投入している企業が該当する。

②既存市場が衰退する可能性が濃厚で、早急に対応策が必要な市場と製品・サービス

既存市場の存在を脅かし、場合によっては既存市場が消滅する可能性がある業界や製品・サービスを持つ企業が該当する。ここに置かれた状況は、次の2つに分けられる。

・自らの手でイノベーションを起こす企業

既存市場を陳腐化させるビジネスモデルや新技術・新製品によって市場にイノベーションを起こす企業が該当する。既存市場を破壊するので、異業種からの参入や既存市場への依存度が低い企業が起こす率が高い。

・他社にイノベーションを起こされ、自社市場が失われるため、その対応が必要になった企業

他社の力で既存市場が陳腐化され、あるいは市場が消滅する可能性があるため、自らもイノベーションを起こして、生き残り策を講じる必要に迫られた企業が該当する。

以上の①と②の状況に沿って、現在各市場でどのようなことが起こり、企業がどのように対応しているかについて、その動向を追ってみる。

クリステンセンが指摘するイノベーションを踏まえる

「第1部　マーケティング発展史」の94ページで触れたが、クレイトン・クリステンセン（ハーバード・ビジネス・スクール教授）が指摘した「イノベーション」には、

・既存製品の改良や改善を求める持続的イノベーション

・既存製品の存在や価値を否定してしまう力を備え、まったく新しい価値を生み出す破壊的イノベーション

の2つが存在する。また、大企業になるほど既存市場への依存度が高いため、持続的イノベーションが中心になる。そして、破壊的イノベーションが後手に回る「イ

ノベーションのジレンマ」を指摘している。

さらにクリステンセンは、米紙『ニューヨーク・タイムズ』（２０１２年11月４日付）の「投資家のジレンマ」という記事の中で、イノベーションについて、次のような鋭い洞察をしている。*

クリステンセンは、イノベーションには3パターンがあるとして、

①エンパワリング・イノベーション（empowering innovation）

かつては、操作も難しく高額だった製品・サービスを、誰でも容易に扱えて手頃な価格で購入できるようにするイノベーションのことだ。かつてのT型フォード、ソニーのトランジスタラジオ、ＩＢＭやコンパックのパーソナル・コンピュータが該当する。近年であれば、大企業でしか利用できなかったＩＴを、中小企業も利用できるようにしたクラウド・コンピューティング、そしてスマートフォンが該当するとしている。

エンパワリング・イノベーションで重要な点は、多くの企業や生活者がその製品やサービスを購入するため、市場と企業には製造から販売まで「雇用（仕事）を新たに生み出す」力があることだ。

②持続的イノベーション（sustaining innovation）

古い製品やサービスが、新しいものに置き換えられるイノベーションだ。クリステンセンは持続的イノベーションの事例として、トヨタ自動車の「プリウス」を挙げている。同車はハイブリッド車のトップブランドとなり、市場を活性化させ

鋭い洞察をしている
この内容は、『知の最先端』（カズオ・イシグロ、ダロン・アセモグル、クレイトン・クリステンセン、リチャード・フロリダ共著、ＰＨＰ新書）の中に、インタビュー記事として紹介されている。

た。だが、「カムリ*」の売上を失うため、利益はゼロサム*になると指摘している。持続的イノベーションは現在の企業活動の延長線上にあるため、「新たな雇用（仕事）は生み出さない」としている。

③エフィシェンシー・イノベーション (efficiency innovation)

既存製品をさらに効率よく製造し、より安価に提供するイノベーションで、事例としては、人的販売に依存してきた旧来の保険会社に対して、オンラインの保険会社がインターネットとコールセンターによって安価に効率よく保険を販売している例を挙げている。

エフィシェンシー・イノベーションは、これまで人間が行ってきた仕事を合理化するため、「雇用（仕事）を減少」させる。こうしなければ、より効率化させた海外企業との競争に敗れてしまうからだと指摘している。

また、クリステンセンは、**企業活動として理想的なのは、この3つのイノベーションが繰り返し実践されることだとも指摘する。**

新たな市場と消費、そして雇用（仕事）を生み出す①エンパワリング・イノベーションは、企業が成長するために欠かせず、②持続的イノベーションは競争優位性を発揮するために必要なプロセスだ。

そして、③エフィシェンシー・イノベーションを行って雇用（仕事）が消失しても、③エフィシェンシー・イノベーションが生み出した利益を使って、①エンパワリング・イノベーションで雇用（仕事）を創出するというサイクルを持つことだと指摘している。

カムリ
米国におけるトヨタの人気車種。

ゼロサム
一方が利益を得たら、もう一方は同じだけの損をするので、全体としてはプラスマイナスゼロになること。

キヤノンやソニー、パナソニックといった日本企業はかつて、①エンパワリング・イノベーションを実践してきた。だが1980年代から、日本企業は②持続的イノベーションに集中し、さらに1990年代からは、③エフィシェンシー・イノベーションに終始していると、クリステンセンは述べている。この指摘は、現在日本企業が抱えている問題の本質を突いている。

成熟期の市場の現象を踏まえ、とるべきマーケティングを検討する

これから、市場活性化策が必要な市場と製品・サービスについて、どのような取り組みが必要かについて述べていきたい。

日本を始めとする先進国では、大部分の市場が成熟している。一時的な効果しか得られない販売促進策を行っていては、生き残ることは難しい。

そこで、抜本的な市場活性化策が必要な時期にあるかどうかを見極めるために、次のような現象が起きていないかを把握し、最適なマーケティング戦略を立案する。

まず、市場が成熟しているように見えるときの特徴とその経過は、次の①〜⑬のように流れていく。

①新製品を投入しても市場と顧客に対するインパクトがなく、市場を活性化させるには至らない。また、製品ライフサイクルが以前にも増して短命化している。
②自社の商品やカテゴリーの需要が拡大しないため、販売価格の下落が続く。
③製品に付加機能をつけて競争優位性を発揮しようとしても、顧客の支持を得られ

ず、新製品のヒット率が以前より低下している。
④市場全体にコモディティ化が進み、メーカー間の商品機能に違いがなくなる。
⑤生活必需品などは堅実な需要が見込めるため、組織小売業は目玉商品として安売りすることが増え、メーカーも仕方なく値下げに応じてしまう。
⑥メーカー間の市場シェアに変動がなくなり、組織小売業からそのカテゴリーにPB商品が投入される。
⑦広告費や小売企業へのリベート、生活者へのキャンペーンなど販促コスト（プロモーション費用）が膨らむ。
⑧成長成熟期では、売上の成長率が低下を始め、新たな流通チャネルがなくなる。
⑨安定成熟期では、１人当たりの売上が横ばいになる。
⑩衰退成熟期では、売上が減少を始め、顧客が他の製品カテゴリーに流出する。
⑪生活者の嗜好が変わり、既存商品が急速に購入されなくなる。
⑫競争力のない企業は市場から撤退する。
⑬新たな製品やサービスが登場して市場が刷新され、既存市場が消滅してしまう。
以上の①～⑬の流れを見ればわかるように、⑪までに何らかの手立てをとらないと、**企業は自社の市場を失い、その存続が危うい事態を招く**。そこで、⑪までに企業がとるべき視点と対応策をこれから検討していく。

成熟期の停滞感を打ち破った「マルちゃん正麺」

業界が成熟期に入り市場の活性化に取り組むなかで、既存のビジネスモデルの中にありながらその取り組みに成功する企業も存在する。ここで取り上げるのは、既存のビジネスモデルの中で市場の活性化に成功した、東洋水産の「マルちゃん正麺」だ。

〈市場の概要〉

日本のインスタントラーメンの生産量は、2011年段階で年間55億3000万食（日本即席食品工業協会）という巨大市場だ。しかし、袋麺市場は1972年に37億食に達した後は低落を続け、2010年には16億8800万食にまで減ってしまった。代わって、カップ麺は2010年に34億7000万食となり、市場の主流に躍り出て主役が交代した。

〈インスタントラーメンの食シーン〉

生活者がインスタントラーメンを食べる機会は、「子どものおやつ」「夜食」「主婦の昼食」といったスナック的利用が主流だった。2008年のリーマン・ショック以降、内食傾向が強まり、2011年の東日本大震災以降、非常食としてインスタントラーメンを家庭にストックしておく傾向が強くなっていた。

〈新商品につながる研究開発〉

東洋水産総合研究所では、2006年に新しい麺の製法についての研究が始まった。そして、麺を油で揚げないノンフライ麺の製法に加え、生の麺をそのまま乾燥する方法に成功する。この製法により、「歯切れがよく」「腰があり」「食感がツルッとした」生麺に限りなく近い商品が誕生。これはのちに、「生麺うまいまま製法」と命名される。

〈マルちゃん正麺のこだわり〉

高齢者や小さい子どもに取り分けることを念頭に入れて、麺の長さを25～30センチ（通常の長さは60センチ）にし、麺の形状は固まらずほぐしやすいよう、ほぐした麺を丸く成型して乾燥。

麺の太さにも工夫し、味噌味は太麺、醤油味と塩味は中太麺、豚骨味は細麺という組み合わせで、スープと麺の相性を勘案している。

通常、インスタントラーメンのスープは、主要顧客層を踏まえて個性的にすることが多い。だが、この商品はあえて個性化させず万人向けに仕上げている。これは、主婦が調理する際に、味にひと手間加えやすくすることを考慮している。

〈新商品投入に際しての取り組み〉

商品には、麺にこだわったことを表す「正麺」と名付け、商品パッケージには金色を採用。流通向け商品発表会は、北海道・仙台・東京・静岡・名古屋・大阪・福岡の7カ所。社長と営業本部長自らが商品説明を行い、試食会も開催した。

発表会の準備は、従来のように広告代理店には依頼せず、すべて自社で取り組み、業界関係者に向けて本気度をアピールしている。

東洋水産のマルちゃん正麺

広告活動では、役所広司氏を起用して、過去最大規模のテレビ広告を投入した。

〈販売実績〉

当初見込みは年間販売量を1億食と想定し、関東工場（群馬県館林市）で製造を開始した。発売後、売上が好調なため、3カ月で上方修正。2011年11月に発売が開始されてから、1年で2億食を販売。約200億円（店頭での希望小売価格換算）を売り上げた。

〈設備投資〉

マルちゃん正麺は従来とは製造方法が異なるため、生産ラインを従来の2ラインから3ラインにして年間3億食の生産が可能な体制にしている。

マルちゃん正麺に学ぶマーケティングの5ポイント

マルちゃん正麺の成功要因については、マーケティングの観点から次の5点が指摘できる。

①商品ポジショニングの再設定と細部まで考えられた商品設計

同社はインスタントラーメンにおける袋麺のポジショニングを再設定し、商品設計を行っている。麺の食感、スープの味、麺の太さとスープの相性、麺の長さなど、細部にわたって考えられている。

一過性の商品に終わらないようスープはあえて個性化させず、調理する人がひと工夫して味の違いを楽しめるようにしている。

②生活者が違いを実感できる商品の開発

生麺を再現する取り組みは業界で何度も行われ、そのつど新製品が投入されてきたが、どれも短命に終わってきた。同社では長年の研究開発により、旧来品とは明らかに食感が違うことを生活者が実感できる袋麺を開発し、生活者に受け入れられた。

③流通関係者に本気度を示した

社運を賭けた商品として、市場を変える取り組みであることを流通関係者にアピールし、商品の取り扱い強化を働きかけた。流通側にとっても、停滞していた袋麺市場の活性化が期待されるため、各社で取り組みが強化された。

2-10図 東洋水産「マルちゃん正麺」：
既存のビジネスモデルの中で市場の活性化に成功

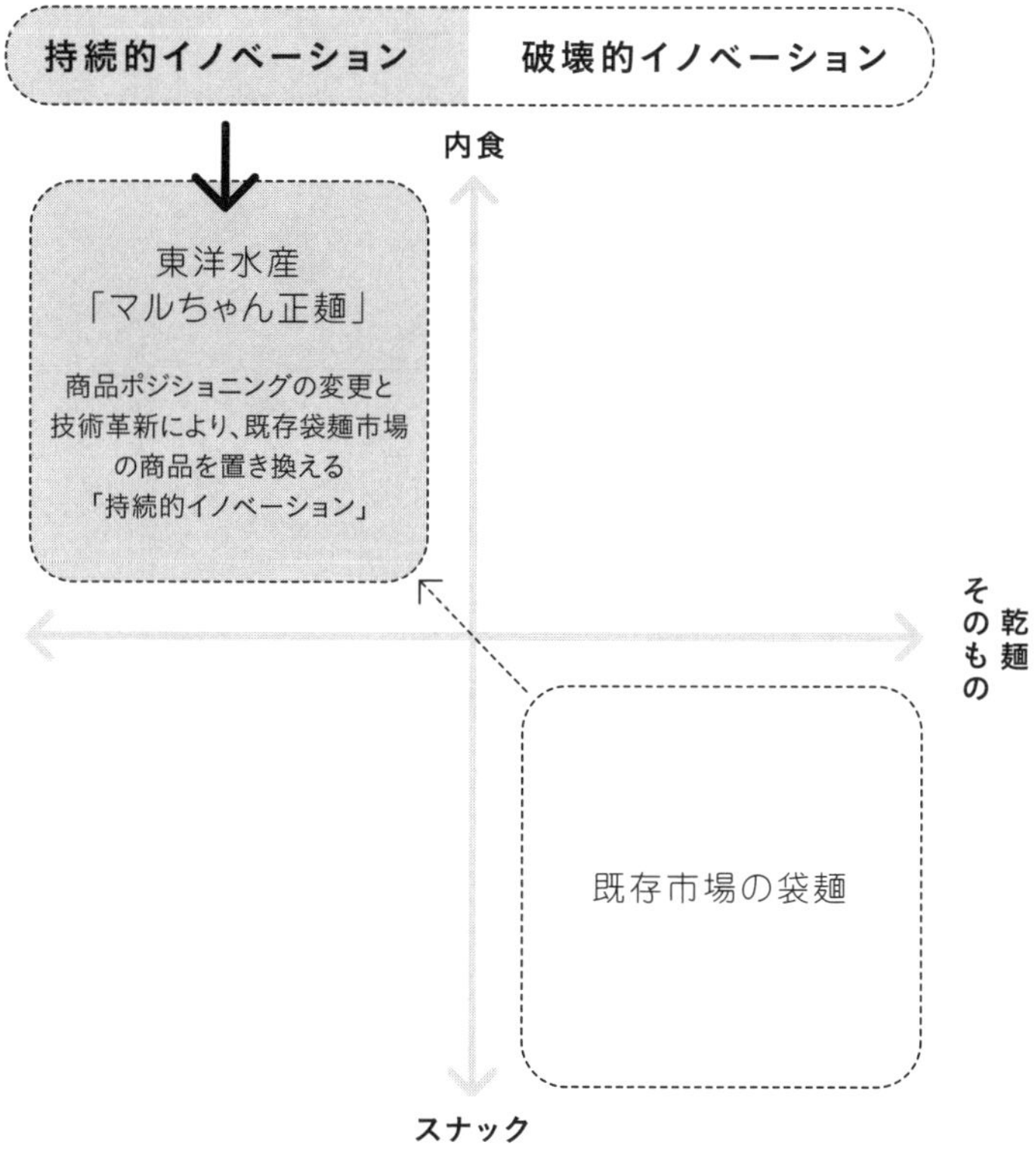

④大規模な広告コミュニケーションの実施

生活者と流通に対して、過去最大規模の広告量を投入し、短期間に知名度・認知度の向上を実現した。

⑤袋麺市場を活性化させた

マルちゃん正麺が市場に登場し生活者に支持されたことで袋麺市場が活性化し、競合他社も同市場に商品を投入するに至った。

既存市場の衰退が明らかで、早急にイノベーションが必要な場合

次に、既存市場の衰退が明らかで、市場の活性化策では抜本的な解決が難しい場合の対応策を考えてみる。

既存市場の衰退は、日本企業が得意にしてきた「持続的イノベーション（改良改善型）」が市場で通用しなくなる状況だ。こうしたときには、過去の方法論やビジネスモデルに縛られず、新たなイノベーションを起こす必要があるのだが、それは容易ではない。

- **非常に高度なイノベーションが必要とされるなかで、自らの手で既存市場を破壊する場合**
- **他社あるいは新技術によりイノベーションが起こり、自社の市場が破壊され、抜本的な対策が必要になった場合**

という2つの視点でこれから考えてみる。

前者の「自らの手でイノベーションを起こす」という視点では、外部からの圧力で

なく、自社の力で既存市場を陳腐化させるビジネスモデルや新技術・新製品を市場に送り出し、イノベーションを起こすケースが該当する。イノベーションを起こすための３つの新発想をこれから紹介していく。

イノベーションの新発想Ⅰ

１つめは、**「モノを販売して収益を上げる」発想から、収益を上げる場所を増やし、さらにモノとサービスによる新たな事業を創出して実行することだ。**

近年、製造業の分野では、企業によって優劣が顕著になっている。その分かれ目は、収益を上げる方法と場所に関して、柔軟な発想で事業をデザインできるかどうかにある。

日本のメーカーが収益を上げる場合の発想はこれまで、「モノをつくって販売」し、そこから利益を得る「製造販売利益」が中心だった。インターネットやＩＴが現在のように社会基盤になっていない時代のモノづくりは、「スタンドアローン」*発想で取り組めばよかった。

しかし、近年は家電製品やＩＴ製品の分野で、技術の標準化と製品の陳腐化スピードが加速しており、同時に新興国企業が台頭している。そのため、Ｂ２Ｃ市場で「製造販売時」の利益の幅は、極端に薄くなってしまった。

現在、多くの製品群は、「スタンドアローン」では機能していない。カーナビゲーションはＧＰＳと位置情報によりサービスを入手している。デジタルカメラやビデオカメ

スタンドアローン
インターネットなどとネットワークせず、商品が単独で機能を果たすこと。

ラの機能は、スマートフォンに内蔵され、撮影した画像や動画はネット上のブログやフェイスブック、ユーチューブにアップすることが当たり前の環境が到来している。

こうした時代、メーカーが新たな事業として収益を上げるには、まず収益を上げる方法と場所に着目すべきだ。その方法と場所とは、

①企画開発して得た知的資産を生かして、知的所有権で収益を上げる方法

②製品・商品を通じてサービスを提供することで、新たな収益モデルをつくり上げる方法

という2点だ。

①の方法とは、

・自社で取得した技術や製造上の特許を、他社が使用する際に課金する特許使用料やロイヤリティ収入

・自社の製品を使って、そこで利用するアプリケーション・ソフトを開発したい企業に対する、プラットフォーム利用料*

の2つにより収益を上げる場所を拡大する視点だ。

②の方法には、

・スマートフォンにインストールしたアプリケーションの月額使用料をユーザーから徴収する

・GEが行っている、自社製エンジンを使用している飛行機の状態を、内蔵されたコンピュータが運航中に絶えずチェックして航空会社に送信。不具合を予見・防

プラットフォーム利用料
以前は任天堂やソニーが、自社のゲーム機を使うゲームソフトを開発する会社からロイヤリティ収入を得ていた。現在はアップルが、iPhoneやiPadなどのアプリケーション・ソフトを販売したい企業から収入を上げるビジネスモデル。

止して早期に復旧するといった「サービスシステム」

・コマツが行っている、自社の建設機械を使用している企業に対し、建設機械に取り付けた機器から車両の位置や稼働時間、稼働状況などの情報を提供し、さらに建設機械から発信された情報をレンタルやサービスなどに活用して、ユーザーの保有車両の稼働率向上や維持費の低減など、機械のライフサイクル・サポートを行うといった「サービス提供」

・エレベーターやエスカレーターなどの業界メーカーが行っている、製品の販売後に納入先企業に提供する有料の「保守点検サービス」

といった取り組みが該当する。

【2-11図】の「スマイル・カーブ」を見ればわかるように、メーカーが製造して販売する時点の利益率は、年を追うごとに悪化していく。メーカーは「つくる前」と「販売後」でも、収益を上げる方法を考えることが不可欠になっている。

ちなみに、「スマイル・カーブ」とは、台湾エイサー社の創始者スタン・シー氏がパソコンの製造過程で付加価値の特徴と収益構造を説明した言葉だ。「部品の開発や製造」と「製品を

2-11図　パソコン業界におけるスマイル・カーブのイメージ

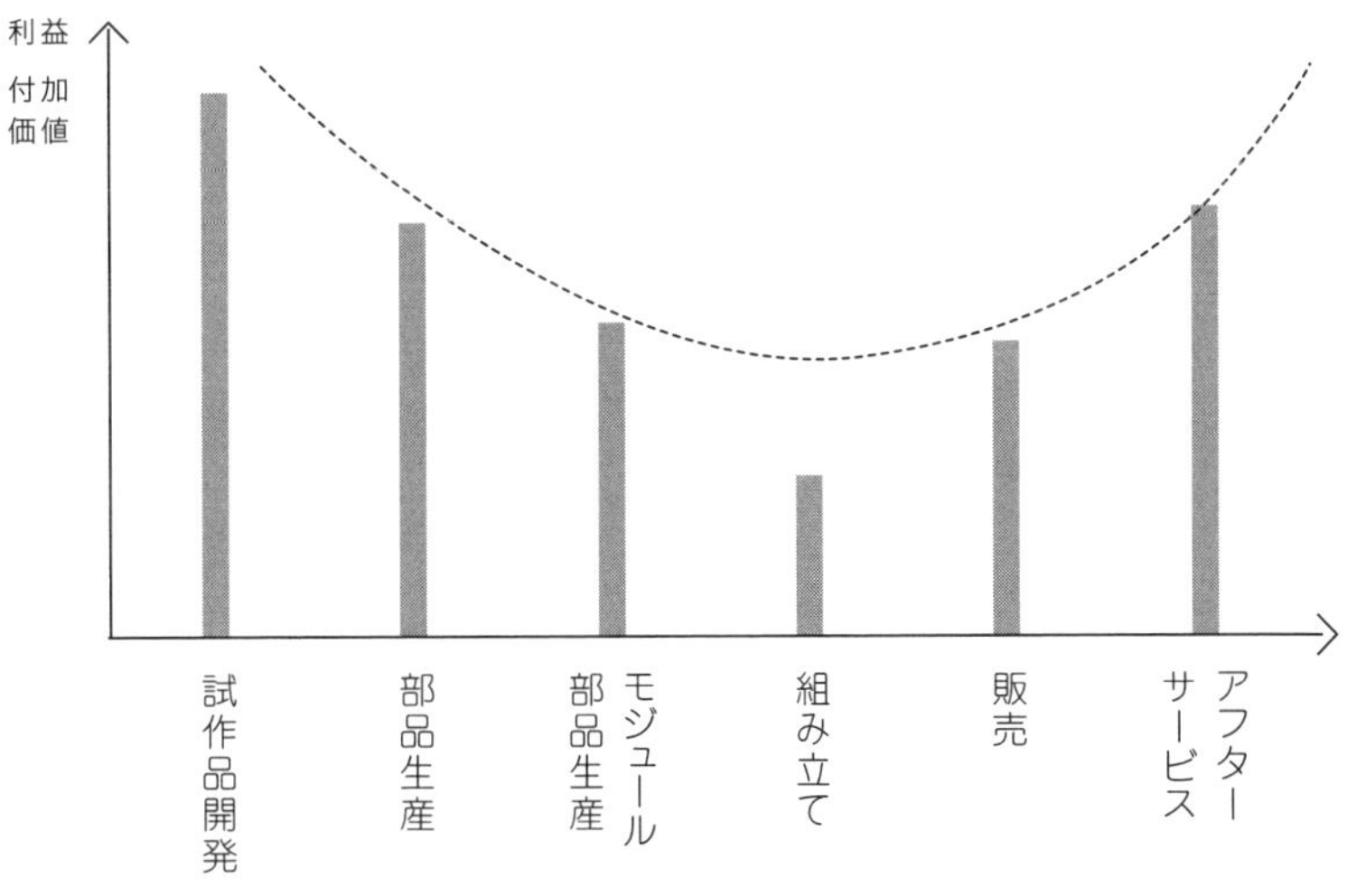

販売した後のサービス」では付加価値が大きく収益も上がる。だが、「製品の組み立て、製造、販売」では、利益率が低いことを説明した。

横軸に製品企画から販売後のサービス提供までの過程を置き、縦軸に利益・付加価値を置いた図はU字形になり、人が笑ったときの口の形に似ていることから命名された。

イノベーションの新発想Ⅱ

2つめは、**「新規事業や新製品を考え出す発想起点が変わっている」ことに気づき、柔軟な発想でマーケティングを行うことだ。ここでは、事業と製品開発を考えるフィールドを刷新することになる。**

インターネットが普及するまで、家電に代表される日本企業は、冷蔵庫、洗濯機、掃除機に始まりテレビ、デジタルカメラ、ビデオカメラに至るまで、モノ（製品）は独立し、単独で製品機能を発揮していた。そのため、メーカーは製品機能の高度化に取り組んでいれば、買い換え需要に対応できた。

インターネットやイントラネット、あるいはクラウドなどと接続せず、単独で機能させていた時代のパソコンも、スタンドアローンだった。だが、家電と異なるのは、同じOS（オペレーション・システム）*で、同じアプリケーション・ソフト*が入っているパソコン同士なら、データの交換が相互にできるところが強みだった。

こうした20世紀型製品に対して、米国で登場したのが、ネットの存在を前提とした、

オペレーション・システム
パソコンを動かすための基本となるソフトウエア。

アプリケーション・ソフト
OS上にインストールしたソフトウエア。

API
アプリケーション・プログラミング・インターフェース。外部が持つプログラムを呼び出して利用するための、手順やデータ形式についての仕様のこと。

新たな社会基盤になる検索エンジンや、グーグルマップ（Google Map）のようなＡＰＩ、*そしてフェイスブック、ユーチューブ、アマゾンなどだ。

彼らは「プラットフォーマー」とも呼ばれ、オープン・イノベーション*やＵＧＣ*（User-Generated Contents）が可能な仕組みを持つ。運営者でなくても、外部の誰もがイノベーションを起こせる場所を提供する。このような特性から、スタンドアローン製品のメーカーとは決定的に異なる。

また、ｉＰｈｏｎｅのようにネットとの親和性が強く、携帯電話、デジタルカメラ、ビデオカメラ、音楽プレーヤー、メールといった機能をすべて網羅し、ネットやＵＧＣを存分に活用できる製品が登場した。ｉ

2-12図　現在覇権を握っている企業が展開しているビジネス領域と、過去に日本企業が得意としてきたビジネス領域との比較

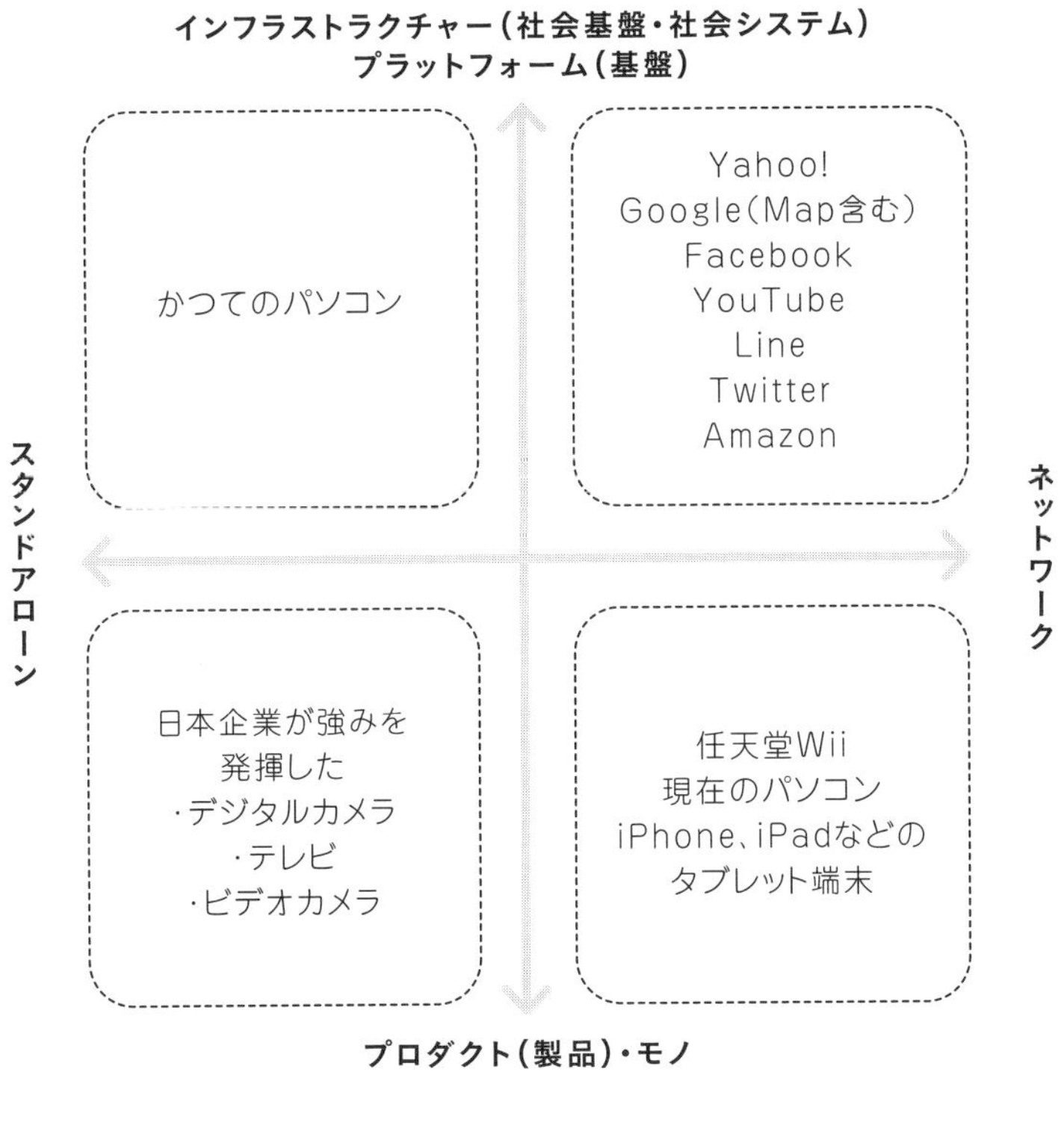

Ｐｈｏｎｅは操作性が容易で、分厚い取扱説明書なども必要としない。ｉＰｈｏｎｅの席巻によって、日本の家電メーカーは、自社製品の市場を奪われてしまい、現在に至っている。

日本の家電メーカーを苦境に追い込んだのは、同業他社の製品ではなく、新たなイノベーションによって誕生した新市場だ。彼らには、プラットフォームとの親和性が欠落していたのだ。

プラットフォームという視点から見ると、国内にもクックパッドやレシピブログ、ニコニコ動画など、ＳＴＰを行ったうえで市場を絞り込み、「カテゴリー・プラットフォーマー*」になった企業がある。だが残念ながら、モノにこだわった日本のメーカーからは、世界を魅了するプラットフォーマーは登場していない。

なんらかのイノベーションを起こさないかぎり、日本企業が再び世界を魅了することはできない状況になっているのがわかる。

「このままではアップルもソニーの轍《てつ》を踏む」

アップルは、盛田昭雄氏が率いていた時代のソニーに似ているといわれる。クリステンセンは前述の『知の最前線』の中で、アップルが短期間に成功した理由について指摘している。

それによると、スティーブ・ジョブズは従来型のマーケット・リサーチを行わず、自ら世の中を動き回り、生活者の日常生活を観察した。そして、生活を便利にする製

オープン・イノベーション
社内にある技術だけでなく、社外の技術やアイデアを組み合わせて、新たな製品やビジネスモデルなどを生み出すこと。

UGC
ブログやウィキペディア、ＳＮＳなどに書き込みや投稿するコンテンツのこと。

カテゴリー・プラットフォーマー
特定の小規模なカテゴリーにおいて、プラットフォーマーになったもの。

品をいかに安価に提供できるかを考えた。彼が数字を見ることはなかった。こうした姿勢が成功の理由であり、盛田氏と同じ行動パターンだったのだ。

盛田氏がソニーを去った後、ソニーは1982年、同社のマーケティングにMBAの考え方を導入した。新しい製品を考え出すために、論理的に分析する方法を取り入れたのだ。その瞬間、ソニーはエンパワリング・イノベーションを生み出す力を失った。そして、スティーブ・ジョブズ亡き後、アップルは生活者（顧客）がしたいことやしようとしていることを注視する代わりに、数字を見始めた。クリステンセンはこのことに懸念を示し、このままではアップルもソニーと同じ道を歩むことになると警鐘を鳴らしている。

イノベーションの新発想Ⅲ

3つめは、**「デザイン・ドリブン・イノベーション」によるイノベーションだ**（発展史→P96）。

改良改善による持続的イノベーションを続けていると、製品の果たす役割や機能、そして存在する意味を考え直すことなく、機能の高度化や余分な機能の付与という発想に陥りやすい。デザイン・ドリブン・イノベーションは、こんなときに取り組みたいイノベーションだ。

デザイン・ドリブン・イノベーションは、イノベーションが「技術」と「意味」から生まれることに着目する。従来の「ユーザー中心（使い手発想）型」や「マーケット・

プル型*」ではなく、製品が果たしている「意味」を見直して、新たな意味を創造し提案するイノベーション概念だ。

既存製品の「意味」を変えて新市場の創造に成功した「ルンバ」

ここでは、新発想を行い、イノベーションに成功した企業事例として、アイロボット社（iRobot）の「ルンバ」を取り上げたい。

アイロボット社は1990年、現CEOのコリン・アングル氏、MIT（マサチューセッツ工科大学）の人工知能研究室出身のロドニー・ブルックス氏、そしてヘレン・グレーナー氏が設立した。1997年、NASA（米国航空宇宙局）の依頼を受けて、火星探査ロボットのデザインを行い、その功績が認められ、政府用ロボットと家庭用ロボットの市場で成長している。

同社は、「世の中には退屈、不衛生、危険な仕事がたくさんあるが、こうした仕事から人間を解放したい」という理念の下で、ロボットの開発を行っている。

〈同社の実績〉

同社のロボットは、アフガニスタンでは地中や洞窟などに隠された高性能爆弾を除去している。2011年にメキシコ湾で発生した石油流出事故では、同社の海洋探査ロボット「シーグライダー」

アイロボットのルンバ

が、海底に潜む大量の原油を発見することに成功した。

2011年の東日本大震災の際には、被災した福島第一原子力発電所に「パックポッド＊」と「ウォーリヤー＊」という2種類のロボットを送り、稼働させた実績を持っている。

〈日本における当時の掃除機市場〉

日本の掃除機市場には需要があるものの、メーカー間の機能には差はない。そのため、価格で選ばれるコモディティ市場と化していた。そこに吸引力が強大で、その能力が落ちないことを特徴にしたダイソン社のサイクロン式掃除機が登場。ひさしぶりに市場が活性化の様相を見せる。

ダイソンのサイクロン式掃除機は、圧倒的な吸引力を売り物にしている。だが、既存製品の改良改善発想から生まれた製品であり、人間が掃除機を使って掃除するスタイルを踏襲していた。

〈ルンバが登場した背景、開発された意味性と製品機能〉

家事の中でも掃除は面倒で、共働き世帯では掃除する時間がなく、家の中が汚れやすい。

また高齢者の場合、掃除はつらい家事になってくる。物入れから重い掃除機を取り出し、掃除する部屋を移動するたびにかがんでプラグを差し替える手間がかかるからだ。

掃除機は電源コードがあるため、掃除中にコードが家具などに絡まる。また掃除し

マーケット・プル型
顧客の声を聴いて行うマーケティング。

パックポッド
人工知能を搭載した軍事用遠隔操作多目的ロボット。

ウォーリヤー
本来は偵察用・爆発物処理用ロボットだが、福島第一原子力発電所では原子炉建屋に積もった砂やちりを吸い取り、放射線量を減らす目的に利用。

たい場所にコードが届かないため、プラグを差し替える手間がかかった。

アイロボット社が開発したルンバは2002年、独自に開発した人工知能をベースに、国家プロジェクトで培った軍事用地雷探査技術を活用して開発された。

ルンバはコードのない自走式で、掃除が必要なところを動き回り、ゴミを見つけるとそこにとどまってきれいになるまで掃除を続ける。搭載されている人口知能と、1度に3つの動作を行う3段階クリーニングシステムにより、ゴミの除去率は99・1％とされている。

人間が掃除機を使って掃除を行うのではなく、ルンバは自動で掃除を行うという点が、従来の掃除機とはまったく異なる。生活者に対するマーケティング・コミュニケーションのコンセプトは、「自動掃除機」とされた。本来のコンセプトは「掃除するロボット」だったが、これまでに存在しない概念と意味性のため、わかりやすい内容に変更されたのだ。


〈ルンバを支持した生活者層〉

主婦層に加えて、30代の共働き世帯から、掃除を負担に感じていた高齢者世帯まで、幅広く支持されていった。

ルンバに学ぶマーケティングの5ポイント

新市場を創造したルンバの事例より、マーケティングの観点から次の5つのポイントが指摘できる。

①ルンバは既存掃除機市場から顧客を奪わず、共存するポジションを創造した

イノベーションはともすると、既存市場を消滅させ、自社で市場を独占することを想起しやすい。だが、ルンバは「既存の掃除機と共存できる」という画期的な製品ポジションを創出した。これは、掃除機市場が拡大することを意味する。

②家電メーカーではなく、ロボットメーカーが掃除機の「意味性」を変え、新市場を創造した

長年掃除機の開発を行ってきた家電メーカーではなく、高度なロボット技術を持つ企業が掃除機の「意味」を書き換え、人間が掃除せずにロボットが掃除す

2-13図 ルンバ：異業種から参入し、既存製品の「意味」を変えて新市場の創造に成功

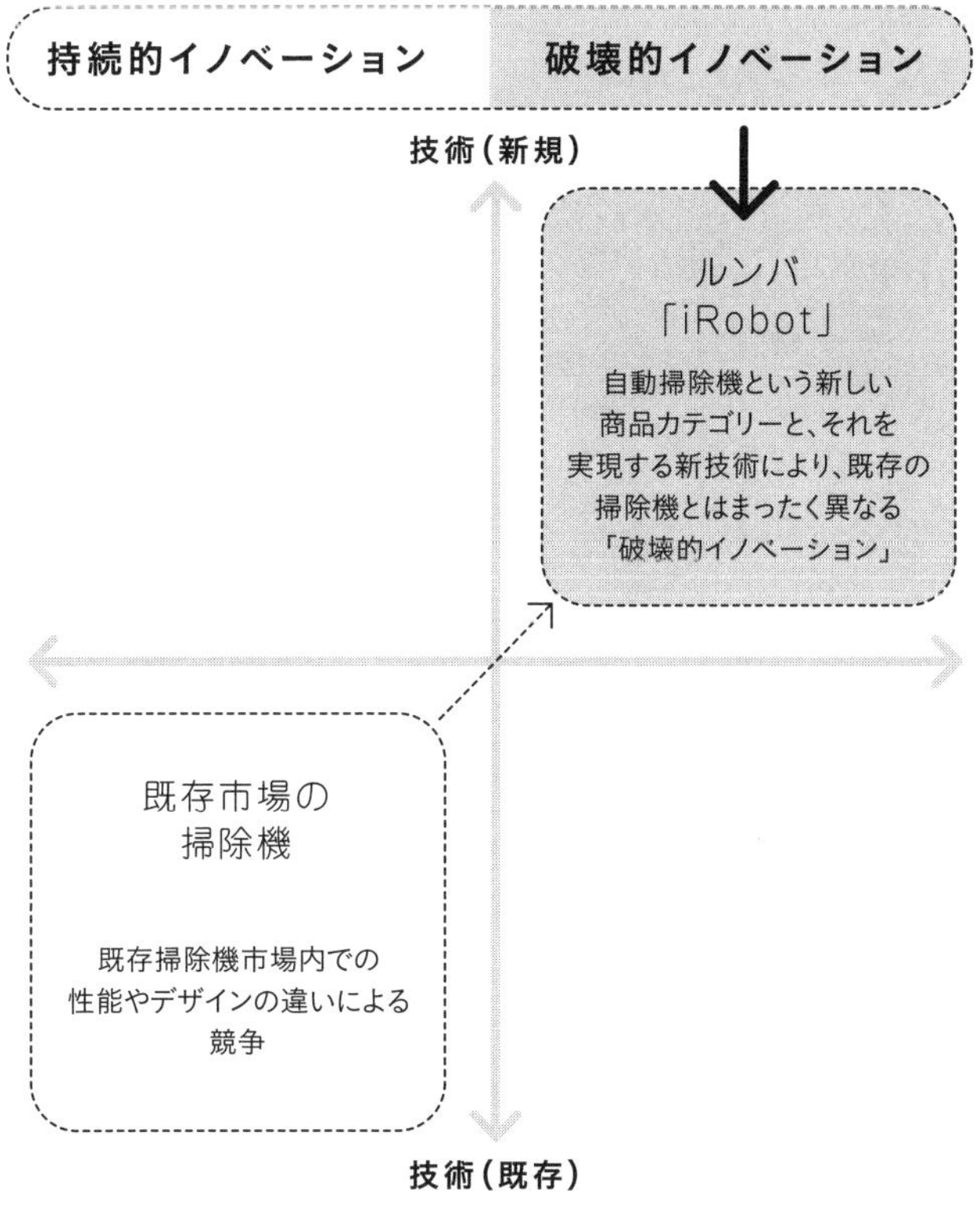

るという製品を誕生させた。

③要求水準の高い日本のユーザーの声を活用する体制づくり

製品に対する要求水準が高い日本人の特性を活用し、不具合が生じた状況などを把握して改良改善に生かせるよう、同社では正規総代理店と連携をとって、ユーザーの声を収集分析している。

「日本人の要求水準を満たした商品を開発し提供すれば、全世界で売れる」と認識しているからだ。

④市場を活性化させて新規顧客層を開拓した

ルンバの登場により掃除機市場は活性化し、これまで掃除機に興味のなかった高齢者世帯にまでファンを生み出した。

⑤世界で初めてロボットが生活者市場に登場した

ルンバは掃除という機能で登場したが、生活者市場に初めて、人工知能を搭載したロボットが登場するという快挙を成し遂げた。今後、人間が仕方なく行っていた家事を代行する製品が登場してくる可能性に満ちている。

市場が構造的な変質に直面し、力を失っていくときの状況を知る

次に342ページにある、他社や新技術の登場によってイノベーションを起こされ、自社の市場が消滅する可能性が高いため、生き残るためにイノベーションが必要になった場合について考えてみたい。

これは、他社や新技術の登場によって既存市場が陳腐化されるか、市場が消滅する可能性があるために、自らもイノベーションを起こす必要に迫られている、という状況になる。市場で独占的地位を得ていて、過去に持続的イノベーションしか経験していない企業は、相当な試練に直面することになる。

自社の市場が急速にその力を失っていくとき、それが、

・競合他社による一時的な状況なのか、

・それとも、構造的な問題なのか、

を判断して手を打つ必要がある。一時的な状況ならまだいいが、構造的な問題の場合には、次の①～⑥のような深刻な状況が生じる。

①商品面……新しい技術や他社商品の登場によって、自社の主力商品が陳腐化するケース

（例）先に述べたデジタルカメラ、ビデオカメラ、ネット接続機能、メールと通話が一体化したスマートフォンが登場して支持されたことで、それまで個別に製品を販売してきた家電メーカーや国内の携帯電話メーカーの売上が急減。

また、音楽ＣＤ（パッケージソフト）で収益を上げてきた音楽レーベル会社（旧レコード会社）が、ダウンロード販売やユーチューブなどの登場により、売上が急減している。

②流通面……新たな販路や販売方法が登場し、それが生活者に支持されたため、既存販路の力が失われてしまうケース

（例）既存書店がアマゾンの登場により売上を奪われ、ユニクロに代表されるSPAの登場により量販店の衣料品が売れなくなっている。

③コミュニケーション面……マスメディアを通じてリアルの販路だけで販売していたら、ネット上に強力なeコマースの仕組みと大規模なネット広告が出現し、自社の市場と顧客を奪われるケース

（例）長い間カタログ販売で成長してきた企業が、ネット通販やテレビ通販に顧客を奪われてしまっている。

④市場面……自社の商品市場やカテゴリーが時間の経過とともに魅力を失い、コモディティ化（価格の安さだけで選ばれてしまうこと）しているケース

（例）オーディオメーカーの商品群が急速に魅力を失い、市場を縮小させている。

⑤ビジネスモデル面……これまで自社が収益を上げてきた場所（領域）が無料にされ、別の場所で利益を上げるビジネスモデルとともに新たな企業が登場したケース

（例）無料ゲームのアプリが数多く登場したため、これまでゲーム専用機をプラットフォームに有料でゲームソフトを販売してきたゲームソフト開発会社が、売上を急減させている。また、ゲーム専用機メーカーの市場も衰退してきている。

⑥顧客面……これまでのように顧客が購入してくれなくなり、他社の商品や他の市場に流出してしまうケース

（例）バターには悪玉コレステロールが多く、カロリーが高いとされ、マーガリ

ンのほうが身体に良いとされてきた。ところがここにきて、マーガリンに含まれるトランス脂肪酸が、健康に害を与える可能性が指摘され、マーガリンを見直す動きが出ている。

企業が①〜⑥の構造的問題に直面した場合、既存のビジネスモデルや既存の仕組みを前提にしてマーケティングを考えても、抜本的な問題解決には結びつかないことが多くなる。

なお、一時的な状況についても、参考までに触れておく。

①商品面……競合他社が自社製品よりも優れ、価格的にも優位性のある新製品を投入し自社のシェアが奪われるケース

（例）ペットボトル入り緑茶飲料でトップシェアを誇っていた伊藤園に、サントリーが京都の老舗「福寿園」と組んで開発した伊右衛門を投入したため、そのシェアを脅かされた。

②流通面……競合他社が小売業への販促費や協力金を増やし、店頭での陳列場所、商品陳列数、店頭プロモーションなどの取り組みで圧倒的な力を発揮しているケース

（例）家庭用殺虫剤業界ではアース製薬が市場でトップシェアを握り、次いで関西に強い大日本除虫菊（金鳥）が続いている。そのため3位のフマキラーは、小売店店頭での商品陳列数と店頭シェアが高くならず、非常に不利な競争環境に置

かれている。

③コミュニケーション面……競合他社が大規模な広告をマスメディアやネット上に投入したため、顧客を奪われているケース

（例）資金にモノをいわせて大量の広告を投入し、競合他社に対して圧倒する力を発揮する企業に影響を受ける中小企業。

④顧客面……新規顧客を獲得することができず、長く愛用してくれた人たちが高齢化して市場が縮小しているケース

（例）かつて団塊の世代を対象にして発売され、現在も店頭で販売されているが、新規顧客を開拓できずに現在に至っている男性用整髪料。

既存市場が別の市場に置き換わり、または市場が消滅する危機に直面している業界の例として、

・固定電話やデジタル家電（ノートパソコン、国産携帯電話、デジタルカメラ、ビデオカメラなど）
・写真フィルムや印画紙などアナログ写真用製品
・音楽ＣＤやＤＶＤ
・紙媒体コンテンツ（新聞、書籍、地図など）
・アマゾンに代表されるｅコマースにシェアが奪われているデパート、量販店、スーパーマーケット、ドラッグストアなどのリアル店舗

・クラウド・コンピューティングの台頭により、この流れに乗れずにサーバーを製造しているＩＴメーカー

などがある。

自社の事業を見直して苦境を乗り越えた「富士フイルム」

ここでは、新技術の登場で自社の中核事業が消滅することが確実ななかで、自社の事業を根本から見直して、苦境を乗り越えた企業として、「富士フイルム」の事例を挙げる。

〈富士フイルムの経緯〉

写真フィルムの需要が過去最大になった２０００年度、富士フイルムの売上高は１兆４４０３億円を記録した。同社は当時、写真フィルム事業を中心に、イメージング・グラフィックシステム、医療機器、デジタルカメラ、液晶フィルムなどの分野を手がけていた。

写真フィルム事業で国内シェアの70％近くを握り、同社の利益の３分の２を写真フィルムなどの感光材料事業が捻出していた。

同社は、高級レンズを設計するために、国産で初めてコンピュータを開発した実績を持つ。テレビカメラレンズ市場では、50％を超えるシェアを誇っている。

〈写真フィルム事業の市場状況〉

同社は１９８６年、レンズ付きフィルム「写ルンです」という大ヒット商品を誕生

させ、一大市場を創出した。また、フィルム市場を活性化させるために、コダック、キヤノン、ニコン、ミノルタの大手4社との共同プロジェクトによって、カートリッジ入りフィルムAPSを考案し、1996年にフィルムとカメラを同時に発売した。

しかし、カラー写真フィルムの世界需要は2000年にピークを迎えた後、急速に市場が縮小していく。「デジタル化」が、写真市場にも急速に進展してきたからだ。

〈富士フイルムが生き残りのために実践した施策〉

写真フィルム市場が急激に縮小していくなか、富士フイルムは生き残りのために次のような施策を行った。

・**中期経営計画「VISION75」を発表し、写真関連事業の構造改革と新たな成長戦略を策定**

同社は2004年1月、中期経営計画「VISION75」を発表。国内販売体制の再構築と生産体制の再編を実施。

・**大手特約店制度を見直して直販体制に移行**

写真フィルム製品は大手特約店4社を経由して、全国の写真店や量販店に卸していた。同社はこの4社が持つ営業権を買い取り、販売子会社となる富士フイルムイメージングを設立し、直販体制に移行する。

・**創業以来初めて人員削減を実施**

アジアを始めとしてデジタルカメラが予想以上に市場拡大したため、創業以来初めてとなる人員削減を2006年に実施。国内外の写真関連部門に従事する社員約1万5000人のうち、3分の1に該当する5000名を削減すると発表。

ちなみに同年、写真フィルム大手のコニカミノルタは、中核事業だったカメラとフィルム事業から完全に撤退すると表明している。

・社名から「写真」を削除

2006年、持株会社制度に移行し、同時に富士写真フイルムという社名から「写真」を削除して、富士フイルムホールディングスに変更した。

・写真フィルムに代わる基幹事業として、TACフィルムに注力

薄型テレビ市場では、液晶テレビとプラズマテレビの覇権争いが行われていた。そのなかで、同社は写真フィルムに代わる基幹事業を育てるため、「TACフィルム（液晶偏光板保護フィルム）」の製造ラインを強化。のちに、液晶テレビの需要が急増したため、同社のTACフィルムの需要が急拡大する。フラットパネルディスプレイ材料事業の2010年度の売上高は、2185億円にまで伸張する。

・ライフサイエンス分野で新規事業に着手

同社は2006年、写真フィルム事業で培ってきた写真フィルムの主原料となるコラーゲンや、写真の退色を防止する抗酸化技術、ナノ化技術を活用し、化粧品・サプリメント分野へ参入することを決定する。その結果、2007年に化粧品の「アスタリフト」と、サプリメントの「メタバリア」「オキシバリア」「グルコサミン&コラーゲン」などが誕生した。

富士フイルムのTAC フィルム

・**過去最高の営業利益を出すも、リーマン・ショックにより2度目の人員削減**

2007年、同社は売上2兆8468億円、営業利益2073億円という過去最高の業績を達成するが、08年に起きたリーマン・ショックにより、世の中のあらゆる製品の需要が2〜3割減り、大きな影響を受けた。これに対して、固定費を削減するために全社にわたる構造改革を実施した。

・**2005年から積極的にM&Aを実施**

2001年、富士ゼロックスの出資比率を引き上げて連結子会社化し、プリンタに代表される印刷分野で、同社とのシナジー効果が発揮された。この後、同社は2005年にインクジェットプリンタを手がける英国のセリコール社の買収など、国内外約40社を買収した。*

一連の買収には約7000億円を投資しているが、この背景には、2004年時点で同社が現預金4617億円を保有していたという卓越した財務内容があった。

富士フイルムに学ぶマーケティングの6ポイント

富士フイルムの事例を基に、マーケティングの観点から次の6つのポイントを押さ

富士フイルムのアスタリフト

国内外約40社を買収した
2006年に米国の第一ラジオアイソトープ研究所、ドイツでデジタルカメラを手がけるアイピーラボ、そして富山化学工業などを買収。

えておく。

①既存資源の中から次なる基幹事業を育成

写真フィルム事業の消滅を補うために、写真フィルム事業で蓄積された技術資産を活用。ＴＡＣフィルムに代表される新たな収益の柱を創造した。通常なら、新規事業が成長するには時間と手間、そしてコストが必要になる。しかし、同社は自社技術資産をＢ２Ｂ市場に横展開し、そこで必要となる製品を生み出すことに成功した。

②新規事業や自社に技術資産が少ない分野では、M&Aによって時間を買った

同社は、既存資源だけでは不足する事業領域や技術ノウハウに

2-14図 富士フイルム：新技術の登場で中核事業の消滅が確実ななか、苦境を乗り越えた

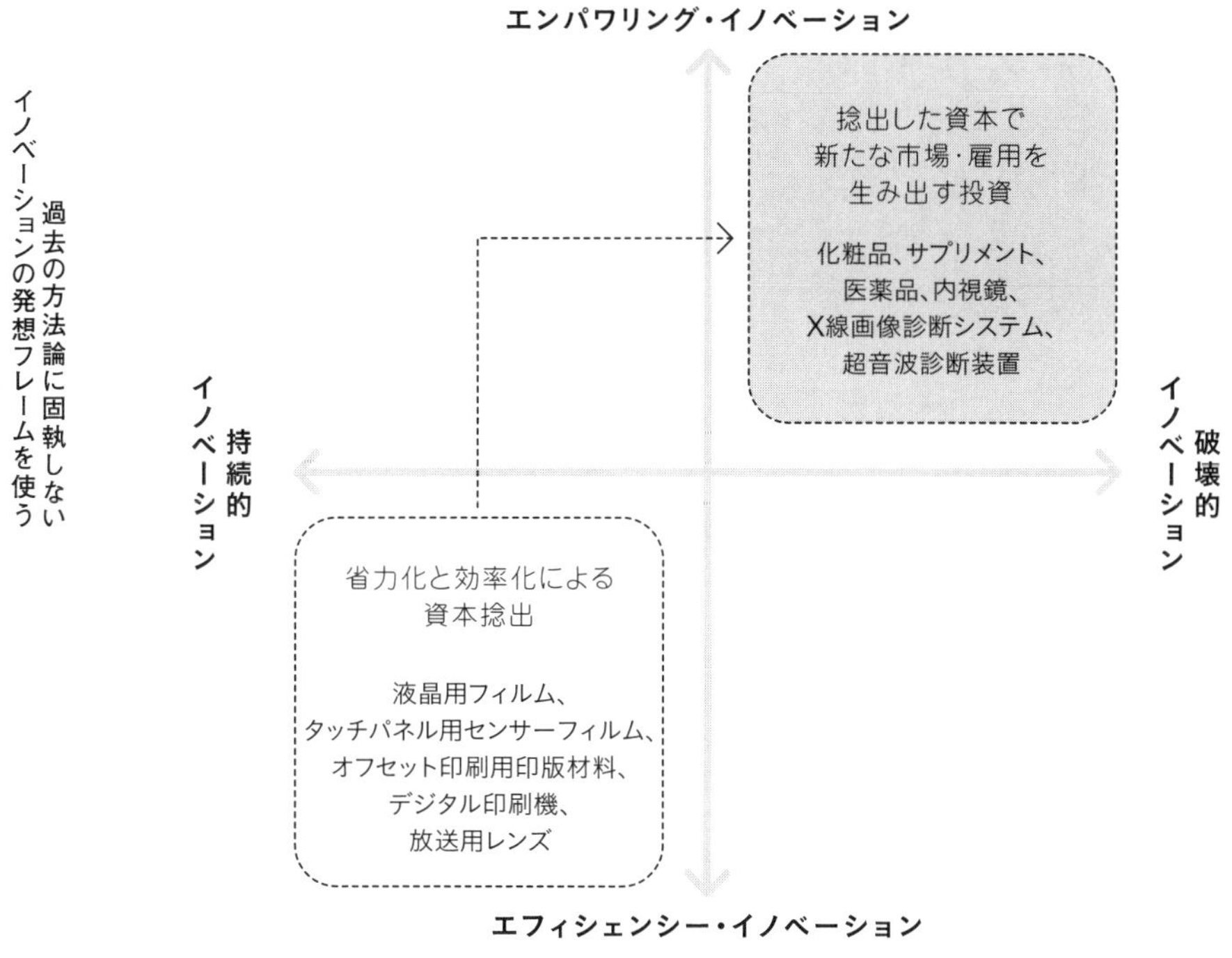

ついては、それらを持つ企業を買収し、時間をお金で買う戦略をとる。

③写真事業で蓄えた潤沢な資金を有効に投資

同社が写真フィルムに代わる基幹事業として着目したＴＡＣフィルムについては、先行して設備投資を行い、その後需要が急拡大するなかでの受け皿となった。また新規事業領域では、積極的にＭ＆Ａを行い、自社が持つ資金を有効に活用した。

④削減と拡大をパラレルに展開

写真フィルム市場の消滅に備えて大規模なコスト削減を行う一方で、強化する事業と新規事業には積極的に取り組んで投資を行った。縮小均衡に陥らないよう、「削減」だけではなく、「拡大」路線も堅持した。

⑤ＣＩの導入（ＣＩ＝発展史↓Ｐ102）

自社の事業領域が変わったことを内外にアピールするためにＣＩ（コーポレート・アイデンティティ）を行い、社名から「写真」を削除した。

⑥３つのイノベーションを使い分ける

同社は新たな市場と消費、そして雇用（仕事）を生み出すエンパワリング・イノベーションとして、化粧品、サプリメント、医薬品、内視鏡、Ｘ線画像診断システム、超音波診断装置など、メディカル・ヘルスケア事業に注力した。持続的イノベーションとしては、液晶用フィルム、タッチパネル用センサーフィルム、オフセット印刷用印版材料、デジタル印刷

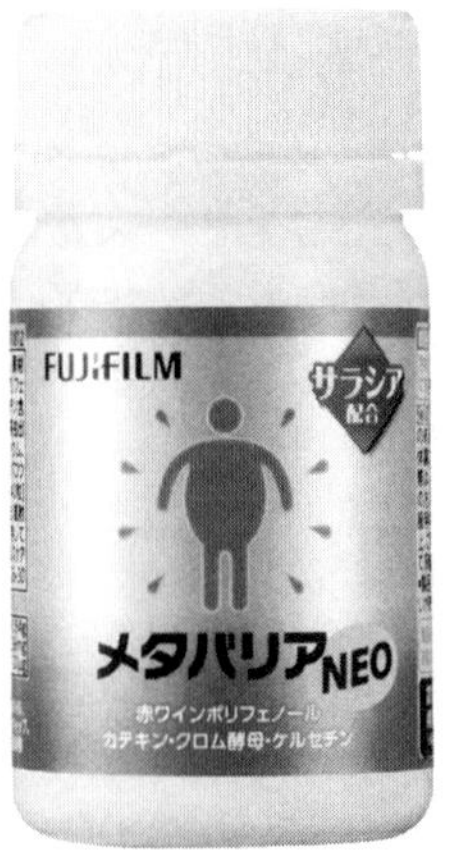

富士フイルムのメタバリア NEO

機、放送用レンズに取り組んで、競争優位性を発揮している【2－14図】（→P363）。さらに、持続的イノベーションを行っている事業の中で、効率化と省力化を図るエフィシェンシー・イノベーションを同時に行い、そこで捻出される資本をエンパワリング・イノベーションに振り向ける対応を行っていることがわかる。

CHAPTER 4

値下げ圧力に屈せず、価値で勝負できるブランドづくり（コーポレート・アイデンティティとブランド研究）

BRAND

ブランドがわかる人とわからない人

ブランドに関わる仕事をしていて、気づくことがある。ある人は、ブランドに関する理論や手法を熟知していなくても、ブランドの価値を理解し、自らブランドを創造できる。一方で、ある人は多くの書籍を読み、ブランドに関するセミナーや学校の授業などで学習しても、ブランドの本質が見えず、自らブランドを生み出すことができない。

この背景にあるのは、その人が自分の生活を自分らしく生きていくために、モノやサービスに関して自ら情報を集め、自ら商品を選択しているかどうかということだ。自分の着るものや持ちもの*、クルマやバイク、自転車、外食する飲食店、自宅のイ

持ちもの
鞄や筆記具、ノート、iPad用のケースやカバーなど、モノなら何でも。

ンテリアなど、日常の暮らしの中で商品やサービスを購入する際に、自分から多くの情報を集めて取捨選択し、自分のこだわりや思い入れを踏まえて、商品を選択していれば、ブランドは理解できるようになる（はずだ）。ブランドは、商品選択時の判断基準でもあるからだ。

「着られるものならなんでもいい」
「機能が良いならデザインは二の次だ」
「価格が安いことが条件だ」
「そもそも身の回りのことに関心がない」
「異性と話をするのが苦手だ」
「モノを買うことがあまりない」
「生活全般に無頓着だ」
「クルマは下駄だ」

もし、ここに掲げた項目のうち、自分に該当する項目がいくつかあれば、ブランドを認識することが苦手な人になる。ブランドは、真逆の価値をつくる考え方だからだ。

ブランドを肌で感じ、ブランドを生み出す背景を理解したいなら、仕事としてだけではなく私生活でも、自分が気に入る商品やサービスの選択基準について思いを巡らしてみてほしい。

ブランドは「高級」「ファッション」「高額品」とは限らない

　ブランドはともすると、高額な靴・鞄、宝石、そしてファッションなどのことだと思い込みやすい。だがブランドは、決してそうした狭い領域だけが対象ではない。「人を魅了する存在」がブランドであり、あらゆるモノやサービス、有形物や無形物がブランド化できる。また、企業の価値を高める資源にもなる。

　たとえば、W・ディズニーが生み出したキャラクター、ミッキーマウスやミニーマウス、英国のクマのプーさん*、日本ではサンリオが考え出したキティちゃん、ご当地キャラクターのくまモン（熊本）や千葉県船橋市非公認のふなっしーなどがある。これらは、「キャラクター・ブランド」に分類される。

　キャラクター・ブランドは、人気が出ると、広範囲にわたる収益源として活用できる。たとえば、映画やテレビ、DVD、テーマパーク、キャラクター・グッズ（文房具、ぬいぐるみ、携帯電話やスマートフォン用のカバーやケース、アクセサリー、ステッカー、Tシャツ、バッグ）などに利用できる

　キャラクター・ブランドのメリットは、「24時間365日、文句を言わず、無給で働き続けてくれる」ことにある。また、ディズニーのキャラクターのように、祖父母・両親・子どもという3世代にわたって愛されるようになると、短命に終わらず、強力なロングセラーブランドとしての地位を確立できる。

　そのため、どの自治体でもご当地キャラクター*づくりに取り組んでいるが、ヒット

くまのプーさん
原作は、1926年に発表されたA・A・ミルンの童話『クマのプーさん（Winnie-the-Pooh）』。

ご当地キャラクター
ゆるキャラとも呼ばれる。

するものは非常に限られる。「着ぐるみ」「カワイイ」などという程度の資源で、キャラクター・ブランドがつくれるわけではないからだ。

実は、ぬいぐるみや着ぐるみとは別に、動物もキャラクターとして魅力を発揮する。動物をキャラクター・ブランドにして自社の資源にした国内と海外の活用事例をこれから述べていく。

和歌山電鐵貴志川線貴志駅の駅長を務める雌の三毛猫「たま」

和歌山県の南海鉄道は、運行していた貴志川線が赤字路線のため、廃止を表明した。その後任として、両備グループ（岡山県を中心に公共交通事業を行い、その経営に定評がある）がその運営を引き継ぐことになった。同グループの岡山電気軌道の子会社として、和歌山電鐵が設立された。

南海電鉄が所有していた線路や駅の敷地は、貴志川町（現在は紀の川市）の所有に変わった。その敷地は、公道や駐輪場として整備されることになり、そこにあった猫たち（「たま」たち）の小屋も、撤去されることが決まる。

猫たちの飼い主は、猫小屋がなくなったために困り、開業記念式典に列席していた両備グループ代表の小嶋光信氏に、猫を駅の中で飼うことを相談。小嶋氏は、猫を駅長に起用して、招き猫にすることを思いついた。そして、「たま」を貴志駅（無人駅）の駅長に任命した。猫を駅長として嘱託にしたのは、日本民営鉄道史上初めてだ。

猫の「たま」が駅長になったことが、メディアに数多く取り上げられた結果、「たま」

に会うために貴志駅を訪れる人が急増。さらに、米国の大手報道局ＣＮＮにまで報道され、海外でも話題になった。２００６年、ＮＰＯ法人「Ｋｎｏｔｓ」から人と動物の共生に貢献した企業に贈られる「２００６年度りぶ・らぶ・あにまるず賞グランプリ」が贈られ、２００８年には和歌山県の魅力を全国に発信したという功績で、和歌山県知事から「和歌山県勲功爵」*がそれぞれ贈られている。

その後、岡山市内で交通事故に遭いそうになっていた子猫が保護され、岡山電気軌道に譲られることになり、高齢になった「たま」を補佐することになった。名前は「ニタマ」といい、その由来は「たまに似ている2番目の駅長猫」ということにある。

駅長の「たま」が誕生したことで、和歌山電鐵は「たま電車」「イラスト化したマスコットのスーパー駅長たま」「代理出張用の着ぐるみ」*、そのほかバッジや文房具などのグッズをつくり出した。外部からも、写真集やＤＶＤの制作のほか、フランスのドキュメンタリー映画『ネコを探して』や邦画『猫ラーメン大将』への出演など、幅広く依頼が舞い込み、同社の大きなブランド資源になっている。

ニューヨークの老舗ホテルに暮らす常連顧客の猫「マチルダ」

米国の作家、ドロシー・パーカーたちが毎日昼食をとり、ラウンド・テーブル（円卓テーブル）を囲んで文学サロンの舞台にもなっていた由緒ある老舗ホテルが、１９０２年にニューヨーク（ＮＹ）・マンハッタンに開業したアルゴンキン・ホテルだ。

１９３２年、ホテルの初代オーナーのフランク・ケースは、雨の夜にロビーに迷い

和歌山県勲功爵
これは貴志と騎士をもじって創作された地位。

代理出張用の着ぐるみ
高齢のため、「たま」に出演依頼が来ても出張できないことからつくられた。

込んできた雄猫を、ホテルの10階にある自室で飼うことにし、名前をラスティとした。その後、ブロードウェイでハムレットを演じていた役者ジョン・バリモアが、この猫に「ハムレット」と命名した。それ以降、雄猫には「ハムレット」、雌猫には「マチルダ」という名前がつけられるようになった。

歴代のハムレットとマチルダは、ホテルのロビーで過ごすようになり、専用の長椅子が用意された。また猫用のドアがついた専用部屋とルームサービスも用意された。常連客は、猫用の餌を持ってこのホテルを訪れるようになる。さらに、猫たちのファンからはいつもメールが届く。

猫の面倒は、ホテルのスタッフによって役割分担されている。ドアマンは餌係、総支配人のアシスタントはマチルダ宛のメールに返信する係になっている。

２０１１年、NY市保健精神衛生局が、ホテルのロビーを使用できるのは人間だけにすると規定した衛生条例を施行した。そのため、ホテル史上「最も厚遇されている常連顧客」といわれ、雌猫としては3代目（トータルでは10代目）に当たる「マチルダ3世」は、フロントで紐につながれてしまうことになった。マチルダが、ロビーの中にある食事の提供をしている座席エリアに行かないように、トレーニングするためだ。

これを知って、地元紙『ニューヨーク・ポスト』は「猫怒る」と報道。フェイスブックのマチルダのページには、マチルダを擁護するメッセージが数多く書き込まれた。

マチルダがこのホテルに暮らしているだけで、これだけの話題性を継続して提供でき、集客のためのブランド資源にもなっているわけだ。

米国の高級ホテル、フェアモント・コプリー・プラザ・ホテルの「接客犬」

ニューヨークで盲導犬になるためにトレーニングを受けていた雌のラブラドール・レトリバーに、軽い視覚障害があることがわかり、盲導犬になれなくなってしまった。この犬はのちに「ケイティー・コプリー」と呼ばれるようになる。

ケイティーは2004年、改修が終了したマサチューセッツ州のボストンにある高級ホテル「フェアモント・コプリー・プラザ・ホテル」で採用されることになった。盲導犬から、「接客」というサービス業への転職だ。ケイティーの職務は、ホテルを訪れる人たちを幸せな気持ちにさせ、ロビーに来るゲストたちを歓迎することだ。

ケイティーの転職は大成功し、常連客から大変な人気を集める。ホテルの宿泊者がケイティーとの散歩を望む場合には、3カ月前から予約する必要があるほどだ。

ケイティーは自分のメールアドレスを持っており、ホテルのギフトショップでは、ケイティーのミニチュアモデルが販売されている。ロビーには、ケイティー専用のソファも用意されている。

ケイティーはこのホテルに10年以上勤務しており、すでに高齢で引退が近づいている。そのため、新規スタッフとして、4歳のラブラドール・レトリバーの「カーリー・コプリー」が仲間に加わった。カーリーは現在、ケイティーから業務内容についてOJTを通じて学んでいるらしい。

この事例も、ホテルの「優しさ」「動物への愛情」「ユーモア」という新たなブランド資源を生み出し、このホテルを語るのにふさわしい「物語性」を創出している。

ブランドは実務を通じて誕生し、理論は後から登場してくる

マーケティングは、ビジネスを通じて実践される。そのため、学識経験者などによって体系化された理論は、後から出てくることが多い。ブランドもその1つだ。

また、すでにある企業や製品、サービスから理論が体系化されることが多い。そのため、新たにブランドを生み出す際の視座となる文献は限られる。

ブランドの観点から各国の動きを見てみると、そこにはお国ぶりが見える。

まず、日本が戦後、ゼロからスタートした頃は、海外製品の模倣*に始まり、その後しだいに、独自の技術開発を行って力を発揮するようになり、ソニーやホンダという20世紀を代表する魅力的な企業が出現する。

両社とも卓越した経営者がリーダーシップを発揮して、企業を代表する魅力ある製品を世界に送り出し、そのブランド力を高めていった。同時期に、松下電器（現パナソニック）やトヨタ自動車も同じように力を発揮していく。

この流れのなかで、日本が世界の企業と競う最大の資源として注力したのが「技術力」だ。日本企業は、商品開発を行う際の競争優位性に「技術」を置き、ブランドとしては、モノ不足を背景にして「マスブランド戦略」を採用していった。

そのため、企業と製品の知名度と認知度を高めるために、マスメディアを使った大規模な広告を投入。製造はメーカーが行い、販売は小売が行う「製販分離」の政策が

海外製品の模倣
ナイフやフォークなどのカトラリーデザインを模倣して製造した。

取られた。20世紀、世界に誇る日本の業界とブランドといえば、家電や自動車などの工業製品だった。

ヨーロッパを見ると、フランスやイタリアに代表されるアパレルファッション、鞄や靴などの皮革製品、農作物、ワイン、貴金属、家具、時計、ドイツに代表される自動車（スペシャリティカーも含む）などでブランド力が発揮された。また、歴史を持つローテク分野でも、ブランド力を発揮している。現在でも、強力なブランド力を発揮している製品企業が多い。

米国はマス・マーケットでのマスブランドが多く、「コカ・コーラ」に代表される飲料やビール、自動車、アパレル、スポーツ用品、宝飾がある。そして近年、圧倒的な力を発揮しているのが、アップルに代表されるＩＴ関連企業と、前述したプラットフォーム企業群の製品やサービス、ソフトウエアだ。

20世紀後半、旧来型の製造業分野で、多くの米国企業が日本企業に敗れてしまった。そして、米国の有能な人材雇用の受け皿になったのが、ＩＴ関連企業やプラットフォーム企業群だった。米国の新興企業が世界で覇権を握った背景には、こうした事情があったのだ。

日本はモノづくりを得意としたことで、「技術力」に力点を置いたブランド化が行われてきた。しかし、家電や携帯電話、パソコン市場を見ればわかるように、技術力は日進月歩で進んでいる。最新の技術力をアピールしてもすぐに他社に追いつかれてしまい、優位性を長く発揮することができなくなってしまった。

日本の取り組みと対照的なのがヨーロッパだ。ファッション、靴、鞄、ワイン、料理、高級車など、単なる技術力だけではない、付加価値を加味したブランド化が得意だ。**彼らのブランディング視点の特徴は、マスブランド化でなく、徹底的にSTPが行われたセグメント・ブランドになっているところにある。**

ブランドワークショップ——自分でブランドをつくってみる

理論をいくら解説されても、いざ自分でブランドを創造しようとすると、具体的な取り組みの手順が見えない人が多いと思う。そこで、ここでは自ら考えながら、ブランドを生み出す視点と手順（あくまでも1つの事例にすぎない）を体得してほしい。

ブランドは、「企業ブランド」「製品（商品）ブランド」「サービス・ブランド」「店舗（ショップ）ブランド」「キャラクター・ブランド」など多岐にわたる。だが、ここでは一般的な「製品（商品）ブランド」を取り上げる。

・課題

「お菓子（スイーツ）」のカテゴリーで、新製品（既存品のリニューアルでも可）を開発し、ブランド価値を生み出しながら、売上を向上させることになった。あなたがその製品担当者だとして、どのように取り組めばよいか考えてみてほしい。企業規模は大企業ではなく、中堅企業とする。

自分ならどんなマーケティングを実践し、どんなブランド価値を生み出すかを考えてみよう。その後で、これから解説する内容を読んで参考にしてほしい。

ＳＴＥＰ① 既存のお菓子とスイーツ市場を俯瞰《ふかん》し現状を把握する

〈マス・マーケット商品とセグメント・マーケット商品が存在する〉

お菓子（スイーツ）の市場は、

・明治、森永製菓、江崎グリコなどの大手企業が製造し、コンビニエンス・ストア（ＣＶＳ）や量販店、スーパーマーケット（ＳＭ）などの販路を通じて販売されているマス・マーケット商品と、

・中堅・中小企業が製造し、デパートや空港、駅の店舗（キヨスクではない専門店やギフトショップ）を通じて販売されているセグメントマーケット商品

の２つに大別できる。

マス・マーケット商品は、廉価*な設定になっている。その一方、セグメント・マーケット商品の場合は、高額*になることが多い。たとえば、イタリアのブルガリのチョコレート１個の値段は、明治の板チョコの約10倍だが、量はとても少ない。

〈必需品ではない〉

お菓子（スイーツ）は必需品ではない。そのためお菓子市場は、女性を中心に、需要刺激や購入促進を図る必要がある。

〈自家需要とギフト需要がある。またギフトにも種類がある〉

マス・マーケット商品は基本的に、「自家需要」が中心だ。したがって購買者にとっては、自分用、子ども用ともに、手軽な価格で購入できることが重視される。

廉価
たとえば、明治のミルクチョコレート58ｇの参考小売価格は税込みで１０８円。

高額
たとえば、オーストリアの「デメル」の猫ラベルチョコレートは25枚入りで１９４４円。イタリアの「ブルガリ」のチョコレート「ジェムズ」３個入りは３０００円。

セグメント・マーケット商品は「ギフト需要」が中心で、2つに大別される。1つは手軽なお土産用で、もう1つはお使い物用（贈答用）だ。後者のほうが、価格の高いモノが選ばれることが多い。

〈マス・マーケット商品とセグメント・マーケット商品のチャネルと販売方法の違い〉

マス・マーケット商品には、安価なものが多い。そのためCVSや量販店、SMを始め、数多くの販路で販売し売上を増やす必要があり、販売方法はセルフ販売が中心だ。

セグメント・マーケット商品は前述したように、デパートの地下食料品売り場や、近年急速にテナント誘致が進んでいる空港や東京駅の専門店、ギフトコーナーなどで販売され、対面販売が中心になっている。

〈マス・マーケット商品とセグメント・マーケット商品の商品形状と金額の違い〉

マス・マーケット商品は廉価で自家需要を想定しているため、容量は食べきりサイズが多く、ギフト用として利用されることは少ない。また、ギフト用にラッピング（包装）されることも少ない。

セグメント・マーケット商品は、手軽なお土産用*の場合、1箱10個程度の数（社員一人ひとりに分ける必要がある）が必要で、価格も1000円程度が中心だ。比較的オフィシャルな場面で購入されるお使い物の場合には、そうした数や金額の制約はなくなる。

〈マス・マーケット商品とセグメント・マーケット商品の商品内容の違い〉

マス・マーケット商品の場合は、ある程度の期間にわたって販売できる商品設計が

手軽なお土産用
出張した際の自社の社員への土産や取引先への手土産など。

必要になる。セグメント・マーケット商品の場合には、賞味期限が短くても、それを求める顧客が生み出せれば、制約はなくなる。ただし、売れ残りが出ると廃棄ロスが生まれる。賞味期限が短い生ケーキに比べて、焼き菓子（たとえばクッキー）などの場合は、廃棄ロスが少ない分だけ利益率が高くなる。

STEP② 自社製品が参入する市場を検討して決定する

〈マス・マーケット市場とセグメント・マーケット市場のどちらに参入するかを決める〉

量を売って売上規模を大きくしたいなら、マス・マーケット市場を狙うことになる。だがその場合、自社が物流網を始めとするサプライチェーンを備えているかどうかが重要になってくる。

卸機能を使うとしても、小売業のバイヤーが導入を認めないと、商品は店頭に並ばない。仮に導入が認められても、先行する大手企業が店頭を占有しているため、売場や棚の位置が悪くなる。

セグメント・マーケット市場を狙う場合は、数ではなく質をアピールして売ることが多い。そのため、商品単価を高くする必要がある。直営店で販売する際には、集客力を発揮できる話題性なり付加価値が必要だ。テナントとして出店するなら、ディベロッパー*に認められ、テナントとして誘致を受ける必要がある。

さて、あなたならどちらの市場を選ぶだろうか？

ディベロッパー
空港や駅の商業店舗、ショッピングセンターを運営する企業。

STEP③ 想定顧客を設定し、製品をデザインする

〈想定顧客（重点顧客）を誰にするか〉

マス・マーケット商品でもセグメント・マーケット商品でも、想定顧客（重点顧客）として誰を設定するかが重要になる。顧客の設定により、商品の内容や販売方法、サービスに至るまで変わってくるからだ。

マス・マーケット商品の場合、マスプロダクトであるため、ある程度顧客の幅を広げておく必要がある。逆に、セグメント・マーケット商品なら、かなりこだわりがある人に絞り込んでも構わない。ただし、「女性」「子ども」「ビジネスマン」といった大まかな区分けでは、セグメントしたことにはならない。

あなたなら、どんな人を想定顧客（重点顧客）として選ぶだろうか？

〈商品をどうデザインするか〉

商品には、品質（性能）・特徴・商品本体と商品パッケージのデザインなど、多様な差別化ポイントが存在する。

マス・マーケット商品では、小売店店頭の商品陳列棚に並べられるように商品のサイズを決めておくことや、ラッピングができないといった制約条件を念頭に置いて、商品仕様を検討する。また、品質をアピールしながら、同時に利便性や手軽さという要素も加味する必要がある。

逆に、セグメント・マーケット商品では、商品仕様について制約は少ない。パッケー

ジデザインはもとより、ラッピングも重要な付加価値を形成する要素になる。
量でなく質で勝負して、販売価格を高くしたいなら、商品のプレミアム性をアピールできる商品設計とコンセプトを考える必要がある。場合によっては、他社が持つブランド資源とコラボレーション（協働）することも選択肢に入れる。たとえば、著名シェフや海外の職人、レストランや専門店との協働ブランドにする場合もある。ただし、ブランドを属人化させるとリスクもある*

マス・マーケットとセグメント・マーケットのどちらを選んだ場合でも、一度購入されたらそれで終わりにならないよう、リピート購入を促し、顧客のロイヤリティと商品評価が高まるように工夫することが欠かせない。

さて、あなたはどんな商品デザインを考えるだろうか?

STEP④ ブランディングを検討する

〈商品のブランド価値を高める取り組みを図る〉

ブランド化を図るうえで絶対に必要になるのは、他社商品にはない魅力をつくり出し、差別化することだ。差別化するポイントとしては、次のような視点がある。

・商品による差別化

前述したように、商品の魅力は品質（性能）や特徴に限らず、商品の製造方法（たとえば手づくり）、つくり手の哲学、マイスター（職人技）、第三者評価、採用実績（たとえば航空会社が採用する）、商品やパッケージ、そして手提げ袋まで含めた「包括

リスクもある
たとえば、その人が他界された場合など。

したデザイン性」など、多様な差別化ポイントが存在する。ただし、技術力の高さ（世界最速、最新、高性能など）だけでは、すぐに競合他社に追いつかれてしまうので、別の魅力を開発して付与することが必要だ。

・店舗やユニフォームによる差別化

商品を販売する店舗のデザイン、そこに働いているスタッフの制服によっても、ブランド価値をアピールすることができる。付加価値の高い企業のブランドになればなるほど、店舗へのこだわりと投資は増えていく。

・社員やスタッフによる差別化

企業と商品は、「モノ」だけでイメージが形成されるわけではない。企業に働く社員や店頭で顧客に接客するスタッフを通じても形成される。セルフ販売では難しいが、対面販売なら社員やスタッフを通じて、「礼儀正しさ」「親しみやすさ」「丁寧で親切な対応による安心感」「信頼感」「迅速な対応」「卓越したサービス」「卓越したコミュニケーション」などの印象を与え、他社との違いを鮮明にすることができる。この点で、最も優位性を発揮したのがディズニーランドだ。

・販路（チャネル）による差別化

ブランド価値を構成する要素の中で重要なのが「販路」だ。価格の安さだけを売り物にしている販路で安売りされていれば、生活者はそこに付加価値を感じることはできなくなる。また、量を売るために全国どんな店舗でも販売していると、付加価値がなくなり、ギフトなどの希少性や特別感が必要な用途には使われなくなる。

自社の商品をどこで、どのように販売するかを考えて、コモディティ化を避けるわけだ。

自社でブランド価値をコントロールできることが、ブランドには欠かせない要素だ。ブランド・イメージを維持し高めることができる販路としては、「路面直営店*」「地域一番店のデパート」「空港や駅の専門店やギフトショップ、直営店」「アトレやルミネに代表されるショッピングセンター」などがある。

・イメージによる差別化

生活者（顧客）が企業と商品に対してどのようなイメージを持つかによって、対価を支払う姿勢は変わる。企業が商品のアイデンティティ（特徴づけとポジショニング）を決め、それをあらゆるツールと方法でコミュニケーションすることで、顧客が想起するイメージは形成される。

コミュニケーション手段としては、マスメディアによる広告や番組や記事などのパブリシティ、フェイスブックに代表されるSNSやブログなどに掲載される生活者のコメントや書き込み、自社のホームページ情報に加え、歩く広告塔ともなる手提げ袋やカタログ、やらせでない著名人や文化人、スポーツ選手などが実際に愛用しているという声や生活者の熱烈なファンによる応援なども該当する。

・企業による差別化

何も社会貢献活動をしていない企業よりも、企業活動を通じて社会貢献活動をし

路面直営店
ヨーロッパのブランドの多くは、テナントではなく直営による繁華街での路面店展開を行っている。

ている企業*の商品を選ぶ人のほうが多くなる。企業のブランド力とは、売上高や利益という尺度だけでなく、社会への貢献度や文化度も大きな構成要素になる。

これら以外にも、誰も気づいていない差別化ポイントを見つけて、自社だけの資源にすれば、ブランド力を向上させることができる。

あなたは、どんな差別化策を講じてブランディングを考えただろうか？

社会貢献活動をしている企業
アフリカのマリ共和国で清潔で安全な水を飲めるようにする、ボルビックの「1ℓ for 10ℓ」の取り組みが好例。

こうして差別化ポイントを考え出した後に、市場投入から育成に至るマーケティング・プランを策定し、実行することになる。その際に、「第1部 マーケティング発展史」の112ページで述べた「ブランド・レゾナンス・ピラミッド（ブランド・エクイティ・ピラミッド）」などの理論を参考にして、自分たちが考えたブランドの内容について盲点がないかどうかをチェックしておく。

このブランド・レゾナンス・ピラミッドで考えると、巷で人気のあるお菓子（スイーツ）は「セグメント・マーケット商品分野」であり、その分野の各社は、ブランド力を高めるためにさまざまな取り組みを行っていることがわかる。

〈どちらかというとマス・マーケット商品〉
白い恋人、六花亭のマルセイバターサンド、人形焼、うなぎパイ、八ツ橋

〈セグメント・マーケット商品〉
ピエール・エルメ・パリ、アンリ・シャルパンティエ、ゴディバ、グラマシーニューヨーク、ケーニヒスクローネ、キハチ、ラデュレ、オッジ、ピエール・マルコリーニ、

パティスリー・サダハル・アオキ・パリ、ロイズのチョコレート

マーケターの着眼点「ブランドを考える際に犯してはいけない過ち」

ブランドを考える際に、誰からも愛されるブランドをつくろうとする人がいる。一見正しいように見えるが、強いブランドをつくるうえではこれは好ましくない。「信頼性」「倫理観」「安全性」「安心」といったどんなブランドにも必要な要素は重要だ。しかし、自社ブランドの魅力について、他のブランドとの違いを明確にするには、

・顧客にしたい人と、顧客にしてはいけない人を明確に区別する
・万人に愛されようと考えない
・なんでも顧客の声は正しいと思い込まない

という視点も重要だ。

ところで、合コンやお見合いの際に、女性が男性を評価する際によく使う「微妙な言いまわし」がある。「いい人なんだけどね……」という表現だ。悪い人ではないが魅力を感じない男性という意味になる。友人としてならよいが、男女の関係になる気はないという意味だ。

ブランドも「いいブランドなんだけどね」「嫌いじゃないけどね」「悪くはないよね」と表現されたら、その価値は高くないと考えたほうがよい。いくらいい人

でも、相手が一線を越えてくれなくては恋愛が成就しないように、ブランドも一線を越えて愛されないかぎり、強いブランドとはいえない。

強いブランドは、いい人でいるより、時には「甘く危険な香り」を放ったほうが魅力になるのだ。

日本では、「誠実」「信頼」「安全」という真面目な要素を重要視する傾向がある。だが、日本企業に少ないイメージ因子として、「ユーモア」「ウィット」「セクシー（エロかっこいい、エロかわいい）」「幸福感」などもある。

ストアブランドやサービス業でブランド価値を向上させたい場合

『なぜみんなスターバックスに行きたがるのか？』（講談社）の著者スコット・ベドベリーは、ブランディングの8原則として、次の点を指摘している。

①賢明なブランドはブランドの重要性とブランドのレゾナンス*に関心を払う

②自らはどのようなブランド（自分は何者なのか）であり、ブランドの由来・発祥からこれから目指している姿を重視する

③自社のブランドでできるからという理由で、そうすべき理由にはならない*

④偉大なブランドとは顧客との感情や信頼と結びつき、永続的な関係性を築くことに注力する

⑤ブランドに関するあらゆることが重要だ*

⑥良いブランドには、良い親が必要だ（問題を抱える企業から、良いブランドは生まれない）

レゾナンス
顧客とブランドとの関係性・絆・ロイヤリティなどの強さと深さ。

そうすべき理由にはならない
たとえば、高級ブランドが低価格品を提供することは、すべきではない。

重要だ
たとえば、トイレ1つとってもそうだ。

⑦偉大なブランドはその力を良いことに使い、利益よりも生活者と原則を優先させる

⑧技術よりも重要なのは、シンプルさと人間性だ

以上の点は、自分たちが組み立てたブランドについての中身をチェックする際、活用できる視点だ。

これ以降は、日本企業がブランド価値を高めていった事例を通じて、どうすればブランド価値を高められるかを分析してみる。

日本の独自性が光るブランディング「ソメスサドル」

北海道の皮革製品メーカー、「ソメスサドル」は、北海道歌志内《うたしない》市に本社、砂川市に工場を持ち、乗馬用の鞍などの馬具と鞄などを製造販売する地場型中小企業だ。同社は「日本のエルメス」とも呼ばれ高い評価を得ている。同社のブランド価値を高める方法について見てみよう。

〈ソメスサドル誕生の経緯〉

ソメスサドルは、東京オリンピックが開催された1964年、産炭地振興条例*の適用を受け、オリエントレザーという名の企業として創業した。

当時、北海道の開拓を支えた農耕馬の馬具職人は、需要減に悩んでいた。同社はそんな馬具職人を道内から募り、輸出用馬具メーカーとしてスタートする。

しかし、第1次オイルショックと円高によって輸出が急減し、同社は債務超過に陥っ

産炭地振興条例
当時炭鉱の閉鎖が相次ぎ、石炭に代わる産業を育てるための条例。

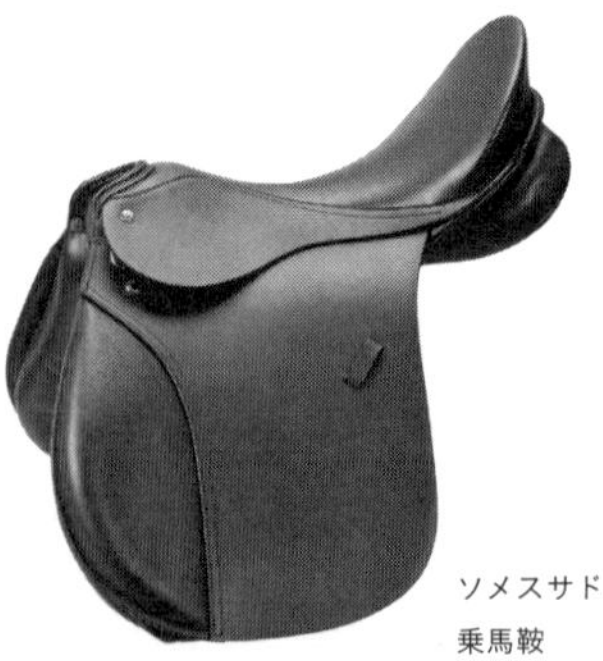
ソメスサドルの乗馬鞍

た。同社出資者の1人だった父親が倒れたため、当時20代だった長男の染谷純一氏が経営を引き継ぐ。ここで同社は大胆な人員整理を行う。そして、馬具だけでなく、馬具づくりで磨いた技術を生かして、鞄やバッグの生産を本格的に開始する。

同じ頃、ドイツのフランクフルトで開かれた馬具の見本市に同社も鞍を出店し、そこで名高いメーカーの馬具づくりに触発される。さらに、エルメスに代表される一流ブランドの革製品にフランスで触れたことも、同社の方向性を決めた。

同社では効率化を図る取り組みを強化し、たとえば、馬具をつくるときにはあぐらをかいて作業していたのだが、立って作業する方法に切り替えるようにした。

1985年、フランス語の「sommet（頂点）」と英語の「saddle（鞍）」から造語した「ソメスサドル」に社名を変更。「常に最高を目指す」という同社の姿勢が込められた。

〈ソメスサドル社の製品づくり〉

サラブレッドで疾走する競馬の騎手は、幅18ミリの2本のあぶみ革に全体重をかけ、そこに命を預ける。鞍と馬を一体化させる「腹帯」は、切れたり緩んだりすることは許されない。しかも、鞍は強さだけでなく、軽さとしなやかさも要求される。こうした制約のなかで、同社の職人たちが鞍づくりに取り組み、独自のノウハウを蓄えていった。

ソメスサドルは中央競馬や地方競馬、さらには皇族が使用する馬具まで、年間に約800背を製造して提供し、その高品質な製品は高い評価を得ている。有馬記念で武

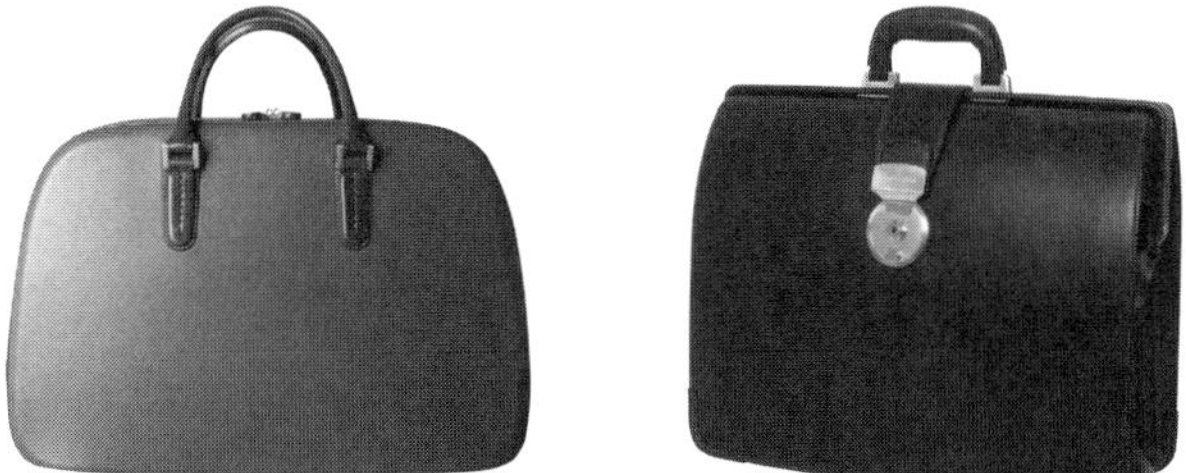

ソメスサドルのバッグ

豊騎手と共に有終の美を飾った「ディープインパクト」*に使用された鞍も、2006年に同社が手がけたものだ。

馬の鞍づくりで磨かれた技術によってつくられるバッグ類もすべてハンドメイドで、製品ごとにつくり込みが異なり、複雑な工程を踏む。

〈ソメスサドル社のブランド力が向上した取り組み〉

同社は、馬具づくりで培われた技術を生かし、フランスやイタリアから選び抜かれた高品質の革を調達し、*馬具と革製品の製造販売を行っている。同社の卓越した製造ノウハウによって生まれた馬具は中央競馬や地方競馬の御用達となり、皇族用の馬具製造まで手がけている。

2003年、新宿伊勢丹本店メン

2-15図 ソメスサドルのブランド・レゾナンス・ピラミッド

関係性
（愛着、コミュニティ、積極的な関わりなど）

指名買い、根強いファン層、特権的階層との連帯感、
修理をして長く使い続ける

判断
（品質、信用、推薦、優位性など）

国産、各界での使用実績、
伊勢丹での取り扱い

感情
（楽しさ、興奮、安心感など）

上質感、特別感、
クラス感

パフォーマンス
（商品特徴、価格、サービス、デザインなど）

鞍づくりの技術力とノウハウ、
高品質の革素材、高価格、
無駄のない美しいデザイン、
リペアサービス

イメージ
（ユーザープロフィール、購買・使用状況、パーソナリティ、歴史、伝統など）

VIPへの贈答品、
百貨店など限られた販路、
騎手や皇族御用達、日本のエルメス

顕現性
（認知など）

評判が良い、知る人ぞ知る

ズ館のリニューアル時に1階正面玄関前に売り場が誕生し、デパート業界とその関係者に一躍知られることになった。

２００８年に開催された洞爺湖サミットで、Ｇ８の各国首脳とその夫人に北海道知事から贈られた品も、特別仕様の同社の「ダレスバッグ」だ。

その他にも洋服のセレクトショップ、トゥモローランドとコラボレーションを行い、積極的にパブリシティ活動にも取り組んで、「日本のエルメス」と評されるほどの評価を獲得。根強いファンを創造することに成功した。

ちなみに、同社の鞍「オールパーパスサドル」は30万２４００円、男性用鞄「エグゼクティブ ダレスバッグ」は11万８８００円となっている。

ソメスサドルに学ぶマーケティングの５ポイント

以上のソメスサドルの事例から学べるのは、次の①～⑤のポイントになる。

①クラス感のある馬具を製造する、という企業イメージを活用

ヨーロッパを中心に、乗馬には上流階級のたしなみというイメージがある。同社は、馬具メーカーからスタートしたフランスのエルメスと同様に、乗馬用の馬具を製造するという企業イメージを活用して、バッグなどの革製品に付加価値を付与することに成功している。

②プロフェッショナルと皇族の愛用品化

中央競馬や地方競馬の騎手たちに愛用され、さらにはクラス感をアピールする皇

ディープインパクト
２００４年にデビューし、２００６年に引退。彗星のごとく競馬界に現れ、その２年間で競馬界に多くの衝撃を残した競走馬。

高品質な革を調達し
ヨーロッパには、乗馬用の鞍を製造する著名メーカーだけに門戸を開放して材料を供給する超一流タンナーが存在する。タンナーとは、皮をなめす企業のこと。

室御用達になったことで、馬具メーカーとしての評価は確固たる存在になった。

③伊勢丹本店に採用されたことで、業界関係者の評価を獲得

乗馬の世界に加え、「デパートの中で最も目利き」といわれる伊勢丹本店で採用されたため、デパートを中心に小売業関係者への知名度と認知度を一気に獲得できた。

④VIPの贈答品として選ばれた実績で、企業イメージと商品ポジショニングを向上

G8の首脳とその夫人たちへの贈答品として選ばれたことで、企業イメージと商品ポジショニングがさらに向上した。

⑤販路にこだわってブランド価値をコントロール

同社の製品は砂川ファクトリー&ショールーム、札幌店、新千歳空港店、東京青山店という直営店や、デパート、高付加価値文房具店など商品イメージと価格をコントロールできるチャネルと、オンラインショッピングを中心に販売。これらの限定販路で、同社のブランド価値と販売価格がコントロールできている。なおこの事例は、B2B市場における実績をB2C市場に転用して成功した事例ともいえる。

人工皮革ブランドの価値を高めた東レの「アルカンターラ」

ブランド価値を高めていった2つめの事例は、繊維メーカーの東レが展開する人工皮革素材のブランド、「アルカンターラ®」だ。

〈東レの人工皮革の歴史〉

1970年に誕生した東レのスエード調の人工皮革は、故岡本三宜氏が開発した超極細繊維生産技術をベースに、断面積比で髪の毛の400分の1という細さの原糸を用いた製品として開発された。日本国内では「エクセーヌ®（Ecsaine®）」、米国では「ウルトラスエード®（Ultrasuede®）」というブランド名で展開され、ファッション業界で注目された。

ヨーロッパでは1972年、イタリアのアニッチ社との合弁でイガント社（現在のアルカンターラ社）を設立して現地生産を開始。ヨーロッパでは、「アルカンターラ®（Alcantara®）」として展開する。

東レの人工皮革は、発色性や上質な風合いなど意匠性に富み、さらに耐久性や耐候性など、本革スエードや既存の人工皮革と比較して、優れた製品特性を備えている。

〈アルカンターラ社の特徴〉

アルカンターラ社は、イタリア（工場はローマ近郊）に紡糸から染色仕上げまで一貫した生産拠点を置き、「メイド・イン・イタリア」のコンセプトを売り物にしている。

そのためイタリア独自の技術ノウハウ、生産、研究開発、サステナビリティ、そし

アルカンターラ®を採用したカーシート

てテーラーメイドのソリューション提案によるマーケティングを特徴としている。また、同社のマネジメントもイタリア人主体で行い、ヨーロッパのラグジュアリーブランドとして、世界に通用する独自のポジションを構築している。

〈ブランド力を一気に向上させる取り組み〉

東レは、前述の人工皮革のメリットが生かせる市場を模索していたが、ヨーロッパの自動車市場、なかでも高級車市場に着目する。

自動車業界は、非常に高い品質基準を設けている。安全性はもとより、要求される基準をすべて満たしたうえで、快適で質の高い居住空間を実現できる内装材が必要とされる。東レは、高級車の内装に本革を用いる

2-16図 アルカンターラ(東レ)のブランド・レゾナンス・ピラミッド

関係性
(愛着、コミュニティ、積極的な関わりなど)

自動車内装材全体の用途開発、
高級車メーカーとの継続的な取引

判断 **(品質、信用、推薦、優位性など)**	**感情** **(楽しさ、興奮、安心感など)**
イタリア製、 高級自動車市場での使用実績	上質感、特別感、 ラグジュアリー感
パフォーマンス **(商品特徴、価格、サービス、デザインなど)**	**イメージ** **(ユーザープロフィール、購買・使用状況、パーソナリティ、歴史、伝統など)**
超極細繊維生産技術をベースにした 人工皮革の開発、発色性や上質な風合いなどの意匠性に富み、 優れた耐久性、耐候性を持つ製品特性	メイド・イン・イタリア、 ヨーロピアンラグジュアリー、 欧州高級車専用、

顕現性
(認知など)

評判が良い、知る人ぞ知る

ことが多い自動車市場に注力し、１９８０年代から本革に代わる高級素材として、「アルカンターラ®」を普及させることに注力していく。

１９８４年、自動車の内装用として本格的に「アルカンターラ®」を採用したのは、イタリアのランチアだ。その後、同社の全車種で採用されることになった。これを契機として、マセラティ、ランボルギーニ、ＢＭＷ、アウディ、メルセデス・ベンツ、アストンマーチン、ポルシェのシート素材や内装生地として採用されてく。

この動きに呼応し、日本でもホンダや日産、トヨタなど日本車の一部にも採用される。近年は、カーシートだけではなく、さまざまな素材バリエーションを増やし、ダッシュボードや天井などの内装材としても採用されている。

〈高級自動車の世界共通の内装用グローバル・ブランド〉

「アルカンターラ®」ブランドが、ヨーロッパの高級車の内装材として採用されたことで、そのブランド名は広く市場に浸透し、そのブランド価値も高まっていった。東レは２００３年、「アルカンターラ®」を高級自動車向け内装用素材の世界共通グローバルブランドとして統一する。

さらに２０１３年には、全用途でのさらなる市場拡大に向けて新たなブランディング戦略を発表。欧州発のラグジュアリーブランドとしてイタリア生産品は「アルカンターラ®」、先端テクノロジーを駆使した日本発ブランドとして日本生産品は「ウルトラスエード®」と位置づけ、ブランド差別化を推進し、日欧米はもちろん、中国やアジア、新興国を含む全世界での展開を両拠点から進めている。

アルカンターラに学ぶマーケティングの5ポイント

以上、東レの「アルカンターラ®」の事例から学べるのは、次の①~⑤のポイントになる。

①付加価値がアピールできる市場として高級車市場に注力

付加価値が発揮されにくい生産財市場において、自社の製品価値が高められる市場として高級車マーケットを狙い、見事に成功させた。

②自動車での用途開発を行い、自社市場を拡大

単に本革の代用品にならないよう、シートカバーだけでなく内装材全体に用途を拡げ、自社の製品市場を拡大していった。

③環境対策に取り組んで新たな資源化に成功

製品機能の高度化に加え、環境に配慮した側面として、同社は製造工程で二酸化炭素（CO_2）の排出量を49％削減。アルカンターラ社は２００９年にイタリアの企業として初めて「カーボンニュートラル」の認証を獲得した。「アルカンターラ®」を採用する企業の、環境対策上のメリットも生み出した。

④「モノの差別化」に終わらず、高級車市場におけるブランド戦略を推進

製品の差別化視点にとどまらず、高級車に採用されたブランドとして「アルカンターラ®」のイメージを確固たるものにしてブランド化させた。同時に、高級車市場で「アルカンターラ®」が採用されたことで、同製品の収益性を高めることにも成功した。

⑤最適なブランド発信と拠点政策を推進

東レは日本製の人工皮革をファッション・インテリア分野中心に浸透させる一方、高級品の市場ではあえてイタリア製にこだわり、マネジメントも現地で行うなど、ブランドとして最適な拠点づくりを行った。この視点は、これまで日本企業にはなかった発想であり、注目しておきたい。

SERVICE

CHAPTER 5

新たなビジネスモデルとは、「製造業のサービス業化」と「サービス業の製造業化」だ
（モノとは異なるサービスのマーケティング）

日本のサービス産業のレベルの高さ

日本では経済界を中心に、日本の基幹産業は製造業であり、モノづくりを行う企業こそが主流だとする考え方が長く続いた。カタチのないサービス業は、製造業と比較して軽く見られる傾向にあったのだ。

その一方、新幹線や国内の航空会社、電車やバスなどの公共交通機関、デパートやSC（ショッピングセンター）といった専門店、シティホテルやレストラン、さらに居酒屋に至るまで、「接客」に代表される日本のサービスレベルは、世界を圧倒するレベルにまで高度化した。

公共交通機関は清潔で運行予定表通り正確に運行され、タクシーの車内は清潔で法

外な料金を請求されることなどない。チップの制度がないにもかかわらず、日本のサービスは世界トップレベルにある。

日本を訪れた海外からの観光客や、日本で仕事をするために滞在している外国人は、日本のサービスレベルに驚き、そのほとんどが日本のファンになって帰っていく。

日本では、広義のサービス業は第3次産業と同じだ*。

また日本標準産業分類では、第3次産業のうち、電気・ガス・熱供給・水道業、情報通信業、運輸業、卸売・小売業、金融・保険業、不動産業、物品賃貸業、学術研究、専門・技術サービス*、飲食サービス、宿泊業、生活関連サービス業*、娯楽業*、医療、福祉、教育、学習支援業、複合サービス事業*、他に分類されないサービス業*、公務を指す。

これを見ると、サービス業に該当するビジネスが多岐にわたることがわかる。近年、地方自治体の住民向け窓口も、市民に対するサービスマインドが重視されるようになり、対応も親切になってきた。

ただ、少子高齢化によって生産労働人口が減少する一方、高齢者の増大により、社会福祉や医療の負担が増大している。今後どのように税収を増やすかを考えないと、公共サービスが低下するだけでなく、地方自治体の存立基盤も揺らぐことになる。

いつからか、サービスは「無料」だという概念に変換された

日本には卓越したサービスを提供する国というイメージがあるが、サービスに対す

新たなビジネスモデルとは、「製造業のサービス業化」と「サービス業の製造業化」だ

第3次産業と同じだ
経済産業省産業構造審議会サービス政策部会の中間報告書では、「サービス産業は第三次産業と同義で、エネルギーや通信、運輸や卸・小売等も含む」とある。

専門・技術サービス
法律事務所、公認会計士、コンサルタント、広告業など。

生活関連サービス業
クリーニング、美容院、理容院など。

娯楽業
旅行、家事サービス、冠婚葬祭業、映画館など。

複合サービス事業
郵便局、協同組合など。

他に分類されないサービス業
廃棄物処理業、自動車整備、労働者派遣、警備など。

る考え方には大きな問題を抱えている。それは、サービスは「無料」だとする考え方が存在することだ。

戦前から戦後しばらくは、旅館や料亭などでそれ相応のもてなしを受ければ、「心づけ」とよばれる金銭を手渡した。また、芸人さんや芸者さん、職人さんたちの心遣いに対する感謝の気持ちを金銭で示す「祝儀を渡す」という行為も広く行われていた。

しかし現在では、多くの日本人はサービスとは「無料」であると考え、「サービスに対価を支払う」という概念が希薄になっている。その結果、多くの日本企業はサービスによる課金や、サービスで収益を上げる仕組みづくりに、遅れを取ることになってしまった。

つまり、せっかく世界に誇れるサービスを提供しているのに、価格に転嫁できていないのだ。大部分のサービス業は、サービス料金を別途に要求することをできずにいる。そのため、高度なサービスを提供している卓越したサービス・スタッフがいても、そのサービスにふさわしい給与や待遇を提供できない問題が生じている。*

マーケターの着眼点

「チップがもらえる国のサービス・スタッフの実態」

チップの制度がある国では、チップをもらってよい職種についている人の基本給は低く抑えられている。その理由は、チップが予定外収入ではなく、基本給の一部になっているからだ。

公務
国家公務、地方公務。

問題が生じている
シティホテルや高級レストランでは、サービス料を要求するところもある。しかし、このサービス料がスタッフにチップとして渡ることはない。

チップをもらえる職種としては、ホテルのドアマン*、ポーター*、ハウスキーパー*、バレーパーキング*、ウェイター、ウェイトレス、バーテンダー、タクシードライバー、美容院やエステティックの担当者などだ。ホテルでも、マネジャーなど管理職にはチップを渡さない。

海外のホテルマンの中には、顧客を見てチップをたくさんもらえそうな人には手厚いもてなしを行い、チップの収入が月給以上になる達人（高度なサービスを提供し、チップを入手できるプロ）もいる。

また、人気のあるレストランやクリスマスシーズンなど込み合う時期のレストランで、予約なしで顧客が利用したいときには、高額なチップをメートル・ド・テル*や支配人に渡すと、融通をつけてもらえる場合もある。チップの効用だ。

ホテルやレストランなどのサービス・スタッフから厚遇される人たちは、日頃からスタッフと会話を重ね、彼らの妻子の誕生日、記念日にはさりげなくプレゼントを渡すなどの配慮をし、チップも目立たないよう渡している。*こうした対応を普段からすることで、一般人でもＶＩＰ扱いを受けられるようになるわけだ。

世界に誇れる日本のサービスは、システム化が遅れた

人に依存するサービスは、属人的で個人差が出やすい。日本のサービス業では、サービス精神にあふれ、対人関係性に長けた人たちの力が発揮されてきた。

日本では、総体的なサービスレベルは高いが、高頻度に利用してくれる優良顧客や

ドアマン
玄関でクルマのドアを開けて、荷物をベルキャプテンデスクまで運ぶ人。ベルキャプテンデスクとは、顧客の荷物を担当する部署。

ポーター
ベルキャプテンデスクから客室に荷物を運んでくれる人。

ハウスキーパー
客室の清掃をしてくれる人。

バレーパーキング
玄関でクルマを預かり、使うときには駐車場からクルマを持ってきてくれる人。

メートル・ド・テル
レストランの接客責任者・給仕長。

目立たないよう渡している
これができる人は、チップを渡す機会が多い人。

富裕層に向けたハイエンド・サービス（特別なおもてなし）についてのノウハウは、一部のシティホテルや料亭に限定され、属人的能力に依存したサービスが中心だった。

たとえば日本を代表するシティホテルには、ＶＩＰの顔と名前を数百人レベルで記憶している伝説のドアマンが存在していた。だが、これなどは誰にでも真似のできる能力ではなかった。日本では、こうした属人的なサービスや接客をよしとする風土が長く続いた。

その一方、人種や宗教が異なる米国では、個人の力量に任せていては、高度なサービスを恒常的に提供することが望めない。そのため、「普通の人間ならできない」ことを、「誰にでもできる内容にする」取り組みが研究され実践されていった。

その代表例がマニュアル化による平準化であり、顧客の購入履歴や利用履歴をデータベース化して対応するマイレージサービス（フリークエント・フライヤーズ・プログラム＝ＦＦＰ）、フリークエント・ショッパーズ・プログラム（ＦＳＰ、発展史↓Ｐ238）に代表される「ワン・トゥ・ワン・マーケティング」（発展史↓Ｐ160）だ。人的依存ではなく、顧客データに基づいて優遇策を提供するため、優良顧客を厚遇することが可能になった。

また、外資の５つ星ホテルで世界中に展開しているホテルチェーンでは、ＶＩＰやリピーター顧客を、どこの誰が担当しても認識でき厚遇できるように、顧客の略歴や家族構成、宿泊や飲食の嗜好を中心として、履歴をデータベースに保存して運用している。これを「ゲスト・ヒストリー」と呼ぶ。

この仕組みを使うと、たとえばニューヨーク滞在中にマンゴー風味の紅茶とブルゴーニュ産の赤ワインが好きだというデータが入力されてあれば、その顧客がミラノの同じホテルチェーンに宿泊した際には、リクエストしなくても好みを踏まえたもてなしが可能になるというわけだ。

これまで万人に対して一律に優れたサービスを提供してきた日本のサービスにも、航空会社でマイレージサービスが開始されたのをきっかけに、変化が訪れるようになった。自社の航空機を多頻度に利用する上得意顧客に対しては、よりいっそう高度なサービスを提供する仕組みが導入され、顧客の重要度に合わせてサービスを提供する取り組みが始まったのだ。

ビジネスのサービス需要は、企業がコントロールできない

ビジネスで飛行機や新幹線、ホテルを利用することが多い人たちは、サービス業にとって大切な顧客層だ。彼らは当然、なんらかのマイレージサービスを利用しており、各社から厚遇を受けている。だがサービス業は、こうしたビジネス需要に厄介で構造的な問題を抱えている。

個人旅行と違い、出張に代表されるビジネス需要は、サービス業が需要を喚起することができないからだ。*

そのため航空会社や鉄道会社、ホテルや高級飲食店などの業界では、不景気になってビジネス需要が減少すると、自社の売上も大きく減少する。景気の後退によって直

新たなビジネスモデルとは、「製造業のサービス業化」と「サービス業の製造業化」だ

需要を喚起することができないからだ
たとえば、「そうだ、出張しよう」とキャンペーンを展開しても、需要は増えない。

接影響を受けるのが、ビジネス需要に依存度の高いサービス業の宿命でもあるわけだ。そこで後述する「非人的サービス」が検討される。

小売業でも、購入金額に応じてポイントがつく会員制度が広く普及しているが、どの業態や企業でも同様の会員制度を導入したため、生活者は何枚もの会員カードを持つ煩わしさが生じた。

そこで注目され、共通カードとして各社で導入されていったのが、**カルチュア・コンビニエンス・クラブ（CCC）の「Tカード」だ**。生活者がこのカード1枚で多様な店舗でポイントを貯めることができ、加盟する各社も自社で運用する手間が省けることになった。

製造業から見たサービスへの取り組み

製造業では長らく、「モノを製造し、販売することによって収益を上げる」というビジネスモデルが前提となってきた。企業は製品機能を高度化し、あるいはこれまで市場になかった製品を開発することに力を注いできた。

製造業の多くは、自社の製品を製造するために、製造に関わるすべての取り組みを、自社と自社グループ（必要に応じてM&Aや資本参加によるグループ企業化を行う）で行う「垂直統合」型ビジネスを実践してきた*。

食品に代表される消費財メーカーでは、モノが製造されて販売され、消費されるまでの時間が短く、需要も反復して起こる。そのため、アフターサービスに代表される

「垂直統合」型ビジネスを実践してきた
たとえば石油会社であれば、資源の有無を調べる調査会社、掘削会社、タンカーによる運送会社などを社内で統合していく取り組みがある。

サービスに着目して、事業領域を拡張する発想に立つ機会が少なく、物流システムなど社内システムの効率化に目が向いていた。

販路についても、組織小売業を中心に販売しているため、顧客と直接接点を持つことがなかった。本来はＢ２Ｃ企業でありながら、小売業のバイヤーや売場責任者とだけ接点を持つＢ２Ｂ的な営業スタイルになっていた。

製品に不都合が生じた場合、企業は顧客に対応する責任が生じるため、顧客相談窓口が社内に設けられるが、この部門は顧客からのクレームや問題が生じた際の対応窓口という認識でしかなかった。本来のサービス概念はなく、サービスによって収益を上げるという発想にも立てずにきた。

その一方、クルマや家電などの耐久消費財メーカーは、製品価格がそれなりの金額であり、使用する期間が長期に及ぶ。そのため、補修や点検といったアフターサービスが必要になり、製品を購入した人のために、企業内に消費者相談窓口が設置された。

ただし、彼らも当初はこうしたアフターサービスで収益を上げる発想はなく、製品を購入した人に対する、企業の社会的責任としての取り組み方が主流だった。

こうしたなか、一部の企業は「所有価値概念*」を疑って「使用価値概念*」の存在に気づき、新たなビジネスモデルとして、「サービス」の取り組みを開始する。

ゼロックスは、コピー機を販売するのではなく、レンタルやリースによって利用者の金銭的負担を軽減し節税効果も提供。また、ユーザーがコピーした紙の枚数によって、課金する方式を取り入れる。

新たなビジネスモデルとは、「製造業のサービス業化」と「サービス業の製造業化」だ

所有価値概念
ユーザーは必要とするモノを購入するという考え方。

使用価値概念
ユーザーは必用なときに必要な分だけ利用するという考え方。

自動車メーカーは、単に自動車を販売するだけにとどまらず、自動車ローンや自動車保険の販売に乗り出す。法人向けには、節税効果があるクルマのレンタルやリースの事業にも着手する。* そして、従来ディーラーが握っていた顧客データをメーカーも共有化するため、自社のクレジットカード事業を開始する。

さらに、製造業でありながら自社の事業にサービスを組み込んで、独自の優位性を発揮する先駆的な企業も出現する。その代表例は、世界第2位*の建設機械メーカー、コマツだ。

コマツは、建設機械（建機）の中に「KOMTRAX（コムトラックス）」という情報収集・送信システムを組み込み、世界中で使用されている同社製建機の稼働状況、燃料消費量、使用方法などを、常時日本で把握できる仕組みを構築した。

同社はこの仕組みを活用して、保守点検などの顧客コストを削減し、メンテナンスや修理時間の短縮などのメリットをユーザーに提供。さらに盗難防止にも活用するなど、同社の商品にサービスを組み込んで活用し競争優位を発揮している。

今後飛躍する製造業は、**単にモノづくりの領域にとどまらず、顧客視点に立脚したうえで、自社の事業を拡張し、そこでサービス概念を取り入れていくことになるだろう。**

サービス業から見たモノづくりへの取り組み

ホテルやレストランに代表される労働集約型サービス業では、「売上と利益を向上

レンタルやリースの事業にも着手する
高額な製品を企業が購入すると、資産として計上されて課税対象になる。だが、レンタルやリースの場合には、全額損金・経費扱いになる。

世界第2位
1位は米国のキャタピラー。

させるには店舗数を増やす」という発想により、多店舗化を推進する企業が登場する。高付加価値型サービス業では、「食事や飲料の提供を通じて、より心地良いサービスを顧客に提供する」という概念があった。

その一方、サービスを減らす代わりに商品価格を安くして販売するという発想でファストフード・ビジネスが誕生し、同時にフランチャイズ・ビジネスも登場する。低価格を売り物にするホテルやレストランでは、セルフサービスによって人件費を抑えて利用者を増やす方法が導入された。

ホテルやレストランのうち、ブランド価値を持つ企業では、自社ブランドを用いた食品や飲料などの商品をつくって販売する取り組みが始まり、サービス業のメーカー化*も始まった。

人が人をもてなすサービス業に対して、人が介在しないサービス業も台頭してくる。海外旅行で外貨に交換する必要がなく、手元に現金を持たなくても買い物できるクレジットカードは、多くの人たちが利用するようになり、ネットショッピングでは必要不可欠な存在になった。クレジットカード会社は、単に買い物の決済代行にとどまらず、需要を拡大するため、保険や旅行などのサービス商品を自社で取り扱い、サービス商品の領域を拡大して収益を高めていく。

ＩＴの普及により、コンピュータソフトを制作する企業は、ビジネス用ソフトウエアから、ゲームソフトに代表される個人向けの商品化を図るようになる。また、携帯電話がスマートフォンに進化したことで、スマートフォン上で利用するアプリケー

新たなビジネスモデルとは、「製造業のサービス業化」と「サービス業の製造業化」だ

サービス業のメーカー化
その多くは外部企業に製造委託している。

ションを開発して提供するソフトウエア会社も多数登場している。

サービス産業は、従来の「人的サービス提供」の概念から、「非人的サービス」の領域に事業を拡張した。さらに、無形だったサービスを何らかの形にする「有形化」への取り組みが始まった。

東京ディズニーリゾートの売上構成比に学ぶ収益モデル

サービス業のリーディング・カンパニーといえば、ディズニーランドを想起する人は多いだろう。オリエンタルランドが経営する東京ディズニーリゾート*の収入を見ると、日本独自のビジネス手法が見えてくる。

東京ディズニーリゾートの２０１３年３月期の売上高は３２９８億円で、その内訳はアトラクション、ショーの収入が約43・６%、商品販売収入が約36・４%、飲食販売収入が約18・８%、その他の収入が１・２%という構成になっている。

米国を始めとする海外のディズニー関連施設と比較して、日本ではキャラクター・グッズに代表される商品販売の売上構成比が非常に高い。

日本人は、どこかに出かけるとお土産を購入することが多い。リピーターの構成比が高い東京ディズニーリゾートであっても、人々がグッズをたくさん購入していることがわかる。

オリエンタルランドは売上を伸ばすため、数多くのキャラクター・グッズを開発して販売している。東京ディズニーリゾートが独自に開発した「ダッフィー」と「シェ

東京ディズニーリゾート
２つのディズニーパークと、ディズニー関連ホテルを核に、ショッピング施設などから構成される。

リーメイ」というキャラクターは、日本で非常に人気を集めたため、米国のディズニー施設でも販売されることになった。

もし、東京ディズニーリゾートがキャラクター・グッズに力を入れていなければ、売上の４割近くを失ってしまうことになる。サービス業における「モノづくり」が、いかに企業の収益に貢献するかがわかる。

東京ディズニーリゾートのグッズは、販売方法にも独自の工夫が存在する。

商品価格の表示では、スーパーマーケットで使用しているプライスカード*のようにひと目でわかる表示はせず、商品本体の裏面などすぐには見えない場所に価格表示している。そのため顧客が価格を知ろうと思えば、商品を手に取る必要がある。

人は商品を実際に手にして見たときと、ただ眺めたときとを比べると、実際に商品を手にしたときのほうが印象が残り、購入意欲は高くなる。些細に見えることだが、そんな工夫がある。

次に人気のあるグッズは、施設内にあるどのショップでも目立つように陳列され、買うかどうか思案している人に、購入を何度も働きかけている。同じ商品を複数の売場に陳列し、購入を促進する手法だ。

店頭の商品陳列方法では、大人の目線で見やすい場所に売れ筋商品が並べられているだけでなく、子どもの目線でも同じ商品に気づくよう低い位置にある陳列棚にもディスプレイされている。子どもが欲しくなるように働きかけるためだ。

東京ディズニーリゾートで商品販売収入の構成比が高い訳は、キャラクター・ブラ

プライスカード
陳列棚に価格を表示するカードのこと。

ンドを活用した多様なグッズ開発に加え、店頭での販売方法にも工夫を凝らす取り組みが貢献していることがわかる。

「製造業のサービス業化」と「サービス業の製造業化」という発想起点

日本のGDPに占める製造業の割合は年々低下し、2008年の段階ですでに19・8%と2割を切っている。一方で、同年のサービス業の比率は70%を超えている。これを額面通りに受け取ると、製造業に代わって、サービス業が日本を牽引する産業になっているように考えられそうだが、それは一面的な見方だ。

これまでの日本の産業構造と成長の軌跡から考えると、**日本に必要な視点は「製造業はサービス業化」を図り、もう一方で「サービス業は製造業化」に取り組むことにある。**

日本の製造業は単にモノを製造し販売するだけでなく、モノの製造から生み出された知的資産をモノ化（モノの製造からソフトウエアやシステムを生み出し、それをモノ化する）させるところから始まった。続いてモノとサービスを組み合わせたビジネスモデル*が考案された。

さらに、製造業は自社の資源（ブランドやノウハウ）を生かしてサービス業に進出している*。

また、自社の事業を他企業にサービスとして販売する取り組みも存在する。近年、製造設備を持たず、製品の企画設計やマーケティングだけを自社で行い、製造は外部

モノとサービスを組み合わせたビジネスモデル
代表例として、自動車メーカーがクルマの販売をするだけにとどまらず、自社のクレジットカードによる自動車ローンや保険の販売をすること。

進出している
たとえば、アパレルブランドや宝飾品ブランドが、ホテルやレストランビジネスに参入している。

に委託するアップル社のような「ファブレス化」の動きも出現している。

一方、サービス業を見てみると、日本のサービス業は、海外と比較して産業としての牽引力が弱く、生産性も低いため、サービスの販売価格と働く人の給与を高くできず、グローバル化が遅れていると指摘されてきた。

しかし、日本の産業構造が変わって、メーカーの製造拠点が海外に流出するなかで、サービス業が雇用の受け皿になっている面は大きい。

サービス業の動きを見ても、新たな取り組みの可能性が見て取れる。サービスのモノ化としては、自社ブランドによる商品の製造と販売、著名なシェフのレシピを商品化などが

2-17図「製造業のサービス業化」と「サービス業の製造業化」という発想起点

	製造業	サービス業
モノ化	・ノウハウのモノ化 →ハードウエアをソフトウエア化	・サービスのモノ化 →ホテルブランドやシェフの商品化
モノ+サービス	・自社物流を他社に貸し出す ・物販でなくレンタルやリース ・自動車販売と関連サービス →ローン+保険+自社クレジットカード ・製品の個別対応化やカスタマイズ化	・自社ノウハウのソフトウエア化 →教育、料理調理レシピ、会計総務など ・プログッズの販売（引越し会社の業務用収納ケース） ・サービス・プラットフォームの開発提供（アマゾンのキンドルなど）
サ　ビス化	・自社ノウハウのサービス商品化 →研究開発、情報システム、コールセンター、マーケティング、マネジメント、総務、経理、警備など ・ブランドメーカーのサービス業への領域拡大 →アパレル・宝飾からホテルやレストランへの事業拡張 ・ネットを通じた自社製品によるサービス提供 →工場や農業ハウスの管理（温度・水・防犯）など ・製造設備を持たないファブレス・メーカー化	・専門サービスからトータル化 →運送業からトータル引越し業務のサポート化 ・家事代行からトータルライフケア

新たなビジネスモデルとは、「製造業のサービス業化」と「サービス業の製造業化」だ

始まっている。
サービスとモノの組み合わせとしては、自社が持つノウハウをソフトウエア化*、コンテンツ化*する取り組みがなされている。
さらに、専門サービス業として蓄えたノウハウを生かして総合サービスに事業領域を拡張する動き*もある。
製造業がサービス業化し、サービス業が製造業化に取り組むという発想は、144ページで述べた「サービス・ドミナント・ロジック」とも符合する考え方だ。サービス・ドミナント・ロジックとは、モノとサービスを二項対立させるのではなく、モノとともにサービスを含めた総体を、「顧客への提供価値」として考える概念だ。顧客とは「モノやサービスを利用し、使用価値を重視する人」と捉え、企業はモノづくりではなく「価値づくり」を行う存在だと定義する。

サービス業化に取り組み、成果を上げている製造業「ロバート・ボッシュ」

以上述べてきた考え方が徐々に広まり、実際に企業の取り組みが進むなかで、製造業とサービス業それぞれにおいて、顕著な取り組み事例を紹介する。1つめは、製造業のサービス化に取り組むドイツの「ロバート・ボッシュ」だ。

〈ロバート・ボッシュの企業概要〉

ロバート・ボッシュ（以下ボッシュ）は、1886年にロバート・ボッシュによって設立された、ドイツを拠点とする自動車部品と電動工具のグローバルメーカーだ。主

ソフトウエア化
レシピブログを自社のコンテンツとしてムック本化するなど。

コンテンツ化
塾や予備校が持つ教育ノウハウや、料理教室や専門家が持つ料理や調理レシピのノウハウ・コンテンツを商品化するなど。

事業領域を拡張する
運送業から引越しに関わるトータルサービス業化や、家事代行サービス業がベビーシッターや介護支援まで請負うトータルライフケア化するなど。

要製品としては、自動車機器、産業機器、電動工具などの建築関連機器があり、業界では世界最大のシェアを誇る。

〈クルマの高機能化にともなう問題〉

クルマの機能が高度化するにともなって搭載する機器が増え続け、機器をつなぐ配線は複雑になっていく。クルマの場合、１つの機器にすべての機能を実装することはなく、複数の機器に機能を分散させ、車内の複数の場所に機器を配置するようになっている。

このように分散して配置されている機器を円滑につなぐためには、通信プロトコル*が必要になる。通信プロトコルが存在しないと、メーカーには部品の開発や調達に際して、無駄な手間とコストがかかってしまうからだ。

〈ボッシュがＣＡＮという通信プロトコルを開発し、国際標準になる〉

１９８０年代、クルマの電子化が進むなかで、ボッシュはダイムラー・ベンツから依頼を受け、１９８３年に「ＣＡＮ（Controller Area Network）」と呼ばれる車載通信ネットワークの仕組みを開発。１９９２年に、「メルセデス・ベンツＳクラス」で初めて実用化された。

同じ１９９２年、ＣＡＮの標準化を進めるＣｉＡ（CAN in Automation）がドイツで設立され、１９９２年にＩＳＯ１１８９８（高速）、１９９４年にＩＳＯ１１５１９－２（低速）として承認され、国際標準の地位

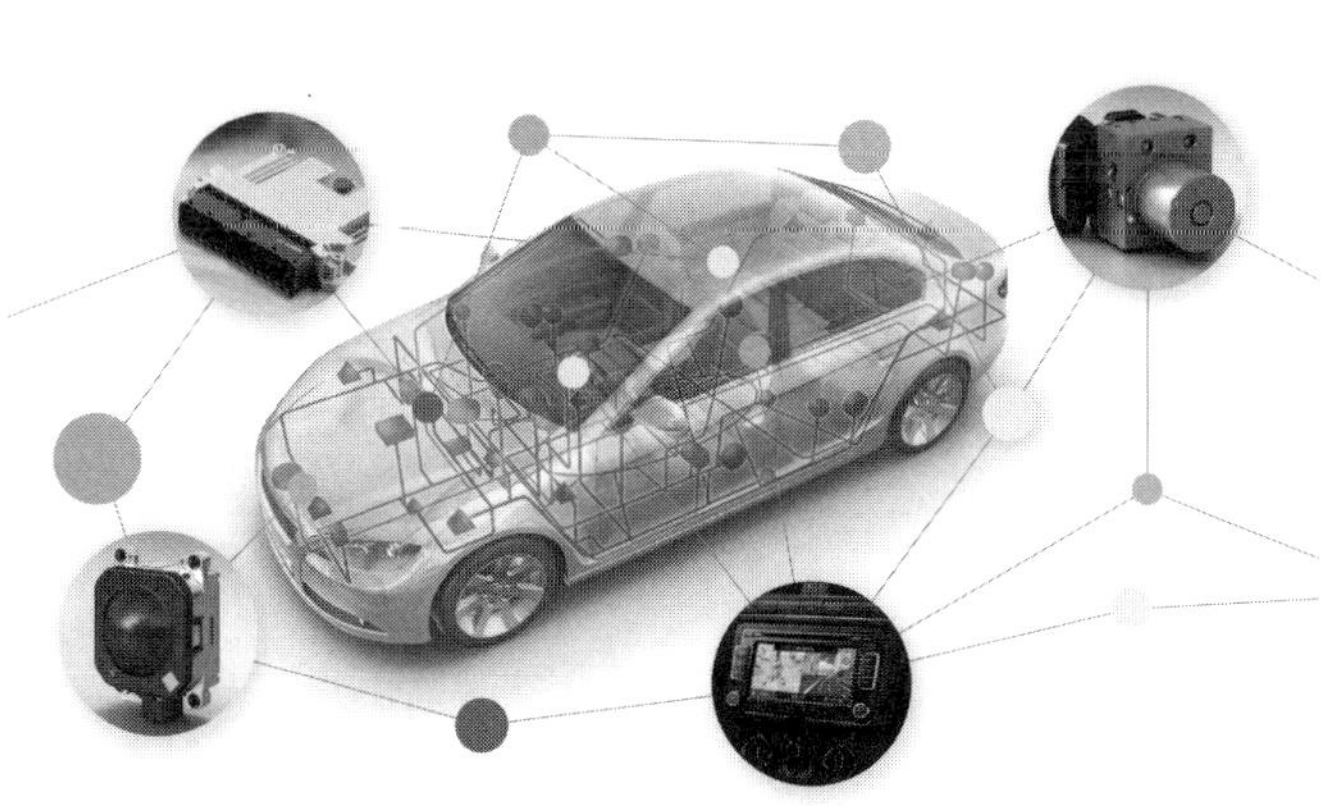

ボッシュの車両システムのネットワーク化（提供：Bosch）

を獲得した。これにより、ヨーロッパの自動車と自動車関連メーカーが、CANを広く採用するようになっていく。

ダイムラー・ベンツがCANの通信プロトコルを採用したことをきっかけに、BMWやアウディ、ボルボもCANを採用。さらに日本の自動車メーカーに加え、2002年には米国の自動車メーカーもCANを採用し、業界のグローバル・スタンダードになっていく。

ちなみに、CANの通信プロトコルを使用している機能として、ボディ系システムではドア、電動シート、インテリジェンスキー、エアコンなどがある。

〈ボッシュがCANで創造したビジネスモデル〉

ボッシュが生み出した通信ネットワーク規格のCANは、自社の独自規格によってつくられているため、

・自動車メーカーは、ボッシュが開発したCANの規格を採用すると、CANの規格使用料をボッシュに支払う

・CANの規格に合致する燃料噴射装置などの部品をボッシュが製造し、自動車メーカーに納入すると、納入代金を受け取る。自動車メーカーもボッシュもともにCANの規格を採用しているため、技術の調整などを行う必要がない

・同業他社メーカーは、ボッシュが開発したCANの規格を採用すると、CANの規格使用料をボッシュに支払うことになる

という収益構造を創出した。

通信プロトコル
信号やデータなどの情報を相互に伝送できるように、事前に決められた約束事や手順のこと。

〈ボッシュがCANを業界のプラットフォームにできた3つの理由〉

①ボッシュは、エンジン部品を中心に幅広い自動車メーカーとの取引があり、多くの企業と深い関係性をこれまでに構築していた。

②ダイムラー・ベンツ社から依頼されて開発した規格であったため、CANの性能が高く評価された。

③自動車メーカーがボッシュの製品を採用する場合、通信規格が一致していれば製品開発を行う際に規格の摺り合わせが不要なため、コストが削減できる。

ボッシュに学ぶマーケティングの5ポイント

以上述べてきたボッシュの「CAN」というプラットフォーム事業から押さえておきたいマーケティング上のポイントには次の5つがある。

①部品供給ではなく、通信プロトコルの規格統一によるプラットフォームづくりという発想に立った

部品メーカーの製品開発発想に縛られることなく、通信プロトコルの規格を開発した。さらに、多くの自動車メーカーや部品メーカーが利用できる「プラットフォーム事業」に

2-18図 サービス・ドミナント・ロジックで見るロバート・ボッシュ

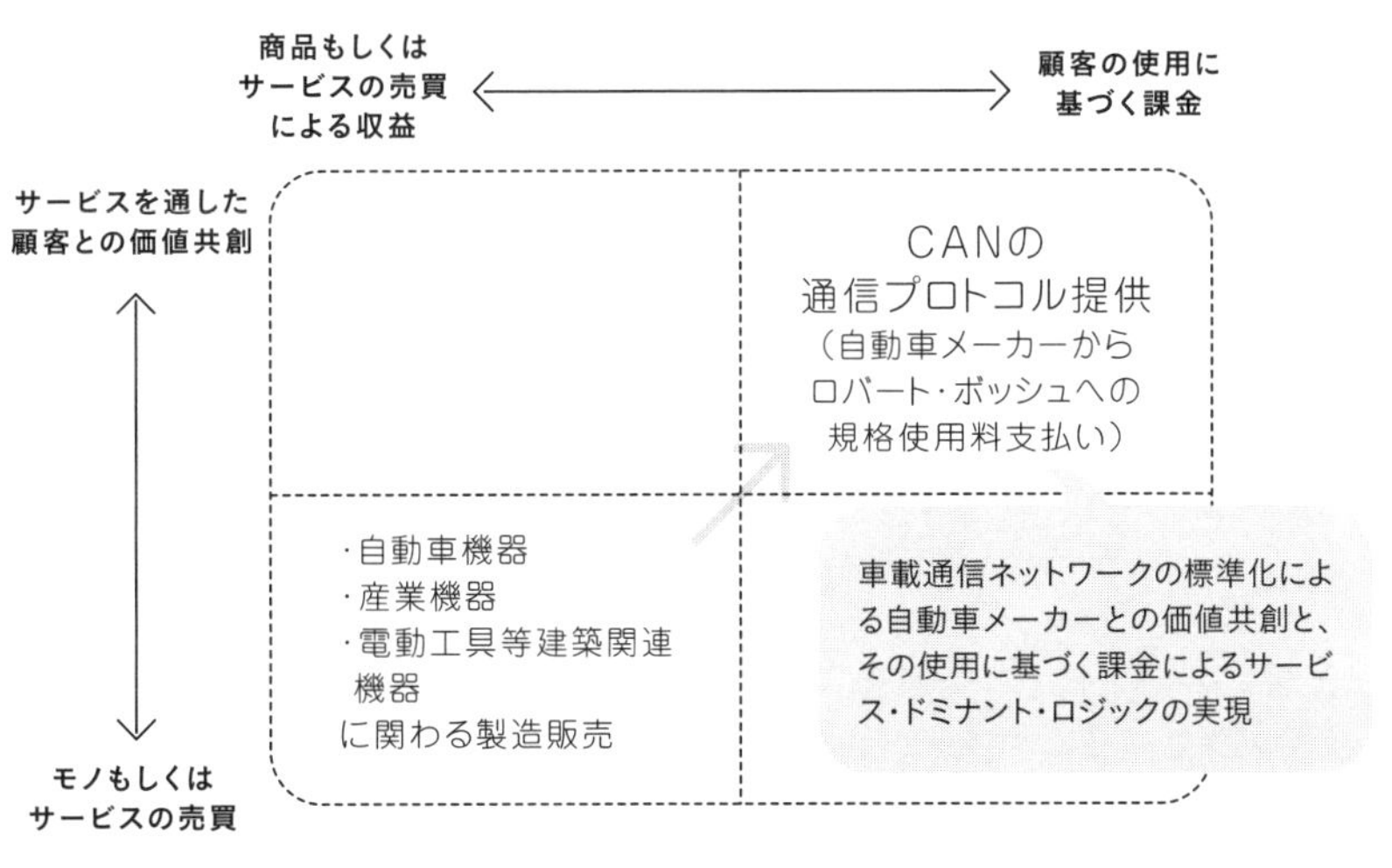

昇華しサービス化に成功した。モノを販売して収益を上げる発想では、ここまでのビジネスモデルは生み出せなかっただろう。

②部品メーカーが完成品メーカーに対して力を発揮

通常なら、部品メーカーは完成品メーカーに対して弱い立場になることが多い。だが逆に、ボッシュは「CAN」というプラットフォーム事業を構築することで、同社の力を遺憾《いかん》なく発揮し、事業構造を安定化させることに成功した。

③製品差別化の盲点をついた

自動車業界では、「統一規格にすると同業他社と差別化できない」という考え方が一般的で、モノづくりにおいてプラットフォーム化は難しいという考え方が支配的だった。しかし、ボッシュは、クルマに必須の部品に必要な通信プロトコルの規格統一という点では、その考えを覆し成功させた。プラットフォーム化を図る際には、最適な事業領域を選定する必要があることを教えてくれる。

④他社から持ち込まれた案件をビジネスチャンスに変えた

生産財メーカーには、多様な課題や案件が完成品メーカーから持ち込まれる。だが、単に課題解決のレベルにとどまることなく、自社の事業価値を高めるビジネスモデルにまで高度化させるように取り組んだ。

⑤CANの領域を自動車業界からさらに拡大

CANはISOによる国際標準を達成し、その後大きく進歩して機能が拡大。自動車分野に限らず、産業機器、工場のライン制御の分野にまでその需要が拡大している。ＣＡＮの仕組みを必要とする相手が増えれば増えるほど、同社のプラットフォーム事業からの収益は拡大し、同時に同社の製品や事業も拡大していくことになる。

製造業の発想でハコモノ行政を改革、税収を増やした「佐賀県武雄市」

２つめは、サービス業が製造業化に取り組んだ事例として、「佐賀県武雄《たけお》市」を紹介する。自治体が民間企業の発想を取り入れてハコモノ行政を改革し、税収を増やした成功事例である。

〈官が「モノ化」させると「ハコモノ」になり、大半が多額の税金を流出させ厄介者になる〉

国や地方自治体が施設をつくって運営すると、うまくいかないケースが非常に多い（最初から住民や市民への生活支援や生活サービスを提供する目的で、収益性を考慮に入れていない施設もある）。

しかも、本来収益を上げるべき施設が収益を生み出さない場合は、赤字を補塡《ほてん》するため、多額の税金が使われてしまう。施設を運営する組織（たとえば第三セクターと呼ばれる団体）の経営が行き詰まると、経営破綻《はたん》によってさらに多額の税金が投入されてしまう場合もある。

国や地方自治体の施設が収益を生み出せない最大の原因は、施設の運営者が公務員だからだ。役所は、自らの手で収益を上げる大変さを身をもって知る人材が少なく、税収によって捻出された予算を使う（消化する）ことに長じた人たち（公務員）によって構成されている。お金を稼ぐ苦労を知らない人材が、マーケティングを行えるはずがない。そのため、自治体の経営がうまく行くかどうかは、首長となる人材の力量とリーダーシップに、大きく依存することになる。

〈佐賀県武雄市の概要〉

佐賀県にある武雄市は、2006年に北方町と山内町が合併して武雄市となり、人口は5万715人（2010年国勢調査）。市の面積の約23％が田畑だが、耕作放棄地の増加と収入低下による農業離れが進んだ。2007年には、同市のてこ入れによって新たな特産品としてレモングラス（ハーブの一種）の栽培が始まっている。

第2次産業は製造業と建設業だが経営は苦しく、第3次産業は商業と観光業だ。2011年、武雄市が通販サイトの「FB良品」（現在は名称を「ジャパン・サティスファクション・ギャランティード」に変更）を開設、同市の特産品の販売を開始している。

〈1つめのハコモノ「市民病院」を改革〉

武雄市は、2つの「ハコモノ」を製造業・民間企業にならって水平統合とアウトソーシングした。1つめは、「市民病院」というハコモノの改革だ。

慢性的な医師不足と経営効率の悪さから、全国に約1000ある公立病院の7割以上が赤字に陥っている。2006年の段階で、武雄市の市民病院が抱える累積赤字は5億3000万円にも及び、このまま放置すると市の財政が破綻する可能性があった。就任直後の樋渡市長は、市民病院経営検討委員会を立ち上げ、2008年に病院を民営化することを決定。譲渡先を公募することになり、北九州の医療法人「池友会」に譲渡が決定する。

ところが、地元の医師会と市議会議員の一部から選考過程が不透明だとしてリコールされそうになり、市長は辞職して出直し選挙で民意を問うた。そこで再選されたため、予定通り病院は池友会に譲渡された。

市民病院時代の医師数は、少ないときは5名で、救命救急医療は休止されていた。だが、譲渡が決まり、池友会から医師が派遣されて13名になり、救命救急医療も再開され、年間を通じて24時間体制で運営されるようになった。一時、危惧された地元医師会との連携も問題なく進んでいる。

市民病院を池友会に譲渡した結果、5000万円ほどの固定資産税が見込め、池友会による職員寮や看護学校の設立で、新たな雇用を創出することを視野に入れている。また、周辺の自治体には、設備の整った大病院がないため、他の市町村から武雄市に移住する人も現れている。

〈もう1つのハコモノ「図書館」を改革〉

2012年、武雄市は「武雄市図書館」をカルチュア・コンビニエンス・クラブ㈱（CCC）を指定管理者にすることを決めた。2013年4月、全面的に改装された新しい図書館が、CCCの運営によってリニューアルオープンした。CCCは「目的外使用」の許可を取り、書籍・雑誌・DVDなどを販売する蔦屋書店とスターバックスを同施設に併設した。

図書館と書店を融合した武雄市図書館は、20万冊の蔵書と3万冊の販売用書籍が並ぶ文化施設になっている。リニューアル費用は、武雄市が約4億5000万円、CCCが約3億円を拠出している。

武雄市からCCCへの委託費は年間1億1000万円で*、さらに市はCCCから年間600万円の賃料収入がある。

図書館の開館時間は9時〜21時で、仕事帰りにも利用できるようになっている。この図書館を利用する際には、利用者がすでに所有するTカード（CCCが発行）か、武雄市図書館が発行するTカードを使用する。同施設内で自動貸出機を利用すると、1日1回3ポイントが付与され、Tカードと同様に通常のポイントとして使用できる。Tカードだけでなく、既存の図書利用カードも使用できる。

図書館の内部はライフスタイルに基づいて区分けされ、ジャンルごとに小部屋のようにまとめられている。1階の奥には読書したい人のための大部屋、2階には館内全体を見渡せる「キャットウォーク」と呼ばれるエリア、そして学習室が配置されている。キャットウォークにあるカウンター席には、パソコンが利用できるよう机にはコンセントが設置されている。

館内には無線LANのWi-Fi（ワイファイ）を使って、書籍検索やネット検索が可能なi-Padが用意され、無料で利用できる。館内のサインシステムとしては、デジタルサイネージ（電子ポスター）が設けられ、各種の情報提供がなされている。

さまざまな利便性も図られており、書籍に加え、CD・DVDのレンタルスペースが併設され、セルフカウンターで手続きできる。同施設で借りた図書は、TSUTA

年間1億1000万円
従来は運営費として年間1億2000万円が支出されていた。

Ｙ Ａ武雄店でも返却することができる。また、専用袋を使った宅配返却サービス（５００円の有料）も提供している。「マガジンストリート」と呼ばれる書店では、約６００タイトルの新刊雑誌が販売され、このエリアに、公共図書館では全国初のスターバックスがある。ここで購入した飲み物は図書館のどの席に持っていっても飲むことができる。併設されている屋外テラスに本を持ち出し、飲み物を飲みながら読書することも可能で、小さな子どもがいる人のためにキッズコーナーも併設されている。

〈武雄市図書館の実績〉

武雄市図書館のリニューアル後、半年間の来館者数は51万９０３９人と、前年同期比で３・５倍となり、１年間では92万人が来館。２０１４年５月５日には、１００万人を突破した。

１日の平均利用者は、平日で１３００～１５００人、週末や休日は３０００～５０００人、２０１３年のゴールデンウィーク中には、１日７０００人が来場している。

図書カード登録者の内訳から同館の商圏を見ると、武雄市内35・1％、市外36・7％、県外28・2％という構成になっており、市外からの利用者が過半数を占めている。運営するＣＣＣによると、来館者数が予想以上に多く、来館者に対応する人件費がかさんだため、市からの委託料では足りなくなって初年度は赤字になったそうだ。

佐賀県武雄市の武雄市図書館

武雄市図書館による経済効果は、広告費換算だけで20億円となり、同市には行政や図書館関係者などの視察も急増している。

武雄市に学ぶマーケティングの5ポイント

以上の民間企業の発想で改革した武雄市の事例から、マーケティング上の5つのポイントが指摘できる。

①武雄市は民間企業を活用し、新たに税収を増やす資源を創造

国や地方自治体は、目に見える効果がある美術館や文化ホール、競技場などいわゆる「ハコモノ」をつくり続けてきた。だが、つくった後の施設の運営方法・集客・経営に関するノウハウが乏しく、貴重な税金が投入され、時に経営破綻を引き起こしてきた。

一方、武雄市は「アウトソーシング*」発想を取り入れ、民間企業の力を活用して病院と図書館という施設をサービスのモノ化で活性化させ、地元の魅力を高めて、税収を増やす資源に転換した。

②武雄市の税収アップへの取り組み

行政が収入を増やす方法としては、税収を増やすか、交付

2-19図 サービス・ドミナント・ロジックで見る武雄市図書館

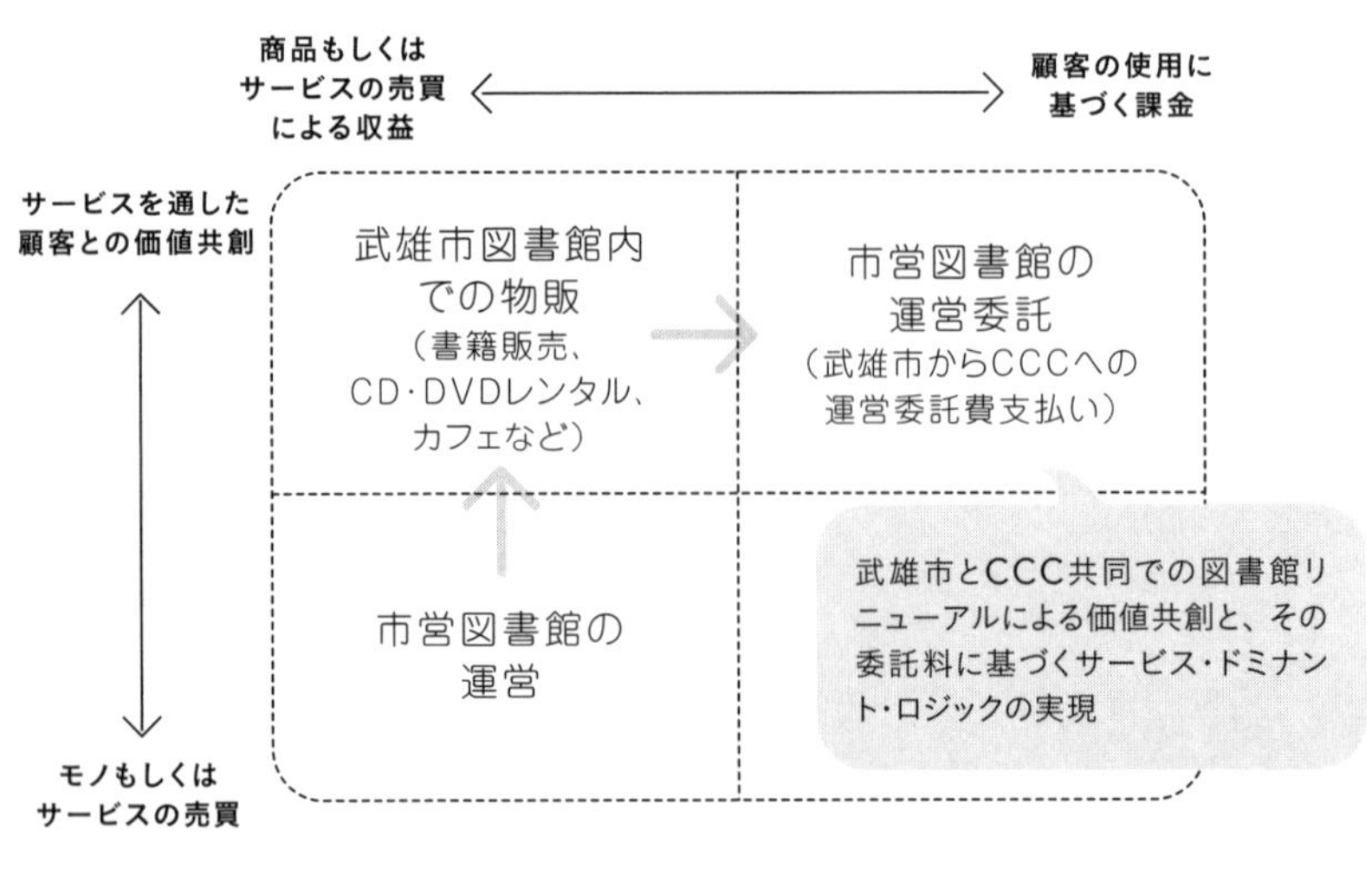

金を増やすかという2つしかない。前者の税収を増やす方法には、「人口を増やす」か「企業を誘致して法人税を徴収し、雇用を創出する」という方法がある。

武雄市は、病院を民間の医療法人に譲渡する代わりに、「企業誘致・雇用創出・税収アップ（固定資産税や医師・看護師・職員の住民税など）」を実現。また、図書館ではCCCを指定管理者にして運営委託したことで、同じく「企業誘致・雇用創出・税収アップ（家賃収入とCCC職員の住民税など）」を実現した。両施設ともに無駄な税金の投入は避けられ、財政の健全化に寄与している。

③魅力ある施設づくりによる市外からの動員

医療施設が整った24時間体制の病院と、スターバックスを併設した魅力ある図書館によって、市内はもとより市外からも利用者を動員することに成功。地元経済の活性化と税収増につなげている。また、同市の取り組みを視察する人たちが急増したことも、地元経済（飲食や宿泊など）に貢献している。

④巧みなパブリシティ活動と経済効果

武雄市は、市役所の公式サイトをフェイスブックに完全移行し、情報発信をフェイスブックに一元化、さらに市役所内にフェイスブック・シティ課を設置した。同市の全職員にツイッターのアカウントを付与し、SNSを通じて市民とのコミュニケーションの強化を図るなど、SNSも積極的に活用している。同市の樋渡市長も積極的にフェイスブックとツイッターを使い、精力的に情報発信を実践している。

アウトソーシング
自分たちに不得手な領域は外部企業に任せること。製造業を中心に行われている。

斬新な行政手腕に加え、ＳＮＳを活用した情報発信により、マスメディアでも数多くの報道がなされ、広告換算で20億円の経済効果を発揮している。地方自治体には稀有なパブリシティ活動を実践している。

⑤バッシングへの挑戦

日本では、これまでになかった新しいことに取り組むと、必ず既得権益を持つ組織や人間から批判を浴びる。特に国や地方自治体は、市民からの声や批判（大部分はごく一部の人間）に過敏になり、波風を立てない事なかれ主義に陥ることが多い。武雄市も同様のバッシングが行われてきたが、これに屈することなく、こうした斬新な取り組みが実践できている。この背景には、武雄市の取り組みが市民だけではなく、ＳＮＳを通じて全国の生活者に知られ、多くの国民の支持が武雄市の力になっていることがある。

参考文献

『顧客ロイヤルティを知る「究極の質問」』フレッド・ライクヘルド、鈴木泰雄、堀新太郎著　ランダムハウス講談社　２００６年

新たなビジネスモデルとは、「製造業のサービス業化」と「サービス業の製造業化」だ

CHAPTER 6

顧客の側から近寄り、長く継続利用し、他者に推奨してもらう

(顧客との強固な関係づくり)

RELATIONSHIP

「文句が出ないようにする」ではなく、「期待を超える」視点で取り組む

日本人は「ほめる」ことが苦手で、「叱る」人が多い傾向がある。また「長所を見つける」よりも、「欠点を探す」ほうが得意な人が多い。

男性の場合、自身のプライドが相手に認められない場合や傷つけられたときに、怒ることが増える。企業側もクレームには敏感に反応し、結果的に「クレームが出ないようにする」「決められたことを決められたように遂行する」「欠点をなくす」といった消去法的な対応をとることが増大してしまう。

その結果、「クレームを防ぐ緻密なマニュアルづくりと正確な運用」「クレーム対応を想定した接客方法」「マナー教育」を中心に行われてきた。こうした対応により、

不満はないが、印象に残らない企業を増やしてしまう。マイナスをいくら削減しても、ゼロにしかなれないためだ。

顧客の期待を超え、強く印象に残る対応や感動の提供が、顧客をファンに変え、サポーターにする秘訣だ。情報検索社会では、自社の商品やサービスを応援してくれるファンやサポーターの数が、企業評価と売上に直結する。企業は、顧客にどのようなプラスの要素を提供し、その印象を顧客の心に刻めるのか。その取り組みが問われている。

顧客満足の向上を売上と利益に結び付けるNPS

顧客は商品を購入する前、品質や価格に対する「評価」を持っている。そして実際に商品を購入した後、効用を「実感」する。この実感の段階で、顧客がどう評価したかで満足と不満が決まる（リチャード・オリバーの「期待不確認モデル」↓P154）。つまり、企業や商品・サービスに対して、

・**「期待」が低いほど満足度は高くなる**
・**「実感」が高いほど満足度が高くなる**

というわけだ。

地理に詳しくない土地に来て、お腹が空いたので適当な飲食店に入って食べてみたら、思いがけずおいしい店で満足した、という経験は誰もが持っているだろう。この場合、「あまり期待していない」ことに加え、「食べてみたらおいしいという実感」の

相互作用によって、満足度が高くなったわけだ。

この逆で、タイヤメーカーのガイドブックやネット上の評価が非常に高い店舗を利用する場合（期待値が高い）、そこそこにおいしくても期待はずれに感じる（実感）ことがある。これは、期待値が高すぎた結果だ。また、使う費用・料金が高ければ高いほど「期待値」が高くなり、これに「実感」がともなわないというケースはよく起こる。

ブランド力が高く、商品価格も高い企業や商品・サービスの場合、顧客の期待値は当然高い。そこで製造業的発想に立つと、商品性能をよりいっそう向上させ、満足度を高める取り組みをすることになる。だが、こうした「1次機能」による差別化だけで、顧客が納得する「実感」を生み出すのは容易ではない。

こうしたときは1次機能を補い、付加価値を付けた「2次機能」を加味する必要がある。**2次機能には、性能やデザインという目に見える要素だけでなく、商品が生み出された物語性や既存顧客の評価など、目に見えない要素も含まれる。**

ただ、顧客の満足度が高いからといって、企業の売上と収益に直結するとは限らず、顧客が他社に流出したり、ブランドスイッチ*されることはよくある。

この問題に対処するために考え出されたのが、「友人や知人にすすめたいと思いますか？」といういわば究極の質問を行って指標にする「NPS（ネット・プロモーター・スコア）*」と呼ばれる方法だ。NPSは顧客満足度だけでなく、顧客ロイヤリティ（忠誠度）と顧客の継続利用意向まで測定できる。

NPSは、顧客に対するアンケート調査で、「友人や知人にすすめたいと思います

ブランドスイッチ
消費者がこれまで購入していた商品の銘柄を変えることをいう。

NPS
（ネット・プロモーター・スコア）
米国のコンサルティング会社、ベイン&カンパニーのディレクターを務めたフレデリック・ライクヘルドが提唱した。

か？」という設問を設け、それに対する回答を「非常にそう思う」は10点、「まったくそう思わない」を0点にする11段階評価をとる。0〜6は「批判者」、7と8は「中立者」、そして9と10は「推奨者」とする。そして、次の計算式のように推奨者比率から批判者比率を引いたものがNPSになる。

推奨者の正味（NPS）＝推奨者比率－批判者比率

仮に、推奨者が40％で批判者が20％なら、NPSは20％になる（40％－20％）。推奨者が20％で批判者が40％なら、NPSは－20％（20％－40％）ということになる。NPSが12ポイント増えると、企業の成長率は倍増するといわれている。

日本人はアンケートに対して、「普通」や「どちらでもない」という中間に位置づけられる回答をする人が多い。したがって、評価が厳しく出ることもあるが、NPSの評価基準が有効であることに違いはない。

情報検索社会ではインバウンドのマーケティングが必然化した

マスメディアしか存在しなかった時代、企業は生活者に伝えたい情報を、広告によって一方的にメッセージを送る「アウトバウンド」マーケティングを行ってきた。いかに大きな声で何度も叫ぶか（広告表現と広告の投入量）が重要なため、この取り組みができるのは、資金力のある企業に限られていた。

当時、生活者が情報を探す際には、テレビ・ラジオの番組や新聞・雑誌の記事、そして広告を利用するほかなかった。情報環境が一方通行のため、企業が市場をコントロールすることも可能だった。

だが、インターネットが登場すると、誰もが知りたい情報を探し出すことが可能になる。自分で検索したり、フェイスブックやツイッター、ユーチューブなどＳＮＳで話題になっている情報からさらに能動的に情報を集めたりすることが日常化した。情報環境が双方向化し、生活者が情報発信の主役になったことで、市場は生活者（顧客）がコントロールできるように変質した。

情報を自らの手で探しに行く社会で、生活者（顧客）に対して大声でメッセージを叫ぶアウトバウンドは嫌われるようになってくる。

こうした生活者の行動変化に対応したのが、インバウンド・マーケティング（発展史→Ｐ171）**だ**。情報を探している人に役立つ情報をネット上に用意し、その情報を見つけてもらい、商品を購入してもらったり、サービスを利用してもらったりする。そしてさらに共感してもらい、その商品やサービス、提供企業のファンやサポーターになってもらって、生活者に評価や推奨を発信してもらう取り組みのことだ。

インバウンド・マーケティングを実践するために、企業はＳＥＯ*に代表される対策はもとより、ブログや掲示板（ＢＢＳ）、ＳＮＳでの評価を高め、生活者が情報検索する際に見つけやすい情報環境をつくり、そこに行かなければ見ることができない魅力的なコンテンツを提供するといった取り組みを行う（これをコンテンツ・マーケティングと呼ぶこともある）。

ＳＥＯ
検索エンジンを使って検索されたページに、自社のサイトが上位に来るように工夫する取り組み。

インバウンド・マーケティングに取り組む手順

情報検索社会でインバウンド・マーケティングに取り組むには、次の①～④のプロセスを経る必要がある。

①情報を探している人に役立つ情報をネット上に用意する

生活者が必要とする情報を検索する際に、自社と自社商品・サービスを見つけてもらうには、

（Ⅰ）「自社が最も重視したい顧客はどんな人なのか」を明らかにして、「顧客を設定」する

万人が必要とする情報は存在せず、企業が対象にしたい顧客のプロフィールを明らかにすることがまずは必要になる。例としては、次のような感じになる。

・おいしい料理を自分でつくりたい人（男性と女性、未婚と既婚で特徴や志向が変わってくる）

・小学生の子どもを持つ教育熱心な両親

（Ⅱ）設定した顧客が求めるテーマと情報を検討して抽出する

料理をつくるのに「時間をかける（休日用）」のか「時間がないのか（平日用）」、子どもの教育に関して「普段の勉強方法」なのか「夏休みの宿題の取り組み」「受験対策」なのか、設定した顧客が最も必要とし、検索する可能性の高いテーマと情報内容に絞り込む。

（Ⅲ）**抽出したテーマと情報を、誰が、どのように加工し、どんな場所で発信すると、魅力的なコンテンツになるかを考える**

絞り込んだテーマが「仕事を終えてから5分でつくれる本格料理」だとすれば、

・情報発信者（料理の先生なのかプロの料理人なのか、あるいはカリスマ主婦か）

・コンテンツ（料理方法やレシピを静止画かあるいは動画にするのか、レシピの見せ方はどうするかなど）

・どのような加工（電子レンジだけで調理できる、フライパンやお鍋1つでつくれるなど）

・どんな場所で（自社のHP、ブログ、検索広告、SNSなど）

といった項目を検討する。

（Ⅳ）**見に来たくなるように情報を演出・工夫してサイト上にアップする**

上記の手順を踏んだ後に、情報を加工して演出を加え、顧客が見たくなる見せ方を工夫して、サイト上にアップする。この際には、フェイスブックやツイッターのシェアボタンを必ず設け、情報が拡散するようにしておく。

また、絶えず情報が更新されるように、定期的にコンテンツを制作し、サイト上にアップできる体制をつくっておく。

②**その情報を見つけてもらい、見込み顧客になってもらう**

単に情報を見ただけで帰られてしまっては意味がないので、定期的に見てもらい、自社商品やサービスに関心を持ってもらえるように取り組む。その方法としては、許可をもらったうえで個人情報を入力してもらい、コンテンツを提供する。コン

テンツとしては、
・メールマガジンの申し込みと配信
・サンプルソフトウエア
・カタログ（印刷物・バーチャルカタログ）
・期間限定のソフトウエア（お試し版）
・導入企業事例と採用者の声
・デモンストレーション映像や動画
・自社のネット上で開催するネットスクールやネットセミナーの参加申し込み
・自社で開催、あるいは参加する他社セミナーの告知と申し込み、招待など
・割引クーポン
・お試し商品
など独自の魅力を付与する。

③商品を購入してもらったり、サービスを利用してもらったりする

商品やサービスを購入してもらうには、

（Ⅰ）購入しやすい環境づくり

・リアルではコールセンター、バーチャルでは使い勝手のよいショッピング・サイトをつくる

（Ⅱ）購入してもらう際には真摯な対応を行う

・サンクスレター（購入してもらったことへの御礼だけでなく、不便や不都合などがな

いかの確認も併せて行う）の送付と確認

（Ⅲ）反復購入してもらう仕組み

・購入者に限定した次回利用できる割引クーポンの送付

・反復購入者限定の優待策の実施（送料無料、限定割引、送付期間の短縮など）

④共感してもらい、ファンやサポーターとして評価や推奨を発信してもらう

顧客になってもらった人に自社商品やサービスの評価をしてもらい、あるいはサイト上（自社サイトとユーザーが持つサイト）で推奨してもらえるようにするには、

（Ⅰ）自社サイト上にユーザーの声を書き込める機能をつけ、書き込まれた内容に必ず返信する体制を整える

（Ⅱ）ユーザーが持つサイト（フェイスブックやブログなど）で評価（良い場合も悪い場合もともに）してもらったら、必ずネット経由で御礼を伝える

（Ⅲ）ユーザーから積極的に参加してもらい、ネット上に多くの評価や推奨コメントを書き込んでもらえるように取り組む

・ユーザーに参加してもらう場づくり

・サポーター専用サイト

・ユーザーによるニュースづくりと発信する場の提供

・ユーザーの著名人化（目利きの人の紹介や達人に向けた支援）

・著名人や文化人のファン化やサポーター化

・ユーザー同士の交流機会の提供と情報発信

生活者から見て信頼が置ける第三者による評価と、そのコメント内容

日本人はいつからか、自分や自分の周りにいる人の評判よりも、見知らぬ他者の評価を参考にするようになった。その代表例が「食べログ」や「ぐるなび」だろう。「食べログ」は信頼できるレストラン選びを目的に、利用者から集まったクチコミと点数評価からレストラン・ランキングをつくって提供している。同社の月間利用者数は５１３０万人、月間総ページビューが約12億３８８万ページビュー（２０１３年８月現在）という実績を誇る。

一方、「ぐるなび」は行きたい店がすぐに見つかる飲食店情報検索サイトで、英語から韓国語、中国語、マレーシア語、インドネシア語、そしてタイ語にまで対応しており、月間ユニークユーザー数２８００万人、月間総ページビュー8億９０００万（２０１３年３月期決算情報）という実績を上げている。

「食べログ」と「ぐるなび」はともに、不特定多数の利用者が評価した内容がデータとして活用されおり、評価者は質よりも量の傾向がある。

この両社と対極にあるのが、フランスのタイヤメーカーが実施しているガイドブックで、毎年刊行されるたびに、マスメディアを中心にして必ず報道され、新たに星を獲得した店舗は、広く注目されることになる。

ところが、こちらの３ツ星レストラン・飲食店の場合、一般人がためらいなく利用するには高額すぎる店舗が大半を占める。

このガイドブックと同じように、芸能人や著名人による推奨も、ある程度の影響力を持つ。しかし、「やらせ」が発覚して、推奨した本人がバッシングされることが頻発し、ユーザーも以前ほど盲信することはなくなりつつある。

こうした状況のなかで、**生活者が本当に必要とする人の声とは、実際にその企業の商品やサービスを利用し、客観的に評価している意見だ。これが、本来の「アンバサダー」と呼ばれる人だろう。**

熱烈なファンやサポーターがソーシャルメディア上で推奨してくれ、幅広い生活者に企業の商品・サービスの情報が届く仕組みが「アンバサダー・マーケティング」（発展史→P174）だ。

ソーシャルメディアが普及してから、SNS上で普通の人でも100名以上の友人やフォロワーがいるようになった。クチコミが広がる深さと幅が拡大し、大きな伝播力を発揮するようになり、着目されるようになった。

これまでネット上では、一般生活者に対して影響力を持つ人たちを「インフルエンサー」と呼び、いかに彼らの評価を獲得し、ネット上で推奨してもらうかという取り組みがあった。しかし、ネット上でファンが多く影響力の大きいインフルエンサーが、該当する企業の商品やサービスを愛用し気に入っているとは限らない。そのため、金銭や何らかの報酬が介在する「やらせ」問題が生まれる原因ともなっていた。

しかし、アンバサダーの場合には、もともと企業や商品・サービスに対してファンやサポーターになっている。そのため、金銭などインセンティブがなくても推奨してくれることが多く、企業には貴重な存在だ。さらに、アンバサダーでありながら、インフルエンサーでもある人がいるため、こうした人たちの協力が得られるとその効果は絶大だ。

企業に欠かすことができないアンバサダーを見つけるには、次の①～③の手順を踏む。

①顧客に対するアンケート調査で「友人や知人にすすめたいと思いますか？」という質問を行い、推奨者をアンバサダーと考える

NPSの説明で触れたように、顧客に対するアンケート調査で「友人や知人にすすめたいと思いますか？」という設問を設け、その答えが「非常にそう思う」の10点と「そう思う」9点に該当した推奨者を「アンバサダー」と考えて対応する。

②ネット上の声に耳を傾ける

ソーシャルメディアなどネット上にある生活者のコメントを定期的にモニターし、アンバサダーになり得る人材を探す。

③実際に行動を起こしている人を見つける

新たな顧客を紹介してくれる人や、自社の商品やサービスの購入につながるサイトや動画を作成してネット上に公開してくれている人を見つける。

一般ユーザーに強力なアンバサダーになってもらう視点

一般のユーザーに強力なアンバサダーになってもらうプロセスとしては、次の①～

③の方法がある。

①自社の商品・サービスに関心を持ち、実際に購入してくれてロイヤリティを感じてくれているユーザーへの対応

まず、この人たちの声に真摯に耳を傾け、企業活動になんらかのかたちで参加してもらう機会を提供し、アンバサダーになってもらえるように取り組む。

②通常のアンバサダーになってくれているユーザーへの対応

すでにアンバサダーとして協力を得られている人に対しては、一般ユーザーに対してのインストラクター役や先生役をお願いし、彼らの存在感を高める取り組みが有効だ。こうしたやり取りを通じて新規顧客を創造し、購入につながるケースも出てくる。

金銭的インセンティブを行うと「やらせ」になるため、一般生活者が入ることができないプレス発表会やプレス向け展示会に招待したり、発売前に商品モニターを依頼して感想を聴いたりするといった対応が効果的だ。

③社会に対してネットを通じて最も影響力を発揮するコア・アンバサダーであるユーザーへの対応

アンバサダーの中でも、社会や生活者に最も影響力を発揮してコアとなるアンバサダーには、自社サイトで彼らのコメントを紹介し、アンバサダーとしてのプライドを満たす取り組みがある。

また、マスメディアの記者や制作者に紹介し、彼らの知名度を高める機会を提供するといった取り組みも有効だ。

オンライン・コミュニティをつくって業績を回復させた「スターバックス」

これまで述べてきた「顧客からの推奨をもらう」「顧客に参加してもらう」といった取り組みを実践したスターバックスと無印良品の事例をこれから紹介し、成功につながった視点を分析してみる。

〈スターバックスの企業概要と経緯〉

「スターバックス」は１９７１年、米国のワシントン州シアトルで開業した。１９８２年、ハワード・シュルツ氏が入社。１９８５年に同社を退職しイル・ジョナーレ社を設立。エスプレッソをメインにテイクアウト中心の店舗販売を開始したところ人気を集め、１９８７年にシュルツ氏はスターバックスの店舗と商標を購入した。

イル・ジョナーレの社名は、スターバックス・コーポレーションに改められ、以降「スターバックス」のブランド名で全米に店舗を拡大。２０１２年9月時点で、全世界61カ国と地域に1万９９７２店舗を展開するコーヒーを中心にしたチェーン店展開企業だ。

店舗のインテリアは、落ち着いたソファと照明*で、店内は全面禁煙、親切な接客を通じて独自レシピの商品を楽しめるのが同店の特徴だ。

スターバックスは、２００７年前後*から景気後退の影響と、至るところに出店したオーバーストアが重なって業績不振に陥り、すでに退任していたハワード・シュルツ

落ち着いたソファと照明
店舗によってそうなっていないところも存在する。

２００７年前後
２００７年はサブプライムローン問題、２００８年はリーマン・ショックがあった。

氏が2008年1月にCEOとして復帰。同年7月、全米店舗の8%に該当する600店を閉鎖、世界の社員の7%に当たる1万2000人を解雇した。こうした取り組みによって同社の立て直しに成功し、現在に至っている。

〈業績不振のなかでシュルツ氏が取り組んだオンライン・コミュニティ〉

CEOに復帰したシュルツ氏が2008年3月19日の株主総会で発表し、その日から運用が始まったのがオンライン・コミュニティ「My Starbucks Idea」だ。シュルツ氏は「My Starbucks Idea」に取り組んだ理由として、「顧客との心の絆を取り戻す」ためだと述べている。同サイトは、次の3つの機能を備えている。

①**GOT AN IDEAS（アイデアを送る）**

ユーザーである生活者は、自分が考えたアイデアをインターネットからスターバックスに対して投稿できる仕組みだ。

②**VIEW IDEAS（人が送ったアイデアを見る）**

他の人が投稿したアイデアを誰でも見ることができ、アイデアに投票することもできる。

③**IDEAS IN ACTION（実行に移されたアイデア）**

生活者から送られたアイデアの中から、スターバックスが採用したものを報告する機能だ。

「My Starbucks Idea」が公開された24時間後には、すでに70

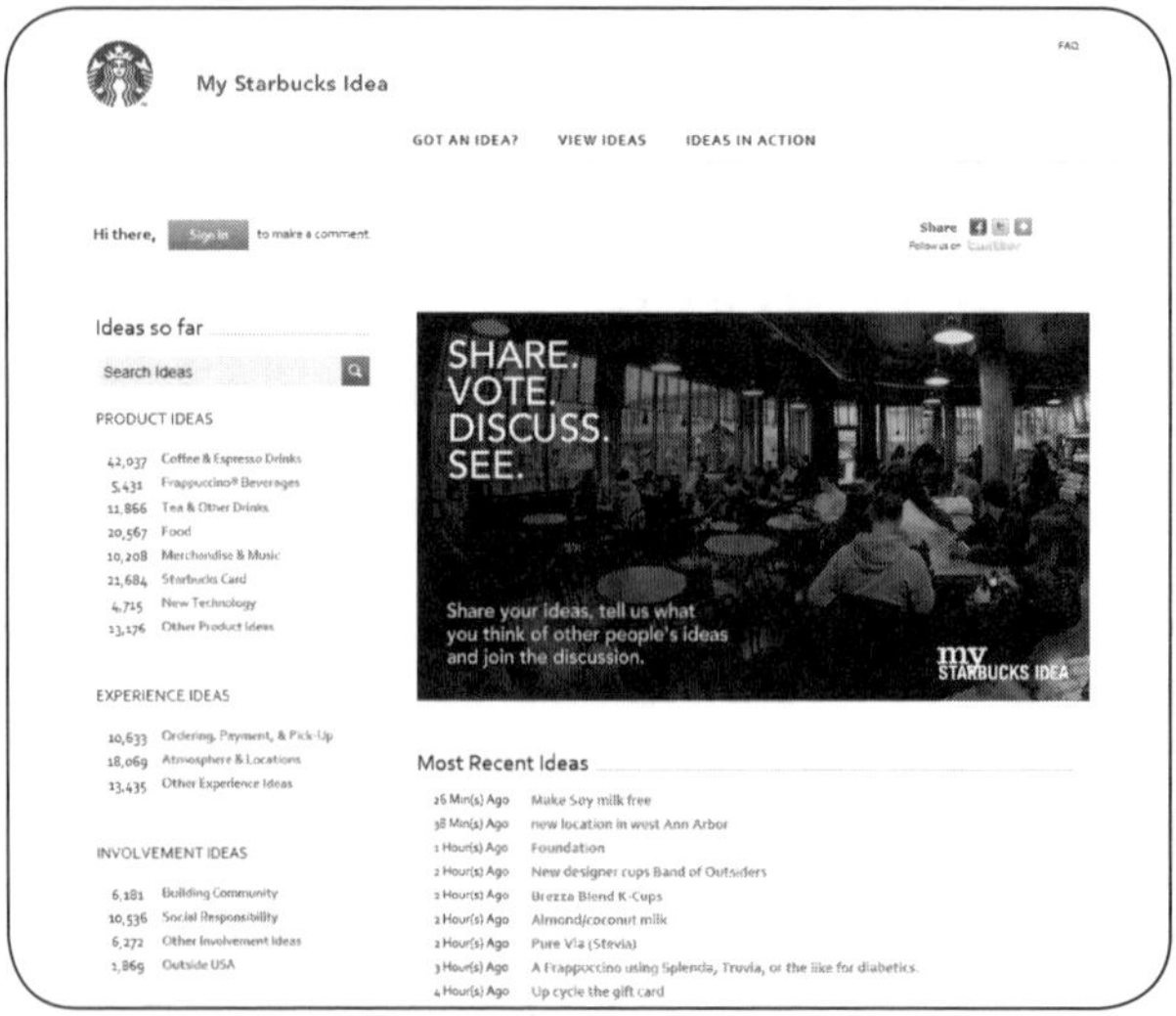

My Starbucks Idea のサイト

００に及ぶアイデアが書き込まれた。その後、１週間で10万人が投票。２カ月で４万１０００ものアイデアが寄せられた。

同サイトに寄せられた顧客の声を分析すると、「顧客が支払った金額にふさわしい価値を提供してほしい」「頻繁に利用する見返りが欲しい」という顧客の心理が明らかになった。

そこで同社では、限られた都市だけに実施していた「トリート・レシート」（レシートを持って行くとおかわりを2ドルで購入できるプログラム）を全米で展開し、午後に売上が落ち込むという状況を改善できた。

これ以降、同社はソーシャルメディアに注力し、ツイッターは２７０万人以上、フェイスブックでは３１００万人以上が同社のファンになっている（２０１２年8月1日時点）。

スターバックスに学ぶマーケティングの５ポイント

顧客参加型オンライン・コミュニティ「My Starbucks Idea」の事例から押さえておきたいマーケティング上のポイントには、次の５つがある。

①顧客の声を聴くだけではなく、対話し、優れたアイデアを採用して、顧客に参加してもらった

ネットを通じて顧客の声を聴くだけに終わらず、顧客から提案してもらい、その提案に基づいて対話し、良いアイデアは実際に採用することで、顧客の参加を実現した。

顧客は自分の意見に耳を傾けられ、あるいは採用されることで、同社の当事者的な存在に変わり、両者の関係性が強化された。

②商品の改良改善でなく、顧客との関係性を見直した

オンライン・コミュニティの「My Starbucks Idea」に寄せられる声を通じて、シュルツ氏は次のことを理解し、その取り組みに注力した。すなわち、顧客が望んでいるのは商品の改良改善ではなく、顧客の声を事業と商品に反映させ、同社にロイヤリティを持っている顧客（アンバサダー）との関係性と絆を強化することだ。

③批判が殺到する時期にリスクを恐れず、「My Starbucks Idea」を立ち上げて運用した

業績不振で社会から批判が殺到する時期にもかかわらず、「My Starbucks Idea」を立ち上げ、顧客との関係性を強化し、顧客からアイデアを募ることにより、顧客をスターバックスの渦中に巻き込んだ（インバウンド化）。

その一方、サイトが批判者に乗っ取られることを防ぎ、同時に機密漏洩《ろうえい》が生じないよう、同社が用意したモデレー

2-20図 スターバックスのインバウンド／アンバサダー・マーケティング

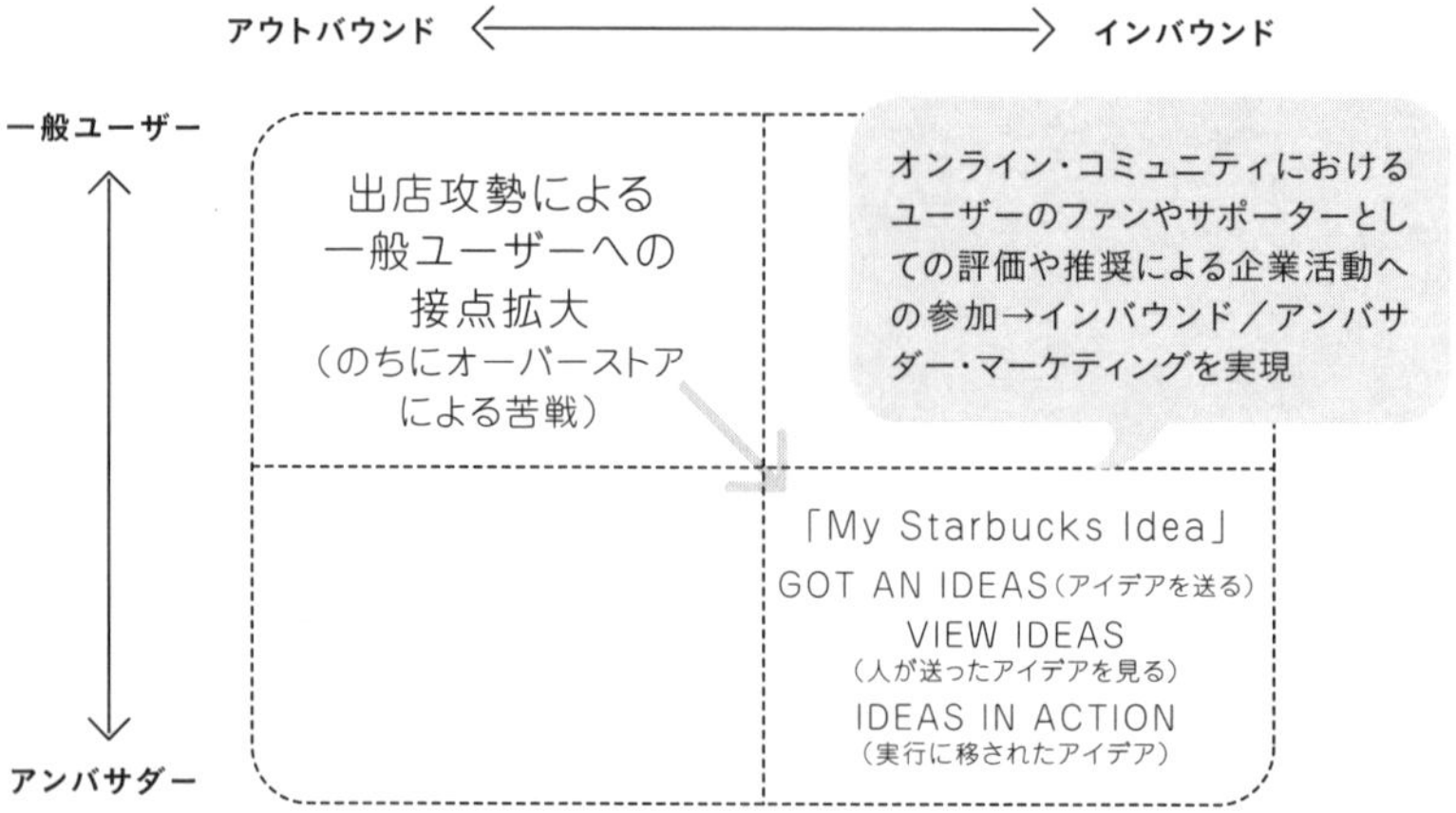

アウトバウンド
インバウンド
一般ユーザー
アンバサダー
出店攻勢による一般ユーザーへの接点拡大（のちにオーバーストアによる苦戦）
オンライン・コミュニティにおけるユーザーのファンやサポーターとしての評価や推奨による企業活動への参加→インバウンド／アンバサダー・マーケティングを実現
「My Starbucks Idea」
GOT AN IDEAS（アイデアを送る）
VIEW IDEAS（人が送ったアイデアを見る）
IDEAS IN ACTION（実行に移されたアイデア）

ター*50名には、リスクを回避するために必要なトレーニングを実施し、その後に運営に当たらせた。

④この取り組みから、デジタル・メディアとソーシャルメディアに注力し事業に活用する

「My Starbucks Idea」の取り組みが成功したことで、同社はデジタル・メディアとソーシャルメディアの重要性を認識し、フェイスブックの最高執行責任者のシェリル・サンドバーグ氏を取締役に迎え、社内体制を強化した。

⑤同社のブランド価値を毀損させず、成長軌道に戻した

業績不振で同社には身売り話が噂に上るほどの事態に襲われ、通常ならブランド価値が毀損するところだった。しかし、「My Starbucks Idea」と顧客参加による経営手法により、ブランド価値を維持して、その後成長軌道に戻すことに成功した。

アンバサダーになったユーザーに商品を推奨してもらう「無印良品」

もう1社の事例は「無印良品」だ。「顧客からの推奨をもらう」「顧客に参加してもらう」といった取り組みを、無印良品はどう実践したのかをこれから見ていく。

〈無印良品と良品計画の概要〉

無印良品は１９８０年、「素材の選択」「工程の点検」「包装の簡略化」をテーマに、「わけあって安い」をキャッチフレーズとして、家庭用品9品目、食品31品目のラインナップで、西友のＰＢブランドとして誕生した。

モデレーター
司会者の意味だが、ここではサイト運営に携わるスタッフのこと。

1989年に西友の無印良品事業部が独立して、資本金1億円で良品計画を設立。卸売事業と大型路面店展開を開始する。同社は自社で工場を持たず、バイヤーやマーチャンダイザー*が生産地に足を運び、商品をつくり出すビジネスモデルを採用している。

1991年ロンドンに「MUJI」1号店を出店、その後、海外に法人を次々に設立していく。1995年には株式を店頭公開した。2005年には、優れたデザインに贈られるドイツ「iFデザイン賞（iF design award）プロダクト部門」で5つの金賞を受賞している。

2006年に、第1回国際デザインコンペ「MUJI AWARD」を開催、2007年に世界のスタンダード店舗となる「MUJI東京ミッドタウン」を出店した。

2009年には、より良いモノづくりを目指し、社内に「くらしの良品研究所」を設立した。

〈「モノづくり家具・家電」プロジェクトと、「ものづくりコミュニティ」を始める〉

同社では、インターネットを使って商品開発を行うエレファントデザインと協働し、「モノづくり家具・家電」プロジェクトとして、2001年に無印良品ネットコミュニティを立ち上げた。ネットを通じて顧客が参加する、商品開発手法を開始する。

最初に取り組んだテーマは、「ベッド周りの照明」だ。顧客から意見やアイデアを募り、それらをもとに同社が商品デザイン案を提示して投票してもらい、最終的に商品化するという方法を採用した。この取り組みにより、現在でも販売されている「持

マーチャンダイザー
特定の商品について、マーケティング、仕入れから販売に至るまで一貫して担当する人のこと。

ち運びができるあかり」が誕生。この商品に続いて、「壁棚」や「体にフィットするソファ」が商品化された。

　同じくネット上には、「ものづくりコミュニティ」が生まれる。「キッチン・プロジェクト」では、調理器具などのキッチン用品に関するアンケート調査と商品の試用実験を行い、商品が生まれていく過程をネットでユーザーと共有化していく取り組みが行われていく。また、幼い子どもを持つ母親と同社による「ママＭＵＪＩ」コミュニティからは、「マザーズバッグ」が誕生している。

〈「くらしの良品研究所」の誕生と、顧客の声を聴いて商品に生かす取り組み〉

「ものづくりコミュニティ」をさらに発展させるため、２００９年に「くらしの良品研究所」が誕生。新商品開発と既存製品のチェック機能、さらに広報と販売促進にも活用でき、顧客接点となるプラットフォーム化を推進していく。

「くらしの良品研究所」のサイトでは、無印良品によるライフスタイルの提案や暮らしのテーマについて、１カ月間同一のテーマでコラムを掲載し、同時にフェイスブックでも展開する。ここで生活者の反応が大きいと、「ものづくりプロジェクト」に昇格し、アンケート調査・商品の試用テスト・ユーザーによる投票を経て、商品開発に進むというプロセスを採用している。

　同社は２００９年、ツイッターのアカウントを、２０１０年にフェイスブックの公式ファンページを立ち上げて、ソーシャルメディアを積極的に活用する取り組みを開始した。これは、無印良品のサイトに参加してもらうよりも、「くらしの良品研究所」

のサイトとツイッターやフェイスブックのほうが、生活者にとって参加しやすいことを考慮に入れている。

同社のネットストアの商品詳細ページの中には、顧客が何を記載してもいい「ｍｙ ＭＵＪＩ」というプラットフォームがある。その声は、同社のマーケティングに生かしている。併せて、顧客から寄せられた問い合わせやクレームなどを、既存商品の改良や再販につなげる「お客様の声プロジェクト」という取り組みも社内で実践している。

〈良品計画のソーシャルメディアの運用ポリシー〉

同社がツイッター、フェイスブックなどのソーシャルメディアを活用する際、ガイドラインとして、次の6項目が設定されている。

・握手するくらいの距離感
・法人格を逸脱しないよう一人称にせず、しかしその先には人がいることを感じさせる対応をする
・質問には可能なかぎり返信するが、判断に窮した際はお客様室と連携する
・押し売りをせず、商品ＰＲはしても紹介にとどめる
・安売りチャネルにはしない
・原則として勤務時間内で対応する

くらしの良品研究所のサイト

〈ソーシャルメディアで心がけている8項目〉

良品計画がソーシャルメディアの運用に当たって心がけているのは、

①感謝のことばを返信する際はコピーペーストをしない
②多少のユーモアがコミュニケーションを円滑にする
③ソーシャルメディア内で話題になっていることを知り、踏まえておく
④相手の気持ちを二歩先まで読んで行動する
⑤顧客に対してあたりまえの対応をしていれば炎上しない
⑥あえて返信しない質問も存在する
⑦一つひとつの反応に一喜一憂しすぎない
⑧ソーシャルメディアの中の声が、世の中すべての声だとは思わない

という8つの内容であり、非常に先見性のある内容になっている。

無印良品に学ぶマーケティングの5ポイント

顧客参加型プラットフォームを立ち上げた無印良品の事例から、次の5つのマーケティング上のポイントが指摘できる。

PART2-CHAPTER 1 2 3 4 5 ⑥ 7 8　顧客の側から近寄り、長く継続利用し、他者に推奨してもらう

2-21図 無印良品のインバウンド／アンバサダー・マーケティング

アウトバウンド ←→ インバウンド

一般ユーザー

ネットストアにおける
ユーザーへの
販路拡大

サイト、SNSにおけるモノづくりを通したユーザーによる企業活動への参加と、商品の使用評価などのオンライン上におけるフィードバックによるインバウンド／アンバサダー・マーケティングの実現

くらしの良品研究所：
顧客と共創する
「ものづくりコミュニティ」の発展版

my MUJI：
ネットストアへの顧客コメント投稿

お客様の声プロジェクト：
顧客から寄せられた問い合わせなどによる商品改良や再販

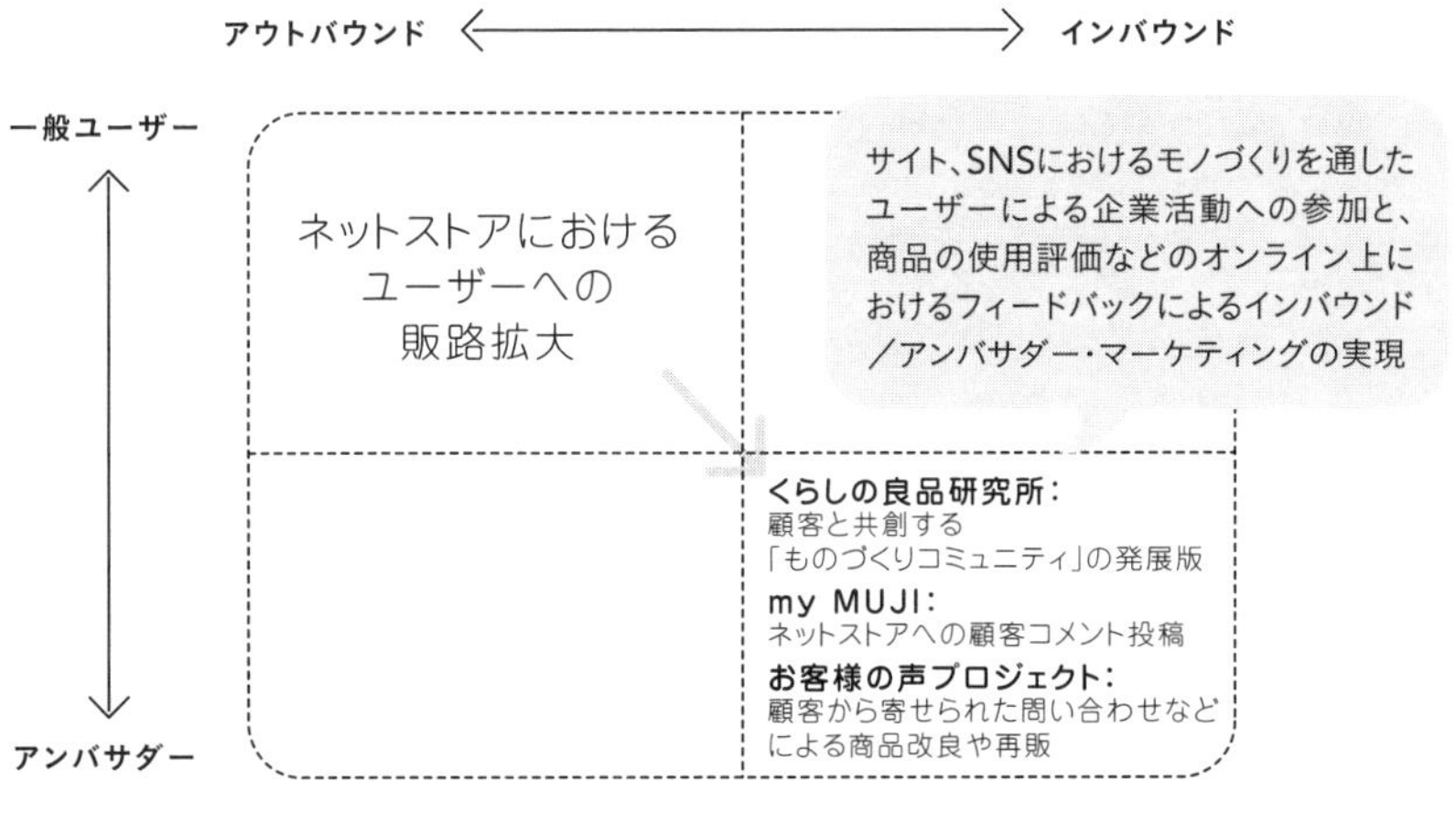

①顧客が商品開発に参画する仕組みをつくり上げた

無印良品は「ものづくりコミュニティ」で学習したノウハウを基に、「くらしの良品研究所」とネットストアによってプラットフォーム化を図った。これにより、同社商品を利用する頻度の高いユーザーや同社商品にロイヤリティを持つ顧客に、商品開発に参画してもらう（インバウンド化）ことに成功した。

②参加した顧客のマインドシェアが高まり、その声（コメント）は他の生活者への推奨になる

商品開発や再販の依頼、質問などを通じて、同社と対話をした生活者は、無印良品に対するマインドシェア（心の中の占有率）が高まる。さらに彼らのコメントは、他の顧客に対する推奨力を発揮（アンバサダー化）することになる。

③ソーシャルメディアを利用する際のガイドラインと運用時の心がけが設けられている

対応を間違うと、炎上することもあるソーシャルメディアを活用するに際して、同社では社内にガイドラインを設け、担当者の判断基準にした。また運用に際して、担当者が踏まえておくべき心がけを策定して活用している。

④声を聴くだけでなく、対話し、顧客の意見を実務に反映している

顧客の声を聴くだけでなく、顧客と対話を重ね、参考になる意見を実務に反映させる姿勢を貫いている。こうすることで、顧客が同社と関わった意味と価値を増幅させている。

⑤トライ&エラーを積み重ね、自社のノウハウにしている

どこかにあったモノを外部から持ち込んで運用するのではなく、自分たちの手で新たな取り組みに挑戦し、独自のノウハウを積み重ねて高度化を図っている。

参考文献

『スターバックス再生物語』 ハワード・シュルツ、ジョアンヌ・ゴードン著　月沢李歌子訳　徳間書店　２０１１年
「良品計画のソーシャルメディアの運用ポリシー」と「同社がソーシャルメディアで心がけている8項目」については、セミナーイベント「Web担当者Forum ミーティング2012 in 名古屋」（２０１２年9月27日開催）での㈱良品計画ＷＥＢ事業部 風間公太氏の講演録を参考にした。
http://web-tan.forum.impressrd.jp/e/2012/10/30/13880

インターネットを活用した生活者とのコミュニケーションとリスクマネジメント（マーケティング・コミュニケーション）

CHAPTER 7

COMMUNICATION

マスメディア時代は企業から一方的にメッセージを発信できた

インターネットが存在せず、マスメディアだけが機能していた時代は、企業はマスメディアによる広告を中心にして一方的にメッセージを発信していた。そして、生活者はその広告を通じて、企業・商品の情報を入手していた。

地上波テレビとラジオのように無料で視聴できるメディアは、広告収入によって経営が成り立つビジネスモデルだ。そのため、大規模な広告を投入してくれる企業には、番組内でパブリシティの協力をある程度行ってきた。

米国にはない日本独特の形式として、番組提供スポンサーの制度があるため、番組を提供する企業の意向が、番組内容に加味される場合もあった。

有料で販売する新聞と雑誌でも、広告収入の比率が高くなってくると、広告部門と編集部門が駆け引きをしながら、広告主である企業にパブリシティを協力することもある。しかし、『週刊新潮』に代表される一部の週刊誌はこうした対応をとらないことが多く、そのせいで広告出稿が少ない傾向にある。

米国では、報道の中立性を担保するため、テレビの広告はすべてスポット広告のスポンサーになっている。

だが日本では、番組提供スポンサーが存在する。番組の制作費を広告主が負担するため、広告主に都合の良くない内容には企業も口を出す。また、ニュース番組の提供スポンサーの場合、自社に関係する報道には、テレビ局サイドからある程度配慮されることがある。たとえば、提供スポンサーの新製品が登場した際に、その情報をどこかで報道するといった対応だ。

その一方、広告主の社員が何らかの事故を起こしてそれが報道される場合、通常なら企業名が報道されるところを、「大手生命保険会社の……」のように婉曲な表現になることもある。これは新聞でも、大スポンサーの場合にはあり得ることだ。

マスメディアと同様に、大きな力を持っていたのが映画だ。映画の中に登場した企業・商品・ブランドなどは、生活者の購入促進につながった。これが前述した「プロダクト・プレイスメント」*（発展史→P182）だ。この広告手法はテレビにも拡がり、ゲームソフトやアニメーション作品にも取り入れられている。

プロダクト・プレイスメントは、映画に限らない。たとえば、宝石店のハリー・ウィ

プロダクト・プレイスメント
映画やテレビ、ゲームソフトの中に企業、商品、ロゴマークなどを指名する台詞を登場させ、見る人にさりげなくアピールする手法。制作会社と企業がタイアップして行われる。

ンストンがアカデミー賞の授賞式で女優に宝石を貸し出して、*メディアに取り上げられる事例がよく知られている。

日本企業にマーケティングを紹介し、その概念を広めた大手広告代理店

20世紀の日本にマーケティングの概念を導入し、数多くの企業に紹介して、日本にマーケティングを広めた最大の功労者は、電通や博報堂に代表される大手広告代理店だ。広告代理店は、広告によって顧客（市場）を開拓する必要のあるクライアント（広告主・取引先）に対して、積極的な提案営業を行い、広告を獲得していった。

当時の広告代理店の業務プロセスを紹介しよう。広告代理店の社内には、マーケティング部門が置かれている。マーケティング部門の担当者（基本的に担当する企業は割り振られている）が、「環境分析、市場分析、生活者分析、競合分析」といった分析プロセスを経て、クライアントが対象にすべき「重点顧客」*を特定する。

次に、過去の広告投入によって、重点顧客に対するクライアントの企業や商品の知名度や認知度、購入意向などがどれだけ向上したかを調査、報告する。その結果を踏まえ、クライアントの目的に応じた、企業や商品の広告表現をクリエイティブ部門が提案。最後にどのメディアに、どれだけの広告を投入するかを、広告制作費も含めて見積りとともに提示する。こうした提案を総合判断したうえで、クライアントは採否を決める。

クライアントは、そのつど必要に応じて広告代理店を競わせて、*最適な提案をした

宝石を貸し出して
ハリー・ウィンストンは1943年、アカデミー賞の授賞式に列席する女優たちが身につける宝石の貸し出しを提案して採用された。最優秀主演女優賞を獲得したジェニファー・ジョーンズに、ダイヤモンドジュエリーが貸与されたことが始まり。これ以降、アカデミー賞の授賞式で、女優たちが身につける宝石はいつも注目され、報道されるようになっている。

重点顧客
「コア・ターゲット」などとテキスト通りに呼んでいた。

広告代理店を競わせて
業界では「競合」や「コンペ」と呼ぶ。

ところに発注するケースと、1年間あるいは数年間担当する広告代理店を募り、最良のプランを提示した企業とだけ広告制作作業を行う専任代理店制度をとるケースとに分かれる。

広告代理店の功罪

広告代理店が日本にマーケティングを広めた功労者であると先に述べたが、2つの反省点がある。1つめは、マーケティングとは広告を使ったコミュニケーションと、販売促進策などのプロモーションだと、企業に錯覚させたところだ。

広告代理店は広告を出稿してもらうため、あるいは販促作業を発注してもらうために、マーケティングの考え方を駆使して、クライアントに提案を行っていった。彼らが行った提案のゴールは、自社の売上に直結する「広告コミュニケーション」であり、「プロモーション*」だったからだ。

この指摘は、2013年に日本マーケティング協会が開催した「コトラー・カンファレンス2013」で講演したフィリップ・コトラーも、同様の指摘を行っている。コトラーが行った基調講演の内容を抜粋すると、**「日本企業が過去20年間に停滞した8つの理由」**として、

①過去の成功体験により、組織と経営陣に横柄さが生まれた。
②国内市場で成功したため、その後も国内市場に注力しすぎた。
③かつてのように起業家精神と創造性を併せ持つリーダーが減った。

プロモーション
大がかりなものには、万国博覧会への出展もある。

④日本のマーケティングはプロモーションしか行わず、本来の意味でのマーケティングを実践しなかった。マーケティング担当者の仕事、それは売ることではなく、新たなニーズに着目し、新たなチャンスを見出し、そのインパクトを分析することだ。
⑤ＣＭＯ*（チーフ・マーケティング・オフィサー）の制度ができていない。
⑥意思決定に要する時間が長すぎ、また遅すぎる。
⑦終身雇用と年功序列のメリットがなくなった。
⑧米国型（ウォール・ストリート型）資本主義に振り回された。長期的な意思決定ができるようにすべきだった。米国の企業でさえ、四半期ごとのレポートを止める動きが出ている。

という点を挙げている。また、**「日本企業が成長するための６つのレシピ」**として、

①ビジネスモデル、流通、価格、コミュニケーションなどあらゆる分野で、日本企業にはイノベーション発想を可能にする企業（組織）文化が必要だ。
②顧客にもっと近づき、顧客とともに新たなアイデアを得る「コ・クリエーション*」を実践する。
③マス・マーケティングからソーシャル・マーケティングに移行する。２０３０年までに、マーケティング予算の50％は、ソーシャル・マーケティングに使われると予測する。
④ＣＭＯ（チーフ・マーケティング・オフィサー）制度を研究する。

ＣＭＯ
マーケティングに関する最高責任者の意。

コ・クリエーション
144ページの顧客との関係性で触れた共創概念のこと。

⑤「製品」でなく「顧客」のことを考える、顧客中心主義を徹底する。

⑥より高度な目的を達成するためのマーケティング（たとえばマーケティング3・0）を実践し、ブランドによって差異化を図る。

広告代理店の反省点の2つめは、広告代理店が主要取引先にしていた企業は、広告を使う必要があるB2C企業が中心だったことだ。その結果、大規模な広告を必要としない多くのB2B企業にとっては、マーケティングの考え方に基づいた提案を広告代理店から受ける場が限られてしまった。

広告代理店が、B2B企業に積極的に営業活動を行わなかった理由は単純だ。広告代理店の売上に結び付かないからだ。

広告代理店の対応だけでなく、B2B企業側にもマーケティングが遅れた理由がある。

B2B企業の中でも、専門性に強みを発揮する生産財メーカーは長らく、自社の技術力に裏づけられた部品や製品を供給する納入先が明確だった。技術開発力と人的営業力があれば、営業活動を行えたのだ。そのため、当時は、取引先（納入先）企業が要求する技術レベルや製品仕様には迅速に対応するが、取引先が相手にしている最終顧客（生活者）のことまで考慮する必要がなかった。

B2B企業のマーケティング発想が遅れた理由には、納入先企業の要求には応えるが、最終顧客のことは考えずにきたことにある。

もう1つ遅れた理由として、納入先との取引関係がいったん始まると、そのビジネスは長く続く傾向があり、積極的に取引先以外の企業や社会にコミュニケーションを行う必要がなかった、という点も指摘できる。

自動車業界を例にとると、生産財メーカーが製造する部品や装備が、自動車メーカーの新型車にいったん採用されると、そのクルマがモデルチェンジするまで、納入企業の供給は続く。B2B業界では、採用されるまでに時間を要しても、採用が決まると取引関係が長く続くわけだ。市場や取引関係が絶えず変化するB2C市場のように、取引先や生活者に対して積極的にコミュニケーション活動を行い、自社商品に関心を持ってもらう必要がなかったのだ。

ネットの出現で、コミュニケーションと販売方法が激変

インターネットが登場し、生活者が知りたい情報を自ら検索して入手するスタイルが当たり前になると、企業が生活者に行うコミュニケーションとモノやサービスを販売する方法が、大きく変質していく。

この変質は、次に述べていく①〜④のプロセスを辿っており、社会のIT化の進展と符合する。

①生活者が価値あるものを見つけることに参加し、推奨したことで収入が入るアフィリエイト・プログラム（→P192）**が生まれて定着する**

ネットとeコマース、そしてソーシャルメディアが整備されていく過程で、アフィ

リエイト・プログラムが誕生し、定着していった。この仕組みが画期的だったのは、「推奨するにふさわしい価値（モノ、サービス）を見つけ、その価値を推奨・拡散して、誰かがそれに賛同して購入すると、その結果として報酬がもたらされる」仕組みになっていることだ。

価値のないものをいくら人にすすめても、賛同する人はいない。報酬を得ることだけに主眼を置いてアフィリエイトに取り組んでも、聡明な人々はそのあざとさを見抜く。アフィリエイト・プログラムで相当の収入を得ている人とは、価値を見つけることに長けた人ともいえるわけだ。

この視点に立つと、アフィリエイト・プログラムで成果を上げている人を、前述のアンバサダーに起用すれば、彼らの価値も向上するはずだ。人気のあるブロガーなどがこれに該当する。

②サーチエンジン・マーケティング（↓P198）**が当たり前になり、その次の取り組みが始まっている**

SEO（検索エンジン最適化）から始まったネット上でのマーケティングは、キーワード連動型広告から、有料リスティングサービス*を使った広告掲載という仕組みに成長していく。生活者とサイト（企業）がネットを通じて双方向につながり、情報検索が行われるかぎり、この取り組みはさらに高度化していく。

特に気になるのが、「バックリンク」から「オーサーランク」に移行すると発表したグーグルの動きだ。SEO専門会社はこれまで、SEO対策として、リンク

有料リスティングサービス
オーバーチュア（Overture）やグーグルのアドワーズ（AdWords）など。

する先が多い「被リンク」という操作可能なものをコントロールし、検索順位を上位にできるように操作してきた。

しかし、今後数年間は、こうしたバックリンクも使うが、徐々にオーサーランクに移行するとグーグルが発表した。この方法が導入されると、SEO専門会社は存続できなくなる。

オーサーランクとは、特定分野の専門家が書いたページのことだ。グーグルは、こうしたページの評価には自然言語処理の技術を活用し、どれだけ信頼できる人物かをランク付けし、検索の上位に表示すると発表している。つまり、**「コンテンツの質と書いた人の質」の両方が、検索上重要になるわけだ**。

この取り組みが実施されると、信頼の置けない投稿をするサイトは、検索からはじかれる可能性が高い。もしそうなると、企業は信頼があり、権威のある書き手の力を借りないと、検索の上位に登場しないことになる可能性が出てきた。

海外の「バイラルメディア*」では、すでに脱検索の動きを見せており、フェイスブックやツイッターなど急速に増大しているSNSから、顧客を流入させる動きを強化している。日本のフェイスブックにも、すでにバイラルメディアはいくつも登場している。

海外のバイラルメディアをいくつか挙げてみる。
・アップワーシー（Upworthy）
2012年3月からサービスが開始され、同年11月時点で利用者は8900万

バイラルメディア
前述したバイラル・マーケティングにつながるメディア・サイトで、クチコミを拡げることを目的につくられたメディアのこと。

人に達している。社会意義の高い情報を伝えることをモットーにし、人権や貧困問題というテーマも取り上げる。ファンを増やすように、当然ながらＳＮＳのシェアボタンが用意されている。

・バズフィード（BuzzFeed）

２００６年、『ハフィントンポスト』*の共同創業者たちにより創業され、２０１３年の段階で月間訪問者数が１・３億人を超える実績を誇っている。内容はリスト記事*やクイズに加え、動物系のコンテンツに強みを発揮している。同社はバナー広告だけでなく、記事広告（ネイティブ広告と呼ばれる）によっても収益を上げている。

③ネット上でモノやサービスの購入を促進する独自の手法が出現する

リアルの店舗で行われていた販売方法がネット上ではさらに工夫され、「フラッシュ・マーケティング」（発展史→Ｐ203）に代表される販売手法が登場し利用されていく。

割引価格や特典付きクーポンなどを使い、出品者が設定した数量が売れると取引が成立するなど、短期間・短時間のうちに販売するフラッシュ・マーケティングの手法は、小売サイトを中心に積極的に活用されている。

日本では、319ページで紹介した一休が、「共同購入クーポン」として取り組んでいる。一休は自社サイト上で、

・取引成立に必要な最低枚数

ハフィントンポスト
２００5年に設立された、米国のインターネット新聞。

リスト記事
要点だけを記した一覧記事。

・クーポン購入状況（予定枚数に到達すると販売が終了することもある）
・販売までの終了時間
などをリアルタイム表示し、顧客に購入を促している。

④推奨者を獲得してクチコミを拡散する

企業は、キーワード連動型広告や有料リスティングサービスを使った広告掲載を行う。一方で、自身のブログやフェイスブック、ユーチューブの中で、自社商品やサービスを推奨してくれる人の重要度が増していく。企業は、推奨者を獲得する取り組みを盛んに実践するようになっている。

いつの時代も、広告以上に効果を発揮するのはクチコミであることに変わりはない。

ネットを使ったビジネスとコミュニケーションにおける「禁じ手」

「〇〇マーケティング」「××マーケティング」というカタカナ書名の本があふれている。* しかも、それらの本を手にしてみると、マーケティングといっても、非常にせまい領域のテーマやプロモーションであり、クチコミによる話題づくりと拡散という、古くから存在するテーマを深耕しただけのケースもよくある。

マーケティングを初めて学ぶ人がこうした本を読むと、マーケティングとはプロモーションや広告、そして違法性の高い販売促進だと誤解する恐れもある。その代表例が、「ステルス・マーケティング」だ。

海外では違法行為とされ、日本でも発覚するとバッシングされる「やらせ」や「サ

あふれている
マーケティングの先進国は米国なので、どうしても英語をカタカナにした書名が増えてしまう。

クラ」[*]が、ステルス・マーケティング[*]という名で登場し、それを平気でビジネスにする会社もある。生活者をだまして、企業が経営を継続できるわけがない。また、こうした行為が、マーケティングの概念を誤解させることにもなる。

米国では2009年、連邦取引委員会が「広告における推奨および証言の利用に関する指導」を改定し、商品やサービスの推奨者と、マーケターも含めた広告主との関係の有無、そして金銭授受の有無を開示する義務を新設している。

たとえば、商品を無償でもらって推奨している場合なら、「商品は無償で提供されています」という表示義務があるわけだ。

欧州連合では2005年、不公正な商習慣を規制する不公正商習慣指令が制定され、英国でも不公正取引から消費者を保護する規制法が施行された。こうして、ステルス・マーケティングは違法と規定されたのだ。

日本では、2011年に消費者庁が景品表示法のガイドラインとして「インターネット消費者取引に係る広告表示に関する景品表示法上の問題点及び留意事項」を発表し、この中でクチコミサイトやブログにクチコミ情報を当事者または第三者に依頼して掲載し、そのクチコミ情報によって商品・サービス・取引条件などが実際よりも優れていると生活者に誤認させる場合は、景品表示法上の不当表示として問題になるとした。

さらに、実際には購入していないのに、商品やサービスの体験をクチコミサイトやブログに掲載するような行為は、「人を欺き、又は誤解させるような事実を挙げて広告をした」に該当するとして軽犯罪法に抵触する可能性があるとした。

サクラ
顧客を装って商品を推奨する人のこと。

ステルス・マーケティング
なんでも省略したがる人が多い日本では、「ステマ」と称する人もいる。

しかし、ヨーロッパのように違法とまではされていない。そのため、インターネット上でクチコミマーケティングを行っている事業者による任意団体「WOMマーケティング協議会（WOMJ）」が、業界の自主規制の目安としてガイドラインを公表するレベルにとどまっている。

その一方、推奨者やアンバサダーとの関係を強化するネット上の取り組みや、従来から存在するパブリック・リレーション活動（PRや広報活動）が、ステルス・マーケティングだと誤解される可能性もある。**クチコミや推奨を得る活動には、「マーケティング倫理」を確立し、虚偽のない運用が必要なことはいうまでもない。**

生活者が発信する情報はまたたく間に拡散し、共有化される

インターネットの時代では、一般生活者が投稿する情報は、またたく間に生活者に拡散し、共有化される。投稿された情報が間違った内容であっても、企業の対応がまずいと、サイトやソーシャルメディア上に短期間のうちにアクセスや書き込みが集中し、企業サイトが「炎上*」する事態を招く。

ソーシャルメディアによって企業は生活者に絶えず監視され、評価される環境になったことを認識し、最適な行動をとることが欠かせなくなった。

また、近年よく見られる「荒らし」とは、ネット上の環境を荒らす人という意味だ。彼らは、誰でも利用できる掲示板やブログ、企業のホームページなどに、読み手が不快に感じる書き込みを行う。

炎上
サイト管理者の想定を大幅に超え、非難、批判、誹謗、中傷などのコメントやトラックバック（自分のブログにリンクを作成する機能）が殺到すること。なお、サイト管理者や利用者が意図したものは「釣り」と呼ばれる（情報社会学者の田代光輝氏の定義による）。

荒らしと批判意見を混同すると、炎上につながる場合もある。企業は、単なる不快な書き込みや誹謗中傷か、事実に基づいている事象・論拠・論点か、を判断して対応する必要がある。

これまで存在しなかったネット社会特有の企業リスク

インターネット上のブログ、フェイスブックやツイッターに代表されるＳＮＳの利用者の拡大により、これまで存在していなかったネット社会特有の企業リスク（個人リスクもある）が生まれた。

そのリスクとは次の４つだ。

①「やらせ」に対するバッシングと拡散のリスク

タレントやお笑い芸人を利用した「やらせ」が発覚し、当事者が仕事から外される事態がすでに起こっている。安易な考えから金銭を渡して推奨コメントをもらうといった行為には、多くの人から批判のコメントが投稿され、炎上に結びつく。

②誤解や誤報の拡散リスク

ユーザーの誤解に基づく間違った情報や、事実とは異なる誤報にもかかわらず、訂正されずに誤報のまま拡散されてしまう危険性だ。

③絶えず批判する批判者

企業や個人が気に入らず（理由がない場合もある）、何かにつけてネット上で批判を続ける人が現れる。「荒らし」と同様に、自己顕示欲から批判しているケースもある。昔、不愉快な対応をされたためにそれを根に持っているケースや、嫉妬や恨みの場合もある。本人が、批判行為をしている根本的理由に気づいていないケースもある。

④社内に潜むブランドの破壊者

契約社員やアルバイトがソーシャルメディア上に、たちの悪いいたずらを行って画像や動画をアップし、企業のブランド価値を毀損する事態を招くことだ。日本では外食産業などで頻発している。著名人やスポーツ選手が顧客として訪れたことを、アルバイトがツイッターに投稿してひんしゅくを買ったシティホテルがある。企業として、顧客のプライバシーを守るという基本的な対応がとれずに、問題が大きくなるケースもある。

炎上事件① ユナイテッド航空の「ギター破損」

2008年、米国のカントリー歌手、デイブ・カロル(Dave Carroll)が、シカゴのオヘア空港からユナイテッド航空に乗ったときのことだ。同社の荷物係が、自分たちのギターを滑走路で投げているところを、デイブとバンドのメンバーが目撃。さらに、3500ドルもするデイブのギターは、演奏で使えないほどのダメージを受けてしまった。

デイブは、ギターが損傷した件でユナイテッド航空と交渉したが、同社は対応せず、1年が経過してしまう。そこで、デイブはこの顛末《てんまつ》を歌にして音楽ビデオを作成し、ユーチューブにアップしたところ、900万人が視聴することになった。

ユナイテッド航空は慌てて対応に乗り出して、ツイッターからデイブに謝罪。お詫びとして、ギターを買い換えることを提案したところ、デイブはギターの代わりにそのお金を「セロニアス・モンク・ジャズ協会*（Thelonious Monk Jazz Institute）」に寄付するように申し出た。

炎上事件② グルーポン経由で販売された「バードカフェのおせち問題」

2010年11月、グルーポン*経由で、「バードカフェ」という店のおせち（定価2万1000円）が、一定数以上の注文が集まれば半額になる（フラッシュ・マーケティング）として販売した。購入した顧客から、広告に掲載された商品と異なり、詰められている品数が極端に少ないとして、同年12月31日、食べログ内のバードカフェ横浜店サイトに、商品画像と記事が投稿された。

2011年1月1日、バードカフェを経営する外食文化研究所が謝罪し、同社代表水口憲治氏が同2日に辞任。同時に、外食文化研究所の掲示板が停止し、元社長の水口氏のツイッターは1月1日以前のツイートがすべて削除される。同3日からNHKを始め、民放でも報道された。

迅速な判断と情報収集、対応で炎上を回避した「チロルチョコレート」

以上の2件は、対応のまずさから炎上したケースだが、これらとは逆に、適切に対

セロニアス・モンク・ジャズ協会
1986年、ジャズピアニストの故セロニアス・モンクを記念し、ジャズ音楽家を目指す人の教育機関として設立された。

グルーポン
共同購入型クーポンの1つで、米国発のサービス。

応して、被害を最小限に防いだ企業がある。その事例として、「チロルチョコの中に芋虫がいたというツイート」に対して、チロルチョコレートがとった冷静な対応について紹介する。

〈松尾製菓とチロルチョコレートの概要〉

松尾製菓は1919年に設立され、戦後1947年に菓子製造を再開した。1962年にチョコレート部門を新設し、「チロル」ブランドとして発売を開始した。2003年に松尾製菓は創業100周年を迎え、2004年に企画・販売部門を独立させ、チロルチョコレートを設立している。

チロルチョコは、松尾製菓の2代目社長にあたる松尾喜宣氏が考案し、商品名は同氏が製造の参考に訪れたオーストリアの「チロル」地方から命名された。当時、チョコレートは高額だったため、同社では子どものお小遣いでも買える10円の価格を設定。製造原価を抑えるために、規格上チョコレートと表現できる範囲で、商品の中にヌガー（キャンデーの一種）を入れて、同商品を完成させ、発売した。この商品を販売する前、日本がまだ貧しかった時代に、キャラメルをバラ売りしてヒットしたことが、この商品の誕生に生かされている。

1970年代の2度のオイルショックにより、原料価格が高騰して商品価格を上げたところ、売上が激減してしまった。そのため1979年、1個30円だった3つ山のチョコレートを、ひと山サイズにして、1個10円で販売したところ人気が復活した。

同商品は、旧来の駄菓子屋からコンビニエンス・ストアに販路が拡大したため、商品にバーコードを表示する必要が生じた。そこで、商品サイズを大きくした20円の品など、バリエーションを増やしていった。

同社では、顧客が望むオリジナルのチロルチョコレートをネット上から注文できる「マイチロル」サービスを提供。1セット30個入り2680円（税別）で注文を受け付けている。

〈商品の中に芋虫が入っていたとツイッターに画像とコメントが掲載される〉

2013年6月11日午後1時頃、チロルチョコの中に芋虫が入っていたというコメントと画像がツイッター上に投稿された。商品の中に芋虫がいる画像が掲載されたことで拡散が連鎖し、またたく間にリツイートは1万回を超えてしまう事態となった。そのためツイッター上では、注目のキーワードに「芋虫」が登場するほどになってしまった。

約3時間後、同社の公式アカウントは同社の正式な見解を［2－22図］のようにツイートする。

同社の投稿内容は、社内で十分に吟味されたうえで出されたものだ。画像として掲載された商品は、約半年前の12月25日に最終出荷されたものであり、芋虫はその形状から推定すると生後30～40日で、芋虫が商品購入後に混入したことを示唆する内容になっていた。

また、同社は自社のコメントだけでなく、日本チョコレート・ココア協会のホームページ上に紹介されている「虫が混入したケースの多くは出荷後に家庭内で起きる」

2-22図 チロルチョコ（株）の正式な見解

チロルチョコ株式会社 @TIROL_jp

現在Twitter上でチロルチョコの中に芋虫がいたというツイートが流れている件に関しまして説明させて頂きます。現在ツイートされている商品は昨年の12月25日に最終出荷した商品で掲載されている写真から判断しますと30日〜40日以内の状態の幼虫と思われます。

（出典：https://twitter.com/TIROL_jp/status/344347572510531584より）

チロルチョコ株式会社 @TIROL_jp

詳しくはこちらのサイトをご覧下さい。
http://www.chocolate-cocoa.com/dictionary/word/faq.html#w2_2①
お騒がせしており申し訳御座いません。

（出典：https://twitter.com/TIROL_jp/status/344348004112809985より）

チョコレートやココアは、近代的な設備と衛生管理の行き届いた工場で生産されていますので、虫の卵や幼虫が入ることは通常ありません。ほとんどの場合、工場を出てからご家庭で消費される間に侵入するケースが多いようです。

お菓子につく虫は、どこにでもいることが多く、一般のご家庭にも棲息し、乾燥したお菓子や食品類につきます。

チョコレートにつく虫には、[ノシメマダラメイガ]・[スジマダラメイガ]や[コクヌストモドキ]などがあります。

[ノシメマダラメイガ]は、あらゆる食品に発生します。チョコレート、ナッツ類、ビスケットなどが大好物で、嗅覚がするどく、菓子や食品の臭いをたよって移動 します。包装のわずかなすきまから入り、チョコレートのアルミ箔やプラスチック・フィルムを食い破って侵入します。

[コクヌストモドキ]は、穀粉や菓子類に発生が多い害虫です。

ココアにつく虫で代表的なのは、[タバコシバンムシ]という聞きなれない虫ですが、乾燥食品を好み、特に葉煙草に大きな被害を与えるのでよく知られているものです。病原菌や毒素といったものはないので、万一虫が混入しているのに気付かず誤って食べても、人体に直接害はないといわれていますが、ご心配の場合はお医者さんにご相談ください。

● 開封したら密閉容器に移し替え、早めに召し上がりましょう。
● 直射日光の当たらない、涼しい所に保管してください。

※虫は極めて繊細なすきまから入り込みますので、保管・保存に十分な注意が必要です。

注：以上は、①アドレスの日本チョコレート・ココア協会ホームページ内にある、チョコレート・ココア大辞典（http://www.chocolate-cocoa.com/dictionary/word/faq.html）を引用（原文通り）。

というページを併せて紹介した。

同社による冷静で的確な情報に基づいたツイートは約1万回もリツイートされ、多くのブログやまとめサイトにも登場することになり、事態はすぐに沈静化した。一方で、苦情を投稿した女性のツイッター・アカウントは閉鎖された。

チロルチョコレートに学ぶマーケティングの5ポイント

以上のように、「虫がいた」というツイートに対して、松尾製菓が冷静に対応した事例から、マーケティング上の観点で、次の5つのポイントが指摘できる。

①事態に速やかに対応した

ツイッターに投稿されて30分後、同社副社長の松尾裕二氏に報告が入った。ツイッターには批判するコメントがあふれ、さらに毎分数百に及ぶ数のコメントが増えていき、1時間後にはネット上のサイトにも拡散していった。

同社では、昆虫の専門家に相談したところ、製造過程で混入したなら、画像のようなものにはならないという結論に達した。3時間後の午後4時、ツイッターによって公式見解を発表。

この迅速な対応に、ツイートを見ていた人たちから好意的な書込みが急増し、事態は沈静化し、売上への悪影響も回避できた。

②感情的にならず事実を正確に伝えた

同社の公式見解は感情的にならず、自社で収集した情報を基に事実を淡々と述べ、いわゆる「大人の対応」を行った。

③高圧的でないように最後の文章を終えて、企業の姿勢を見せた

掲載した女性の間違いを批判することなく、最後には騒がせたことを詫びる姿勢を見せ、好意度を高めた。

④外部機関の情報をうまく活用した

同社が調査した内容にとどまらず、日本チョコレート・ココア協会がホームページに掲載している虫の混入についての情報も併せて掲載し、情報の精度と客観性を増した。

⑤トレーサビリティが徹底されていた

商品画像から、製造年月日が特

2-23図 松尾製菓「チロルチョコレート」のリスク・マネジメントとしてのAISAS

Attention 注目

チロルチョコの中に芋虫が入っていたというコメントと画像がツイッター*上に投稿された

*ツイッターは140文字以内でつぶやきを入力し、皆で共有するネット上のサービス

Interest 興味・関心

商品に虫がいる画像が掲載されたことで1万回超のリツイート*

*ツイッター上にあるつぶやきを、自分をフォローしている人全員に知らせること

Search 検索

ツイッター上で、注目キーワードに「芋虫」が登場

Action 対応

松尾製菓がツイッター上で公式見解を発表

（芋虫が商品購入後に混入したことを示唆する内容を投稿し、日本チョコレート・ココア協会のHP上に紹介されている「虫が混入されたケースの多くは出荷後に家庭内で起きる」というページも併せて紹介）

（従来は購入だが、リスク・マネジメント対応に変更）

Share 情報共有

同社の客観的な情報に基づいたツイートは 約1万回もリツイート、多くのブログやまとめサイトにも登場し、事態はすぐに沈静化。苦情を投稿したツイッター・アカウントは閉鎖された

定できるトレーサビリティが実践されていたことが、同社に非がないことを立証する根拠となった。こうした対応が、同社への評価につながった。

ソーシャルメディアを活用して、不祥事を挽回した「ドミノ・ピザ」

適切に対応して、被害を最小限に防いだ企業の2つめの事例として、米国のドミノ・ピザの例を紹介する。

〈ドミノ・ピザの企業概要〉

創業者のトーマス・S・モナハンが1960年、米国のミシガン州イプシランティにあった「ドミニックス・ピッツァ」という小さなピザショップを買収したところから、ドミノ・ピザの歴史は始まった。本社はミシガン州アナーバーにある。

宅配ピザの先駆者であるドミノ・ピザは、「30分を超えた場合には50セント引きにする」という取り組みなどで注目され、米国内で人気を集めていった。その後、アジア、ヨーロッパ、オーストラリアなど世界に事業を展開している。

〈同社従業員のたちの悪い「いたずら」により同社は危機に直面する〉

2009年、オーストラリアの店舗で働く従業員2名が、鼻の中に入れた食材をピザ生地に入れ、また生地に唾をかけるなどの「いたずら」を動画として撮影し、ユーチューブに投稿するという事態が発生した。

この動画はまたたく間に拡散し、テレビニュースにも取り上げられてしまう。ネット上では炎上が起こり、一部で不買運動も起きた。

〈同社経営者は謝罪動画をネット上に公開する〉

同社経営者のパトリック・ドイルはこの事件を受けて、こうした不祥事を起こした場合、本来なら責任者として自分が直接顧客に謝罪すべきだと考えた。しかし、謝罪する相手が膨大な数に及ぶことから、ネット上で同氏が謝罪するビデオを放映するという方法を採用し、動画をアップした。

その結果、同社経営者が謝罪している動画を見た後、同社に対する好意度は改善した。しかし、傷ついた企業イメージを完全に修復するまでには至らなかった。

〈同社の企業イメージを回復するために実施した「顧客参加型ソーシャル動画サイト」〉

2-24図 ドミノ・ピザの
リスク・マネジメントとしてのAISAS

Attention 注目	従業員が店内の「いたずら」を動画として撮影し、YouTube*に投稿 *YouTubeは動画コンテンツ共有サイト
Interest 興味・関心	動画はまたたく間に拡散し、テレビニュースでも報道
Search 検索	ネット上で炎上が起こり、一部には不買の動き
Action 対応 （従来は購入だが、リスクマネジメント対応に変更）	経営者が謝罪するビデオをネット上で放映 ピザを注文した顧客が登場してドミノ・ピザに対する意見や感想を述べてもらう取り組みを「”Show Us Your Pizza”contest」というサイトで開始
Share 情報共有	顧客とフランチャイジー企業双方の力を借りて、企業イメージを回復するサイト上の活動が情報共有され、ダメージを克服

ドミノ・ピザは傷ついた企業イメージを回復するため、2010年に「"Show Us Your Pizza"contest」というサイトをネット上に立ち上げた。これは、ドミノ・ピザを注文してくれた顧客に、自らビデオに登場してもらい、ドミノ・ピザに対する意見や感想を述べてもらうという顧客参加型の取り組みだ。その狙いは、顧客の力を借りて、同社の企業イメージを向上させることにあった。

この取り組みは、フランチャイズ契約を結んだフランチャイジー企業にも拡大し、顧客の力を借りて企業イメージを回復する活動は、成果を上げていく。

こうしたフランチャイジー企業も含めた全関係者の取り組みにより、同社はダメージを克服して、立ち直ることができた。

ドミノ・ピザに学ぶマーケティングの5ポイント

炎上に対して、ソーシャルメディアを使ってドミノ・ピザが解決を図った取り組みは、マーケティング上の観点から、次の5つのポイントを指摘できる。

①ソーシャルメディアで傷ついた企業イメージを、ソーシャルメディアを使って挽回した

ソーシャルメディアのユーチューブに投稿した従業員の「いたずら」によって毀損した企業ブランドを回復するには、ソーシャルメディアを最大限活用することだと判断した。ソーシャルメディアやネット上での炎上には、マスメディアでなくソーシャルメディアやネットでの対応が有効であることを、同社は理解してい

た。

②経営者自らが謝罪する動画を制作し、ネット上にアップした

日本で同様のことが起こると、マスメディアの前で経営陣一同が頭を下げてお詫びをする。マスメディアは、その場面とともに事件の顛末を解説した内容を報道する。こうした場合、企業が行う弁明よりも、メディア側が企業組織や運営の体制を批判することに終始することが多い。また、再発防止に向けた企業の取り組み内容が、詳細に報道されることは少ない。

その点、ドミノ・ピザでは経営者自らが謝罪し、再発防止と改善策を説明する動画を制作して、ソーシャルメディアで放映したことは、企業側の説明をすべて見て聴いてもらうことにつながった。

③顧客の力を借りる「顧客参加型ソーシャル動画サイト」の活用

「"Show Us Your Pizza"contest」という顧客参加型ソーシャル動画サイトをネット上に立ち上げ、ピザを注文してくれた顧客が実際に登場して、ドミノ・ピザに対する意見や感想を述べる。この取り組みは、顧客の力を借りて同社イメージを向上させることにつながり、顧客との関係性を強化することにつながった。

④企業イメージが向上するまで継続して取り組んだ

同社は、傷ついた企業イメージが修復されるには、時間が必要なことを認識していた。効果が出るまで、ソーシャルメディアを使った取り組みを継続した。

⑤ソーシャルメディア時代のリスク対応を学習した

情報がまたたく間に社会に拡散する時代にあっては、旧態依然とした情報に対する感受性、リスク・マネジメントでは、企業の評価と信頼、ブランド力は瞬時に毀損する。そして、修復する方法を間違うと、致命傷になる場合も出てくる。こうした環境下で、同社はソーシャルメディア時代に対応する社内環境の整備に関して、貴重なノウハウを取得できた。

小売業の生き残りは安売りからの脱却。バーチャルとリアルの攻防とその先
（流通の新たな取り組みと新業態）

CHAPTER 8

DISTRIBUTION

日本の小売業の変遷とその取り組み

［2–25図］のように、日本において店舗を持つリアルの小売業は、おおまかに見ると、

・品揃え
・販売価格
・販売方法
・コスト削減（省力化）
・NBとPB
・ブランド
・売れ筋商品の把握など店頭サイエンス

2-25図 日本の小売業の分類と変遷

	品揃え・業態	競争優位性	機能	仕組み
リアル	付加価値品 (デパート)	定価販売	ハレとギフト	・ブランド力のあるNBの仕入れ ・対面販売
	生活必需品 (SM)	低価格	ワンストップ	・NBとPB ・セルフ販売
	生活必需品の 総合化(GMS)	低価格	大型化 ワンストップ	・NBとPB ・セルフ販売
	生活必需品の 絞り込み(CVS)	原則は定価販売	利便性、至近	・NBとPB ・セルフ販売
	生活必需品の 専門化(ドラッグ、 ホームセンター)	低価格	マス専門分野に 特化	・NBとPB ・セルフ販売
	生活総合化 (テナントによる ショッピングセンター)	定価販売	ライフスタイルづくり	・テナント構成 ・対面販売
	マス専門品 (SPA型専門店)	リーズナブル・ プライス	マス専門分野に 特化	・製造直販(SPA)
	プレステージ専門品 (専門店)	定価販売	プレステージ 専門分野に特化	・ブランド力 ・対面販売
	割引された専門品 (アウトレット)	割引販売	知名度のあるブランドの割引価格	・ブランド企業の誘致
インターネット	専門化 (専門ネットショップ)	定価と割引	専門分野に特化	・NBの仕入れ ・物流センター ・クレジットカード決済 ・宅配
	生活総合化 (アマゾン) ＊一部テナント展開	定価と割引	小売機能の集約と 利便性	・販売のプラットフォーム ・NB、中古品や外部からの仕入れ ・物流センター ・クレジットカード決済と宅配 ・書籍のソフトウエア化とダウンロード販売 ・キンドルなどハードウェアの販売
	テナントによる 生活総合化(楽天)	定価と割引	テナントによる 小売機能の集積	・販売のプラットフォーム ・テナント誘致 ・クレジットカード決済と宅配

・小売業のディベロッパー化とディベロッパーの小売業化
・テナント誘致
といった差別化軸を中心に進化を続けてきた。そこに、インターネット販売を中心としたネット企業が登場すると、彼らは独自の優位性を発揮し、
・リアルの店舗を持たない身軽さ
・ネット検索機能の高度化と容易さの追求
・ＩＴを駆使した購入の手軽さ、簡便化
・モノのソフト化（書籍や音楽のソフトウエア化、ダウンロード）と独自のハード化（キンドルなどの端末）
・物流センターからの直接配送
・スピーディな宅配システム
・クレジットカードや代引きによる決済とセキュリティ化
・一度顧客が自分のデータを入れれば記憶し、次回から手間がかからない仕組み
・豊富な品揃えと安価な価格設定
といった取り組みを行い、リアルの小売業から売上を奪っている。そのため、リアルとバーチャルという二項対立概念で終わらず、相互にリアルとバーチャルでのビジネスに取り組む動きが加速している。

米国の小売業の動向

２０１１年、アマゾンが米国の小売業界売上高ランキングで10位に入った。アマゾンは同年の年末商戦において、同社が開発した価格比較アプリ「プライスチェック(Price-Check)」経由で購入した商品を最大５ドル値引きする、というプロモーションを行った。

このアプリは、商品のバーコードをスキャンして商品名を入力すると、アマゾンを含めたオンラインショップの価格リストが表示される仕組みだ。**この刺激的なプロモーションによって、他の小売業の店頭がアマゾンのショールーム化することになった。これが契機となり、全米の小売業がeコマースに注力するようになったといわれている。**

リアルの店舗を持たないアマゾンは、米国のセブン-イレブンに提携を持ちかけ、同店舗内に「アマゾンロッカー」を設置。アマゾンで注文した商品を、セブン-イレブンで受け取れる仕組みを導入した。この制度は当初、米国の東海岸の店舗でテストされ、２０１４年から西海岸の店舗にも拡大する。

アマゾンのように、リアルの店舗を持たない企業が配送サービスを強化するには、物流センターを増設することになる。

だが、米国最大の小売業のウォルマートの場合は、実店舗を持っているため、ネットで注文した商品を店頭で受け取れる「サイト・トゥ・ストア」サービスを、すでに10年前から行ってきた。

ウォルマートは店舗の倉庫スペースを活用して、ネット注文された商品を店舗から発送する取り組みを視野に入れ、現在テストマーケティングを行っている。

同社のアプリには、店頭用とeコマース用を選べる機能があり、店頭用では商品の陳列場所と在庫の有無が確認できる。バーチャルだけでなく、リアル店舗利用時の利便性を提供しているわけだ。広大な店舗面積を持つ同社には、必要な情報提供機能といえる。

その一方、業態の変革が急務のデパートでは、メイシーズ（Macy's）が実店舗とeコマースを融合する「マイ・メイシーズ（My Macy's）」と呼ばれる取り組みを開始。同社は、取扱商品の在庫管理を徹底。当該店舗に商品がない場合には、他店舗やeコマース用の在庫を調べ、直送する仕組みを構築している。「オムニチャネル」という言葉は、メイシーズの取り組みから使われるようになった。

マイ・メイシーズの仕組みを支える方法として、販売員にモバイル端末を配布。商品に無線タグをつけて自店と他店、そしてeコマースの商品在庫の有無が、その場で確認できるようになっている。顧客が望めば、その場から商品を直送できるわけだ。

さらに、店内には「キヨスク」と呼ばれる端末を顧客用に用意し、店内にいる顧客自身が、リアルとバーチャルの両方の店舗で商品検索を行える。

この取り組みにより、メイシーズのeコマースによる売上は、2010～2011年で40％増、2012年の累計では40・4％増になった模様だ。

リアル店舗に加えてeコマースの拡大に対応できる独自の決済方法への取り組み

米国と同じく、日本でもＩＴの進展にともなって、生活者の商品情報の入手方法と購買行動は大きく変わっている。そして、**小売業の対応とビジネスモデルも、変質を始めている。その流れを分析すると、これから述べる10項目のポイントが抽出できる。**

１つめは、「リアル店舗に加えてｅコマースの拡大に対応できる独自の決済方法への取り組み」だ。

日本でも、ネットショッピングをする際に、クレジットカードを使った決済が急増している。小売関連企業は、自社カードの取り組みを加速している。自社を利用する顧客データを集め、それを利用してリアルとバーチャルそれぞれにおいて、購入促進を図るためだ。ポイント還元策を導入することで、自社の顧客が他社へ流出するのを防ぐ取り組みも実践している。

楽天が発行する「楽天カード」は、年会費無料・還元率１％で、１０００万人の会員規模を誇る。

「楽天スーパーポイント」は、従来の「楽天市場」「楽天トラベル」に加え、２０１４年秋から開始される共通ポイントカード「Ｒポイントカード」により、街中でも「楽天スーパーポイント」が利用できるようになる。

一方、ネットショッピングにも力を注ぎ始めた組織小売業では、セブン＆アイ・ホールディングスが、従来のセブンカードと電子マネー「ｎａｎａｃｏ」を一体化させた「セブンカード・プラス」を発行。年間に5万円以上利用すると、年会費は無料になる。

イオンは、電子マネー「ＷＡＯＮ」のチャージでもポイントがたまる「イオンカードセレクト」を発行。このカードは、イオン銀行に口座をつくる必要があり、同銀行のキャッシュカード機能が付いている。カードの還元率は0・5~1%で、イオン銀行の普通預金金利が優遇される特典がある（2014年2月時点で年利0・12%）。

こうした各社の取り組みの狙いは、eコマースでの利用促進と顧客データの入手にあり、組織小売業にとっては、ネットショッピングへの本格的な取り組みの1つに位置づけられる。

目的購入の際に圧倒的な強みを発揮するバーチャル店舗

2つめは、「目的購入の際に圧倒的な強みを発揮するバーチャル店舗」だ。

生活者は、欲しい商品があればネットで検索し、最安値の店舗から購入できるようになった。特にNBメーカーの商品は、品質とアフターサービスなどが担保されているので、決済方法の安全性に問題がないなら、インターネット経由で購入する。

しかし、クレジットカード情報をどんな販売サイトにも無闇に入力するのはリスクがあるため、アマゾンや楽天など信頼が置ける企業のプラットフォームを利用するか、リアルの店舗で安心できる企業のサイト（場合によってはリアルの店舗）を使うことが多くなる。

目的購入の場合、欲しい商品が明確なため、商品と価格に目が向き、販売している店舗や他のカテゴリーの商品に関心を持ってもらえる確率は低くなる。そのため、利用者は目的の商品を購入した後は、その店舗を再利用する可能性は低い。

反復利用・継続利用を促進するために、eコマース企業が考え出したのが、

・送料の無料化
・顧客が最初にデータを入れれば、次回からデータ入力する必要がない仕組み
・ポイント還元

などの利便性の提供と継続利用者への特典提供といった取り組みだ。

衝動買いを誘発する仕組みづくり

3つめは、「衝動買いを誘発する仕組みづくり」だ。

生活者の消費行動でもう1つ重要なのが、衝動買いを誘発できるかどうかにある。本来購入する意図はなかったが、何かの情報やきっかけでモノを購入することはよくある。ここに着目したのがアマゾンだ。

アマゾンでは、当初顧客の特性を分析し、販売につなげようとした。しかし、生活者の購入行動を予測することが困難なことに気づき、顧客が購入した書籍という「モノ」に着目した。書籍を購入した人が、他にどんな書籍を購入しているかを把握し、同じ書籍を購入した顧客に対して、他の書籍を推奨する仕組みを生み出したのだ。

モノの購入を通じて関連する商品を推奨する仕組みは、その後「クロスセリング」の告知にも生かされていく。たとえばワインを購入した顧客には、ワインセラー、ワインオープナー、ワイングラス、ソムリエナイフ、ワイン関連書籍や雑誌など、ワインに関連する商品をすすめる方法だ。

マーケターの着眼点「リアルの店舗でも衝動買いを促進する取り組みがある」

リアルの店舗内には、顧客がよく通り、商品が頻繁に売れる場所と、顧客があまり通らず、商品の動きが悪い場所が必ず生まれる。店内を隈なく見てもらうことができれば、購入する目的のある商品以外の存在にも気づいてもらい、購入意欲を高めることができる。そこで小売業の中には、強制的に動線をつくり、店内全部を見てもらう取り組みを行っている企業がある。

その好例が、日本でも人気のあるＩＫＥＡ（イケア）だ。来店した顧客は、入口からレジを通過するまで、店内の動線に沿って歩くように設計されている。途中の売場を省いて歩けるようにもなっているが、原則として店内すべてを歩く流れだ。こうすることで、目的外購入や衝動買いを促すわけだ。

新規需要を創造するコンテンツ企業と、彼らとの提携や買収に動く小売業

4つめは、「新規需要を創造するコンテンツ企業と、彼らとの提携や買収に動く小売業」だ。

生活者が消費行動を起こすかどうかは、モノやサービスを購入したくなる情報に触れるかどうかで決まる。豊富な情報を持たない生活者は、「価格の安さ」だけで購入を決めることが多い。だが、情報量が多い人の場合は、価格だけが決定要因とは限ら

ない。

まだネットが存在していない1985年、ダイエーは情報の質と量が購入につながることに着目し、料理雑誌『オレンジページ』を創刊し、料理のレシピ本や生活関連ムック本なども刊行していた。しかし、ダイエーの業績不振により、2001年、オレンジページは東日本旅客鉄道（JR東日本）に買収された。

セルフ販売で生活必需品を販売する小売業にとって、それまで自店で販売する商品についての情報発信は「価格」が中心だった。それ以外の情報は、NBメーカーが実施するマス広告、店頭に設置するPOP、デモンストレーション販売、レジ情報と連動したクーポンなどに依存していた。**日本の多くの小売業は、商品を販売していながら商品情報を自ら発信できない、といういびつな情報構造になっていた。**

小売業の情報提供と情報環境の弱さに着目したのがクックパッドだ。月間に延べ約4000万人が利用する同社のレシピサイトは、サイト利用者に特売情報を発信するサービスを小売業に提供している。

クックパッドの特売情報配信サービスは、次のような流れだ。

契約した小売業のスタッフが、スマートフォンを使って特売品の画像・価格を店頭から投稿する。店頭には、クックパッドのロゴ入りPOPや、特売品を使ったクックパッドのレシピが用意される。この情報を利用するユーザーは、郵便番号を使い、自宅に近くてよく利用する小売店を、事前に登録しておく。献立を考える際にはレシピが参考になり、よく利用する店舗で安く食材を入手できるという仕組みだ。2014

年1月時点で、約100万人が利用している。

同社は生活者に加え、メーカーにもビジネス領域を拡大。日本ハムとの共同開発で、野菜を加えるだけでできるおかず「中華名菜」シリーズを生み出している。

さらに、同社が持つビッグデータを用いたデータベース事業「たべみる」では、食材の検索頻度を顧客の性別、年齢、エリア、時期から調べられ、同時に検索される頻度の高い食材などの単語を検索できるようになっている。外部企業は、月間15万円から「たべみる」を利用できる。このサービスを食品卸が活用し、店頭での陳列方法や関連販売商品の提案などに利用している。

小売業が情報コンテンツに着目する動きは、海外にもある。2014年3月、ウォルマートのeコマース部門である「@ウォルマートラボ」は、レシピサイトの「ヤムプリント」を買収した。

ヤムプリントは、2011年に創業したばかりの新興企業だ。ネット上にある2000以上の料理レシピブログを使って料理の検索ができ、献立の企画や独自のレシピ情報を、同社のホームページとアプリケーションを通じて提供する。同社を利用するユーザーは、これらのレシピから自分好みのレシピを選択して、調理をする際に利用できる。

一方で、買収したウォルマートは、食品の販売ではすでに米国内で高いシェアを誇っている。

ウォルマートは、カリフォルニア州サンノゼ地区限定で、宅配サービス「ウォルマート・トゥ・ゴー」のテストを開始。２０１４年1月、コロラドのデンバーに拡大した。ウォルマートは、ヤムプリントのレシピ・アプリケーションを「ウォルマート・トゥ・ゴー」に組み入れ、顧客に料理情報などを提供して、需要創出を狙っている。

ハードのソフト化とソフトのハード化が加速

５つめは、「ハードのソフト化とソフトのハード化が加速」することだ。

音楽ＣＤや映画のＤＶＤが、インターネットを通じてダウンロード販売されるようになった。レコード会社やオーディオメーカーは、急速に売上を落としている。オーディオ機器、ホームシアター、ブルーレイなど、ＡＶ機器の開発で定評があったパイオニアは、ＡＶ事業部を売却することになってしまった。書籍も電子書籍化が進み、紙媒体は大幅に部数を減らしている。

その一方、紙の書籍に代わり、電子書籍を読むための電子書籍タブレットとして、キンドルやコボ（Ｋｏｂｏ）に代表されるハードウェアが登場し、普及を始めている。

リアルの商品でデータ化できるモノは、ネットを通じてダウンロードされるようになった。新たなソフトが誕生すると、そのソフトを使いこなす新たなハードウエアが登場してくる。

バーチャル店舗は、ソフト化できるモノはすべてネット上から販売するようになった。リアルの店舗は、ネットでは取り扱いができないモノやサービスを販売する、という棲み分けが加速する。

生活者は情報の取捨選択を強め、企業は情報をマネジメントすることが不可欠になる

6つめは、「生活者は情報の取捨選択を強め、企業は情報をマネジメントすることが不可欠になる」ことだ。

生活者を取り巻く情報量は、爆発的に増大している。たとえば、ユーチューブには現在、毎分600件以上の動画がアップされている。この状況が進むと、自分が見たくない情報、必要でない情報*は、徹底的に排除される可能性が高い。

情報にお金を払う人たちは、BSやCS、CATVを通じて有料番組をすでに視聴しており、地上波テレビへの依存度は低下している層が存在する。フェイスブックで「いいね」を押しても、「退屈、やらせ、質が低い、自分に合わない」という理由で、「いいね」を解除することができる。

こうした情報環境の変化を踏まえ、企業側もやみくもに情報発信を繰り返す従来の方法を改め、生活者が検索し、気に入ってもらい、生活者側から情報を探しに来てくれる情報環境づくりと対応を行うことが必須になる。

ネット通販に「最適な商品群」が存在し、メジャーなネット通販サイトの登場により市場が顕在化

7つめは、「ネット通販に『最適な商品群』が存在し、メジャーなネット通販サイ

必要でない情報
一方的に発信されるテレビ広告や、許諾していないのに送りつけてきて削除する手間のかかるメールマガジンなど。

トの登場により市場が顕在化」することだ。

生活者にとって、リアルの店舗では「買いにくい商品」が存在する。過去の通信販売では暗いイメージがあったが、メジャーなネット通販サイトが数多く登場したことで、需要が顕在化している領域だ。

たとえば、「薄毛を気にする人のヘアケア用品」「コスチュームプレイ用（仮装用）の衣料」「アダルトグッズ」「対面販売では買いにくい痔などの治療薬」「ダイエット商品」「マニアックなフィギュア」「アダルトコンテンツ」「趣味性の強い下着」「大人用オムツや尿漏れケア用品（尿漏れパッドなど）」「精力剤」などだ。

また、持ち帰るのが難しい「大型家電」「自転車」「重量のある箱売りの飲料や大容量の食品」、さらには、リアルの店舗では販売しているところが限られる「特大サイズや極小サイズの衣料や靴」「介護用食品（嚥下機能が低下した人のゼリーなど）」がある。

こうした商品群の場合、ネット通販なら躊躇せず購入でき、継続利用も望める。アマゾンではすでに、こうした商品領域の品揃えを開始している。

リアルの店舗のショールーミング化

８つめは、「リアルの店舗のショールーミング化」（↓P256）だ。

野村総合研究所が２０１３年７月に実施した「ＩＴナビゲーター２０１４年度版」の調査結果を見ると、「ＥＣで購入した商品やサービスについて、購入前にリアルの店舗で実物の確認をした比率」において、家電やパソコンは30％以上、ＥＣ全体で

20％以上が、リアルの店舗を見た後に購入していることが明らかになった。
リアルの店舗がショールーミング化することで、市場はどうなっているかを見ると、

①卸売型商品を扱う小売業に、ショールーミングは大きな影響が出る

家電製品に代表されるメーカーが製造し、家電量販店のような組織小売業を通じて販売する卸売型商品を取り扱う小売業の場合、リアルの店舗がネット通販会社と価格だけで競うのは非常に厳しく、ショールーミングの影響は非常に大きい。リアルの小売業は店舗を構え、在庫を持ち、人を雇って接客するためコストがかかる。一方、ネット通販企業はこれらのコストが少ないため、同じ商品をより安価に販売できる。

「ショールーミングに負けないために価格で勝負する」と宣言し、家電販売で売上トップのヤマダ電機は、２０１３年9月中間連結決算で売上高が前年同期比11・4％増の８９７５億円だったにもかかわらず、営業損益は23億円の赤字になった。ネット通販との競争によると見られる影響が業績数字に表れている。

②ＳＰＡ型企業や直営店を展開している企業では、ショールーミングの影響は少ない

自社で販路を持たず、組織小売業などの販路で販売する卸売り型アパレルなどのメーカー品を取り扱うリアルの店舗は、ネット通販会社に安売りされると太刀打ちできない。

だが、ユニクロやＧＡＰ、ファイブフォックス*などのように、ＳＰＡや直営店展

ファイブフォックス
「コムサデモード（COMME ÇA DU MODE）」で知られる日本のアパレルメーカー。

開を行う企業の商品は、ネット通販企業は仕入れることができない。そのためショールーミング化が起こらず、こうした企業が自社でネット販売を行えば、その売上は店舗販売に上乗せされる。

ブランド力を持つ海外ブランド企業も同様で、リアルでもバーチャルでも自社の売上につながる。

③ショールーミングと共存する小売業

・「WEAR」を導入したパルコ

ZOZOTOWNを運営するスタートトゥディが開発したアプリケーション「WEAR」は、商品のバーコードを読み込むと、商品の詳細な情報や着こなし例などの情報が入手でき、ネット上から購入もできる（現在はバーコードスキャン機能を停止）。

このアプリケーションを、リアルの小売業で採用したのがパルコだ。同社が採用した理由は、パルコの店頭を経由してネット通販（ZOZOTOWN）で売れた場合には、パルコ側に手数料が支払われるシステムを導入したからだ。テナントになっているメーカーは、どちらで売れても収益になるわけだから、ディベロッパーに手数料を支払うことで、ショールーミングのデメリットを回避できる。

・ショールーミングを逆手に取ったヨドバシカメラのアプリケーション用バーコードの提供

ショールーミングの影響を最も受けているのは家電量販店だが、ヨドバシカメラは、ショールーミングの流れを逆手に取った対応を行っている。

ヨドバシカメラの店頭に並ぶすべての商品に、スマートフォンのアプリケーションで読み取れる商品バーコードを添付した。顧客がバーコードを読み込むと、商品情報、価格、商品レビューなどを入手でき、オンラインからの注文もできる仕組みだ。

顧客がサイト上で、価格を始めとして商品比較をすることを踏まえ、自ら進んでネットに呼び込んでしまうわけだ。価格の安さで競うヤマダ電機とは、対照的な取り組みといえる。

④通販サイトがリアルの店舗をショールームとして出店

通販企業のカタログハウスは、リアルの店舗を東京と大阪にすでに出店している。２０１４年2月22日に開業した「あべのハルカス」の専門店街「ソラハ」に、女性用通販サイト「アイランド」が初めてリアルの店舗を出店した。

同じく通販企業の「ドゥクラッセ」は、２０１１年よりリアル店舗の出店を開始、大丸梅田店に２０１４年2月26日に16店舗目を出店している。

ネット通販企業や通販会社が実店舗を出店するのは、実際に商品を見て触れて試着してもらい、そのうえでネットを利用してもらうことを意図している。

今後小売業は安売りだけを売り物にしていては存続できなくなる

9つめは、「今後小売業は安売りだけを売り物にしていては存続できなくなる」ことだ。

卸売型商品をメーカーから大量に仕入れて、安く販売することを優位性にした量販店は、今後生き残りが難しくなる。海外勢は、日本国内のリアルとバーチャルそれぞれに進出していく。既存の大手組織小売業も、リアルとバーチャルで最適な販売システムを構築していく。そのため、価格を安くする以外にも独自の優位性を発揮しなければ、存在価値が希薄化するためだ。

eコマースが現在のように台頭する以前から、こうした現象の兆候は現れている。組織小売業の中核を担ってきたGMSやSMの売上と収益が一向に上向かず、それに代わって、ユニクロや無印良品などのSPAが台頭している状況を見ればわかる。

生活者にとって最も使い勝手がよい買い物をする場所として、リアルもバーチャルも共存する

最後は、「生活者にとって最も使い勝手がよい買い物をする場所として、リアルもバーチャルも共存する」ことだ。

リアルの小売業は、バーチャル店舗の台頭に対抗するため、自らもネット販売に動いている。またネット通販企業は、生活者が実際に商品に触れて体験できる場として、リアルの店舗を設けていく。

こうした動きのなかで、どのような「企業」と「買い物する場所」が選ばれるかは、

生活者が決める。間違いないのは、顧客の立場で考え、顧客にとって利用する価値がある小売業と企業が選ばれることだ。すべての決定権は、顧客である生活者が握っている。

リアルとバーチャルを対立する概念で捉えず、あらゆる場所で生活者と接点をつくっていく「オムニチャネル」(発展史→P255)に、各社が取り組むのは当然の流れといえる。

オムニチャネルとは、リアルの店舗を持つ小売業はネットから実店舗に顧客を誘導する「O2O(Online to Offline)」の概念を拡大させ、リアルの店舗からネット上の店舗まで、すべての場所で顧客との接点を持つ取り組みを加速させていくことだ。

オムニチャネルは、単に販売チャネルを増やすのではない。すべてのチャネルを連携させ、顧客にとって最も使い勝手のよい場所にできるかどうかがポイントになる。

オムニチャネルで活用されるチャネルには、旧来の実店舗、カタログ、マスメディア、コールセンターなどに加え、ネット上にあるバーチャル店舗、ファンサイト、企業サイト(ホームページ)、SNS、情報端末としてスマートフォンとアプリケーション、タブレット端末、パソコンなどを活用する。

オムニチャネルを稼働させるには、リアルとバーチャル相互の在庫管理、顧客IDの統合による顧客データの運用、効率のよい物流システム、どこでも利用できる決済方法とセキュリティ・システムなどが必須だ。過去の流通システムを刷新するには、相当な手間と費用が必要になる。だが、セブン&アイ・ホールディングスやイオンという2大組織小売業が、その取り組みを本格的に始めている。

オムニチャネル対応を加速させる「セブン&アイ・ホールディングス」

ＩＴの進展にともない、小売業の対応とビジネスモデルがどう変質を始めているかについて、これまで10項目に分けて見てきた。ここでは、オムニチャネル対応を加速させている企業の事例として、「セブン&アイ・ホールディングス」の取り組みを紹介する。

〈セブン&アイ・ホールディングスの概要〉

コンビニエンス・ストアのセブン-イレブン、ＧＭＳのイトーヨーカドー、デパートのそごう西武、ＳＭのヨークベニマル、ヨークマートなどを持つ日本を代表する総合流通グループがセブン&アイ・ホールディングスだ。ＣＶＳ、ＧＭＳ、ＳＭ、百貨店、レストラン、銀行、ＩＴサービスなど、幅広い業態を擁する。

持株会社のセブン&アイ・ホールディングスが設立される前は、アイワイグループ（IY Group）というグループ呼称を用いていた。

この企業グループは当初、イトーヨーカドーを中核としていた。だが、セブン-イレブン・ジャパンの株式時価総額がイトーヨーカドーを超える規模になったため、敵対的買収を防ぎ、子会社の業績に経営が左右されないようにするため、２００５年にイトーヨーカドー、セブン-イレブン・ジャパン、デニーズジャパンの３社が株式を移転し、持株会社セブン&アイ・ホールディングスとして経営統合を行った。

セブン&アイ・ホールディングスの2013年度の営業利益は3396億円で、このうちの70%以上を、コンビニエンス事業が占めている。

〈セブン&アイ・ホールディングスが本格的にオムニチャネルに取り組んでいる経緯〉

同グループはこれまで、グループ各社がそれぞれの店舗を利用する顧客に商品やサービスを販売し、個別企業ごとに、最先端の店頭管理と商品品揃えなどを最適化する取り組みを実践してきた。しかし、グループ企業同士が顧客や商品を始めとする情報を共有したり、顧客別に最適化した情報発信をしたりする全社的な戦略的取り組みは、一部でしか行われていなかった。

そこで同グループは、グループ企業全体で顧客情報や購入履歴を把握し、顧客に最適な情報を提供できる体制を構築。また、グループ内の企業や店舗で利用できる決済方法を統一した。さらに、宅配はもとより、同グループの店舗でも商品を受け取れる体制づくりに取り組んでいる。

セブン&アイ・ホールディングスは、実店舗からインターネットまで、顧客の立場に立ったきめ細やかな対応が可能になる「オムニチャネル」の体制を実現させせようとしているのだ。

たとえば、セブン-イレブンの店舗数は全国で1万6000店を超え、1日当たり平均来店顧客数は1800万人に及ぶ。これに、同グループのそごう・西武のデパート利用者、イトーヨーカドーやヨークベニマルなどの買物客、デニーズ、ロフト、セブン銀行、通販サイトのセブンネットなどの利用者を合わせれば、その顧客数は膨大だ。各社が顧客情報から商品と物流の仕組みまで連携すれば、そのシナジー（相乗）効果は巨大なものになる。

オムニチャネルの体制をつくり上げるために、グループ内各社が始めている取り組みを個別に抜粋すると、彼らが取り組むオムニチャネルの進捗状況が見えてくる。

・セブンネットショッピングで注文した商品をセブン‐イレブンで決済し、受け取れる取り組みを継続
・イトーヨーカドーでは、ネットで注文した商品を店頭で受け取れるサービスを開始
・デニーズの一部店舗では、ネットを使った座席予約システムを開始
・セブン‐イレブンの店頭で書籍を注文すると、店頭で受け取れる仕組みを稼働
・ネット通販専用の物流センターを埼玉県久喜市に「久喜センター」として立ち上げ、赤ちゃん本舗がネットで販売する商品の保管と出荷をこのセンターに集約
・今後開業するセブン‐イレブンの店頭には、通販商品用の保管スペースを設置する予定
・セブン‐イレブンでは、弁当や惣菜などの日配品と呼ばれるカテゴリーは、1日に3度巡回する物流システムを持つが、常温物流は毎日配送していない。そこで、書籍卸のトーハンが持つセブン‐イレブン向け書籍物流網を活用し、ネット経由の注文品を店頭に届ける仕組みを構築する予定

・2015年中に、同グループ内で取り扱う全商品を、全店舗で受け取れる仕組みを構築する予定

・電子マネーの「ナナコ」や、グループ各社が発行しているカードを切り替えずに、共通ID化する予定

・同グループの会社ごとにまちまちだった商品管理コードを統一する予定

・魅力あるオムニチャネルを実現するため、同グループで不足している資源や商品領域、ブランドについてはM&Aを行う

以上紹介したグループ各社の取り組みから見えてくる同グループの戦略をまとめると、次に挙げる7項目になる。

①**顧客関連**

カード会員のデータベース化、共通の決済方法とセキュリティ対策、コールセンターの効率的活用などについての取り組み

②**サイト関連**

検索サイトや買物かごの共通化などサイト基盤の共通化と効率化の取り組み

③**店舗関連**

ネットとリアル両方で、グループ内での商品受渡しや商品検索用端末の開発などの取り組み

④**商品関連**

商品管理コードの共通化、グループ内で連携した商品開発などの取り組み

⑤物流関連

グループ内企業で使われている物流システムの統合、効率のよい宅配システムなどへの取り組み

⑥メディア関連

グループ内企業のサイトやホームページの課題抽出と最適化、新たなプロモーション方法などの取り組み

⑦ビッグデータ関連

共通システムの構築、ビッグデータの分析と活用などの取り組み

このように、セブン&アイ・ホールディングスはグループを挙げて「オムニチャネル戦略」を推進している。そして、ネット経由の売上高を、２０２０年に現在の10倍に相当する１兆円に拡大する目標を掲げている。セブン‐イレブン、イトーヨーカドー、そごう・西武、赤ちゃん本舗、タワーレコードなど、グループで販売する全取扱商品約３００万点をネットでも販売し、在庫管理も一元化できるようにする取り組みを開始している。

〈同社が行ってきた企業買収・資本提携・出資先から見えてくること〉

ＩＹグループ時代から現在まで、同グループが行ってきた企業買収・資本提携・出資先を見ると、彼らの戦略が見えてくる。

２００６年　そごう・西武百貨店を１００％子会社化
２００７年　赤ちゃん本舗に95％出資して子会社化

２００９年　「ぴあ」に20％出資して業務・資本提携
２０１０年　タワーレコードに44・７％出資
２０１４年　天満屋ストアにイトーヨーカドーが20％出資
フランフランなどを経営するバルスに48・７％出資し業務提携
バーニーズジャパンに49・９％を出資
２０１４年　グループ会社のネットメディアが通販会社ニッセンに51％出資して買収

同グループが傘下に入れた企業を見ると、近年になるほど、自社では生み出すことが難しいライフスタイル商品を販売する企業や、すでにブランド力のある企業を手中にしている。**「生活必需品を低価格で販売するコモディティ領域」に加え、「付加価値が高く、販売価格にも制約のないライフスタイル領域」にも拡張しようとする意図が読み取れる。**

マーケターの着眼点
「ベビーマーケットと高齢者マーケットは同じ」

セブン&アイ・ホールディングスの赤ちゃん本舗が事業領域としているベビーマーケットは、実は高齢者マーケットと非常によく似た事業モデルであることに気づいている人は少ない。たとえば、

・ベビー用のレンタルベットと、高齢者用の介護用レンタルベッドのオペレー

ション
・字が読めない子どもと、老眼で小さい文字が読めないお年寄り
・ベビーフードと、介護食（やわらか食、ソフト食、嚥下《えんげ》用ゼリーなど）
・赤ちゃん用オムツと、老人用オムツ
・赤ちゃん用ぬいぐるみと、老人用ぬいぐるみ（アルツハイマー病の患者用）
・乳幼児用施設と、老人用施設（必要になる用品が非常に似ている）

といった類似点が挙げられる。このことから、同グループが赤ちゃん本舗のノウハウを高齢者向け事業に応用したら、ユニークな事業モデルになるはずだ。

セブン&アイ・ホールディングスに学ぶマーケティングの5ポイント

オムニチャネルに取り組むセブン&アイ・ホールディングスの取り組みを紹介してきたが、同グループの事例から、マーケティング上の5つのポイントが指摘できる。

①安売りでないオムニチャネルの価値づくり

ｅコマースの台頭とショールーミング化が進展し、家電量販店では打つ手が安売りしかないことが露呈してしまった。しかし同グループでは、生活者の利便性や使い勝手を考えたオムニチャネルによって、独自の価値づくりに取り組んでいる。

②M&Aで補強する企業資源

同グループでは、生活必需品に強みを発揮してきたため、ブランドづくりや付加価値を高める取り組みは後手に回っていた。自社でゼロから立ち上げて育成する

2-26図 セブン＆アイ・ホールディングスのオムニチャネル

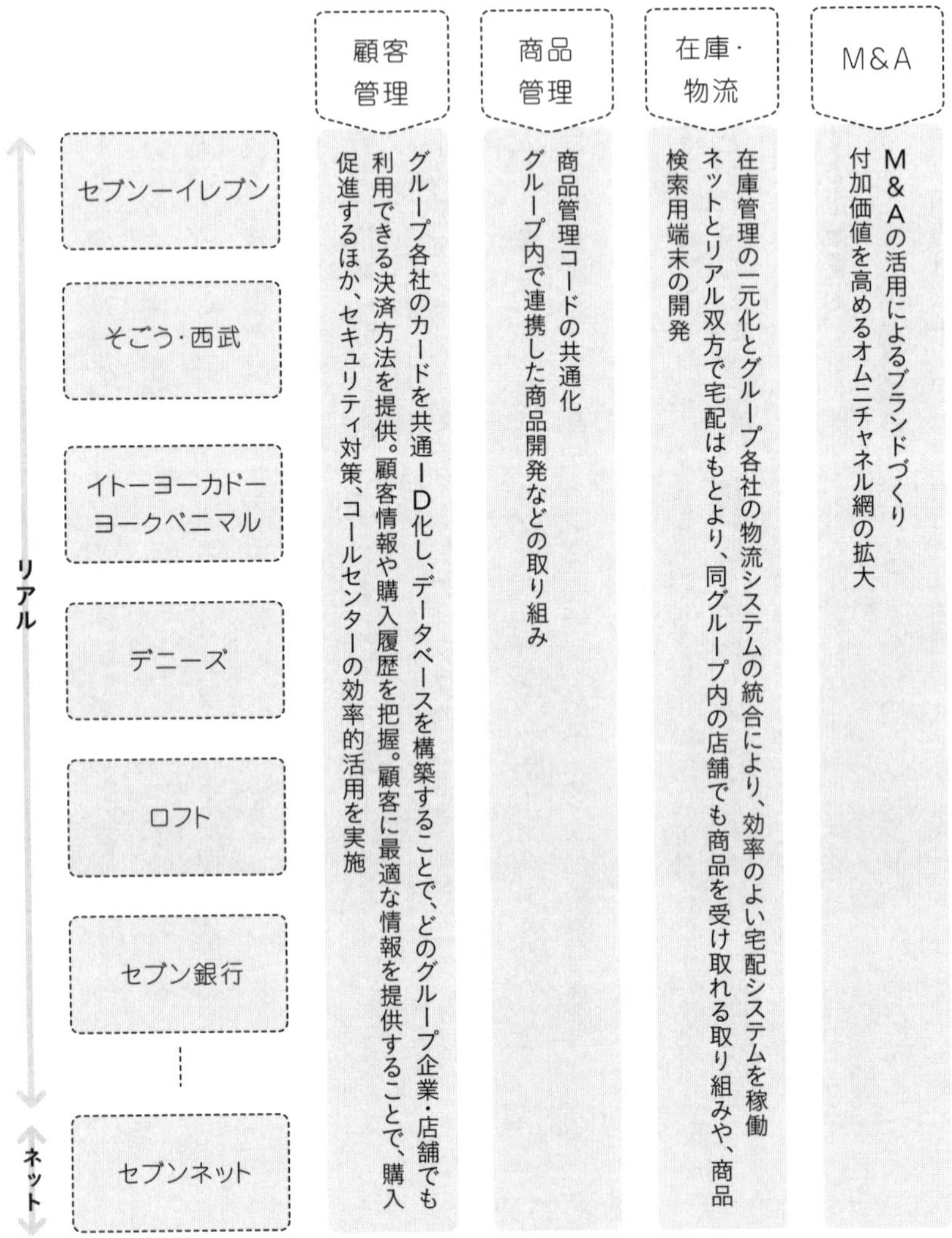
顧客管理
商品管理
在庫・物流
M&A
セブン-イレブン
そごう・西武
イトーヨーカドー
ヨークベニマル
デニーズ
ロフト
セブン銀行
セブンネット
リアル
ネット
グループ各社のカードを共通ID化し、データベースを構築することで、どのグループ企業・店舗でも利用できる決済方法を提供。顧客情報や購入履歴を把握。顧客に最適な情報を提供することで、購入促進するほか、セキュリティ対策、コールセンターの効率的活用を実施
商品管理コードの共通化
グループ内で連携した商品開発などの取り組み
在庫管理の一元化とグループ各社の物流システムの統合により、効率のよい宅配システムを稼働
ネットとリアル双方で宅配はもとより、同グループ内の店舗でも商品を受け取れる取り組みや、商品検索用端末の開発
M&Aの活用によるブランドづくり
付加価値を高めるオムニチャネル網の拡大

よりも、魅力のある企業を傘下に入れたほうが、時間の短縮になる。お金で時間と付加価値、そしてブランド資源を入手した。

③顧客を卒業させない仕組み

妊婦さんの50％近くが利用しているといわれるライフステージ対応企業（子育て期対応企業）の赤ちゃん本舗では、幼児期の子育てが終わると、顧客は同社から離脱してしまう。

しかし、同グループ内で顧客情報を共有化し、リアルではデパートやスーパーの利用を働きかけ、バーチャル（ネット）でも顧客特性に合致するサイトから商品を提供するなど、オムニチャネルの効用を最大限発揮することが可能だ。また、赤ちゃん本舗のノウハウは、高齢化社会の介護福祉事業に転用でき、新たな需要を創出できる可能性を秘めている。

④コモディティからライフスタイル企業へシフト

同グループは、これまで強みを発揮した生活必需品の領域に加え、ライフスタイル需要の取り組みにも参入するため、バルスやバーニーズへの出資や業務提携を積極的に進めている。

同社はこれまでに、チーム・マーチャンダイジングや「セブンゴールド」の金のシリーズによる付加価値重視の商品開発をメーカーと協働し、成功している。業務提携したライフスタイル企業との協働事業により、これまで同社になかった新規資源を生み出す可能性がある。

⑤オムニチャネルの取り組みが新たなビジネスを生み出す

家電メーカーに代表される日本のメーカーは、情報プラットフォームを構築した米国企業に市場を奪われている。同グループのオムニチャネルの取り組みが成功すると、アジアを始め海外市場で独自のプラットフォームを構築できる可能性がある。

おわりに

本書を出版するにあたり、マーケティングの理論とサイエンスを生み出してくれた偉大なる先人たちに深く御礼を申し上げる。彼らの研究とマーケティングへの取り組みがあったからこそ、現在のマーケティングが存在し、活用され、本書の刊行にもつながった。

本書の「第1部 マーケティング発展史」の構成と情報収集、バイオグラフィー、作図に協力してくれた弊社取締役の武田雅之にも感謝している。前作『成功事例に学ぶマーケティング戦略の教科書』（かんき出版）と同様に、彼の助言が本書を執筆するうえで、私の精神的な支えになった。

また、前作から引き続き、出版の機会を与えてくださったかんき出版編集部の濱村眞哉氏にも心から感謝を申し上げる。これまで私が手がけてきた多数の著作の中で、最大の時間をかけて執筆した大部のものになったが、折に触れて、濱村氏から叱咤激励を受けたからこそ、筆を置くことなく本書を書き上げることができた。

最後に、本書を手にされた読者の方々に、心より厚く御礼申し上げます。

本書が実務に生かされ、読者の手によって、日本が世界を魅了する国になることを何よりも願っている。

酒井光雄

用語索引

〔英文〕

〔ア行〕

〔カ行〕

〔サ行〕

〔タ行〕

〔ナ行〕

〔ハ行〕

〔マ行〕

〔ヤ行〕

〔ラ行〕

〔ワ行〕

人名索引

〔ア行〕

〔カ行〕

〔サ行〕

〔タ行〕

〔ナ行〕

〔ハ行〕

〔マ行〕

〔ヤ行〕

〔ラ行〕

〔ワ行〕

書名索引

【編著者紹介】
酒井　光雄（さかい・みつお）
◉――ブレインゲイト㈱代表取締役。1953年生まれ。学習院大学法学部卒業。企業のマーケティング戦略、ブランド戦略の第一人者。常に生活者を意識した独自の「価値づくり」を事業戦略にまで高め、価格ではなく「価値」で競える企業づくり、愛される商品づくり、企業ブランド価値の形成と向上、顧客との強固な信頼関係づくり、既存事業の深みある拡大など、「確実に事業を成長させていく戦略」を展開する。自動車関連、飲料、食品、ビール、アパレル、情報機器、化粧品、医薬品、宝飾品、住宅・不動産、人材、生活関連など100余社の著名企業のコンサルティングを行う。
◉――ブレインゲイトは97年8月に日本経済新聞社が実施した「企業に最も評価されるコンサルタント会社ベスト20」に選ばれた実績を持ち、世界４大会計事務所の１つと同一ランキングになるなど、そのコンサルティング活動の評価は極めて高い。
◉――著書に『コトラーを読む』『商品よりも、ニュースを売れ！ 情報連鎖を生み出すマーケティング』（以上、日本経済新聞出版社）、『価格の決定権を持つ経営』『中小企業が強いブランド力を持つ経営』『ストーリービジョンが経営を変える』（以上、日本経営合理化協会）、『価値最大化のマーケティング』（ダイヤモンド社）、共著書に『成功事例に学ぶマーケティング戦略の教科書』（かんき出版）など多数。また、日経ＭＪに12年以上にわたって連載コラムの執筆を続け、その鋭い分析が多くのファンに支持されている。（社）日本マーケティング協会が主催する第１回日本マーケティング大賞運営副委員長を務めたほか、日経BP社が主催する日経BP広告賞選考委員を長年務めている。

【著者紹介】
武田　雅之（たけだ・まさゆき）
◉――ブレインゲイト(株)取締役パートナー。1973年生まれ。96年関西学院大学経済学部卒業後、外資系の食品会社、飲料会社を経てブレインゲイト入社。マーケティング、事業、企業ブランドの戦略策定に参画。2003年青山学院大学大学院（ＭＢＡ）卒業。09年コペンハーゲンビジネススクール（ＭＢＡ）卒業。
◉――特に消費財業界に強く、現場に精通した経験を活かしてコンサルティングに従事する。企業の人材育成にも取り組み、戦略実行に向けた活動を支援。食品、飲料、化粧品、医薬品、日用雑貨、アパレル、宝飾品、流通、住宅・不動産、人材の各業界を長く手がけ、近年は自動車関連部品や機械、精密機器などの生産財領域にも活動を拡大している。
◉――共著書に『成功事例に学ぶマーケティング戦略の教科書』（かんき出版）、『MBA国際マネジメント事典』（中央経済社）がある。そのほか『マーケティングホライズン』（日本マーケティング協会）など専門誌に寄稿し、各種講演・セミナーに登壇している。

全史《ぜんし》×成功事例《せいこうじれい》で読《よ》む「マーケティング」大全《たいぜん》　〈検印廃止〉

2014年９月１日　第１刷発行
2014年10月15日　第２刷発行

著　者――酒井　光雄Ⓒ
発行者――齊藤　龍男
発行所――株式会社かんき出版
東京都千代田区麹町4-1-4 西脇ビル　〒102-0083
電話　営業部：03(3262)8011㈹　編集部：03(3262)8012㈹
FAX　03(3234)4421　振替　00100-2-62304
http://www.kanki-pub.co.jp/
印刷所――大日本印刷株式会社

ISBN978-4-7612-7023-0 C0034